U0600589

汤一介集

郭象与魏晋玄学

（增订本）

◎ 汤一介 著

中国人民大学出版社

·北京·

前　言

我这一生可以说是在读书、教书、写书、编书中度过的。年轻时我喜欢读中外文学著作。由于读了一些名著，我对人生、社会产生了许多问题，因此我常常向自己提出一些问题来思考。于是，我选择哲学系，希望能了解到中外哲学家思考的哲学问题及其思考哲学问题的方法。为了积累知识和教好课，我购买了不少书，有五万余册。当然，我认真读的书也就是几百册，其他翻翻而已。在开始写作时，我大体上就是从思考的问题展开的，但此后因环境的变化，思想被一条绳子束缚住了，走了三十年的弯路，把最可能有创造力的时光白白度过。我想，这不是我一个人遇到的问题，而是一两代学人遇到的问题。正如冯友兰先生所说，他在 20 世纪 50 年代之前的学术历程中是有"自我"的，但在 50 年代后则失去了"自我"，只是到 80 年代又找回了"自我"。因此，严格地说，我是80 年代才走上学术研究的正轨。

在 80 年代后，我头脑中存在着一个矛盾：作为哲学家还是哲学史家两个虽有联系但却很不相同的方向，我是向哪个方向发展呢？这个问题一直到现在仍然是个问题。因此，在七十五岁以后，我一方面主持编纂《儒藏》，另一方面仍然在思考和研究一些哲学问题。当然，我也有自知之明，知道自己不可能创构一有重大意义的哲学体系。但思考哲学问题的习惯，使我还是在关注某些哲学问题，只要有时间我就把这些问题写作成文，作为我思想的记录，也希望得到同行的响应和批评指正。

本想为此文集写一"总序"，但我近日有病在身，就写这一短短的"前言"吧！好在本文集每卷的卷首，我都写有"自序"，读者或可对我写作的意图有所了解。

汤一介

2013 年 11 月 24 日

自　序

　　《郭象与魏晋玄学》算起来已经出到第四版了，它是我正式出版的第一本书。我为什么对"魏晋玄学"、特别是郭象的研究最有兴趣，这是因为自先秦以来，儒、道两家对中国社会方方面面都有很大影响，但是两家在思想上有着重大分歧。汉朝曾把儒学作为社会政治的指导思想，但到汉末由于社会政治日益腐败，问题丛生，因而儒家所提倡的"礼教"（名教）对维持社会的稳定和安宁已渐渐不起作用。为此，必须为社会政治找一支撑的依据，以使"名教"（礼教）有一立足点。这样就产生了"名教"与"自然"之讨论，而"名教"与"自然"之讨论实是儒、道两家学说之关系的讨论。此一讨论上升为哲学问题，就是"有"（具体的事事物物）和"无"（存存真真的宇宙本体）的讨论。魏晋玄学就是为了解决这一从"名教"与"自然"关系而产生的一种哲学。玄学自何晏、王弼一直到向秀、郭象都是试图解决这一问题的哲学理论大师。谢灵运在《辩宗论》中说："向子期（向秀）以儒道为一"，即是说要使儒、道两家整合起来，而成为一统一的哲学体系。郭象继承向秀，把儒、道两家统合得更加完善，他是中国哲学史上一位少有的哲学大家，自庄子后提出许多重要的哲学问题。因此，我特别重视对郭象的研究，从多方面分析他的哲学思想，以期锻炼我的哲学分析能力。正如恩格斯所说："理论思维无非是才能方面的一种生来就有的素质。这种才能需要发展和培养，而为了进行这种培养，除了学习以往的哲学，直到现在还没有别的办法。"①

汤一介

2012 年 11 月 26 日

---

① 《马克思恩格斯选集》，2 版，第 4 卷，284 页，北京，人民出版社，1995。

目　录

绪　论

当前中国哲学史的研究有一个如何运用马克思主义唯物史观对中国哲学的产生与发展的原因作出科学分析的重要课题。这几年来，许多中国哲学史的研究者在这方面作出了不少可喜的成绩，对进一步开展这门学科的研究是有积极意义的。这本小书希望能在使中国哲学史的研究进一步科学化上起一点添砖加瓦的作用，因此想就以下几个方面的问题作些探讨。

（1）研究哲学思想发展的规律，揭示其发展的内在逻辑是把中国哲学史的研究进一步科学化的最重要的问题

研究哲学史当然要研究某一哲学家或哲学派别在历史上的作用及其与当时社会生活的关系等，但严格说来，这些并不是哲学史最终要解决的问题。哲学史最终要解决的问题应该是揭示人类思维在历史上如何发展的内在逻辑。比如说，先秦哲学思想由孔子发展到了孟子，它在理论思维的发展上有什么必然性？虽然这一发展的动因是社会矛盾提出的要求，但思维发展必然有其自身的规律。

一部好的哲学史必然是既能揭示哲学思想发展的动因，又能揭示出哲学思想这样一种理论思维发展的内在逻辑。分析哲学思想发展的历史必然是合乎于思维逻辑的发展；对哲学史上思想的内在逻辑的分析也必然合乎于历史发展的本质，所以列宁说："总的说来，在逻辑中思想史应和思维规律相吻合。"①

---

① 《列宁全集》，中文 2 版，第 55 卷，289 页，北京，人民出版社，1990。

魏晋玄学有一个发展的过程，它从曹魏正始年间（240—249）的王弼、何晏，发展到竹林时期（254—262）的嵇康、向秀，又发展到元康、永嘉前后（290前后）的裴頠、郭象，到东晋则有张湛、道安，这个发展固然和当时社会的变动有关，这是毫无疑义的。但是，为什么由正始时期王弼、何晏的"贵无"（"以无为本"）发展到竹林时期嵇康的"贵无"（"越名教而任自然"）和向秀的"崇有"（"以儒道为一"），又由竹林时期的玄学发展到元康时期裴頠的"崇有"（"自生而必体有"）和郭象的"独化"（"物各自造"），到东晋而有张湛的"贵无"（"群有以至虚为宗"）和道安的"本无"（"无在万化之先"），这一思想发展的过程有什么内在逻辑的必然性？本书打算围绕着对郭象哲学思想的分析来回答这个问题。

（2）研究概念、范畴发展的历史是揭示理论思维发展规律的根本途径

哲学是一种理论思维，而理论思维必然以一系列概念、范畴以及由概念、范畴形成的命题（判断）和推理表现的，因此可以说哲学思想发展就其内容说是概念、范畴发展的历史。恩格斯说："理论思维无非是才能方面的一种生来就有的素质。这种才能需要发展和培养，而为了进行这种培养，除了学习以往的哲学，直到现在还没有别的办法。"[1] 恩格斯这里说的"以往的哲学"自然就包括哲学史的内容。一部科学的哲学史必然是能揭示人类认识在唯物主义和唯心主义以及各种各样的思潮在矛盾冲突中发展的规律，而人类认识发展的历史最基本的内容则是概念、范畴发展的历史。由于概念、范畴在哲学史中的发展反映着人们认识的深入，我们研究它的发展历史就是把人类认识世界的过程在自己的思想

---

[1] 《自然辩证法》，见《马克思恩格斯选集》，2版，第4卷，284页，北京，人民出版社，1995。

中再想一次，当然是排除了种种偶然的、次要的因素，而抓住本质的、带规律性的内容。这种重新思索的过程，必然使我们自己的思想也深化了，所以列宁说："从逻辑的一般概念和范畴的发展和运用的观点出发的思想史——这才是需要的东西！"①

黑格尔说："既然文化上的区别一般地基于思想范畴的区别，则哲学上的区别更是基于思想范畴的区别。"② 研究中国传统哲学的概念、范畴发展的历史更有认识中国传统哲学的特点和发展水平的重要意义。中国传统哲学有它自己的一套概念、范畴，并逐渐形成了一个较完整的体系。正因为中国传统哲学有自己的一套概念、范畴，对这些概念、范畴就不能简单地用西方哲学史的概念、范畴去套，甚至也不能简单地和马克思主义哲学的概念、范畴等同。在我国哲学史上，长期形成的一套概念、范畴，除少量吸收了印度佛教的概念之外，基本上是独立发展的，所以它的特点也是很鲜明的。例如，在中国哲学史上"天"和"人"这对范畴就非常重要，在中国传统哲学中不仅对天人关系的问题比较重视，而且不同的哲学家对"天"的解释就不相同，对"人性"的看法更是众说纷纭了。早在先秦就有韩非的《解老》，它实际上就是对《老子》书中的一些哲学概念的含义的一种解释；东汉的《白虎通义》也对两汉某些哲学概念作了适应当时统治阶级需要的说明；在王弼的《周易略例》、《老子指略》中也包含有用玄学思想解释哲学概念的意义；南宋陈淳作《北溪字义》对朱熹的范畴体系作了分析；清朝戴震的《孟子字义疏证》则是一部解释中国传统哲学概念、范畴的重要著作。中国哲学史上的哲学家们所使用的概念、范畴以及他们对中国传统哲学概念、范畴的研究，充分表现了中国传统哲学的特点，并反映了一定历史发展阶段上的理论思

① 《列宁全集》，中文 2 版，第 55 卷，148 页。
② 《哲学史讲演录》，第 1 卷，47 页，北京，商务印书馆，1983。

维水平。恩格斯说："一个民族要想登上科学的高峰，究竟是不能离开理论思维的。"[1] 我们的民族在历史上曾经创造出灿烂的文化，在那时难道不是因为有一定高度的理论思维吗？我们今天总结中国传统哲学如何运用一套特有的概念、范畴来进行理论思维时，难道不能丰富马克思主义的内容吗？

魏晋玄学是一种思辨性比较强的哲学，它的特点之一就是丰富了中国传统哲学的概念、范畴。例如，在魏晋玄学中"有"、"无"、"体"、"用"、"本"、"末"、"一"、"多"、"言"、"意"、"性"、"情"、"独化"、"相因"、"名教"、"自然"、"无心"、"顺有"，等等，这样一系列的概念、范畴都被成对地提出来了。这中间有的虽是先秦哲学中已有的，但在魏晋玄学中，它的内容更加丰富了，含义更加明确了。本书打算以郭象哲学思想体系为中心，对魏晋玄学中的概念、范畴作些具体的分析。

（3）研究一个时期哲学家建立其哲学体系的方法，对了解这一时期哲学发展的水平和它的特点有着十分重要的意义

一种新的哲学思潮的产生虽然有其社会历史的原因，但一种新的哲学方法往往是使这种由社会历史动因所产生的某种哲学思潮成为系统完备的新学说的重要条件。没有建立哲学体系的新方法，则无以建立起新的哲学体系。从哲学发展的历史看，往往是在有了新的哲学方法之后，才为新的哲学思潮的广泛流传开辟道路，而且其影响往往及于史学、文学、艺术等领域。哲学或者可以说有"内容"和"方法"两个方面，哲学家的哲学思想内容和他建立其哲学思想体系的方法，都应是哲学史研究的课题。有时一个哲学家的哲学思想本身并不正确或者也不很深刻，但他建立其哲学体系的方法却可以很有水平，并表现了这一时期哲学发展

---

[1] 《马克思恩格斯选集》，2 版，第 4 卷，285 页。

的某些特点，所以从某种意义上说，揭示哲学史上某些哲学家建立其哲学体系的方法或者对我们更有启发。

　　魏晋玄学这种新的哲学思潮的流行和完备，是由于一种新的哲学方法的出现而发生的。这种新的哲学方法称之为"言意之辩"。就魏晋玄学家说，几乎都讨论了"言"和"意"的关系问题，王弼首倡"得意忘言"，嵇康继之；郭象又提出"寄言出意"，这也本之于王弼"得意忘言"。而"辩名析理"同样是这一时期玄学家共同采用的一种方法。

　　就"言"和"意"这对范畴说，它本身是个哲学问题，在魏晋时期对这个问题的看法可分三派：言不尽意派，如张韩有《不用舌论》，以言语为无用；言尽意派，如欧阳建有《言尽意论》，主张言可尽意；得意忘言派，如王弼、郭象、嵇康等均属之。王弼以为"尽意莫若象"、"尽象莫若言"，而"得意"必须"忘言"。但是魏晋时期的玄学家如王弼、郭象等不仅讨论"言"、"意"本身这一哲学问题，而且把这个问题作为建立他们哲学体系的根本方法。王弼言"贵无"，"以无为本"，而"无"作为宇宙本体无形无名，本不可说，那么如何把握这个作为宇宙本体之"无"呢？如果说，根本不能把握，那么就无法证明天地万物是"以无为本"，如果"本体"可说，那么"本体"就成为认识的对象，而有名有形。为了解决这一矛盾，王弼提出"得意忘言"这一玄学方法。魏晋玄学要解决的一个重要问题是调和儒、道，但是儒家和道家是两种不同的思想体系，特别是《庄子》一书指名道姓地诋毁孔子，这怎样调和呢？郭象《庄子注》采用了"寄言出意"的方法，力图解决这个矛盾。从王弼用"得意忘言"的方法，我们可以了解到他如何论证"无"和"有"的"体"、"用"关系，而建立其"贵无"思想体系。从郭象用"寄言出意"的方法，我们可以看到他如何解决当时调和儒、道这一难题，而建立了他的新哲学体系的。

魏晋玄学的方法是一种思辨性很强的方法，对它进行科学的分析，将不仅会丰富哲学史研究的内容，而且对于我们了解这一时期哲学发展的水平和特点有着十分重要的意义。

（4）研究外来思想文化的传入和其与原有传统思想文化的关系，是认识原有传统思想文化的特点和发展水平的重要方法

当前世界思想文化发展的趋势表现为各种不同传统思想文化的冲突与调和。世界的动荡不安、矛盾冲突，除了其他原因（如政治的、经济的）之外，思想文化传统的不同也是其中的原因之一。阿拉伯世界、伊斯兰教和西方世界的矛盾，其中就有哲学思想和宗教信仰的原因。但是，由于世界的交往日益频繁，思想文化的互相影响，在思想文化上的调和和互相吸收的趋势也是很明显的。特别是马克思主义在全世界的广泛传播，更给各种不同传统思想文化的关系提出了新的课题。马克思主义产生在西欧，是西欧的激烈动荡历史条件下的产物，因此仅就思想文化传统方面说，它对世界许多其他地方则是一种外来的思想文化，那么也就有一个马克思主义与原有传统思想文化的关系问题。马克思主义要在一个国家（民族、地域）生根、发芽，从某种意义上说就必须与原有的传统思想文化相结合，或者说必须通过对原有的传统思想文化进行批判地继承，否则就不能真正起作用。因此，研究马克思主义和我国传统思想文化的关系，是不是也会丰富和发展马克思主义呢？应该说是可以的。就中国哲学今后发展的趋势看，中国哲学将是中国化的马克思主义哲学呢？还是吸收了马克思主义以及其他各种哲学的中国哲学呢？这当然还要看一个时期，但我看后一种可能性比较大些。

魏晋南北朝时期，我国哲学思想（实际上也是整个文化、整个社会）发生了一个很大变化，这就是印度佛教在中国的广泛流传。佛教是一种外来的思想文化，这种外来的思想文化在中国如

何与原有传统思想文化结合，如何由形式地依附于中国传统文化，到与中国传统思想文化的明显冲突，而最后融合在中国传统思想文化之中，成为中国思想文化的一个组成部分，研究这个问题，研究这个发展过程，将是很有意义的。

在历史上思想文化有不同的类型，怎样才能了解一种思想文化的特点和发展水平，必须在和另外的思想文化比较中来揭示。如果我们把汉、魏、两晋、南北朝传入中国的佛教和中国传统思想文化相比较，这样我们不仅可以较深入地了解中国传统思想文化的特点和发展的水平，而且也可以了解外来思想文化如何能为我们吸收、融和的原因。这种把一个国家、一个民族或一个地域和另一个国家、另一个民族或另一个地域的哲学思想相比较的分析研究方法，就是比较哲学。当前，我们应该开展这个方面的研究，以建立适应当前世界哲学发展潮流的中国比较哲学。

科学研究是一项严肃的事情，应当力求能够得出比较正确的结论；但是同时科学研究也是一项带有探索性的工作，应该敢于提出新的问题和看法。这本小书提出和探讨了一些问题，虽然我对这些问题是认真对待的，但限于水平，有些看法是很不成熟的，甚至还可能是不正确的，希望得到同行的批评指正。

第一章 论魏晋玄风

哲学是时代精神的体现，它标志着一个国家、一个民族理论思维水平所达到的高度。魏晋时期的玄学是我国古代哲学发展中的一个重要阶段，郭象是魏晋时期的重要哲学家，他的哲学思想可以说是那个时代哲学发展的最高点。对一种哲学思潮发展的最高形态作具体的分析，应该可以使我们比较容易深入地把握这种思潮的各个方面。因此，本书打算通过对郭象哲学思想的分析，对魏晋玄学的各个方面进行探讨。研究哲学史应该以马克思主义唯物史观作为起点，而"马克思的整个世界观不是教义，而是方法。它提供的不是现成的教条，而是进一步研究的出发点和供这种研究使用的方法"①。我们研究历史科学应该遵循马克思这个科学论断："在历史科学中，专靠一些公式是办不成什么事的。"②

一、何谓"魏晋玄学"？

"玄学"又称"形而上学"，我国最早出现"形而上"一词是《周易·系辞上》，"形而上者谓之道，形而下者谓之器"。在西方哲学史上，原来亚里士多德把我们称为"形而上学"（Metaphysics）的叫做"第一哲学"。黑格尔在他的《哲学史讲演录》中说："亚里士多德毫不含糊地把纯粹哲学或形而上学与其他的科学区别

---

① 《致威·桑巴特》，见《马克思恩格斯全集》，中文1版，第39卷，406页，北京，人民出版社，1974。

② 《哲学的贫困》，见《马克思恩格斯全集》，中文1版，第4卷，166页，北京，人民出版社，1958。

开来，认为它是一种'研究存在之为存在以及存在的自在自为的性质的科学'。"据 D. D. Runes 的《哲学辞典》说，形而上学是关于存在自身的科学（the science of being as such），这里"科学"一词是就古典的意义上说的，也就是关于"终极原因"的知识，即关于"第一原理"（first principles）的知识。这个"第一原理"（终极原因）被视为没有比它更高的、更完全的普遍性，它对人类的智慧来说只能是靠其自身本性的能力得到的。马克思《哲学的贫困》第二章《政治经济学的形而上学》中文版，对这里的"形而上学"有一条译注说："用纯思辨的方法来阐述经验以外的各种问题，如关于存在的始原，关于世界的实质，关于上帝，关于灵魂，关于意志自由等等。"① 这条译注对马克思这里所用的"形而上学"这一概念的含义的解释是正确的，马克思在这里所说的"形而上学"就是指把经济关系作为一种超验的、抽象的永恒观念来对待。所以在哲学史上，形而上学（玄学）并不都是说的和辩证法相对立的、孤立的、静止的、片面的看问题的方法。当然，前面所说的那种意义上的"形而上学"往往也是把世界的实质看成是静态的、永恒不变的存在。我们把魏晋时期的哲学称为"魏晋玄学"大体也是在上面所说的那个意义上讲的。

"玄学"这个名称，见于梁沈约的《宋书》，该书卷九三《雷次宗传》曾说：

> 元嘉十五年，征（雷）次宗至京师，开馆于鸡笼山，聚徒教授，置生百余人。会稽朱膺之、颍川庾蔚之并以儒学，监总诸生。时国子学未立，上留心艺术，使丹阳尹何尚之立玄学，太子率更令何承天立史学，司徒参军谢元立文学，凡四学并建。

---

① 马克思：《哲学的贫困》，80 页，北京，人民出版社，1962。

然而或者在西晋时代已经使用了"玄学"这个名称，据《晋书》
卷五四《陆云传》说：

> （陆）云……至一家便寄宿，见一年少美风姿，共谈《老
> 子》，辞致深远。向晓辞去，行十许里，至故人家，云：此数
> 十里中无人居。云意始悟，却寻昨宿处，乃王弼冢。云本无
> 玄学，自此谈老殊进。

近人章炳麟在《五朝学》中较明确地说明了"玄学"的性质，
他说：

> 夫驰说者，不务综终始，苟以玄学为诟；……五朝有玄
> 学，知与恬交相养，而和理出其性，故骄淫息乎上，躁竞弭
> 乎下。……五朝所以不竞，由任世贵，又以言貌举人，不在
> 玄学。

而在魏晋时一般常把"玄学"称为"玄远"之学，《世说新语·德
行》注引《魏氏春秋》说："上曰：天下之至慎者，其唯阮嗣宗乎？
每与之言，言及玄远，而未尝评论时事、臧否人物……"又同书
《规箴》说："王夷甫（衍）雅尚玄远。"陆澄《与王俭书》说："晋
太兴四年，太常荀崧请置《周易》郑玄注博士，行乎前代。于时
政由王、庾，皆俊神清识，能言玄远。"像这样用"玄远"一词说
明当时学风的史料在魏晋南北朝时还有很多，就不再一一列举了。
不过，我们还要把何劭《荀粲传》中的一段话引用下来，因为它
谈及这个名称的含义问题。

> 粲诸兄并以儒术论议，而粲独好言道，常以为子贡称夫子
> 之言性与天道不可得闻，然则六籍虽存，固圣人之糠秕。粲兄
> 俣难曰："《易》亦云'圣人立象以尽意，系辞焉以尽言'，则微
> 言胡为不可得而闻见哉？"粲答曰："盖理之微者，非物象之所
> 举也。今称'立象以尽意'，此非通于意外者也；'系辞焉以尽

言'，此非言乎系表者也。斯则象外之意，系表之言，固蕴而不
出矣。"……（傅）嘏善名理，而粲尚玄远，宗致虽同，仓卒时
或有格，而不相得意，裴徽通彼我之怀，为二家骑驿。

按《世说新语·文学》中说："傅嘏善言虚胜，荀粲谈尚玄远。"又
同书《言语》中说："裴仆射（颜）善谈名理，混混有雅致"，而孙
盛《老聃非大贤论》说："昔裴逸民（颜）作《崇有》、《贵无》二
论，时谈者或以为不达虚胜之道。"可见所谓"玄远"、"虚胜"、
"名理"三者的含义既有区别，又有联系。所谓"名理"，开始盖为
讨论"名分之理"，人君臣民各有其职守，如何使之名实相符而天
下治，此为政治理论的问题；后采渐进而讨论鉴识人物的标准问
题，于是"名理之学"趋向"辩名析理"，向着抽象原则的方面发
展，如当时有钟会、傅嘏、李丰、王广等所谓"四本才性"问题的
讨论。"虚胜"则谓为"虚无贵胜之道"（章炳麟《黄巾道士缘起
说》），盖所论不关具体事实，而以谈某些抽象原则为高明，但似
仍未离政治人伦的抽象原理而进入宇宙本体的形而上学领域。"善
言虚胜"者必"善名理"，所以《世说新语·文学》说傅嘏"善言
虚胜"，而《荀粲传》说他"善名理"，这就很自然了。然"善名
理"者则不一定都能"达虚胜之道"，如上引材料说裴颜则是（这
两条材料对裴颜的评论是否正确，当为另一问题，但可以了解当时
认为"名理"和"虚胜"确有不同的含义）。"玄学"（玄远之学）
则更前进一步，把讨论天地万物存在的根据问题作为中心课题，
要为政治人伦找一形而上学的根据，而进入本体论问题的讨论。
"玄远"在当时或有二义：说阮籍"言及玄远"，则指远离"事务"
（世事），仍属政治人伦方面；而说荀粲"尚玄远"，则指远离"事
物"，则属于"超言绝象"的形而上学问题。虽然这二者往往连在
一起，但意义则不相同。

魏晋玄学既然是要为天地万物（包括政治人伦）的存在找一

形而上学的根据，它所讨论的问题就必有其特殊的内容，这就是所谓"本末""有无"问题。"本"为"体"（本体），"末"为"用"（功用），"有"即是有名有形的具体的存在物，指天地万物、政治人伦（名教），"无"则为无名无形的超时空的本体，名为"道"或"自然"。魏晋玄学所讨论的问题就是指作为无名无形的超时空的本体和有名有形具体的天地万物的关系问题。魏晋玄学既然是讨论天地万物存在的根据这样的本体论问题，而这种问题在老庄哲学中已经多少接触到了，所以在当时又常常把"玄远之学"直接称为"老庄"或"玄宗"、"玄虚"之学等。北齐颜之推在《颜氏家训·勉学》中说："何晏、王弼祖述玄宗"，接着在列举山涛、夏侯玄、荀粲、王衍、嵇康、郭象、阮籍、谢鲲之后又说："彼诸人者，并其领袖；玄宗所归。……洎于梁世，兹风复阐，《老》、《庄》、《周易》，总谓三玄。"这里的"玄宗"就是指"老庄之学"，所以干宝《晋纪·总论》说："学者以老庄为宗"。而所谓"玄虚"也是指"老庄之学"，如《晋书·嵇含传》引含《吊庄周图文》："借玄虚以助溺，引道德以自奖；户咏恬旷之辞，家画老庄之象"，沈约《宋书·谢灵运传论》："为学穷于柱下，博物止乎七篇。"由此可见，魏晋玄学和老庄哲学的渊源关系之深。

如果我们给"魏晋玄学"作一个比较简明的说明，可以这样表述：魏晋玄学是指魏晋时期以老庄思想为骨架企图调和儒道，会通"自然"与"名教"的一种特定的哲学思潮，它所讨论的中心为"本末"、"有无"问题，即用思辨的方法来讨论有关天地万物存在的根据的问题，也就是说表现为远离"世务"和"事物"形而上学本体论的问题。

二、汉学向魏晋玄学的过渡

魏晋时期为什么产生魏晋玄学，这个问题可以从各个方面考察。例如，有说可以从汉末农民起义方面来考察，认为黄巾起义利用了道教，而道教所根据的经典之一是《老子》，因此说以道家思想为骨架的玄学，正是从另一个方面利用《老子》而与农民起义相对抗。又有说，两汉流行的经学，后越来越繁琐和荒诞，但物极必反，思想因而向着简单和抽象的方面发展，因此老庄思想流行。还有一说，因为当时天下大乱，士大夫难以全身保命，不如逃避现实，而信奉老庄，《世说新语·栖逸》"嵇康游于汲郡山中"条注引王隐《晋书》说："魏晋去就，易生嫌疑，贵贱并没。"《晋书·阮籍传》说："籍本有济世之志，属魏晋之际，天下多故，名士少有全者，籍由是不与世事，遂酣饮为常。"这些可能都是玄学产生的原因，至少可以说有这样一些现象。但是，如果仅仅停留在这样一些分析上，是不足以说明玄学这样一种思潮之所以产生的原因，因其没有能从哲学思想发展的内在逻辑方面作出说明。

东汉末年，天下大乱，原来居于统治地位的儒家思想衰落这是很自然的，但为什么作为玄学骨架的道家思想必然流行呢？两汉长达三四百年的统治中，儒家思想虽处于"独尊"的地位，而道家思想在这种情况下却成了反对汉儒天人感应目的论和谶纬迷信的最重要的武器而长期流行着。据现存可查的史料，两汉治《老子》或"黄老之学"的有六十余家，可见其流行的一般情况。

在反对天人感应目的论和谶纬迷信中，"天道自然无为"可以说是两汉的主要思潮，从西汉末的严遵，经东汉初的桓谭，到王充、张衡、冯衍等，一直到东汉末的仲长统，他们在不同程度上都受这一思潮的影响。这些哲学家用"天道自然无为"的思想反对天人感应目的论，可以说是思想界里的一种净化运动，它不断排除着荒诞的、繁琐的神秘主义。这些哲学家所用的"天道自然无为"的思想虽不能说全同于老子的学说，但无疑总和它有着密切的联系，这点王充在《论衡·自然篇》就说明了，他说他的学说"虽违儒家之说，合黄老之意也"。

社会的大动荡，给思想的大解放创造了条件。在旧的统治思想无法继续统治下去，而新的统治思想尚未形成的情况下，一般说来，思想总是比较活跃，比较解放，因而也是比较丰富多彩的。正是由于社会的大动荡，人们就会有现实社会的存在有什么根据、它究竟是否合理、理想的社会又应该怎样等问题不断提出。东汉末年，在儒家思想衰落的情况下，这时就出现了原来先秦六家名、法、阴阳、道等家相当活跃的新形势，而其中最可能继儒家而起的是道家思想，大家都想从各个方面回答现实中提出来的问题。

我们说儒家思想衰落，并非说儒家所维护的封建社会的纲常名教已不再适合中国封建统治阶级的需要了，而只是说两汉以来的经学，为纲常名教合理性作论证的天人感应目的论等已走入穷途末路了。维护封建统治的纲常名教要继续下去，必须得到新的生命力，得到新的理论论证，在当时的条件下，发展老子的道家思想不仅为此提供了最大的可能性，因为这是当时历史发展的现实所需要的，而且对当时的统治者从其性格的某一方面来说也是最可取的。不过从另一方面看，既然在两汉纲常名教已经和儒家思想结成一体，要反对儒家的独尊地位及其荒诞性，往往也不得不去批评"纲常名教"那一套，所以以老庄为骨架的玄学又有破坏"纲常名教"，使人们从虚伪的礼教中解放出来的作用。

为什么说在当时的条件下对统治阶级来说用发展了的道家思想来论证纲常名教的合理性是最可能的而且是最可取的呢？这样的思想发展是否有其必然性呢？这就要我们从当时思想发展的内在逻辑方面作些分析了。

汉朝选取官吏，地方用"察举"的方式，朝廷用"征辟"的方式，因此人物的品评鉴识就非常重要，而品评人物高下的标准为德性，即纲常名教所要求的品行性格。在东汉末，关于人物的评论，往往是对一个人的具体评论，例如郭泰对黄宪和袁阆的评论说："叔度（黄宪）汪汪如万顷之陂，澄之不清，扰之不浊，其器深广，难测量也"；"奉高（袁阆）之器，譬诸泛滥，虽清易挹耳。"① 这里，只是郭泰对黄、袁等个人品德的具体评论。当时许劭兄弟颇有盛名，成为汝南名士，他们每月之初常选一个"题目"作为评论的对象，因而汝南地方称之为"月旦评"。有一次曹操要许劭对他进行评论，许劭说："君清平之奸贼，乱世之英雄"（《后汉书》卷六十八《许劭传》），曹操听了非常高兴。这里可以看出两个问题：第一，许劭评论人物的标准仍依德行；第二，曹操看人物的标准和许劭根本不同，这样就出现了评论人物的标准问题。本来汉末这种评论人物的风气流弊很多，它不但造成一群一党的互相吹捧，而且使一些虚伪奸诈的人借着它可以招摇撞骗。汉末有晋文经、黄子艾靠着他们有点小聪明，而炫耀京师。他们自恃名声很大，朝廷征辟也不出仕；士大夫前去拜访，他们甚至都不接见。他们操纵着评论人物的舆论。后来是由于大名士李膺等的批评和揭露，才现其轻薄子的原形，而不得不逃离京师。（事见《后汉书》卷六十八《符融传》）由此可见，汉末的评论人物，"名"和"实"并不一定相符。所以东晋葛洪《抱朴子·外篇·名实》中有一段批评的话说："汉末之世，灵、献之时，品藻乖滥，英逸穷滞，饕餮得志，名不准实，贾不本物，以其通者为贤，塞者为愚。"

汉末社会混乱了，名不符实、名实颠倒错乱的情况当然是所在多有。因此，有不少思想家对这种状况深为不满，这样就出现了对"名"和"实"的关系问题的讨论。著名的政治家崔寔深检名实，号称法家，著《政论》"指切时要，言辨而确，当世称之"。

---

① 见《世说新语·德行》"郭林宗（泰）至汝南造袁奉高"条及注引《泰别传》。

他说："常患贤佞难别，是非倒纷，始相去如毫厘，而祸福差以千里，故圣君明主，其忧慎之。"（《全后汉文》卷四十三）仲长统《昌言》也说："天下之士有三可贱，慕名而不知实，一可贱。"王符《潜夫论》主张"考绩"谓为"太平之基"，他说："有号则必称于典，名理者必效于实，则官无废职，位无废人。"而徐幹更申明"名"与"实"的关系说："名者，所以名实也。实立而名从之，非名立而实从之也。故长形立而名之曰长，短形立而名之曰短，非长短之名先立而长短之形从之也。仲尼之所贵者，名实之名也。贵名乃所以贵实也。"（《中论·考伪》）这些都说明当时的一些政治家、思想家非常重视名实问题，而多主张名必符实，因此名家思想的流行就不是偶然的了。

汉魏之际所以注重名实关系问题，除上述原因之外，和曹操之重人才、好法术也大有关系。盖于乱世，要想成大业必注重人才的选拔，曹操用人举士，多重才力而不依德行。他前后下求贤令四次，建安十九年所下之令说："夫有行之士，未必能进取；进取之士，未必能有行。"因此要"因任而授官，循名而责实"，正是法家所注重者。陈寿在《三国志》里对曹操的评语说：曹操"揽申、商之法术，该韩、白之奇策"，傅玄《上晋武帝疏》说："近者魏武好法术，而天下贵刑名"。法必依实，亦关乎形名。由于曹操是法家，所以综核名实为当时所重视。曹魏时的思想家刘劭认为任用官吏，应有考核，作《都官考课》七十二条，据所上《疏》提及，他作《考课》的目的在于纠正"能否混而相蒙"的名实不符等弊病。刘劭著有《人物志》，虽是讨论评品人物的标准问题，而这个问题的实际意义正在于"因任而授官，循名而责实"，所以这书中《材能》篇谓："或曰：人材有能大不能小，犹函牛之鼎不可以烹鸡，愚以为此非名也。"照刘劭看，人材无所谓"能大不能小"，这样说是"名"不当"实"，而人材由于所能各异，因此只有

"宜"与"不宜"的分别,这正如蔡邕《荐边让书》所说:"传曰:函牛之鼎一旦立之以烹鸡,多汁则淡,而不可食;少汁则焦,而不可熟。此言大器之用于小,固有所不宜也。"(《全三国文》卷七十三)因此,"名"必与"实"相当,如果不符合事物的实际,这样也就是"非名"。接着刘劭在《材能》篇中列举了"八能"以说明才能之不同,而各有所宜任之官。由此可见,刘劭深受当时时代风气之影响,而颇具名家、法家的思想。

人物的评论固然必依于实际,而由于种种原因而对人物的要求不同,如乱世固然出英雄,而乱世也正需要英雄。那么什么样的人才称得上"英雄"?这就要有一个"英雄"的标准问题,以便人们在评论人物时有所遵循。据史书记载,在汉魏之际讨论品评人物标准的著作不少,据可考者至少有九种,而多已散失,现仅存《人物志》一种。从《人物志》的内容看,虽或不能说像后来的"四本才性"问题那样已经成为纯粹的"名理之学",但也不再像汉末那样仅就具体人物的才性高下来进行评论(如"月旦评")了,而进于对评论人物的标准和评论人物的原则等问题的讨论,这一情况实为思想发展的必然趋势。对抽象的人物标准进行讨论,必然要用辩名析理的方法,因而讨论抽象原则的"名理之学"就大大得到发展。

刘劭《人物志序》把人物分成若干等,并为其定出不同的标准,他说:

> ……是故仲尼不试,无所援升,犹序门人以为四科,泛论众材以辨三等。又叹中庸以殊圣人之德,尚德以劝庶几之论,训六蔽以戒偏材之失,思狂狷以通拘抗之材,疾悾悾而无信以明为(按:即"伪")似之难保。

刘劭对人物的看法,圣人自然是列为第一等的,而所谓"圣人"的标准在于他有"中庸"之至德;第二等是兼材之人(如伊尹、吕望、颜回等贤人），"兼材之人，以德为目"，即在仁、义、礼、智等方面非常突出；第三等为偏至之材，"偏至之材，以才自名"，刘昞注说："犹百工众伎，各有其名。"在此三等之外就是那些过分的狂者、不及的狷者和乱德之人，这些人都是末流人物，不必列在评论人物的范围之内。这里我们可以看到，刘劭评论人物虽主"因任而授官，循名而责实"，而评论人物的标准乃往往本之儒家，所以宋人阮逸的《人物志序》说这部书"大抵考诸行事，而约人于中庸之域，诚一家之善志也"，而《四库全书总目提要》更明确地说："所言究悉物情而精核近理……虽近乎名家，其理则弗乖于儒者也。"

汉魏之际道家思想之流行实亦与法家思想之流行有一定的关系，因为黄老与刑名本有内在联系。今本《尹文子》或为汉魏之际所修订过，其序中说："其学本于黄老，大较刑名家也"，《四库全书总目提要》说："其书本名家者流，大旨指陈治道欲自处于虚静，而万事万物则一一综核其实，故其言出入于黄老申韩之间。"本来，自战国至秦汉，道家与法家之间就存在不少的联系，"无为而无不为"本是道家的基本思想，而法家采之用为"君道无为，臣道有为"；"将欲夺之，必固与之"本是道家的重要命题，而法家用之为"权术"的根据。"申子之学，本于黄老，而主刑名"（《史记·老庄申韩列传》），韩非则有《解老》、《喻老》之篇。道家思想流行于汉魏之际，虽与法家思想流行有关，但从根本上说，仍是它原在两汉三四百年中即与汉儒天人感应目的论相对立，故在儒家思想统治地位削弱的情况下，才有继之而起的可能。汉代末年，经学家马融和郑玄都曾注《老子》，重要思想家仲长统"服膺老、庄"，约与刘劭同时而提倡老学的知名者有夏侯玄、荀粲、钟会、管辂、裴徽等。《三国志·钟会传》说："及会死后，于会家得书二十篇，名为《道论》，而实形名家也。"（按：钟会有《老子注》已佚，散见于各种《道德经》注疏中）可见当时道家与名家也甚有关系。在这种道家思想流行的情况下，刘劭自不能不受时代风尚之影响。在《人物志》中，他不仅引用了老子的话，而且多据《道德经》以立论，如说"自然无为"、"虚下不事"、"卑让胜敌"等，均以道家思想为立身行事之准则。

从上面的分析我们可以看出，到汉魏之际由于儒家思想统治地位的削弱，因而出现了儒、道、名、法合流的趋势。刘劭的思想正反映了这种发展的趋势，而成为过渡到魏晋玄学的一个环节。

第二章　研究魏晋玄学的资料问题

研究"中国哲学史"必须要掌握可靠的资料，而且要根据史料来得出结论或者说才可以得出合乎实际的看法。在"文化大革命"前，曾流行着一种史学观点叫做"以论代史"或"以论带史"，就是从某一经典找出某一教条（论点），然后再从历史上找出例证。在"文化大革命"前和"文化大革命"中，我自己也是这样做的。这种做法是危险的。因为，历史是很复杂的，在其中找到一两个貌似符合所谓基本论点的材料是可能的，但第一这个材料是否可靠，第二对这个材料的解释是否正确，都是问题。研究历史必须根据史料，应是"论由史出"，即论点应是根据可靠的史料得出。如果一个论点没有充分可靠的史料，我们只能存疑，或说明这一论点只是一个"假设"的说法，要等史料进一步证实，才可作为结论。研究"魏晋玄学"的史料很多，我只能选一些我认为重要的加以介绍，有的史料因为有不同的看法，我的介绍会详细一些，有的只能简单做点说明了。

（一）刘劭《人物志》

这部书对于研究"魏晋玄学"之所以重要，就在于从它可以看到汉学向魏晋玄学是如何过渡的。据史书记载，当时讨论品评人物的书很多，知道书名的有：

《士操》一卷　　　　　魏文帝撰

《人物志》三卷　　　　刘劭撰

《形声论》一卷　　　　撰者不明

《士纬新书》十卷　　　姚信撰

《姚氏新书》二卷　　　与《士纬》相似，当亦姚信撰

《九州人士论》一卷　　魏司空卢毓撰

《通古人论》一卷　　　撰者不明

《汝颍人物论》　　　　陈群撰（见《全三国文》）

以上八种中的七种都已散失，有全书的只有《人物志》一种。《士纬》和《汝颍人物论》现仅存少量佚文。如果《人物志》也佚失，那么我们就不可能找到可靠的材料来说明由汉学到魏晋玄学的过渡。当然，我们可以根据各种史料推测这个过渡，但没有充足的材料说明，总是缺陷。

《人物志》三卷十二篇，现存凉儒林祭酒刘昞注的《人物志》，唐朝大史学家刘知幾《史通·自序》中提到这本书。到宋朝阮逸把这部书刻印出来，此后它才广为流传。现在有任继愈断句本。台湾刘君祖撰《人物志》有今译和解说、注释可用。汤用彤先生有《读〈人物志〉》一文，收入《魏晋玄学论稿》中，可参考。

（二）王弼的《周易注》（通行的本为《周易王韩注》）、《周易略例》、《老子注》、《老子指略》、《论语释疑》

《周易王韩注》十卷，其中"经"的部分为王弼注（一至六卷），"传"的部分为韩康伯注（七至九卷），第十卷为王弼的《周易略例》。对王弼的《周易注》，宋晁说之说："其于《易》多假诸《老子》之旨，而《老子》无资于《易》者。"冯友兰认为"事实确实如此"，这大体是对的。王弼注《易》不同于汉儒的以"象数"注《易》，而在他用《易传》注《易经》，所以不能说王弼注《易》只取借于《老子》。本来在东汉末以前，"经"和"传"是分开的，《易经》上下篇只有卦和爻两种符号和卦辞、爻辞两种说明文字，而"传"又称"十翼"（《彖》上、《彖》下，《象》上、《象》下，《系辞》上、《系辞》下，《文言》，《说卦》，《序卦》，《杂卦》），但"大传"或专指《系辞》。到汉末，郑玄才把"彖"、"象"纂入

《经》中，在每卦的卦辞和爻辞后面都跟着有"彖曰"、"象曰"，后来又把"文言"纂入《经》中，我想这很可能是始于王弼。韩康伯名伯，是东晋简文帝时人（371前后），王弼死于正始十年（249），有说韩康伯是王弼弟子，这是不正确的，但韩对《易传》的注受到王弼的影响是无疑的，特别是其中引用了王弼的"大衍义"十分重要。前不久王葆玹同志在杨士勋的《春秋穀梁传》卷五的疏中找到了一段王弼对"一阴一阳谓之道"的注，我认为这很有意义，文如下：

> 一阴一阳者，或谓之阴，或谓之阳，不可定名也。夫为阴则不能为阳，为柔则不能为刚。唯不阴不阳，然后为阴阳之宗；不柔不刚，然后为刚柔之主。故无方无体，非阴非阳，始得谓之道，始得谓之神。

我想，也许王弼曾对《系辞》有注，而后散失。

《周易略例》作为第十卷附在《周易王韩注》后面，前有一唐四门助教邢璹的《周易略例序》。王弼的《周易略例》分《明彖》、《明爻变通》、《明卦适变通爻》、《明象》、《辩位》，此应为《略例上》，《略例下》则有论"体具四德"及"卦略"。《略例》可以说是从总体上讨论《周易》，其中特别重要的是《明象》中提出"得意忘言"的玄学方法，此对魏晋时期的学术影响很大，而且可以说是中国哲学的一种重要方法。

《老子注》，王弼的思想可以说主要都包含在《老子注》中，据杨树达统计在汉朝研究《老子》的有六十余家（大概不止此），现存的汉朝较为完整的《老子注》只有两家，为严君平（他还有《老子指归》一书）和河上公。王弼《老子注》是否受到严君平的影响，要作进一步研究，但从思想上却可看到或有渊源关系。而王弼注与河上公注则很不相同。还有一部《老子想尔注》，有说为道教创始人张道陵作的，如果真如此，那也应算是汉朝的《老子注》，但我认为《想尔注》更可能是张鲁的注，张鲁则为三国时人。

《老子指略》是由王维诚从《道藏》中发现。在《云笈七籤》中有"老君指归略例曰"一段，一千三百五十字。又在《道藏》有《老子微旨例略》一卷，二千五百五十二字，当为《老子指略》之全文。这一王弼佚文之发现非常重要，它可说明"魏晋玄学"确为一中国式的"本体论"。

《论语释疑》不是注解全部《论语》，而是王弼对《论语》疑难处的解释，它包含在皇侃的《论语义疏》中，后马国翰把《论语释疑》从《论语义疏》中辑出，收入《玉函山房辑佚书》中。从《论语释疑》中，我们可以看到两个问题：（1）王弼企图调和孔老，意使两家接近；（2）王弼对儒家经典仍十分重视，注《易》，又解《论语》，所以也可以把他看成是经学大家。后来《五经正义》、《十三经注疏》等都是用的王弼《周易注》。

（三）《嵇康集》是研究嵇康思想的重要材料

有两个问题可以特别注意：（1）在《嵇康集》中保存了嵇康与当时学者讨论（辩论）的一些文章，例如"养生"的问题、"公私"的问题、"宅有无吉凶"（住宅对生命有无影响）的问题、"音乐有无哀乐"的问题、"是否自然好学"的问题、"才性"问题以及"圣人学致"问题等，由此我们可以看到在魏晋时期学者们所注意的是些什么问题。（2）在《嵇康集》中保存了一篇向秀的《难养生论》，它对了解向秀的思想很重要。谢灵运在《辨宗论》中说："向子期以儒道为一。"向秀尝著有《儒道论》，可惜已佚失。如何说明向秀"以儒道为一"呢？《难养生论》应说是重要的材料。至于向、郭《庄子注》问题，当另行讨论。戴明扬的《嵇康集校注》对我们了解该集文义很有帮助。

《阮籍集》有多种版本，现在比较好用的是由李学勤从《全上古三代秦汉三国六朝文》以及《文选》、《玉台新咏》、《北堂书钞》、

《艺文类聚》、《初学集》、《太平御览》等整理出由上海古籍出版社出版的《阮籍集》。另有黄节注、华忱之校订由人民文学出版社出版的《阮步兵咏怀诗注》亦可参考。阮籍著有《通易论》、《通老论》、《达庄论》，即对"三玄"均有所论述，其《大人先生传》或可谓颇得庄子之奥义，《乐论》也是研究阮籍哲学思想之重要文献。

（四）裴颜《崇有论》

《三国志》卷二十三《裴潜传》注曰："陆机《惠帝起居注》称：'颜雅有远量，当朝名士也'。又曰'民之望也'。颜理具渊博，赡于论难，著《崇有》、《贵无》二论，以矫虚诞之弊，文辞精富，为世名论。"《崇有论》存《晋书·裴颜传》及《资治通鉴》中，但二者字句颇有不同。《贵无论》已佚失。《崇有论》很重要，它是了解"魏晋玄学"如何由王弼过渡到郭象的一个重要环节。关于裴颜是否著有《贵无论》，以及《晋书》中之《崇有论》和《资治通鉴》中之《崇有论》的不同应如何看，我有一文，名为《裴颜是否著有〈贵无论〉》（见《学人》第十辑），专门讨论这个问题，现附于下：

《三国志·裴潜传》注引《惠帝起居注》中说：裴颜"著《崇有》、《贵无》二论，以矫虚诞之弊，文辞精富，为世名论"。《世说新语·文学》注引《惠帝起居注》作"颜著二论以规虚诞之弊，文辞精富，为世名论。"此处或是省略"崇有贵无"四字。又注引《晋诸公赞》说："（裴）颜疾世俗尚虚无之理，故著《崇有》二论以折之，才博喻广，学者不能究。"《晋诸公赞》或是省略"贵无"二字。然而《晋书·裴颜传》中则说："颜深患时俗放荡，不尊儒术，何晏、阮籍素有高名于世，口谈浮虚，不遵礼法，尸禄耽宠，仕不事事；至王衍之徒，声誉太盛，位高势重，不以物务自婴，遂相放效，风教陵迟，乃著《崇有》之论，以释其蔽。"这里没有提到"贵无"。冯友兰先生认为，裴颜既然是反对"贵无"的，他怎么会写《贵无论》呢？因此，冯先生说："《晋诸公赞》和《惠帝起居注》所说的《崇有》二论，'二'字可能是'之'字之误"，"'贵无'二字大概是后人妄加的"①。冯先生这个看法虽有一定道理，但也有可讨论之处。

孙盛《老聃非大贤论》一文中有一段说："昔裴逸民（頠）作《崇有》、《贵无》二论，时谈者或以为不达虚胜之道者，或以为矫时流遁者。余以为尚无既失之矣，崇有亦未为得也……有无之教异陈，圣致虽一，而称谓之名殊……而伯阳以执古之道，以御今之有；逸民欲执今之有，以绝古之风。吾故以为彼二子者，不达圆化之道，各矜其一方者耳。"（《广弘明集》卷五）孙盛，东晋初人，距裴頠去时未远，从他的论述看当是看到过裴頠的《崇有》、《贵无》二论的。因为裴頠主张"崇有"，所以他的《贵无论》"不达虚胜之道"；而他的《崇有论》则"为矫时流遁者"，故也"不达圆化之道"。从"贵无"方面说，是"欲执古之道，以御今之有"；从"崇有"方面说，是"欲执今之有，以绝古之风"，这都是片面的，都是"不达圆化之道"。《世说新语·言语》中说："裴仆射（頠）善谈名理，混混有雅致。"何劭《荀粲传》中说："（傅）嘏善名理，而粲尚玄远。""名理"与"玄远"当有所不同，而"虚胜"更近"玄远"。"虚胜"是"虚无贵胜之道"（章炳麟《黄巾道士缘起说》）义。从《崇有论》看，裴頠确实"善谈名理"，而"不达虚胜之道"。因此，从孙盛所论看，裴頠的二论没有能把"有"、"无"两方面统一起来。如果我们不能说明孙盛的话不可靠，那就不能否定裴頠著有《贵无论》。

还有进一步可以讨论的地方就是《资治通鉴》卷八十二所节引的裴頠《崇有论》。《资治通鉴》卷八十二中说"……裴頠著《崇有论》以释其蔽曰"云云，下引《崇有论》两段。对照《资治通

---

① 《中国哲学史新编》第四册，110～111页，北京，人民出版社，1986。

鉴》与《晋书·裴頠传》所载《崇有论》在文字上有所不同，例如：

《晋书》"夫盈欲可损而未可绝有也，过用可节而未可谓无贵也"；《资治通鉴》作"夫利欲可损而未可绝有也，事务可节而未可全无也"。

《晋书》之"盖有讲言之具者，深列有形之故，盛称空无之美。形器之故有征，空无之义难检……"；《资治通鉴》作"盖有饰为高谈之具者，深列有形之累，盛陈空无之美。形器之累有征，空无之义难检……"。

像这样文字上的若干不同，无关宏旨，意思都差不多。但《资治通鉴》所录《崇有论》与《晋书》所载之《崇有论》其中有一段却有重大不同。《晋书》中之"夫至无者无以能生，故始生者自生也。自生而必体有，则有遗而生亏矣。生以有为已分，则虚无是有之所谓遗者也"，而《通鉴》则作"夫万物之有形者，虽生于无，然生以有为已分（原注：物之未生，则有无未分，既生而有，则与无为已分矣），则无是有之所遗者也（原注：遗，弃也）。故养既化之有，非无用之所能全也；治既有之众，非无为之所能脩也"。这里《通鉴》所录之文与《晋书》所载者有明显的不同。我想，《通鉴》作者大概不会没有看到《晋书》所载的《崇有论》，而未照录，其原因现已不可得而知了。其所录《崇有论》两段出于何本，也未作说明，但一般说来《通鉴》所录均有所本，不过现在也无法考证了。但我们是否可假定，《通鉴》所本或早于《晋书》所本，因《晋书》中之"理既有之众"句，在《通鉴》中作"治既有之众"，此是否为避高宗讳呢？待考。

《晋书》中之《崇有论》明显地反对"有生于无"，如说："观老子之书，虽博有所经，而云'有生于无'，以虚为主，偏立一家之辞，岂有以为然哉！"这句话的意思是说，老子的书，虽然许多地方是有根据的，但他说的"有生于无"是片面的一家之言，难道也能认为是正确的吗？又如《晋书》中的《崇有论》认为，《老子》讲"静一守本"能使人心情平静，与《周易》"损"、"谦"、"良"、"节"等卦的主旨相合，但"静一守本"，并没有"虚无"的意思。总观《晋书》中的《崇有论》，当然是反对"贵无"的。

下面我们来分析《通鉴》中《崇有论》的"夫万物之有形者，虽生于无"云云一段。照《通鉴》所载的《崇有论》并注的意思是说：在"万物之有形者"（有形的世界）没有产生之前，存在着一个无形的世界；在"万物之有形者"产生之前，有形世界和无形世界尚未分开；当"万物之有形者"产生之后，它就与无形世界分开了。因此"万物之有形者，虽生于无"，但在它产生之后，"万物之有形者"就以"有"（与"无"相对）为它存在的根据了，从而无形的世界（无）就为有形的世界（有）抛弃了。从这里看，裴颁是否确有另一篇讨论有形世界（有）和无形世界（无）关系的《贵无论》呢？甚至是专门讨论"无形世界"的论文呢？

在《晋书》的《崇有论》中还有一段话也许和"万物之有形者，虽生于无"有关，这就是："夫（于）有非有于无非无于无非无于有非有。"据《晋书斠注》卷三十五说："周家禄校勘记曰：语不可解，必有脱误。一去中'于'字，读'有非有于无，非无；无非无于有，非有'，而义仍不可解。"这段话确实难解。北京大学中国哲学史教研室编的《中国哲学史教学资料选辑》对这几句话的注解是："夫有非有，有，指个体生命的存在；这句话的意思是说：纵欲求生，反而使自己的生命遭到亏损，甚至死亡。于无非无，前面的'无'字，指对物欲有所减损；这句话的意思是说：对物欲有所减损，并不是消灭自己的生命。这四句是解释'存亡交会'。"中国社会科学院哲学研究所中国哲学研究室主编的《中国哲学史资料选辑》（魏晋隋唐之部）中说："这四句相对为文，首句'有非有'上当据下三句例增'于'字。这四句话文字简约，意义不甚明晰。一说'于有非有'指纵欲求生反而使自己的生命遭受到亏损。'于无非无'是指对物欲有所减损，并不是消灭自己的生命。一说这是指从有到无，从无到有的辗转变化。前说近是。"在"夫有非有"之中加以"于"字，成"夫于有非有"是合理的。冯友兰先生在《新编》中，则另有解释，他说，这几句话"其所以难解，有两个原因。一是原来抄写的人把这十六个字抄在错误的地方，跟上下文都不接头，意思联系不上头，而且把上下文的语气也打断了；二是原来抄写的人把这十六个字的先后次序搞得颠倒错乱，以致不成句读。"① 冯先生解释说："这十六个字讲的是有、无两个范畴的正确意义，有、无两个字的正确用法。"② "十六个字的次序句读应该是：'夫有，非有于无，非有。于无，非无于有，非无。'意思是说，有是对无而言（'有于无'），无是对有而言（'无于有'），而且都是就具体事物说的。如果有不是对无而言，'有'就没有意义（'非有于无，非有'）。如果无不是对有而言，'无'也没有意义（'非无于有，非无'）。"③ 冯先生并认为，这十六个字应紧跟在"则虚无是有之所谓遗者也"之后。以上几种解释也许都可以说得通。但是否还可以有另外的解释呢？这里我提出另外一种解释，或可作为裴頠作有《贵无论》之旁证。我认为，冯友兰先生指出，这十六个字应紧跟在"则虚无是有之所谓遗者也"之后是合理的；但他对十六个字的句读，改动太多，或很难成立。把这十六个字放在《通鉴》中《崇有论》"则无是有之所遗者也"之后，这样《通鉴》中的《崇有论》，这几句则是："夫万物之有形者，虽生于无，然生以有为已分，则无是有之所遗者也。夫于有非有，于无非无；于无非无，于有非有。"这几句话连起来

---

① ② ③ 《中国哲学史新编》第四册，118页。

的意思是："万物之有形者"，虽然是从无形的世界变化而来，但它产生之后就以"有"作为它存在的根据（性分），从而无形的世界就为有形的世界抛弃了。所以说对于"有"（有形世界）说，"无"（无形世界）不是"有"（非有，不是有形世界），那么对于"无"说，"有"也不是"无"（非无）。对于"无"说，"有"不是"无"，那么对于"有"说，"无"也不是"有"。

我之所以这样来解释上引《通鉴》中《崇有论》是考虑到，裴頠作为一西晋时期的玄学家，不会不讨论到"有"和"无"这两个范畴的关系，这点冯友兰先生已注意到，所以他说："这十六个字讲的是有、无这两个范畴的正确意义。"如果从哲学的意义上说，《通鉴》中《崇有论》"夫万物之有形者，虽生于无，然生以有为已分，则无是有之所遗者也"后加上"夫于有非有"等十六个字，裴頠的"崇有"思想显得更完整。同时，我们这里也可以推测裴頠作《贵无论》的用意。

总之，从现存历史文献看，我们无法否定裴頠著有《贵无论》；那么我们能否从他的《崇有论》中推测其《贵无论》所讨论的问题呢？并为裴頠作《贵无论》找一合理的说明呢？我这里只是作了一个尝试，是否站得住，有待于更多的学者参与讨论了。

（五）向秀与郭象的《庄子注》

详细内容参考本书《郭象与向秀》一章。

（六）张湛《列子注》

关于今本《列子》是否为魏晋人所伪造一向都有讨论。冯友兰先生认为，《列子》是魏晋人伪造，但 20 世纪 90 年代以来许多学者如许抗生教授等认为非魏晋人伪造。对这个问题，我认为，据《汉书·艺文志》著录有《列子》八篇，而且有所散失，至魏晋而经搜集整理而成今本《列子》，因此其中不免有魏晋人增补之处，但其中大部分仍应是《列子》的原文。对此，我不作详细讨论。但张湛《列子注》却是魏晋玄学的重要著作。《列子注》从一个方面说，它是魏晋玄学发展的一个阶段，从中我们可以看出张湛企图调和"贵无"和"崇有"两派的思想。正是由于张湛要调和"贵无"和"崇有"两派，在他的思想体系中存在着严重的矛盾，致使魏晋玄学到东晋以后为传入的印度佛教哲学所延续了。这可以说，一种哲学思想其发展往往有一高峰，当过此高峰，则会为新的思想所代替。《列子注》还有一重要的价值，在其中保存了向秀的《庄子注》和郭象的《庄子注》，这对我们了解向、郭之不同，很有帮助。其中还部分地保存了何晏的《道德论》和《无名论》，对我们了解何晏思想很重要。

（七）刘义庆《世说新语》（包括刘孝标注）

一般介绍"魏晋玄学"史料的书文，大都没有把这部书专门列出，但我认为它对研究"魏晋玄学"的价值不在上列诸书之下。我们可有下列几点理由：第一，这部书不仅包含了当时玄学家的某些思想资料，而且从中可以了解他们的人生态度，这就可以使我们更加全面地了解当时某些玄学家的思想，例如嵇康、阮籍反对"名教"，提出"越名教而任自然"，实是反对当时的"假名教"。第二，它可以让我们了解当时某些思想家之间在思想上争论的原因。例如"四本才性"问题，为什么李丰讲异，王广讲离，而傅嘏讲同，钟会讲合，这和当时曹魏与司马氏的斗争有关。讲异、离者是附于曹魏的"唯才是举"，才德不必合；讲合、同的则为司马氏党羽，以为才德统一，他们讲"才德统一"不过是假的，唯其为假，故必如此说。第三，从一种学风层面看"魏晋玄学"，如当时讲"逍遥放达"的人很多，但是有的人是"行为之放"，仅得"放达"之皮相；有的人是"心胸之放"，则得"放达"之骨骸；有的人是"与自然为一体之放"，则得"放达"之精粹。又如对当时南北学风之评论，认为北方朴质，南方解放自由。"北人学问，渊

（深）综（繁）广博；南人学问，清通简要。""北人看书，如显处视月；南人学问，如牖中窥日。"（意思是，北方学者以章句训诂为学问，缺少见识，好像平地看月亮，处处有月亮，但都是淡光，什么也看不清；南方学者以探求义理为学问，能提出自己的见解，好像从窗洞里看太阳，不见他物，但对太阳看得很真切。）"南人约简，得其英华；北学深芜，穷其枝叶。"（《北史·儒林传序》）这些论说，对我们研究当时之学风颇为重要。

（八）刘勰《文心雕龙》

这是一部用魏晋玄学的方法研究文学理论的书，它是使中国文学理论成为一门独立学问的最重要的著作。我认为，在中国文学理论中，"美"的标准也许可以说是"情景合一"，而这个观点在《文心雕龙》中已经有了，它一方面讲"情以物兴"（《铨赋》），感情（真情）由物之景而引起；另一方面又讲"物以情观"（同上），物之景由感情来表达。"为情者要约而写真"（《情采》），"情以物迁，辞以情发"（《物色》）。文学的一个重要特点是要求"言外之意"，如说"情在言外"，"文外曲致"（《神思》），"夫隐之为体，意生文外"（《隐秀》），"情在词外曰隐，状溢目前曰秀"（张戒《岁寒堂诗话》引）。魏晋南北朝文学理论问题尝以"得意忘言"为其重要方法：言象为意之代表，而非意之本身，故不能以言象为意；然言象虽非意之本身，而尽意莫若言象，故言象不可废；而"得意"（宇宙之本体，造化之自然）须忘言忘象，以求"弦外之音"、"画外之景"、"言外之意"，故忘言象而得意。

（九）梁僧祐《弘明集》

今本十四卷。这部书对了解和研究魏晋南北朝时期的佛教非常重要，因为它是当时中国人自己所写的佛教论文集，它不是某一个人的文集，也不是某一派的文集，而是这一时代的佛教论文集。从这部书，我们大体可了解从汉末到梁初佛教在中国发展的情况和当时讨论的一些问题。特别值得我们重视的是，这部书不仅收入了当时佛教大德的论文，而且收入在某些问题上（如"神形"问题、"因果报应"问题、"沙门应不应敬王者"问题等）反对佛教的论文。

（十）僧肇《肇论》

僧肇是鸠摩罗什的弟子，他"解空第一"。《肇论》与《弘明集》不同，它是僧肇一人的文集。《肇论》从佛教哲学方面说，它不仅代表了僧肇的思想，而且可以了解当时中国般若学者对"般若空宗"的不同理解。从中国哲学发展的方面看，《肇论》可以说是魏晋玄学的终结，中国佛教哲学的开始。魏晋玄学中有"贵无"、"崇有"两大派，僧肇提出"非有非无"的"不真空"理论，显然是接着魏晋玄学的两大派讲的，他发展着魏晋玄学。而《肇论》又是佛教著作，又是讨论当时的哲学问题，如"有无"、"动静"、"知与无知"、"圣人学致"等问题，用的也多是中国哲学的概念，因而我们也可以说《肇论》是中国佛教哲学的开始。

（十一）葛洪《抱朴子》

分内外两篇七十卷。据其《自叙》说："其内篇言神仙方药、鬼怪变化、养生延年、禳邪却祸之事，属道家；其外篇言人间得失，世事臧否，属儒家。"葛洪这部书之所以重要，一是它为道教提出了一套宗教理论和实践其宗教理论的方法；二是它比较充分地体现了早期道教作为中国本民族宗教的特点；三是该书首篇《畅玄》意欲与当时的学术文化思想相接，使之具有一定的哲学理论意义。

（十二）成玄英《道德经义疏》

此为研究"重玄学"的重要材料，其第一章对"同谓之玄"、"玄之又玄"的义解，说明了"重玄"之意义。此书经蒙文通先生整理，收入《蒙文通文集》第六卷《道书辑校十种》之中。

（十三）清郭庆藩《庄子集释》

该书有郭象注，成玄英疏，疏对"重玄"义阐述颇多，并可见所受佛教之影响，道、佛、儒三种思想汇合之趋势很明显。其哲学思想是以"道"（理）、"性"、"心"为架构。

（十四）要充分注意二十四史中的魏晋南北朝时期的十一史

这些史书，可使我们了解当时的社会和学术文化之间的关系，在学者传记中常载有他们的著作。

下面我们来讨论一下利用和选择史料的方法问题。研究历史（包括哲学史）除了应该有敏锐的眼光，看出一时代学术思想发展的脉络和所注重的问题，同样也得十分重视史料问题。有些学者，他们是思想家，他们写书，对文献史料利用则存在问题。例如熊十力无疑是个大思想家，但他往往是用历史史料来论证他的思想，因此他作为一位思想家说是很杰出的，如果推求其所说都符合历史事实，其对史料之解释是否确切，那就往往会有问题。有些学者治学严谨，但往往缺少自己的见解，虽然他史料的运用比较可靠，但对人在思想上启发不大。比较难得的是既是思想家又是严谨的历史家，这样的大家在历史上也不是很多的。在近现代，也许王国维可以算得上，他不仅是个思想家，而且是个史学家，他对史料的运用和取舍都十分到家。那么我们对魏晋玄学的史料应如何运用和取舍呢？我认为有以下几点可以考虑：

（一）要注意一部书的"序"和"篇目注"

中国古代的思想家往往通过他们对经典的注疏表达他们的思想，例如王弼的《老子注》、程颐的《程氏易传》、朱熹的《诗集传》、王夫之的《周易外传》、戴震的《孟子字义疏证》等。这些注释经典的书有的有"序"，有的无"序"。魏晋时人注释经典，有不少有"序"，甚或有"篇目注"。他们注释经典的宗旨大意往往在"序"和"篇目注"中表现出来。"序"为述全书大意，因此要了解注释者所述的全书宗旨，必须读其"序"；"篇目注"为述全篇大意，列举大纲，而发挥其思想。这里我将举两部书来说明这个问题。

郭象的《庄子注》前有一"序"，其中有一段话可以说概括了他注《庄子》的思想：

> 通天地之统，序万物之性，达死生之变，而明内圣外王之道，上知造物无物，下知有物之自造也。

这段话中的"内圣外王之道"和"上知造物无物，下知有物之自造也"正是郭象《庄子注》的主旨。从本体论上说，郭象认为"万物自生"，"物各有性，性各有极"，没有一个产生万物的造物主或产生"有"的本体之"无"（"无则无矣，则无以能生"）。而认为每个事都依其真性而独立存在，甚似一种现象本体论。从人生哲学上说，郭象认为最高的人生境界是"圣""王"的统一（合一），即那种"虽在庙堂之上，然其心无异于山林之中"的"圣王"。马克思说："叙述方法必须与研究方法不同。研究必须充分地占有材料，分析它的各种发展形式，探寻这些形式的内在联系。只有这项工作完成以后，现实的运动才能适当地叙述出来。这点一旦做到，材料的生命一旦观念地反映出来，呈现在我们面前的就好像是一个先验的结构了。"[①] 我们是不是可以这样看问题，在我们研究一个思想家的思想时，当然要尽可能深入地研究他的全部材料，但是经过研究把握住了反映这个思想家思想的基本命题之后，我们就能以这个基本命题为纲，从而把这个思想家的思想了解清楚。《庄子序》中的那几句话，正是郭象思想的基本命题，把握了它，对郭象思想就像掌握了一把解剖刀而于解剖物一样，就可以把郭

---

① 《资本论》，见《马克思恩格斯全集》，中文 1 版，第 23 卷，23 页，北京，人民出版社，1972。

象的思想体系搞清楚了。

　　郭象《庄子注》的内七篇都有"篇目注"，而外、杂篇没有，这说明他更重视内七篇。我们对"篇目注"的思想有所了解，就可以较好地把握这篇注的内容。例如《逍遥游》的"篇目注"说：

　　　　夫大小虽殊，而放于自得之场，则物任其性，事称其能，各当其分，逍遥一也，岂容胜负于其间哉！

这段"篇目注"的意思是说：事物虽有大小不同，但每一事物只要按照它的本性，做其应做的事，各自适当地守住其本分，都一样可以说是逍遥，在他们之间没有什么高下之分。这正是郭象的重要思想，整个《逍遥游》的注都是围绕着这个观点展开的。而且我们从这里也可看到郭象和庄子的思想之不同（详后）。另一本书是张湛的《列子注》，这部书前也有一篇"序"，在"序"中有这样一段：

　　　　其书大略，明群有以至虚为宗，万品以终灭为验。

这两句话可以说是了解张湛《列子注》的纲。从中我们可以看出他有一个基本观点，他要求解决人如何得以"超生死，得解脱"的问题，为此他构造了一个"群有"所归向"至虚"的超现实的世界（从这点看张湛又回到"贵无"派了）。他认为，"群有"（天下万物）这个现实世界是以一个超现实的"至虚"世界为其归依的。因为千差万别的事物最后都是会消亡的，所以人们必须了解自己的来源与去向，这样才可以得到精神上的解脱，而回归于"至虚"。如果我们再进一步分析《列子注》八篇的"篇目注"，就可以了解整个张湛思想的结构了。

　　《列子注》的第一篇《天瑞》的"篇目注"是说事物的存亡变化，张湛认为，"群有"有生有化；而"本无"（本体之无）无生无化。第二篇《黄帝》的"篇目注"是说有变化。既然任何事物都有生有化，如果能顺应生死之变化，那么就能所适常通；如果任由自己的欲求而背离常道，那么必然遇到事情就很难行通。这里是就现象方面看，事物虽有分别，但了解其来源与去向，就可以"超生死，得解脱"了。第三篇《周穆王》的"篇目注"是说无变化。张湛认为，生死、梦觉原其极（最后）本归于无物（太虚），故"生灭之理均，梦觉之涂一"。这是就本体上说，因一切事物归根到底都是现象，现象虽有变化，但其本体则无变化。第四篇《仲尼》、第五篇《汤问》是说"玄照"，即讨论认识的方法、途径。"超生死"须靠智慧，从现象的变化中看到本体的不变化。而这种智慧是"无智之智"。"无智之智"才可以"寂然玄照"（因为"有智之智"就有分别；"无智之智"则可无分别，对生死也一样），无所根滞（"有智之智"总是持着某一方面，"无智之智"才可以超出限制，而无往不适）。第六篇《力命》的"篇目注"是说"知命"。有"无智之智"则可知命。"命者，必然之期，素定之分也。虽此事未验，而此理已然，若以寿夭存乎御养，穷达系于智力，此惑于天理也。""寿夭"、"穷达"都是命定的，不是人为可以求的。如果想靠养生而长生，靠智力而富贵，这是违背"天理"的。第七篇《杨朱》的"篇目注"说"达生"。张湛认为，"夫生者，一气之暂聚，一物之暂灵。暂聚者终散，暂灵者归虚"，故当"纵情肆性"，而不"求余名于后世"，此"达乎生生之趣也"。这是张湛所说的一种人生态度。盖对"命"有了深刻的"玄照"（深入的观照）就可以达观地对待"生死"、"穷达"了。有这种达观的人生态度，即在一生中应可任性自为，求欢于一世，而不必追求什么后世之名。第八篇《说符》的"篇目注"是说变通。"夫事故无方，倚伏相推，言而验之者，摄乎变通之会。"这段话的意思是说：事物存在的内外条件是无穷变动的，圣人则可在变化中求不变。能任性自为就可以随机应变，不要持着什么，拘于什么，心安理得于变化之中，唯变是从。这八篇的"篇目注"构成了张湛的思想体系，它实是围绕着"超生死，得解脱"而展开的，所以《杨朱》中有一段注说："此书大旨，自以为存亡往复，形气转续，生死变化，未始绝灭也。"人生是气之聚，人死是气之散，无论聚或散都在太虚之中。聚而为人，在太虚中为一物，散则是复归于太虚，此无非是形态的变化。生死虽然不同，但同为气之聚或散，在太虚中并没有消灭。因此，人生时应尽情任性，心安理得地唯变是从（我看，这或颇有后现代的意味）。

（二）要注意从史料的对比中发现问题，解决问题

关于这个方面可以用向秀与郭象的《庄子注》来说明，在本书《郭象与向秀》章对此有详细讨论。

（三）从思想发展的趋势（内在规律）来看史料的重要性

有些史料的发现或被人们认识它的价值，对研究哲学史说十分重要。例如长沙马王堆发现的《经法》、《十大经》等，使我们对战国末以来的"黄老之学"有了认识，弥补了从老子思想发展到汉初黄老之学的空白。又《管子》中的《白心》、《心术》、《内业》等篇被提出来作为战国中期的一派代表作（或谓为宋尹学派之作，或谓为彭蒙、田骈一派之作），其中把"气"（精气）一概念提出，这就使我们可以了解到孟子提出"浩然之气"并非偶然，以及战国末至秦汉谈到"气"，都不能不说受到了《管子》上述四篇的影响。因此，判断一种史料的价值应该注意它在整个思想发展的过程中的重要性如何，而思想的发展总是有其内在逻辑的。能构成思想发展中的一个环节的史料应都是很重要的。历史上有些思想家、哲学家总结了以前思想的成果，创造了新的思想发展方向，在当时和以后都起过重要的影响。但也有些思想家没有对以前思想进行系统的总结，也没有开辟新的思想发展方向，但他的思想却反映了一个时代向另一个时代哲学思潮的过渡，这样的思想家也应受到重视。刘劭应属于这样的思想家。

刘劭是曹魏之初的人，这正是西汉以来以儒学经典为研究对象的"经学"思想走向衰落的时期。由于儒家这种统治思想的衰落，就为其他思想活跃起来开辟道路。刘劭《人物志》正产生在这个时候。我们从《人物志》中可以看到，它不仅包含着儒家的某些思想，而且还包含着道家、法家、名家的思想，而且这些思想有着合流的趋势。因此，我们可以通过《人物志》了解到汉朝以来的学术风气将有一个重大的变化，而预示着一种新的学风将会出现。《人物志》是一部带有一定理论性的评论人物的书，它通过汉朝对具体人物的评论引向评论人物的一般标准和原则的讨论。它不仅涉及一些政治理论的重要问题，如"创大业需要英雄"，"致太平则有赖于圣人"等，而且接触到后来魏晋玄学所重视的问题，如"才性"问题、"有为无为"问题、"有名无名"问题、"一多"问题等。这些问题在《人物志》中尚不具备哲学上的意义，而到魏晋则成为玄学家们所关注的哲学问题。因此，我们可以说《人物志》是向魏晋玄学过渡的一个重要环节，它让我们能了解到汉末到魏晋学术发展的趋势。还有裴頠的《崇有论》可以使我们了解王弼的"贵无"向郭象的"崇有"发展的必然性，此前已论，这里就不去讨论了。

（四）要注意史料的内证

在中国古代，有些书流传了一段时间之后就散失了，而后来又发现了没有说明作者的书，但分析起来这本书可能是某作者的作品，并且可以找到一些"旁证"，但旁证总还是间接的材料或后人的一些说法，不可能确切地说明问题。例如有一部注解《老子》的书，叫《老子想尔注》，这部书我们可以找到最早的记载是唐初陆德明的《经典释文》，其《序录》中说："《想尔注》二卷。"下云："不详何人，一云张鲁，或云刘表。"但后来的一些书，如唐玄宗所撰《道德真经疏本外传》中著录有"《想尔注》二卷"，注谓：
"三天法师张道陵所注。"但近代在敦煌遗书中发现了一本残卷的
《老子注》，卷末题"老子《道经》上"，下注"想尔"二字分行，
但没有说明是谁的注本。从字体上看应是南北朝时的写本，正因
为它是较早的写本，对研究早期道教史非常重要。但究竟是谁对
《老子》的注释呢？中外学者写了不少文章讨论，仍无法肯定，因
为找不到可靠的内证。我在《魏晋南北朝时期的道教》一书中也
作了讨论，认为应是张鲁完成的《老子注》，但也很难说是定论。

　　但有另外一本书，早已佚失，这就是早期道教的另一部寇谦
之的《云中音诵新科之诫》。这部书《魏书·释老志》和《隋书·
经籍志》都有著录，据载有二十卷之多，但后此书佚失，20 世纪
50 年代末汤用彤先生翻阅《道藏》，发现其"力字"部中有《老君
音诵诫经》一种，但未说明作者。从书名上看，它和《云中音诵
新科之诫》颇相似，且据《魏书·释老志》记载，这部书是"老
君"赐给寇谦之的，所以称《老君音诵诫经》也可以。但是否因
为书名相近就可以断定为寇谦之的作品呢？显然不能以此作为定
论。于是，把《魏书·释老志》所录的有关内容与《老君音诵诫
经》相比较，不仅思想一致，而且语言也大体相同，如《释老志》
中说：

　　　　太上老君谓谦之曰：……吾故来观汝，授汝天师之位，
　　赐汝《云中音诵新科之诫》二十卷……吾此经诫自天地开辟
　　以来，不传于世，今运数应出，汝宣吾新科，清整道教，除
　　去三张伪法，租米钱税及男女合气之术。

查《老君音诵诫经》中说：

　　　　老君曰：吾以汝受天官内治……可比系天师同位……从
　　吾此音乐之教诫，从天地一正变以来，不出于世，今运数应

出，汝好宣教诫科律，法人治民。

又说：

> 谦之，汝就系天师正位，并教生民，佐国扶命，勤理道
> 法……一从吾《乐章诵诫新科》，其伪诈经法，勿复承用。

其他尚有不少与《释老志》所录大同。有了这些内证，我们可以断定《道藏》中所存的《老君音诵诫经》是寇谦之的著作。有了《老君音诵诫经》，道教在南北朝时期的发展就有了较可靠的史料。而关于此问题，早在 1956 年已有杨联陞等人讨论过，但因当时我国中外学术文化交流断绝，无法了解海外学术研究情况。

（五）如何看待史料中的矛盾

史料中存在着矛盾，并不少见，有的是不同的书记载不同，见前面讨论向秀与郭象《庄子注》的问题。但有的作者自己本身的著作中就有在思想上的矛盾，这如何办？例如在王弼的《老子注》与《老子指略》中就有两个不同的命题："崇本举末"与"崇本息末"，这两个命题的含义显然不同，《老子》第三十八章注中说：

> 守母以存其子，崇本以举其末，则形名俱有，而邪不生。
> （如果能守住根本，那么其末枝的方面就可以保住，推崇本无
> 而举出末有，治理国家的规则就同时都发生作用，这样邪伪
> 的事就不会发生。）

第五十七章中说：

> 以道治国，崇本以息末。（用道来治理国家，就要推崇本
> 无，而清除末有。）

这两种说法应如何解释，目前有两种不同意见，一种意见认为在

王弼的体系中，其自身体系也存在矛盾；另一种意见认为，这两个命题并无矛盾。后一种意见说："崇本举末"是就王弼思想体系的本体论方面说的，而"崇本息末"是就其政治观点说的。我认为，这两种看法都有一定的道理，但前一种看法也许更能说明王弼哲学的特点。就三十八章注看，它也不仅仅是本体论的问题，因其后两句"形名俱有，而邪不生"，应说是"人事"问题。我一直有一个观点，任何思想家（哲学家）其自身的体系中往往都包含着矛盾，而后来的哲学家发现其存在的矛盾，并试图解决其矛盾，把哲学思想推向前进。如果说这个哲学家的哲学思想体系不存在矛盾，没有后来哲学家可以进一步解决的问题，那么哲学就没有发展了。王弼哲学之所以产生上述矛盾，我认为是在于他的哲学是企图调和儒道，解决当时有关"名教"与"自然"的矛盾，然而儒道两家是两个不同的思想系统，调和是有困难的，为要照顾到两方面，难免产生矛盾。就其本体论说，他虽企图把"本体论"建立在"体用如一"、"本末不二"之上，但由于在他的论述中，提出"以无为本"的命题，而过分地强调"本无"的作用，容易发生否定"末有"的方面。所以我认为，研究历史上的哲学应注意揭示其思想体系中的矛盾，并发现后来的哲学家是如何解决其矛盾的，这样我们才能真正通过对哲学史的研究和学习锻炼我们的思维能力。所以恩格斯说："理论思维无非是才能方面的一种生来就有的素质。这种才能需要发展和培养，而为了进行这种培养，除了学习以往的哲学，直到现在还没有别的办法。"①

　　上面我介绍了一点利用和选择史料的问题，目的是希望大家读书时仔细一点，要学会自己能从史料中发现问题，解决问题。研究历史的重要本领之一，要能从已有的材料中发现别人没有发

————————

　　① 《自然辩证法》，见《马克思恩格斯选集》，2版，第4卷，284页。

现的问题，并且能作出合理的说明，来揭示合乎历史真相的判断（但大体上说也只是"近似"的"真相"，因为"历史"和"写的历史"总是有一定差距的），并为我们今天所借鉴，提高我们的认识水平，锻炼我们的理论思维能力。

第三章 魏晋玄学的产生与评价问题

一、魏晋玄学的产生

"玄学"应如何下定义？可能有各种说法。毛泽东在《矛盾论》中说："形而上学，亦称玄学。这种思想，无论在中国，在欧洲，在一个很长的历史时间内，是属于唯心论的宇宙观，并在人们的思想中占了统治的地位。"又说："所谓形而上学的或庸俗进化论的宇宙观，就是用孤立的、静止的和片面的观点去看世界。"①毛泽东这种对"形而上学"或"玄学"的看法大概只能说是众多看法的一种，而且是马克思列宁主义，特别是斯大林主义、毛泽东思想的一种看法，这种看法和中西哲学史上众多哲学家的看法都不一样。毛泽东所说的"形而上学"或"玄学"显然不是"魏晋玄学"的"玄学"，或者说它不能包括"魏晋玄学"的"玄学"。而且在中西哲学史上，把"形而上学"看做仅仅是一种"孤立的、静止的和片面的观点去看世界"本身就是一种"孤立的、静止的和片面的"看问题的方法。在西方哲学史中"Metaphysics"我们翻译成"形而上学"，不同的哲学家就有不同的说法（详下）。在中国最早出现"形而上"一词是《周易·系辞》"形而上者谓之道，形而下者谓之器"，这里的"形而上者谓之道"的"道"是说"道"是无形无象的，"形而下谓之器"的"器"是说"器"是有形有象的，大概与"孤立的、静止的和片面的"没有什么直接关系。到 20 世纪 20 年代有所谓"科玄论战"，又称"科学与人生观论

---

① 《毛泽东选集》，2 版，第 1 卷，300 页，北京，人民出版社，1991。

战"，这里的"玄学"是指"人生观"，目的是要对抗西方一统天下的科学，而传承中国传统文化，又称它为"新宋学"，这里的功过是非可以讨论，但不能把当时所谓的"玄学派"的观点看做都是"孤立的、静止的和片面的"。如果这样说，那么所谓"科学派"认为"科学"可以解决人类的一切问题，不是也是"孤立的、静止的和片面的"了吗？所以研究哲学是不能简单化，只靠自己下定义就了事的，这样就会成为教条主义。

关于"玄学"或"魏晋玄学"有种种不同的英译：

（1）Metaphysics of Wei and Jin Dynasties；

（2）Mysterious Learning of Wei and Jin Dynasties；

（3）New Taoism（Neo Taoism），这和把宋明理学译成 New Confucianism 一样；

（4）Dark Learning（幽深的学说，见于 E. Zurcher 的 *The Buddhist Conquest of China*）。

除以上英译法外，尚可有其他译法，不详论。

关于形而上学（Metaphysics），据美国 D. D. Runes 的《哲学辞典》上说：

（形而上学）是安德-罗尼库斯（Andronicus）约在公元前70 年编亚里士多德的遗著时专门用的名称。

传统上给了它一个不大清楚的解释："关于存有（存在）自身的科学"（the science of being as such）。后来被解释为对"存在"（Being）的一个特殊方面的研究。因此，这里所谓的"科学"是指古典意义上说的，也就是关于"究极原因的知识"，即"第一原理"（宇宙规律）。这个"第一原理"（first principles）被视为没有比它更高、更完全的普遍性，只能靠人类自身的本性的能力得到。

本来在亚里士多德那里把形而上学（Metaphysics）叫做"第一哲

学"（first philosophy），所以黑格尔说："亚里士多德毫不含糊地
把纯粹哲学或形而上学与其他科学区别开来，称为它是一种'研
究存在之为存在以及存在自在自为的性质的科学'。"在美国 1982
年出版的《美国传统字典》中说：

> 形而上学作为哲学的一个分支，它系统地研究自然（na-
> ture）的第一的原理和终极的实在（reality），它包括对"存
> 在"（Being）的研究（本体论，ontology），也常常包括宇宙
> 构成的研究（宇宙论，cosmology）。

就上述两种对"形而上学"的解释上说，大体上是相近的，但也
有点不同。就 Runes 所解释的 Metaphysics 大概只包括本体论
（ontology）的问题，而不涉及"宇宙论"（cosmology）的问题，
而《美国传统字典》的解释则认为 Metaphysics 有时也包括"宇宙
论"的问题。我想，后者对 Metaphysics 的解释可能更适合用于
"魏晋玄学"。"魏晋玄学"虽说主要讨论的是"本体论"问题，但
有的玄学家也讲"宇宙论"问题，例嵇康、阮籍，甚至王弼体系
中也还残存着某些"宇宙论"的痕迹。上述对"魏晋玄学"的种
种说法，我认为把它称为"新道家"（New Taoism）不一定合适，
因为"新道家"这个名称没有能表达出"魏晋玄学"的特点。而
且目前也有学者把汉初黄老之学称为"新道家"。我想，"魏晋玄
学"如译成英文也许"Mysterious Learning of Wei and Jin Dynas-
ties"较合适，它比较有"本体论"的意义，而且魏晋学人也常把
他们自己的学说叫做"玄远之学"（"体玄识远"）或"玄虚之学"，
如说：

> 阮嗣宗……发言玄远，未尝臧否人物。（《晋书·阮籍传》）
> 借玄虚以自溺，引道德以自奖。（《晋书·嵇含传》）
> 流咏太素，俯赞玄虚。（嵇康《杂诗》）

所谓"玄远之学"就是说要远离事物（即要超越具体事物，探求现象世界存在的背后根据）和远离事务（超凡脱俗，而能逍遥放达的人生境界）。马克思《哲学的贫困》第二章《政治经济学的形而上学》中对"形而上学"有一条注释说：

> 用纯思辨的方法来阐述经验以外的各种问题，如关于存在的始原，关于世界的实质，关于上帝，关于灵魂，关于意志自由等等。

这条注释对马克思在这里所用的"形而上学"含义的说明是正确的。马克思这里所说的"政治经济学"是指把经济关系作为一种先验的（即经济背后的）抽象观念来对待。从以上种种对"形而上学"的解释，我们是否可以得出以下三点看法：

（1）形而上学或玄学是研究宇宙存在的根本原因（第一因）或者说是"第一原理"的学问；

（2）形而上学讨论的问题是"本体论"的问题；

（3）形而上学是一种用思辨的形式讨论经验背后（超乎经验之上）的问题的学问。

我们说"魏晋玄学"是一种形而上学大体上是就以上意义上说的，它主要是一种以思辨形式讨论哲学的"本体论"问题。如果我们给"魏晋玄学"一个较为全面的说明，也许可以这样表述：

> 魏晋玄学指魏晋时期以《老》、《庄》（或"三玄"）思想为骨架，从两汉烦琐的经学解放出来，企图调和"自然"与"名教"的一种特定的哲学思潮。它讨论的中心问题是"本末"、"有无"问题，即用思辨的方法讨论关于天地万物存在的根据的问题，也就是说它是以一种远离"事物"与"事务"的形式来讨论事物存在根据的本体论形而上学的问题。它是中国哲学史上第一次企图使中国哲学在老庄思想基础上建构

把儒、道两大家结合起来极有意义的哲学尝试。

在上述关于"魏晋玄学"的表述上，也许我们可以注意以下几点：

（1）从思想发展上看，它是老庄思想在新的历史时期的新发展，是对汉朝的学术的一种扬弃，它用本体论取代了汉朝的"宇宙论"（即宇宙构成与发生问题）。

（2）"魏晋玄学"作为一种哲学思潮，它讨论的中心问题是"本末"、"有无"问题，也就是"无"和"有"的关系何者为"本"，何者为"末"，即无名无形的"道"（形而上的"道"）与有名有形的"事物"（形而下的"物"）之间的关系问题。照当时主要玄学家的看法，他们认为"有"和"无"、"末"和"本"应该是统一的，但应统一在"无"。因此，"自然"和"名教"也应是统一的，但"自然"是"本"，"名教"是"末"，儒家和道家思想应是可以调和的。

（3）"魏晋玄学"以远离实际的形式来讨论宇宙人生的根本问题，因此它是一种思辨形式的哲学。

（4）"魏晋玄学"相对于两汉经学，它对人们起着一种思想解放的作用。

（5）"魏晋玄学"是中国哲学史上第一次从哲学上企图调和儒道两家极有意义的尝试。"魏晋玄学"在魏晋时期，曾用许多不同的名称来表述，最普遍的名称是"玄远之学"，如说：

> 阮嗣宗……发言玄远，未尝臧否人物。（《晋书·阮籍传》）
>
> 然天下之至慎者，其惟阮嗣宗乎？每与之言，言及玄远，而未尝评论时事，臧否人物。（李秉《家诫》，见《全晋文》卷五十三）
>
> 上曰：天下之至慎者，其惟阮嗣宗乎？每与之言，言及玄远，而未尝评论时事，臧否人物……（《世说新语·德行》注引《魏氏春秋》）

王、庾皆隽神清识，能言玄远。（陆澄《与王俭书》，见《全齐文》卷十五）

属言玄远。（始安王光《上明帝表荐王笫、王僧孺》）

附会玄远。（张镜《答淮南王义宣书》，见《全宋文》卷四十九）

幽人守虚，仰钻玄远。（庾敳《幽人箴》）

王夷甫雅尚玄远。（《世说新语》卷中之下）

（谢）万……叙四隐四显为八贤之论谓：渔父、屈原、季主、贾谊、楚老、龚胜、孙登、嵇康也。其旨以处者为优，出者为劣。孙绰难之，以谓体玄识远者，出处同归。（《世说新语》卷上之下）

王夷甫虽尚玄远。（《艺文类聚》卷六六三一《郭子》）

可见魏晋时言"玄远"是当时的一种学风。还有问题或可注意，当时的学风除用"玄远"表述外，有时也还用"名理"或"虚胜"来表述，如何劭《荀粲传》中说：

粲诸兄并以儒术论议，而粲独好言道。常以为子贡称夫之言性与天道不可得闻，然则六籍虽存，固圣人之糠秕。粲兄俣难曰："《易》亦云：圣人立象以尽意，系辞焉以尽言，则微言胡为不可得而闻见哉？"粲答曰："盖理之微者，非物象之所举也。今称'立象以尽意'，此非通于意外者也；'系辞焉以尽言'，此非言乎系表者也。斯则象外之意，系表之言，固蕴而不出矣。"……（傅）嘏善名理，而粲尚玄远，宗致虽同，仓卒时或有格，而不相得意，裴徽通彼我之怀，为二家骑驿。

又，《文心雕龙·论说》中说：

魏之初霸，术兼名法，傅嘏、王粲校练名理。

《世说新语·文学》中说：

> 傅嘏善言虚胜，荀粲谈尚玄远，每至共语，有争而不相喻。裴冀州释二家之义，通彼我之怀，常使两情皆得，彼此俱畅。

看来"名理"、"虚胜"和"玄远"三个概念既有区别又有联系，那么它们的区别与联系何在？关于"名理"当指"辩名析理"，《庄子·天下》篇郭象的最后一条注评论辩者说：

> （辩者虽）无经国体致，真所谓无用之谈也。然膏粱之子，均之戏豫，或倦于典言，而能辩名析理，以宣其气，以系其思，流于后世，使性不邪淫，不犹贤于博奕者乎？

关于"名理之学"早始于先秦，如惠施、公孙龙等，其实庄子也是一位"辩名析理"之大师，如他说："判天下之美，析天下之理。"至魏晋玄学家多讲"名理"，如王弼在《老子指略》中说：

> 夫不能辩名，则不能言理。不能定名，则不可以论实也。
>
> 凡名生于形，未有形生于名者，故有此名必有此形，有此形必有其分。

嵇康《琴赋》也有："非夫至精，不能与之析理。"《世说新语》中有"共谈析理，既共清言"，"辨析之谈"等。所谓"名理"就是"辩名析理"。"辩名"，"名"是指"实"的；既然"名"是指"实"的，把"名"搞清楚了（开始"名"是指"名分"），有此"名"就应该有其"实"（表现这个"名分"的实际）。因此，"名"往往是表现"应然"（应该如此），并不一定是"实然"（实际如此）。如"应该如何"的"名分"搞清楚了，就是说对此事物的"道理"才能搞清；通过"辩名"才可以"析理"。

关于"虚胜"，如《世说新语·言语》中说：

> 裴仆射（頠）善谈名理，混混有雅致。

在孙盛《老聃非大贤论》中说：

> 昔裴逸民（頠）作《崇有》、《贵无》二论，时谈者或以为不达虚胜之道者，或以为矫时流遁者……

可见"名理"和"虚胜"多少有点不同。据章太炎的《黄中道士缘起说》一文中说："虚胜"是"虚无贵胜之道"的意思。在《世说新语·品藻》中有孙兴公自称他"托怀玄胜，远咏老、庄"。"玄胜"是说以谈老庄的胜，"玄胜"就是"虚胜"，在魏晋时玄、虚两字常连用。

研究哲学应该有一要求，就是对每一概念的含义该搞清楚。在这点上，西方哲学甚至印度哲学都比我们强。中国哲学有时讲什么"微言大义"，往往是对一些问题讲得"含混不清"，才讲什么"微言大义"。这种作风一直到现在还很盛行。有时某领导作报告，本来就不知所云，然后要大家讨论，"领会精神实质"。如果他自己清楚，就应该把所谓"精神实质"告诉大家，免得浪费时间，正因他自己也不清楚什么是"精神实质"，才要你去领会。如果发生问题，就可以推说，你领会错了，他可以全不负责。我想，我们搞学问要把问题尽可能地弄清楚，没有弄清的问题，就应说明自己还没研究清楚。

"名理"、"虚胜"、"玄远"三个概念，我们应看到它们的区别与联系。可以说，它们是同一类的思维方式，即魏晋思辨哲学的三个不同层次的思维方式。所谓"名理"开始是讨论"名分之理"，人君臣民各有其职守，如果名实相符则天下治，此为政治理论的问题。后来进而讨论鉴别人物的标准和原则问题，立一些不同类型的人物标准（名），以便来品评现实的人物时有个标准可倚，如立一关于"英雄"的标准说"聪明秀出谓之英"、"胆力过人谓之雄"。例如从历史上看，张良可称为"英"，项羽可称为"雄"，而刘邦则可称为"英雄"。再进而向抽象原理方面发展，如讨论"才"、"性"问题，这就是说讨论到更加抽象的问题了。像钟会、傅嘏、李丰、王广的"四本才性"问题，其中"才"指什么，"性"指什么，"合"、"同"、"离"、"异"如何解释，等等，都是"名理"问题。

"虚胜"如理解为"虚无贵胜之道"，就是所说所论不关具体事（不仅人物），而以说某些抽象原理为高明，但似乎仍未离开政治人伦的一般原则，而进入宇宙本体的形而上领域。如何晏说"圣人无喜怒哀乐"，这只是说圣人的一种品德，或圣人作为人的一个方面。那么圣人为什么"无喜怒哀乐"呢？有什么本体论方面的根据呢？何晏进一步说："凡人任情，喜怒违理；颜回任道，怒不过分。"这里涉及"情"、"理"、"道"等概念，应是形而上的问题，但为什么"凡人任情"、"颜回任道"则无所说明，因此还不能说它已经是一形而上命题。从这里，我们可说"虚胜"者必善言"名理"，所以《世说新语·文学》中说傅嘏"善言虚胜"，而《荀粲传》中说他"善名理"，自然好理解了。然"善名理"的则不一定都能"达虚胜之道"，如前面引用的那两段关于评论裴頠的话，它们说明裴頠"善名理"而"不达虚胜之道"就是一例。当然这两段话是否正确，是可以讨论，但当时人把"虚胜"看成比"名理"高一层，或可说是一般的看法。

据《荀粲传》，"玄远"之学应是把"超言绝象"问题作为讨论对象，也就是说要把天地万物之所以为天地万物之存在根据作为讨论对象，即要为人伦物理找一个形而上本体论的根据（最后因）。当然中国传统哲学的哲学家们在使用概念、名词时并不那么严谨，所以"玄远"也可以有多重含义，其中有两种含义比较重要：如说阮籍"言及玄远，而未尝评论时事，臧否人物"，这里的

"玄远"是指远离"事务"（世事），仍属于"人伦政事"方面；而《荀粲传》说荀粲"尚玄远"，这里的"玄远"不仅指远离"事务"，而且指远离"事物"，则属于"超言绝象"的形而上学方面的问题了，或说涉及经验之外的本体论问题了。这两方面虽有联系，但意义不同。

"魏晋玄学"在当时又往往直接把它称为"老庄之学"，如干宝《晋纪·总论》中说："学者以老、庄为宗。"沈约《宋书·谢灵运传》中说："为学穷于柱下，博物止乎七篇。"也有以"玄宗"或"玄虚"来说当时玄学的学风的。如《晋书·嵇含传》引嵇含《吊庄周图文》："借玄虚以助溺，引道德以自奖，户咏恬旷之辞，家画老、庄之象。"北齐颜之推《颜氏家训·勉学》中说："何晏、王弼祖述玄宗。"接着在列举山涛、夏侯玄、荀粲、王衍、嵇康、郭象、阮籍、谢鲲之后说："彼诸人者，并其领袖，玄宗所归……洎于梁世，兹风复阐，《老》、《庄》、《周易》，总谓三玄。"由此可见"魏晋玄学"与老庄哲学的渊源关系之深。但是，我们要问"玄学"这一名称究竟何时才有？看来，早在西晋时已经有了，不过不像今天用得那么普遍，因此在史书中所用不多。《晋书》卷五四《陆云传》中说："（陆）云……至一家便寄宿，见一年少美风姿，共谈《老子》，辞致深远。向晓辞去，行十许里，至故人家，云：此数十里中无人居。云意始悟，却寻昨宿处，乃王弼冢。云本无玄学，自此谈老殊进。"《晋书》系唐初所修，《陆云传》中"玄学"二字，是否西晋时已有，很难断定。但"玄学"这一名称在刘宋时可以说已得到公认，并成为与儒学、史学、文学并列的"四学"之一。《宋书·雷次宗传》中说：

> 元嘉十五年，征（雷）次宗至京师，开馆于鸡笼山，聚徒教授，置生百余人。会稽朱膺之、颍川庾蔚之并以儒学，监总诸生。时国子学未立，上留心艺术，使丹阳尹何尚之立

玄学，太子率更令何承天立史学，司徒参军谢元立文学，凡四学并建。

又，《资治通鉴》卷一二三，宋文帝元嘉十五年中说：

> 豫章雷次宗好学，隐居庐山……是岁，以处士征至建康。为开馆于鸡笼山，使聚徒教授。帝雅好艺文，使丹杨尹庐江何尚之立玄学，太子率更令何承天立史学，司徒参军谢元立文学，并次宗儒学为四学。

这是有关宋文帝立"四学"的记载。司马光对此事有一段评论说：

> 臣光曰：《易》曰：君子多识前言往行以畜其德。孔子曰：辞达而已矣。然则史者，儒之一端；文者，儒之余事；至于老、庄虚无，固非所以为教也。夫学者所以求道，天下无二道，安有四学哉！

从宋文帝立"四学"和司马光的评论，都是把"玄学"和"儒学"看成是两种不同的学问，而所谓"玄学"即"老庄之学"。司马光甚至认为它于"教化"无益。我们再看东晋以后的一些学者对"玄学"的评论，邓粲《晋纪》，卞壸批评王平子、谢幼舆的"放达"说：

> 悖礼伤教，罪莫斯甚！中朝倾覆，实由于此。

东晋葛洪《抱朴子·外篇》对玄学、清谈批评甚多，如说：

> 世人闻戴叔鸾、阮嗣宗傲俗自放……夫古人所谓通达者，谓通于道德，达于仁义耳……

又，干宝《晋纪·总论》中说：

> 风俗淫僻，耻尚失所，学者以老、庄为宗，而黜六经；谈者以虚荡为辩，而贱名检……

由此可见当时不少学者往往对"玄学"采取批评态度，认为它不是对汉以来儒学的某种发展。那么玄学又是怎样产生的呢？

关于"魏晋玄学"如何产生，向来有不同看法，或者说不同学者往往从不同方面看到了它产生的一些现象。如说，由于汉朝的经学越来越荒诞和繁琐，而物极必反，当这种荒诞不可能再发展时，思想就向它的对立面转化，而趋于简单、抽象，而老庄思想本来就比较简约而抽象，于是它就应时而流行了。或者有认为，由于魏晋之际，天下纷乱，士大夫难有全身保命者，不如逃避现实，而信奉老庄。《世说新语·栖逸》"嵇康游于汲郡山中"条，注引王隐《晋书》中说：

> 魏晋去就，易生嫌疑，贵贱并没。

《晋书·阮籍传》谓：

> 籍本有济世之志，属魏晋之际，天下多故，名士少有全者，籍由是不与世事，遂酣饮为常。

据载，司马昭的亲信钟会常常去阮籍家，想刺探阮籍有没有反对司马氏的企图，但钟会去时，阮籍常喝酒，喝得大醉，不省人事，使钟会无法得到什么证据，因而阮籍得以保全性命。

上面所说的"魏晋玄学"产生的原因都有一定的道理，但只能说明汉朝思潮发展到魏晋思潮的一般现象，或者说只是说明了"魏晋玄学"产生的外部原因。然而我们研究哲学思想的发展，则要求我们说明为什么汉朝的经学由玄学取代，为什么汉朝的宇宙论发展成为魏晋玄学的本体论，这个问题就不能仅仅用一些现象来说明，就应寻求思想自身发展的内在原因，即内在逻辑。

为把问题说清，我们先说明一下，什么叫"宇宙论"（cosmology），什么叫"本体论"（ontology）。当然这两个名称都是由外文翻译过来的，所以得了解它们的原意。宇宙论是由 cosmology 翻译过来的，cosmology 释成宇宙论，有时也译成宇宙构成论。cosmology 译成宇宙论是很不错的，据 Runes 的《哲学辞典》说：宇宙论是论及宇宙起源和它的构成这一方面的哲学，它和本体论或形而上学相对而言。因为本体论是研究"存在"（Being）的根据，并不涉及构成；宇宙论又和自然哲学相对而言，自然哲学是研究自然界中的对象的基本规律、进程和分类的。《美国传统字典》1982 年版中说："宇宙论是哲学的一个分支，它涉及宇宙的起源、进程和结构。"

本体论是对 ontology 的翻译，onto 可解释为 existence（存在）或 being（有）（见《美国传统字典》），所以 ontology 也可以译为"存有论"或"存在论"。照《美国传统字典》中说：本体论是哲学的一个分支，它涉及"存在"方面的问题。Runes《哲学辞典》关于 ontology 的解释说：关于"存在"作为存在的理论（the theory of Being qua being）。亚里士多德"关于'存在'作为存在的理论"就是他的第一哲学（first philosophy），即关于事物本质的科学。所谓第一哲学是亚里士多德提出的，它是关于对"存在"自身本质属性和终极原因的原则的研究。这就是说，"第一哲学"（或本体论）是研究"存在"（宇宙的存在）的根据的理论，宇宙如此存在的原因和根据何在。简单地说：cosmology 是研究宇宙起源或构成的问题，而 ontology 是讨论宇宙存在的原因和根据的问题（终极原因，final cause）。说宇宙（天地万物）是由物质构成的，或者说是由神创造的等等都可以是 cosmology 的问题。但它为什么如此存在，根据什么如此存在，这只能通过抽象的思维得到，这是本体论讨论的问题。

下面我们来讨论汉朝的学说向魏晋的学说发展的过程，也就是说如何自汉的宇宙论发展到魏晋的本体论学说。

我们知道，从汉末到西晋一百多年，是一个社会大变动的时期，因而给思想的解放创造了条件。在旧思想无法统治下去，而新的统治思想又尚未形成的情况下，一般地说思想总是比较活跃的，比较丰富多彩。正因为旧社会的瓦解，社会动荡不安，人们就会不断追问：现实社会的存在有什么根据，它是否合理？理想的社会应该是怎样的？是否会有一个理想的社会？这些问题都会被不断地提出来。东汉末年，由于社会经济政治处在普遍不稳定的状况，原来自董仲舒以来的儒家思想已经很难对社会起维系作用，于是曾被"罢黜"的百家思想又活跃起来，名、法、道、阴阳等家的思想在社会上又渐活跃，而以道家思想最有影响。道家思想之所以更为活跃，有其历史原因。在西汉初年，黄老道家思想曾一度是统治思想，以后虽有汉武帝的"罢黜百家，独尊儒术"，但道家思想却成为抵抗儒家正统思想的暗流。据史书记载，两汉时期研究老子思想的有六十余家，有些是从哲学上治《老子》，如严君平、王充等；有些是从政治理论方面研究《老子》，如郑均；有些民间宗教团体把《老子》抬出作为他们宗教理论的根据，如五斗米道。特别是，从哲学上看，当时与老庄思想相联系的"天道自然无为"思想无疑是一种对抗"天人感应"目的论的重要理论。它起着排除和净化繁琐的神秘主义的作用。这些思想家所提倡的"天道自然无为"思想虽说和先秦老庄思想有所不同，但从总的方面看它仍和先秦道家思想有着密切联系，这点王充说得很明白，他说，他的"自然无为"思想"违儒家之说，合黄老之意"。

汉朝选取官吏，地方用察举的办法，朝廷用征辟的办法，因此人物的品评鉴识非常重要，而当时品评人物的标准是所谓"德性"（德行），即纲常名教所要求的品行性格。在东汉末，关于人物评论往往是对个人的品行性格的具体评论。但对人物的评论应有一具体标准，因而其后讨论到评论人物高下的具体标准。《后汉书·许劭传》中一段记载说：当时许劭兄弟在汝南地区很有名，他们每月之初常选一个"题目"作为评论的话题，汝南地区称之为"月旦评"，有一次曹操要许劭对他作一评论，许劭说："君清平之奸贼，乱世之英雄。"曹操听了大喜。这里可以看出两个问题：第一，许劭评论人物的标准大体上仍是依德行；第二，曹操看人的标准和许劭很不相同。这就是说，在当时已经出现了评论人物标准的问题。这个问题也可以说是一个价值观的问题，它涉及人们如何看待人品的高下问题。我们今天也遇到了评论人物的标准问题，对社会来说，是有开拓精神类型的人好呢？还是按部就班、照章办事的人好呢？一般说有不少领导都不大喜欢开拓型的人，他们老爱提意见，往往想冲破旧框框，而被视为"离经叛道"。所以在一个社会的转变时代，价值观念的转变很重要。汉末这个社会大转变的时代，首先引起的价值观变化就在人物评论的标准上。但在转变时期，评论人物高下、优劣的标准是不可能一致的。不仅如此，由于重视对人物的品评，而造成一些流弊，它不仅造成一群一党的互相吹捧，而且使一些虚伪奸诈的人可借此招摇撞骗，以行其奸。《后汉书·符融传》上记载：汉末有两个人，分别叫晋文经、董文艾，靠他们一点小聪明，炫耀京师。他们自恃名声很大，朝廷征辟也不出仕；名士去拜访，他们也不接见。他们操纵着评论人物的舆论。后来由于大名士李膺等人的批评和揭露，才使之现轻薄之原形，而不得不逃离京师。由此可见，汉末的评论人物存在着"名"不符"实"的问题。东晋葛洪《抱朴子·外篇》中有《名实》一篇，专门讨论了"名"与"实"的关系问题，并对汉末的品评人物"名"不符"实"的问题作了尖锐的批评，他说：

> 汉末之世，灵、献之时，品藻乖滥，英逸穷滞，饕餮得志，名不准实，贾不本物，以其通者为贤，塞者为愚。

因此，当时有不少思想家对这种情形进行了批评，他们多半都主张"名必符实"。在这一关于品评人物的名实关系问题上，曹操选拔人才的标准起了很大作用。处于乱世的曹操欲"拨乱反正"，必重视人才的选拔，他用人的标准是"唯才是举"，重才力而不重德行。他前后四次下"求贤令"，例如建安十九年下的"求贤令"中说：

> 夫有行（德行）之士，未必能进取；进取之士，未必能有行也。（《三国志》卷一）

因此，照曹操看，要根据一个人的才能来给他一定的官职，给了某一官职就必须以他是否实际上能胜任此官职来考察他，"因任而受官，循名以责实"。陈寿《三国志》对曹操的评论说：

> 揽申、商之法术，该韩、白之奇策。

傅玄《上晋武帝疏》中说：

> 近世魏武好法术，而天下贵形名。

刘勰《文心雕龙·论说》中说：

> 魏之初霸，术兼名法。

《三国志·杜畿传》，附于《杜恕传》中，恕说：

> 今之学者，师商、韩而上法术。

由于曹操重法术，所以综核名实为当时所重视。因此，名家与法家的思想始为流行。而道家思想本在整个两汉时期都是反对定于一尊的儒家思想的一种暗流思潮，而此时由于名家、法家思想的流行，而为道家思想的发展提供了更为有利的条件。汉魏之际道家思想的流行实与法家、名家思想的流行有着一定的关系，因为黄老与刑名在历史上就有一定关系，在《史记》中有《老庄申韩列传》，司马迁把老、庄、申、韩放在同一"列传"中不是无因的，如其中说：

> 申子之学，本于黄老，而主刑名。

> 韩非……喜刑名法术之学，而其归本于黄老。

今本《尹文子》或为汉魏之际修订过，其"序言"中说：

> 其学本于黄老，大较刑名家也。

《四库全书总目提要》中说《尹文子》：

> 其书本名家者流，大旨指陈治道，欲自处于虚静，而万事万物则一一综核其实，故其言出入于黄老申韩之间。

可见当时的道家与名家、法家的关系甚为密切。在这种情况下，由于汉魏之际，儒家思想的相对削弱，所出现的道家、名家、法家思想合流的趋势，在不少思想家的思想中都反映着。例如讨论"四本才性"问题的钟会，曾注《老子》，《三国志·钟会传》中说："及会死后，于会家得书二十篇，名曰《道论》，而实刑名家也。"另一思想家刘劭，其《人物志》恰能较深刻地反映由汉至魏思想的转变的趋势，他的思想成为向魏晋玄学过渡的一个重要环节。下面我们将通过对《人物志》一书的分析，探讨当时所涉及的几个重要思想问题，以说明汉魏之际的"名理之学"向魏晋玄学这种本体之学发展的内在逻辑。

（一）关于"才性"问题

"才性"问题虽说不是在汉魏之际才提出来的，但它确实是在汉魏之际才被认为应普遍重视的问题。在东汉初，王充的《论衡·命禄篇》中已讨论过"才"与"性"问题，如说："夫临事知愚，操行清浊，性与才也。""临事知愚"属于"才"方面，而"操行清浊"属于"性"的方面。但两者是什么关系并未讨论。一般说，"才"是指"才能"，而"性"则往往指人之本有之天性。但人之本有之天性是什么，就各有各的说法了。与孟子同时的告子认为："生之谓性"；荀子认为："生之所以然者谓之性"，"不可学，不可事，而在人者，谓之性。"因此，我们可以说：人之"性"是指"人之所以为人者"，或"人之异于禽兽者"，但是这只是一般地可如此说，具体而言则不同了，章太炎在《辨性》中说：

> 儒者言性者五家：无善无不善，是告子也。善，是孟子也。恶，是孙卿也。善恶混，是扬子也。善恶以人异，殊上中下，是漆雕开、世硕、公孙尼、王充也。

这儒家五家对"性"的看法不同，都是从善恶来讨论人性，也就是说把"人性"问题视为道德问题。一般地说，在当时认为，"才"与"性"不同，但"性"是就人的本质方面说的，"才"是就人的功能方面说的。但到汉魏之际，天下大乱，需要有才能的人出来开创大业，需要有大才干的人出来，所以曹操提出"唯才是举"，把才能看得比德行重要，这就和汉朝大不一样了。汉朝无论察举还是征辟往往都是根据德行。照他们看，有德行的人必有才能，"德"、"才"并无矛盾。但到曹操时，竟然提出了"唯才是举"，可见当时品评人物的价值标准已大有变化，刘劭正是在这种情况下讨论才性问题的。《人物志》的"序"中依据"才能"把人分成若干等，又在《流业》中把人物分成十二流品（类型），它也是依才能来划分的。但人的才能由何而来，即人为什么有不同的才能，他仍认为是出于不同的"性情"（即"性"）。晋袁准《才性论》说："性言其质，才名其用。""性"有所不同，"才"也就有所不同。照刘劭看，"圣人"为什么能统率各种"才能"，因为圣人之性是"中和"（中庸）的，"中和之质，必平淡无味"，"中庸之质，其质无名"，所以能"调成五材"，"兼达众材"。而其余的人其"性"则是各据五常（五质）之性的一偏或兼而有之。刘劭对"五常"（五质）有如下的看法：

$$
五质
\begin{cases}
金 \longrightarrow 筋 \longrightarrow 筋劲而精 \longrightarrow 义（勇敢）\\
木 \longrightarrow 骨 \longrightarrow 骨植而柔 \longrightarrow 仁（弘毅）\\
水 \longrightarrow 血 \longrightarrow 色平而畅 \longrightarrow 智（通微）\\
火 \longrightarrow 气 \longrightarrow 气清而朗 \longrightarrow 礼（文理）\\
土 \longrightarrow 肌 \longrightarrow 体端而实 \longrightarrow 信（贞固）
\end{cases}
$$

这里可以看出，刘劭所谓的"性"也还没有完全脱离汉人用"气"、"阴阳"、"五行"来解释的范围。例如王充说：

> 用气为性。（《论衡·无形》）

人的贤愚，贵贱都是因所受之"气"不同而使之。

刘劭也说：

> 凡有血气者，莫不含元一以为质，禀阴阳以立性，体五行而著形，苟有形质，犹可即而求之。（《九征》）

据董仲舒《春秋繁露·深察名号》，元一（元一之气）以为"质"，阴阳以为性，五行以为形。

《白虎通·性情》中说：

> 五性者何？谓仁、义、礼、智、信也。仁者，不忍也，施生爱人也。义者，宜也，断决得中也。礼者，履也，履道成文也。智者，知也，独见前闻，不惑于事，见微知著也。信者，诚也，专一不移也。故人生而应八卦之体，得五气以为常，仁、义、礼、智、信也。

不过刘劭比汉人前进一步，他提出圣人之"性"之所以不同于一般人的"性"，在于其性为"中和"，故说："中和之质，必平淡无味，故能调成五材，变化应节。"（《九征》）这就是说，圣人之性不能用"阴阳"、"五行"等来说明，因"阴阳"、"五行"等都有名有形，而圣人之性无名无形，于是关于"性"的问题，由此渐进入抽象的"名理"问题。但刘劭的《人物志》关于"性"的问题也就止于此，没有再深入讨论下去。接着，玄学家何晏、王弼对这个问题提出了新的观点。他们从给"性"下定义入手。何晏在《论语集解》"夫子之言性与天道不可得而闻也"句注说：

> 性者，人之所受以生者也。天道者，元亨日新之道也。深微，故不可得而闻也。

这就是说，人的本性是与生俱来的。那么"人之所受以生"的"性"与"天道"是什么关系呢？何晏、王弼都认为，"性"应合乎"天道"（或"天理"），何晏说：

> 凡人任情，喜怒违理；颜回任道，怒不过分。迁者，移也。怒当其理，不移易也。（《论语集解》卷三）

王弼在《周易·乾卦·文言》的注中说：

> 不为乾元，何能通物之始？不性其情，何能久行其正？

意思是说：不由乾卦的元亨利贞开始，怎么能贯通所有的事物呢？不以性统率情，怎么能长久地走在正道上呢？所谓"性其情"就是用"性"来支配自己的"情"，这样做事才能是合理的。圣贤是可以"以情从理"的。可见在王弼那里，"性"和"理"是一致的。"人性"和"天理"（"天道"）是贯通的。照王弼看，所谓"理"就是事物存在的根据，他说：

> 物无妄然，必由其理。（《周易略例·明象》）

事物不是不知其然的存在（事物的存在是有道理的），它的存在是根据它存在的"理"。"理"是什么？它是一抽象原则。于是魏晋玄学关于"才性"问题的讨论就进入了形而上的本体之学的领域了。

（二）关于"有无"问题

魏晋玄学所讨论的中心问题是"本末"、"有无"问题，但是这个问题如何从汉学演变成魏晋玄学有一个过程，可以说它是从

"有为"、"无为"、"有名"、"无名"问题发展出来的。

两汉对宇宙的看法，多讲宇宙的构成和起源等问题，所以它是"宇宙论"的问题，儒家一系，如董仲舒认为：

> 父者，子之天也；天者，父之天也。无天而生，未之有也。天者，万物之祖，万物非天不生。（《春秋繁露·顺命》）

这是说天下万物如何生成，是由"天"生成的。《白虎通》更发挥了这类思想，如说：

> 天者何也？天之为言镇也，居高理下为人镇也。

陈立《白虎通疏证》谓：

> 《尔雅释文》引《礼经》云：天之言镇也，神也。

这就是说，"天"之所以能镇人，在于它是"神"，或者说它有"神性"，所以它能高高在上而治理人世，这可以说是一种神秘主义的"宇宙论"。汉朝思想的另一大系统为"道家"或说为"黄老学派"，他们对世界的看法也是一种"宇宙论"，如《淮南子·天文训》中说：

> 天地未形，冯冯翼翼，洞洞漏漏，故曰太昭。道始于虚霩，虚霩生宇宙，宇宙生气，气有涯垠。清阳者薄靡而为天，重浊者凝滞而为地。

"太昭"应为"太始"，是指天地还没有分化出来的状态，所以是混沌无形的样子。因此"道"是由"无形"（虚霩，即谓时空未分）的状态开始，从这一时空未分的状态而后才有没有万物的时间和空间（宇宙），其后才有构成天地万物的最初的（或最基础的）材料（元气），这种元气的清阳之气上升为天，重浊之气下沉为地，而后才有万物（包括人类）。这当然是一种典型的宇宙构成和发生的理论。其实属于儒家的扬雄也有类似思想，如他说：

> 玄者，幽摛万类而不见形者也。资陶虚无而生乎规，揆神
> 明而定摹，通同古今以开类，摛措阴阳而发气。一判一合，
> 天地备矣。（《太玄·玄摛》）

"玄"指宇宙本源玄远幽深。也有另一种说法，据扬雄的《檄灵
赋》、《解嘲》中对宇宙本源的论述，"玄"指"元气"，即阴阳二气
未分化的统一体。这句话的意思是说："玄"是在幽深无形中，展
开了万类，而不见其形。取养于无形而产生天，根据神明而规定
法度，贯通古今开启万类，使阴阳展开而发气。一张一舒，就形
成天地。所以在汉朝"玄"已有宇宙本源的意义，但大体上还是
讨论宇宙论问题。在张衡的《灵宪》中说：

> 太素之前，幽清玄静，寂寞冥默，不可为象。厥中惟虚，
> 厥外为无。如是者永久焉，斯谓溟涬，盖乃道之根也。道根
> 既建，自无生有，太素始萌，萌而未兆，并气同色，浑沌不
> 分。故《道志》之言云：有物混成，先天地生。其气体固未可
> 得而形，其迟速固未可得而纪也。如是者又永久焉，斯谓庞
> 鸿，盖乃道之干也。道干既育，万物成体，于是元气剖判，
> 刚柔始分，清浊异位。天成于外，地定于内。天体于阳，故
> 园以动；地动于阴，故平以静。动以行施，静以合化。埏郁
> 构精，时育庶类。斯谓天元，盖乃道之实也。

这是说无形之"道"的演化过程，如何由无形而至于有形，如何
由静而动。这种说法也见于《淮南子》。张衡《玄图》中说：

> 玄者，无形之类，自然之根，作于太始莫之与先，包含
> 道德，构掩乾坤，橐籥元气，禀受无原。

所谓"玄"也是说宇宙如何由无形而演化而有万物。在两汉之际，
出现了一批"纬书"，据作"纬书"的人说：孔子先作了六经，又
恐怕后人不能了解，所以又作了一些补充的著作，对"经"而言，

名之曰"纬"。这当然是不可信的，只能认为它是汉人的作品。
"纬书"中有一类是对《周易》的某些思想的发挥，它有《周易》
关于世界的图式（把八卦分配于四方、四时，从空间和时间方面
建立一世界图式）和阴阳家的世界图式（把五行和时间、空间相
配合而构成宇宙的图式），并吸收了有关"气"的学说构成了宇宙
论，如《易纬·乾凿度》说：

> 昔者圣人因阴阳、定消息、立乾坤，以统天地也。夫有
> 形生于无形，乾坤安从生？故曰：有太易，有太初，有太始，
> 有太素也。太易者，未见气也。太初者，气之始也。太始者，
> 形之始也。太素者，质之始也。气形质具而未离，故曰浑沦。
> 浑沦者，言万物相混成，而未相离。视之不见，听之不闻，
> 循之不得，故曰易也。易无形畔。易变而为一……一者形变
> 之始。清轻者上为天，浊重者下为地。

从这段话看，还只是说宇宙如何从"无形"到"有形"，开头几句
只是说，"圣人"根据宇宙本身的发生状况，来说明天地万物的产
生。但在其最后则说：

> 圣人凿开虚无，畎流大道，万汇滋溢，阴阳成数。

又说：

> 是上圣凿破虚无，断气为二，缘物成三。

这实际上和上帝创世说没有多大区别了，当然也是一种宇宙起源
的理论。中国的创世说或者是《易纬》开始有的。它和董仲舒的
思想颇为相类，如《春秋繁露·为人者天》中说：

> 为生不能为人，为人者天也。人之人，本于天，天亦人
> 之曾祖父也。

《乾凿度》无非是把"圣人"提高到"天"的地位。王充对从董仲

舒到各种"纬书"作了批判，他采用的理论是"天道自然无为"的道家学说。他反对"天"是有目的、有意志地产生人，也就是说他反对目的论的宇宙论，而主张自然论的宇宙论，如他说：

> 儒者论曰："天地故生人"，此言妄也。夫天地合气，人偶自生也。犹夫妇合气，子则自生也。
>
> 夫天不能故生人，则其生万物，亦不能故也。天地合气，物偶自生矣。

"天"不是有意识地产生万物，万物是自然而然产生的，"天"产生人没有什么缘故，那么产生万物也没有什么缘故。只不过是天地之气的会合，万物就自然地产生了，所以他说：

> 天动不欲以生物而物自生，此则自然也。施气不欲为物而物自为，此则无为也。

为什么"天"是没有意志、没有目的呢？照王充看，由于"天"、"地"和"万物"都是由"气"构成的。他说：

> 天地，含气之自然也。
>
> 谓天，自然无为者何？气也，恬淡无欲无为无事者也。
>
> 天覆于上，地偃于下，下气蒸上，上气降下，万物自生其中间矣。

王充对当时天人感应目的论的批评，虽利用了先秦道家的"自然无为"思想，但他把天地万物都看成是"气"的变化，因此仍是一种宇宙构成学说，还没有讨论到宇宙本体的问题。由于王充认为"天道"是"自然无为"的，因而在人事上也很重视"无为"，如他说：

> 至德纯渥之人，禀天气多，故能则天自然无为；禀气薄少，不遵道德，不似天地，故曰不肖。不肖者，不似也，不似

天地，不类圣贤，故有为也。

到汉魏之际，天下大乱，群雄并起，因此有"虚君"的思想提出，而提倡"君道无为，臣道有为"。这种思想，在先秦曾为法家的主张，也是汉初黄老之学的君人南面之术。但这种"君道无为"的思想，从另一方面看又是一种"尊君"的思想，因"君道无为"，才可以"无不为"。刘劭的《人物志》正反映这种思想。他认为，既然"君道无为，臣道有为"，那么也就是说君主与臣民本来有所不同，君主其本性是"平淡无味"，这样才可以"不与一材同用好"。至此，刘劭的思想已不仅限于君人南面之术，而进入了"才性"问题的讨论。

刘劭认为，君主应该具有"中庸之德"，所谓"中庸之德"（或"中和之质"）"必平淡无味"，"其质无名"。君主之性不可以某一名名之。因此，"观人察质（性），必先察其平淡，而后求其聪明（才）"。对人的考察，先应看他的"性"，然后看他的"才"。"平淡"者才能真聪明，而聪明者未必能"平淡"。因为平淡者才可以总达众才，而聪明者只能以偏才或兼才取胜。"中和之质""必平淡无味"，如有一味，则不能调和众味；"必平淡无味"，才能调和众味。如有此名，则不能有彼名；必"无名"才可以变化应节。如以"有为"治，则不能"无不为"；必"无为"才可以"无不为"。刘劭的这些看法虽尚未直接讨论"有"和"无"的问题，然而他显然已经注意到"无名"、"无味"、"无为"的意义。他的这些思想就其哲学意义上说，已经接触到，把"无"看成此"有"更根本。其后，有玄学家王弼把此问题引向哲学，如他在《论语释疑》中说：

> 至和之调，五味不形；大成之乐，五声不分；中和备质，五材无名。

最和谐的味是无味，是五味还未形成的；最高的音乐不能分别出五声；具备中和之质（性），对于五材说是无名。王弼的这段话与刘劭的观点大体上没有多大差别。但是为什么圣人是"其质无名"呢？刘劭并没有接触到这个问题。而王弼则对此提出了他的看法。《老子》第三十二章"道常无名"，"始制有名"，王弼对这两句的注说：

> 道，无形、不系、常、不可名，以无名为常（按：意谓"有名"则不常），故曰道常无名。
>
> （圣人）始制官长，不可不立名分，以定尊卑，故始制有名也。

由于本体的"道"，超言绝象，故无形，不系于某一方。不能有什么具体的名称，故曰"无名"，它不在时空中，永恒存在，而天地万物只是"道"的表现，所以是有形有象的，在时空中的，所以"有名"、"有形"。圣人效法"道"，但天下有百行殊类，形形色色，因此圣人就要设立长官（设官分职）来统率各行各业。圣人能这样做有什么根据呢？由于天下万物本来就是根据道而存在的，正因如此社会上的各行各业由体现"道"的君主（圣人）来设立官职以统率之。因此，"臣统于君"是合理的。于是，王弼为"君道无为"找到一形而上学本体论的根据。

（三）关于"一多"问题

研究哲学史，对哲学家所用的概念范畴进行研究非常重要，这个问题我们在后面会专门讨论到。

现在先说明一下，对概念有个分类问题。我们讲的"有"和"无"这对概念，是性质关系的概念。说"有"是指"万有"，指形形色色的存在物，这是实在的；说"无"在魏晋玄学中往往是指"有"背后的"本体"，即"有"之所以为"有"的根据，也可以说是"事物之理"，是"道"，我们可以说它是"不存在而有"（nonexistence but being），因此尽管它不是物质性的或精神性的，但它不是"虚无"（nothing）。而"一"和"多"这对概念，它不仅是数量关系的概念，也是关系概念。韩愈在《原道》中说：

> 博爱之谓仁，行而宜之之谓义，由是而之焉之谓道，足乎己无待于外之谓德。仁与义为定名，道与德为虚位。

韩愈把概念分成"定名"与"虚位"两类。"一"和"多"可以说是韩愈所说的"虚位"一类的概念，因为它没有确定的内容。

关于"一"和"多"这对概念，在先秦诸子中已所说很多，例如《老子》中说：

> 道生一，一生二，二生三，三生万物……

这说明"万物"（多）是由"一"分化出来的。《周易·系辞》中说：

> 易有太极，是生两仪，两仪生四象，四象生八卦……

这说明"八卦"以至"六十四卦"（多）是由"太极"（一）产生的。但在《老子》和《周易》中，对"一"和"多"这对概念没有展开专门讨论。汉朝的哲学家也谈到"一"和"多"的问题，往往也只是说宇宙如此演变，如此构成而已。《淮南子·天文训》中认为天地万物的发生是由无形的虚廓而发展生成的：

> 虚廓（时空未分）→宇宙（有时空之分，但此为纯时空）→元气（纯物质，材料）→天地（初始的对立性质）→阴阳（天地会合而有阴阳，有对立性质的东西）→四时→万物

董仲舒的《春秋繁露·五行相生》中说：

> 天地之气，合而为一；分为阴阳，判为四时，列为五行。

这也是一种讨论宇宙由"一"到"多"的过程。扬雄的《太玄》实

是以"数"来讲宇宙构成。照扬雄看，天地以及万物都会以"数"表现，通过"数"的关系可以把握天地万物的演变及活动。在扬雄的哲学体系中，最高的范畴为"玄"，"玄"大体和老子的"道"相似，是宇宙混沌未分的状态。"玄"本身即包含"三"，即可三分为"天"、"地"、"人"；"三"又可以分为"九"（九州）；"九"又可以分为"八十一"（家）。因此，汉朝的哲学家往往只是在描述宇宙发展的过程中接触到"一"和"多"的关系问题，但都没有从理论上来分析"一"和"多"这对概念的哲学含义。到汉魏之际，刘劭《人物志》虽然仍未从理论论证上讨论"一"与"多"的关系，但他在讨论"主道"（主德，最高统治的品德）和"众材"（各种不同的才能）的关系问题时把"一"看成比"多"更高，它可以支配"多"，统率"多"。如果说，在汉朝讲宇宙论多是讲的宇宙发生问题，是一个纵向的论述，重点是讲宇宙在时空中的发展，而刘劭讲"主德"与"众材"的关系，是"一"和"多"横向的关系，是在一个平面上讲"一"与"多"的关系。

照刘劭看，"平淡无味"的圣王才能"总达众材"；具有"中庸之德"的圣人才可以"变化无方，以达为节"。可以适应统率各个方面，以使各种事都能行得通为规则。天下百行殊类，所以必须设官分职，来管理这些事务；而官吏各有各的专职，不能统一，因此必须有"总达众材"者，而此"总达众材"者只能是"一"，而不能是"多"。因为如果为"多"，仍不能统一。具体说来，这个统一者的"一"应是君主，臣民应统一于君主，所以刘劭说：

> 主道得，而臣道序，官不易方，而太平用成。（《人物志·流业》）

君主能守住"道"，臣民能各依他们的地位有序地生活，官吏们职责分明，而不乱，这样天下就可以太平了。我们知道，"致太平"是中国古代圣贤的最高理想。天下事物多种多样，变化无方（不定），某种才能只能应付某一方面的事务，而不能应付其他方面的事务，这是由这种才能的人的性质所决定的。只有具有"中庸之德"（"中和之质"）的圣人（圣王），因"其质无名"，其性质不限于哪一方面，对他的性质无法用什么具体的性质来说明，他是"平淡无味"、"不与一材同用好"，不和任何有某方面才能的人一样用其好坏，这样才能统率不同的各种各样才能的人。"有名"就必定陷于某一方面，而不能适应其他方面。"无名"才可以不陷于某一方面，而可以应对任何方面。"有为"则各有其所为，不能为其所不能；"无为"则可以"无不为"，以便可适应各个方面。

刘劭的这些讨论，虽已接触到"一"、"多"问题，但在他那里仍然是个政治理论问题，尚未进入宇宙本体问题的讨论。为什么"无名"、"无为"的君主（圣王）能统一"有名"、"有为"的众材呢？这有没有哲学本体论上的根据呢？玄学家王弼从"众不能治众，治众者至寡"的政治理论问题，进而讨论了其哲学本体论上的根据，并且把"一"、"多"问题与"有"、"无"问题联系起来，或者说，从"一"和"多"的关系来说明"无"和"有"、"本"和"末"的关系。王弼对《老子》"朴散则为器，圣人用之则为官长"注说：

> 朴，真也。真散则百行出，殊类生，若器也。圣人因其分散，故为之立官长。以善为师，不善为资，移风易俗，复使归于一也。

"朴"指"道"的本性，也可以说即"道"本身，《老子》第三十七章中说："吾将镇之以无名之朴。"这里的"无名之朴"就是指"道"。"朴"是"道"的"真性"（"真性"见《庄子·马蹄》）。由"道"的真性散出表现为各种各样不同的事物，就像是器物一样。圣人体察到世界上的纷纭万事万物是由"道"所散出的表现，因而在社会上设立长官来统率，把"善"的作为榜样，不善的作为借鉴，使天下的风俗化一，使之回复到统一的"道"。照王弼看，宇宙是由作为本体的"道"统一的。"道"也可以称为"无"，因其性为"质朴未分"，或谓"无性"（无规定性），天地万物由它而如此存在，而有秩序和条理。因此，社会上也应有一至高无上的统治者，由他来统一全社会，使社会有秩序和条理。那么圣王如何统一全社会呢？圣王需要设官分职，"立长官"，一层一层地管理社会，越往上就越集中，越少，因为"众不能治众，治众者至寡"。作为"本体"的道或"无"，是不能分割的，是"唯一"，是大全；而"有"（万有）是众多的，（众多的）万有之所以存在是因为有一个本体之"无"在支持它，把它们统一起来，由此王弼说：

> 万物万形，其归一也。何由致一？由于无也。由无乃一，一可谓无。

"一"就是"大全体"，是"唯一"（因为在"大全体"之外没有什么，所以是"唯一"）。"唯一"只是就其本体方面说的，不是讨论本体如何能把万物统一起来。"多"是现象，是本体的外在的种种表现。这就是说，"万有"的存在是以"无"为根据的，是由"无"（无规定性）而"有"（有规定性），"有"须由本体之"无"统一。这样，王弼就给"执一统众之道"找到了一个由政治理论通向哲学本体论的一个阶梯。在王弼的《老子指略》中对此问题可谓有较好的分析。

（四）关于"圣人"

在中国哲学史中，圣人的问题常常包含两个方面的问题：一是什么样的人是圣人？二是圣人是否可学致？

从儒家的观点看，什么样的人才是圣人本来不成问题，尧、舜、禹、汤、文、武、周公、孔子自然都是圣人。圣人应该具有什么样的品德（人格）本来也不成问题，其人格应是能"博施于民而能济众"的。子贡曰："如有博施于民而能济众，何如？可谓仁乎？子曰：何事于仁，必也圣乎！"（《雍也》）或者说是"五德"（仁、义、礼、智、信）具备而行中庸者。但到汉魏之际，儒家思想相对衰落，因而什么人才是圣人、圣人应具备什么样的人格等均发生了问题。至魏晋玄学产生后，几乎所有重要的玄学家都把"圣人"问题作为其讨论的重要内容之一，常赋予圣人的人格以新的品德，甚至是把圣人老庄化，或者把儒家和道家的"圣人"的人格糅合在一起。刘劭的《人物志》在圣人问题上颇具有此时代之特色，表现着两汉儒学正统向魏晋调和儒道的过渡性。在两汉以儒学为正统，"五经"都立为官学，所以"礼教"（名教）盛行，对各种"礼"（典章制度）解释得很详尽，"三礼"（《周官》、《仪礼》、《礼记》）成为当时研究的重点典籍，而且礼仪制度越来越繁琐，走向极端，从而出现了一些假的守礼教者，例如葛洪的《抱朴子》引汉人的歌谣：

> 举秀才，不知书；察孝廉，父别居；寒素清白浊如泥，高第良将怯如鸡。

这种情况，引起了人们对当时繁琐、虚伪的礼教的反感，于是出现了用某些道家思想来补充或纠正当时的"礼教"的要求。我们可以看到，在刘劭《人物志》中，一方面仍然推崇尧舜等为圣人，而且认为圣人是"明易象，叙诗书，制礼乐"，能行道德教化于天下者；另一方面又认为圣人应中庸无为，无适无莫，其质无名。中和平淡，是能"静则嘿（音默，同默），泯（与之和）之玄门（玄之又玄，众妙之门），动则由恭（履正、守礼）顺之通路（而前进）"。前两句是道家思想的表现，后两句是儒家思想的表现。这两方面看来似有矛盾，而刘劭的《人物志》中也没有对这两方面的关系有所论述，这大概也是他思想的过渡性的表现。

刘劭关于"圣人"的标准糅合了儒道两家思想，但这两方面是拼凑在一起的，并没有成为一体，这个问题需要解决，自然会为当时的玄学家们所关注。我们可以看到，从王弼到郭象等玄学家都讨论了这个问题：什么样的人才可以称为"圣人"？那些在汉朝曾为一些人们所标榜的"制礼作乐"、道貌岸然的所谓"君子"已经逐渐被识破。从刘劭的《人物志》中已看到，原来的"圣人"标准已在改变，王弼顺此而进一步改变着"圣人"的形象，把圣人老庄化。可是如果直接说老子或庄子才是圣人，在当时情况下也还很难让人们一下子接受，因为四百年来孔子的圣人地位已经确立了。如何办呢？玄学家们采取了"把圣人老庄化，而不以老庄为圣人"的办法来解决这个问题。西晋何劭《王弼传》中记载了王弼回答裴徽的一段话：

> （徽）问弼曰："夫无者诚万物之所资也。然圣人莫肯致言，而老子申之无已者何？"弼曰："圣人体无，无又不可以训，故不说也。老于是有者也，故恒言无所不足。"

"资"者，资借、依靠的意思。裴徽的问题：既然"无"是万物存在的根据，可是圣人（指孔子）没有讲到它，可是老子却常说"无"，为什么呢？王弼回答：孔子才是真正体会"无"的，而"无"（事物存在的根据，即本体）是不能用言语来说明的，所以不说"无"。而老子并不真正懂得"无"，把"无"也看成认识的对象（是可以说者），是可以用"名言"说的东西，因而常常说那不可说者（无），这实际上把"无"看成了"有"。这就说明，玄学家虽企图调和孔老，但实是在老庄思想"以无为本"的基础上调和孔老，形式上尊儒，而实际上崇老。另一重要哲学家郭象和王弼一样，他在《庄子序》中认为，庄子虽然能对天地万物的根本有深刻了解（知本），但他仍是把"本"作为"知"的对象，这就把"本"和"末"割裂开来了，是在"末"外求"本"，未能把"本"和"末"融为一体，所以庄子还未达"圣人"的境界。例如《庄子·大宗师》中"孔子曰：彼游方之外者也，而丘游方之内者也"

云云，本来庄子的意思是说，孔子常处于现实事务之中，而不能超然物外，而郭象对此，有一长段注说：

> 夫理有至极，外内相冥。未有极游外之致而不冥于内者也，未有能冥于内而不游于外者也。故圣人常游外以宏内，无心以顺有。故虽终日挥形而神气无变，俯仰万机而淡然自若。

这段话的意思是说：各种"理"中有其最高的一极（最根本的道理），这最高的一极"理"是游内（在日常事务之中）和游外（超然日常事务之外）相统一的、完全冥合的。没有最高的游外者，而不能最好地超越日常事务，自如地应付现实生活。最高明的游内者，他虽身在朝市，而他的精神完全可以达到超越现实的境界。所以圣人不执著任何事务，让一切都顺应自然；虽然时时都在现实生活之中，但却对其超然物外的精神境界并无影响，随机应变地处理各种实际事物而神情自若，不为外物所累。这就是说，真正能游外的才能宏内。照郭象看，孔子是可以游外宏内，内外相冥，把"名教"和"自然"统一起来的圣人。圣人应可以在现实中处理各种事务，只要"无心以顺有"就行。无论王弼，还是郭象，虽然都说孔子是圣人，而老庄都没有达到圣人的境界，但他们所标榜的圣人实已老庄化，都以"无为"、"无心"、"体无"、"体道"为特征。这就是郭象的"内圣外王之道"，"内圣"与"外王"是合一的。这种把老庄和周孔结合起来的企图，正是魏晋玄学发展的主流。刘劭的《人物志》虽然还没有如王弼、郭象那样要提出一新的"内圣外王"的标准，但他企图调和孔子和老子已经有个开端了。

总结以上四个问题，我们是否可以说：从汉末到魏晋的思想发展看，"才性"问题的讨论是要求给"人性"问题找一个新的根据；"有无"问题是给天地万物找一个存在的根据；"一多"问题是要给社会等级找一个新的合理根据；"圣人"问题则是要给人们塑造一个新的理想人格的标准。从这几个方面构成一个总的问题，就是宇宙人生存在的根据何在？刘劭不是一个纯粹意义上的哲学家，而是具有哲学思想的政治理论家，是当时所谓的"名理家"。在他的政治理论中虽然接触到上述四个方面的问题，但却没有提高到哲学理论上给以解释，这当然是由于时代所限。不过随着时间的发展，必然会有哲学家出现来从哲学上讨论这些问题，并给以时代思潮所需要的回答，于是魏晋玄学产生了。

二、魏晋玄学的评价

有位同学向我提出一个问题：魏晋时期，那些最高统治者，如曹操提倡"唯才是举"，司马氏标榜"礼教"，特别倡导"孝道"，可"玄学"以《老》、《庄》（或"三玄"）为骨架，它何以反而成为在当时最有影响的思潮呢？

的确，魏晋时期的最高统治者或是提倡"唯才是举"，或是推崇所谓"礼教"，我们查看魏晋人的论著，讨论"礼"的学者非常之多，据钱穆先生考察，当时关于"礼"讨论的论述最多，《补三国艺文志》中"礼类"著录有十八部，《补晋书艺文志》中"礼类"著录有四十二家六十四部，仅何承天就有《礼论》三百卷（先为八百卷，后删为三百卷）。在这些论述中有很多对"三礼"的讨论，而特别多的是关于"丧服"问题的论述，这大概和司马氏标榜"孝道"有关。

我们知道，《十三经注疏》是继《五经正义》后的中国经学的一大结集，其中所收录的注解多为魏晋人的，如《易》为王弼、韩康伯注，《论语》有何晏集解，《左传》为杜预注解，《穀梁》为范宁注，《尔雅》为郭璞注，《尚书》为孔安国传，据说为晋人伪托

（但此问题尚无定论）。可见当时注释儒家经典颇取得可观之成就（这当然和汉朝的儒典注释多已散失有关）。根据《隋书·经籍志》的记载，可以看到的，在魏晋南北朝时有关"经学"的著述总有六百二十七部，五千三百七十一卷，加上知道书名，但已佚失的总共有九百五十部，七千二百九十卷，后张鹏的《隋书·经籍志补》又增加了三百九十二部，而其中关于"礼"的最多，共二百一十一部，二千一百八十六卷。可见儒家的经典在当时仍然受到重视。

我们知道，一般地说统治阶级的思想是统治思想，但是统治思想是否即是时代精神的代表，是否就是时代精神的精华所在？我想，这是不同的两个问题。统治阶级的思想有时可以是时代精神的体现，有时则不能是时代精神的体现。有时体现时代精神的思想恰恰是当时的非正统的异端思想，是反对统治阶级思想的思想。例如20世纪30、40年代，在学校里要学"三民主义"，提倡蒋介石的"力行哲学"和陈立夫的"唯生论"，这些难道是时代精神的体现？而恰恰是五四以来的新文化运动代表着时代精神。所以在魏晋南北朝时期，尽管统治者提倡"礼教"，但也不能说它是当时时代精神的代表。往往正是"礼教"不行了，统治不下去了，统治者才更加提倡"礼教"；如果"礼教"对社会仍能起着维系的作用，那就没有必要去大力提倡它。魏晋时"玄学"非常流行，它代表着时代精神。当然"玄学"的流行，必然会引起正统派的批评和压制，这也正说明它在社会上的影响很大。批评尽管批评，可是"玄学"照样发展，谈"玄远"、善"清谈"的人照样受到重视和推崇。

一部《世说新语》记载着当时名士的言行，是他们代表着时代精神，表现着魏晋哲学的风貌。

当时玄学这种思想虽在世家大族中很流行，但并不是全体世家大族都推崇它，甚至部分世家大族也反对它。我认为，玄学也许是部分世家大族的知识分子（士人）所提倡，它是当时部分士大夫为在魏晋这一文化转型期所需要寻找的一种精神上的、理想人格上的追求。我们知道，一个时期的知识分子集团和当时的政治统治集团往往在各方面（政治的、经济的、文化的，等等）既有联系，又有区别。中国知识分子在社会上相对地独立成为一个阶层，是早在春秋战国时代。例如齐国稷下有一批知识分子，《史记》说他们是"不治而议论"的一批人，他们只是对当时的社会政治发议论，进行批评，而自己并不直接从事政事。孟子和荀子都曾在稷下待过，而且孟子作为"士"（知识分子）还提出过"以德抗位"的主张，即：王侯虽有其政治上的统治地位，而我孟子作为一知识分子可以用我的道德来和王侯对抗，因此有所谓"士可杀，不可辱"之说。但现在的知识分子（包括我自己）却比较缺乏这种气概了。魏晋时期也有一批如当时稷下学宫中的那样的知识分子，东晋袁宏作有《名士传》，戴逵作有《竹林七贤论》，讲的就是这样的一批知识分子。汉朝儒家经学发展到后来越来越繁琐、荒诞，在其很难继续发展时，总会有一个转向，于是魏晋玄学转向简约、理性。这有点像在西方 20 世纪 50、60 年代有结构主义（structuralism）流行，太繁琐，太规范化，因而到 70、80 年代就有解构主义（deconstructionism）出现，消解结构主义，提倡零碎化、多元化、反体系化。当然，一个社会总会分成若干阶层或集团，由于社会地位不同，所受文化传统的影响不同，也会形成若干不同的思想流派。甚至同一阶层中也可能分成不同的集团。例如当今的西方哲学，很难找到一种主流思想，现象学、后现代主义、实用主义、分析哲学、西方马克思主义等都有很大影响。同在美国著名的哥伦比亚大学，既有萨依德的后殖民主义，又有后现代主义的代表，还有各种基督教哲学，其影响也不能忽视。

这些问题，都是我们在研究哲学思潮时，必须考虑到的。因此，对一种社会思潮的分析需要作多方面的考察。

我们应如何评价"魏晋玄学"呢？我打算从三个方面讨论一下这个问题：魏晋玄学对中国哲学发展的意义；魏晋玄学对中国人的人生态度的影响；魏晋玄学对思想解放的作用。

（一）对中国哲学发展的贡献

我们常说，魏晋玄学是在当时世家大族中流行的一种思潮，这样笼统地说当然也可以。我过去讲课或写文章也这样说过。现在我想，魏晋名士也有不少是当朝大官，但他们做的官，往往是那些清闲高雅的高官。如果说，先秦时的某些"士"（知识分子）开始自觉自己是一个特殊的阶层，他们作为一个"不治而议论"的社会阶层出现，那么魏晋时期的某些"名士"又是中国历史上一群进一步认识到自己是一个社会特殊阶层的知识分子。这一阶层的形成，可以说是从东汉末的"清议"就开始了，"清议"发展到"清谈"。由于"清议"是对当时的政治进行议论和批判，引起了当政者的不满和感到危及统治，因而对当时议政的知识分子采取了高压政治，即所谓的"党锢之祸"。在这种情况下，"议政"既不可能，于是转向"清谈"，谈一些超越现实社会政治的玄远之学，于是玄风大盛。由于谈远离实际的玄虚问题，而这样的问题是要注重思辨，因而在理论思维上对中国哲学的发展作出了重要的贡献。

中国哲学发展到魏晋时期可以说进入到一个新的阶段。在先秦，中国哲学可以说是丰富多彩的，既有主要讨论宇宙论的学派（如阴阳家，如《管子》中的《内业》等篇），也有讨论本体论问题的（如《系辞》、《庄子》），还有宇宙论和本体论同时都讨论的（如《系辞》、《老子》等），我们可以说先秦哲学对中国哲学的两大系宇宙论和本体论而言是一个源头。但到两汉时，中国哲学的主潮则是讨论宇宙的起源和构成的问题，例如《淮南子》、《春秋繁露》、《论衡》以及"纬书"等。魏晋玄学一反两汉的宇宙论，而主要讨论本体论了。当时的玄学家（除个别人外，如嵇康）重点是在讨论"本末"、"有无"这样的形而上学本体论问题，他们已不大注意天地万物起源与构成，而所注意的是天地万物存在的根据问题，天地万物存在的终极原因何在，或者说是天地万物为什么如此存在着的道理。如王弼说："物无妄然，必由其理。"如郭象说："物各有性，性各有极。"这都涉及存在之所以存在的本体论问题。这个问题，后面还将专门讨论。

　　一种新的哲学思潮的产生和广为流行，它在内容和方法上定有创新。从内容上说，魏晋玄学主要是讨论"存在"（"有"或"迹"）和"所以存在"（"无"或"所以迹"）的关系，亦即"本末"、"有无"的关系问题；讨论"本末"、"有无"的本体论问题必定会有一种新的与之相适应的方法。列宁在《哲学笔记》中说："方法不是某种跟自己的对象和内容不同的东西。"① 天地万物有名有形，而某种有名有形的东西自身（有规定性）不能是别的有名有形的东西（有规定性）存在的根据或道理，故必求之于无名无形者（无规定性），于是王弼提出"以无为本"的思想，"无规定性"的"无"才可以成就任何"有规定性"的"有"。为论证"以无为本"，王弼提出了"得意忘言"的新的玄学方法。本体之"无"（或"道"）无名无形，超言绝象，不可作为一般认识（知识）的对象；而"万有"（万物）有形有象，才是人们可以认识的对象。如果人们把无名无形的"本体"之"无"作为一般认识的对象，那岂不是把"本体"之"无"（无规定性之本体）看成和"现象"之"有"（有规定性之物）是一样的了吗？这样"本体"就失去其作为

―――――――――

① 列宁：《哲学笔记》，71 页，北京，人民出版社，1956。

"本体"。但是如果"本体"自为"本体"，既无法证实其存在，又不能把握它的作用，那么"本体"就毫无意义，成为"虚设"，成为"空名"。于是王弼提出"得意忘言"的方法，用以解释"无"和"有"或"体"和"用"之间的关系。"本体"（或无规定性之"无"）虽超言绝象，但它是万有存在之根据，我们不能直接感知，但我们可以根据万有的存在得知其必有存在的道理或根据。但所知之万有是"用"而非"体"，所以不能以"用"为"体"，就像不能执著"言"以为"意"一样（语言是有限的，意味是无穷的）。人们如果要"得意"、"达体"，就不能把"言"（用）当成"意"（体），因此通过"用"以达"体"，必须忘言忘象，不执著言象，以求"言外之意"、"象外之体"。"得意忘言"这一新的玄学方法给当时玄学家们看问题提供了一种新方法、新眼光，而为新思想的发展开辟了道路。

魏晋玄学是一种思辨性较强的哲学，它比较注重抽象理论的探讨，而抽象理论需要通过一系列哲学概念以及这些概念之间的逻辑关系表现出来。因此，魏晋玄学使对中国哲学的概念以及概念与概念的关系的探讨大大发展起来，尽管许多概念在以前的哲学家也使用过，但魏晋玄学家却给了它们以新的意义。在魏晋玄学中，概念往往也如先秦以来的中国哲学一样是成对提出来的。如"有无"，"言无者，有之所以为利，皆赖无以为用也"。王弼《老子》第十一章注所说的"无"是什么意思？是说"有"之可以被用，要靠"无"才能显示它的作用。如"体用"，"虽贵以无为用，不能舍无以为体也"（王弼《老子》第三十八章注）。虽然"以无为用"很重要，但是不能离开"以无为体"，只是因其"以无为体"，它才重要。如"一多"，"故众之所以得咸存者，主必致一也"（王弼《周易略例·明象》）。众多的事物之所以能存在，其宗主必在于有其统一性。"物虽众，则知可以执一御也"（同上）。事物虽然众多，千差万别，但我们可以知道如何抓住它们的统一性来驾驭之。如"本末"，"崇本以举其末，则形名俱有，而邪不生"（王弼《老子》第三十八章注）。崇尚本用以使其末显现出来，这样有形有名之事物都可以存在，而且不会离开根本的道理。如"性情"，"不性其情，焉能久行其正，此是情之正也。若心好流荡失真，此是情之邪也。若以情近性，故云性其情。情近性者，何妨是有欲！若逐欲迁，故云远也；若欲而不迁，故曰近"（王弼《论语释疑》）。如果能用性指导情，则情都是正当的；如果是情近于性，有喜怒哀乐等欲望也没有什么妨害。如"名教与自然"，"越名教而任自然"（嵇康《释私论》）。"夫喜惧哀乐，民之自然，应感而动，则发乎声歌，所以陈诗采谣以知民志风。既见其风，则损益基焉，故因俗立制以达其礼也。"（皇侃《论语义疏》）"诗书礼乐，治世之具；圣人因而用之，以救一时之弊；用失其道，则无益于理也……治世之术实须仁义。世既治矣，则所用之术宜废。"如"独化与相因"，"夫相因之功，莫若独化之至也。"（张湛《列子注》）如"内圣与外王"，"明内圣外王之道"（郭象《庄子序》）。这些都说明人们对哲学问题认识的深化，对中国哲学概念的系统起着重要的作用。由于有了一套新的概念或赋予过去已有的概念以新的含义，而形成了在中国哲学发展中有很大影响的新的命题，如"体用如一"、"本末不二"、"有无相因"、"物各自生"、"自生而必有体"，这些命题都包含着深刻的思辨意义，反映着思想的深化。

哲学的发展水平往往和它所讨论的哲学问题相关，在中国哲学史上，先秦的孔、孟、老、庄等都探讨过许多重要的问题，例如儒家讨论的"天道性命"、"性情"、"仁义"、"中庸"、"形上形下"等问题；老子讨论的"可道"与"常道"、"有无相生"、"有生于无"、"万物负阴而抱阳，冲气以为和"等；而庄子可以说讨论的哲学问题更多，例如"逍遥独化"、"物之不齐，物之性也"、"相对与绝对"、"知与所知"、"有我与无我"、"迹与所以迹"、"生死气化"等。魏晋玄学继承和发展了先秦的哲学思想，特别是《老子》、《庄子》和《周易》（三玄）的思想，可以说它涉及我们今天讨论的许多哲学问题：如"一般与个别"、"有限与无限"、"本体与现象"、"目的性与能动性"、"存在和所以存在"、"规定性与无规定性"、"自由与必然"、"相对与绝对"、"根据与条件"、"现实与超现实"、"抽象与具体"、"宇宙与人生"以及"境界的升华"等问题。

如果我们对魏晋玄学的概念、命题和理论及其方法进行深入的探讨，并和今日西方哲学相比较，那不仅会使我们了解魏晋玄学在中国哲学史中的重要地位，而且可以在和西方哲学比较中发掘中国哲学的特殊意义。

（二）对人生态度的意义

魏晋玄学是一种哲学，它和先秦以来的哲学一样，一方面它讨论了许多哲学问题，锻炼提高着人们的理论思维能力；另一方面，魏晋玄学作为一种中国哲学，它又丰富和提高了人们的精神境界。这种对人自身的身心内外的精神活动的反思，对自我身心的了解和证悟，是人"超凡入圣"的自觉，也体现着理论思维的超越。

在中国历史上，有不少学者对魏晋玄学家有严厉的批判，认为当时社会风气的败坏是由于"玄风"引起的，在东晋时这种批评尤为激烈。当时的士大夫认为西晋之所以败亡，北方少数民族入主中原其罪在于"玄风"的流行。这种看法不能说完全没有根据，如葛洪《抱朴子·外篇·刺骄》中说：

> 世人闻戴叔鸾、阮嗣宗傲俗自放，见谓大度，而不量其才力，非傲生之匹，而慕学之，或乱项科头，或裸袒蹲夷，或濯脚于稠众，或溲便于人前，或停客而独食，或行酒而止所亲……夫古人谓通达者，谓通于道德，达于仁义耳，岂谓

通乎褒黩而达乎淫邪哉！

《晋书·范宁传》中载有一段范宁对当时"玄风"的批评说：

> 王、何蔑弃典文，不遵礼度，游辞浮说，波荡后生。饰华言以翳实，骋繁文以惑世。搢绅之徒，翻然改辙，洙泗之风，缅焉将堕。遂令仁义幽沦，儒雅蒙尘，礼坏乐崩，中原倾覆，古之所谓：言伪而辩，行僻而坚者，其斯人之徒欤！

干宝《晋纪·总论》论晋之失谓：

> 风俗淫僻，耻尚失所。学者以庄、老为宗，而黜六经；谈者以虚荡为辩，而贱名检；行身者以放浊为通，而狭节信；进仕者以苟得为贵，而鄙居正；当官者以望空为高，而笑勤恪。

东晋戴逵也对"玄风"作了批评，但他在《放达非道论》中对当时的"放达"之风作了一定程度的分析，他说：

> 竹林之为放，有疾而为颦者也；元康之为放，无德而折巾者也。

《后汉书·郭泰传》中说："（郭泰）尝于陈蔡之间，行遇雨，巾一角垫，时人乃故折一角，以为林宗巾，其见慕如此。"《抱朴子·外篇》谓："……世人逐其华，而莫研其实，玩其形，而不究其神，故遭雨巾坏，犹复见效，不觉其短，皆是类也。"

又《竹林七贤论》中说：

> 竹林诸贤之风虽高，而礼教尚峻；追元康中，遂至放荡越礼，乐广讥之曰：名教之中自有乐地，何至于此。乐令之言有旨哉！诸彼非玄心，徒利其纵恣而已。

可见，有"玄心"的放达和无"玄心"的放达是不一样的。看来，东晋人批评"玄风"多半是站在所谓"礼教"的立场上，指责放达的"坏礼教"、"废仁义"。问题是当时所谓的"坏礼教"、"废仁义"于社会是好事，还是坏事？这是一个价值观的问题，应当分析。当时的社会风气败坏是因为"越名教而任自然"的放达之风引起的，还是因为那些提倡所谓"礼教"（实际上是"假礼教"）所造成的，还是由于真有"玄心"的放达之风引起的呢？这是个大问题。近代人对此有不同看法，如章太炎在《五朝学》中说："世人见五朝在帝位日浅，国又削弱，因遭其学术行义弗道。五朝所以不竞，由任世贵，又以貌举人，不在玄学。"所以如何看待魏晋玄风，是个价值观问题。今天我们的社会也存在着同样的问题，社会风气败坏的原因何在？往往也是由于那些口头上讲"廉政"、"反腐败"的贪官们，他们才是败坏社会风气的罪人。

我们来看看，被批评最多的嵇康、阮籍的人生态度如何。他们的人生态度是严肃认真的呢，还是轻浮放荡的呢？阮籍有篇文章叫《达庄论》，是讲应该如何了解庄子的思想，在这篇文章的最后说：

> 且庄周之书，何足道哉！犹未闻夫太始之论、玄古之微言乎？直能不害于物而形以生，物无所毁而神以清，形神在我而道德成，忠信不离而上下平。兹容今谈而同古，齐说而意殊，是心能守其本，而口发不相须也。

我们分析这段话，它的意思是：庄子的书又有什么了不起呢？就像没有听到过天地始有时的议论、远古时的微妙言谈呢！那时的主张正是对万物一点都不损害而使之形成和生长；万物都能形成生长，不被损坏，因而人们的精神才可以非常纯净；人们的形神（身体与精神）都能自己支配，这样才可以做到道德高尚；大家都讲忠信，而且上下平等。难道能允许今天说的和古时一样，可是虽说的相同，而意义大异；难道能够认为守本分，而和他说出的话对不上呢！？对这段话，概括起来或可说有三层意思：①要让万物自然而然地生长，不要损害它们；②人们应该自己支配自己的身体与精神，这样道德才是真诚的，讲的忠信才是有价值、有意义的；③应该言行一致，不能说一套，做一套。我认为，这是阮籍所向往的人生态度。据史书记载：有一次司马昭为他的儿子司马炎欲向阮籍提亲，阮籍听到这件事，心里非常反对，每次司马昭和他谈论婚事时，他就拼命喝酒，一连喝了六十天而不顾一切公事，于是司马昭不得不放弃这件婚事。另外还有一段记载：阮籍任步兵校尉时，遭母丧，消息传到，阮籍正与朋友下棋，这位朋友要立即告辞回家，阮籍非要分胜负后才让朋友离去。朋友走后，阮籍独自饮酒两斗，悲从中来，不能自禁，大哭一场，吐血数升。当举行葬礼时，他吃了一盘蒸的干肉，喝了两斗酒，看了母亲最后的遗容之后，伏尸而哭，又吐血数升，瘦得不成人形。上面讲到阮籍的两段故事，表现了阮籍对"礼教"的反抗精神，他憎恨那些虚伪的"假名教"，而他是一个富于真感情、对母亲有真孝心的人，只是他的孝心不堪被世俗虚伪礼教所束缚。阮籍认为，与世俗礼教妥协会玷污自己的真孝心，于是对世俗礼教不屑一顾，故他才喝酒过量，然后痛哭而吐血，这表现了他的孝心出自真感情。所以明朝陈德文《刻阮嗣宗集叙》中说：

> 吾往读嗣宗诸文，率激烈慷慨。其心愤，故其行危；其道忠，故其旨远。

又，黄本说：阮籍"志在济世，而迹落穷途；情伤一时，而心存百代"。钟嵘说阮籍的《咏怀诗》是："言在耳目之内，情寄八荒之表。"我们读他的《咏怀诗》确实可感到他的"济世之志"。他作《首阳山赋》以伯夷、叔齐以自况，表示不愿和司马氏合作的态度，其中有几句："怀分索之情一兮，秽群伪之射真。信可实而弗离兮，宁高举而自偻。"（抱着所具有的专情，然可憎的群伪乱了真情；守住信实使不离去，宁愿与众不同而被排斥在外。）阮籍曾登广武观楚汉战争之处，他叹息地说："时无英雄，使竖子成名。"
实指司马氏当政时没有什么可当大任者。

稽康也是一个真性情的人，他所追求的人生境界不仅表现在
他的为人行事之中，而且也表现在他的诗文之中。一生逍遥放达，
他对"放达"的看法是："非夫放达者，不能与之无私。"（《琴赋》）
意思是不是放达的人，不能无私，意谓：放达者，无私。在他的
那《释私论》中，对什么是"无私"作了详细的说明：

> 矜尚不存乎心，故能越名教而任自然；情不系于所欲，
> 故能审贵贱而通物情。物情顺通，故大道无违；越名任心，
> 故是非无措也。是故言君子，则以无措（不执著世俗）为主，
> 以通物为美。言小人，则以匿情为非，以违道为阙。何者？
> 匿情矜吝，小人之至恶；虚心无措，君子之笃行也。

"矜尚"，矫揉造作；"任心"，任自然之心，不造作；"无措"，无
置，没有影响；"通物"，通物情；"虚心"，情不系于欲；"匿情"，
掩藏自己的感情而夸耀自己，是小人最可恨的地方。感情不被欲
望所束缚而能不把心用在搬弄是非上，这是君子的行为。所以他
在《家诫》中对他的儿子说：

> 不须作小小卑恭，当大谦裕（裕，宽也）。不须作小小廉
> 耻，当全大让。若临朝让官，临义让生，若孔文举求代兄死，
> 此忠臣烈士之节。（《后汉书·孔融传》中说：融十六岁，张
> 俭因事到孔融家找其兄褒，兄不在。融见其窘色，而留言。
> 后事泄，俭走而收融、褒，融言：留俭者融也。）

稽康因反对"假名教"，蔑视司马氏政权，最后司马炎把他杀了。
临刑前三千多学生请求不要杀稽康，并要求让稽康做他们的老师。
据记载，在稽康临刑前，他从容地仰视夕阳，徐徐地向其兄要琴，
弹完一曲《广陵散》说："昔袁孝尼（准）尝从吾学《广陵散》，吾

每靳固之（不愿教他），《广陵散》于今绝矣！"所以鲁迅在《魏晋风度及文章与药及酒之关系》中说：

> （竹林七贤）他们七人差不多都是反对旧礼教的，然而后人将嵇康、阮籍骂起来，人云亦云，一直到现在，一千六百年，季礼说："中国之君子，明于礼义，而陋于知人心"，这是确的，大凡明于礼义，就一定陋于知人心的。所以古代有许多人受了很大的冤枉。

季礼事见于《庄子·田子方》，应为温伯雪子事："温伯雪子适齐，舍于鲁，鲁人有请见之者，温伯雪子曰：不可，吾闻中国之君子，明乎礼义，而陋于知人心，吾不欲见也。"据唐成玄英说，温伯，字雪子，春秋时楚国人。

我想，任何一种思想学说，说得确切一点，或者说众多思想学说，都有两重性，既对人类社会产生积极的意义，也会有对人类社会产生消极的方面。玄学这种思潮，它所倡导的"人生态度"，它作为当时玄学家所追求的人生境界，可以对当时社会有积极意义，如阮籍、嵇康等用之以反对虚伪的礼教；但这种思潮也可以被一些人利用，作为放荡淫乱、伤风败俗之用。前面引用戴逵《放达非道论》及《竹林七贤论》已说明这个问题。例如，王衍和胡毋辅之等应是利用放达的玄风，而做出伤风败俗的事。《晋书》卷四十三中说：

> 衍虽居宰辅之重，不以经国为念，而思自全之计。

又：

> （王衍）妙善玄言，唯谈《老》、《庄》为事，每捉玉柄麈尾与手同色。义理有所不安，随即改更，世号"口中雌黄"。朝野翕然，谓之"一世龙门"，累居显职，后进之士，莫不景慕放效。选举登朝，皆以为称首，矜高浮诞，遂成风俗焉。

由这段评论，我们可以看出王衍的所谓"放达"其所表现的"人格"了。据载，"八王之乱"时，王衍让其弟澄去荆州，族弟王敦去青州。王衍对他们说这两个地方很重要，他自己留在京师，这样他们兄弟三人"足以为三窟矣"。（王衍谓澄、敦："荆州有江汉之固，青州有负海之险，卿二人在外，吾留此，足以为三窟矣。"识者鄙之。）后来，王衍被石勒活捉，他就劝石勒当皇帝，以求自免。这样就连石勒也看不起他，说："君名盖四海，身居重任，少壮登朝，至于白首，何得言不豫世事邪。破坏天下正是君罪。"后石勒把王衍活埋了。可见王衍讲"玄学"，毫无理论的严肃性，可信口雌黄；讲"放达"、"风流"，却贪生怕死，败俗伤德，以至于卖主求活。胡毋辅之为"王衍所昵"，他以不穿衣裤为"放达"。所以魏晋玄风作为一种人生态度，对其"放达"应有所分别：①行为之放，仅得放达之皮相，如王衍、胡毋辅之之流，以矜富浮虚为放达；②心胸之放，得放达之骨髓，如嵇康、阮籍等即是，以轻世傲时、反虚伪浮荡为放达；③与自然为一体之放，得放达之精华，如不为五斗米折腰的陶渊明即是。

（三）对思想解放的作用

社会的大变动往往引起思想上的大动荡，而有利于思想的解放，这大概是一般的情况。魏晋玄风不仅表现了人们从传统的"礼教"中得到某种解放，而且表现了若干突出的特点。

任何一种有影响的哲学作为一种思潮，归根结底，它一方面是现实存在着的社会生活的反映，另一方面又是为肯定或否定现实存在着的社会作理论上的论证。魏晋玄学当然也是如此。不过它的特点，从其表现形式上看是远离事物（事务）的，因此它往往不是直接表现为对现实社会生活中具体问题的肯定或否定，而是去讨论"理想社会应该是怎样的"、"圣人的人格应该如何"这样一些抽象的玄思问题。虽然他们所讨论的"理想的社会应该是怎样的"，正是从现实社会存在的问题提出来的，但它可表现得与现实无关，或是对现实的否定。他们所讨论的"圣人的人格应该如何"，也正是从现实的理想与实际的分裂而有的问题，但它往往表现为不去评论具体的人物（"未尝臧否人物"），而讨论不着边际的"圣人人格"之类的问题。由于魏晋玄学这种远离实际的表现形式，因而能比较自由地思想，思想比较解放、自由、开阔。因此，魏晋玄学提出和讨论的问题，不仅是两汉所不及，就是对先秦哲学来说也不逊色。

前面我们已经就魏晋玄学的新方法、新概念、新命题、新问题作了一些概述，我想，我们还可以从当时人的著作（包括文学艺术作品）来看魏晋玄学思潮。中国古代的哲学家大多也是文学家，在古代文、史、哲大概是不分的。由于魏晋玄风的特殊作用，使得这些玄学家创作出不少优美、豪放、超绝的诗文。阮籍的《大人先生传》是一篇他的哲学代表作，但同时也是一篇美文，文中说：

> 圣人无宅，天地为容；圣人无主，天地为所；圣人无事，天地之故。

> 必超世而绝群，遗俗而独往，登乎太始之前，览乎忽漠之初，虑周流于无外，志浩荡而自舒，飘飘于四运，翻翱翔乎八隅。

读阮籍文，使人确有一种超凡脱俗、飘然尘外之感。陆机的《文赋》可以说是中国文学理论最早、最系统的论著之一，它不仅对文章类别（文体）、文学的来源、文学创作的规律、语言修辞等方面作出独特的具有卓见的论述，而且把作品的自由创造表现在他的《文赋》之中，例如他说：文章应该能把广阔的天地都囊括在作者的胸中，把万物都镕铸在作者的笔端（"笼天地于形内，挫万物于笔端"），这是何等的气魄。他又说："课虚无以责有，叩寂寞以求音。"即有而超出有，于音而超出音，这种在文学艺术创作中追求"言外之音"、"弦外之音"、"画外之景"，对文学艺术的创作和批评是非常宝贵的理论。阮籍的《咏怀诗》有八十余首，许多都反映他追求"自由"、"超然物外"的胸怀：

　　　　膏火自煎熬，多财为患害，布衣可终身，宠禄岂足赖。
（第六首）

　　　　西北登不周，东南望邓林，旷野弥九州，崇山抗高岑。
（第五十四首）

阮籍的诗中也有反映他的"济世之志"的篇章，如《咏怀诗》第五十三首：

　　　　壮士何慷慨，志欲威八荒。驱车远行役，受命念自忘。良弓挟乌号，明甲有精光。临难不顾生，身死魂飞扬。岂为全躯士？效命争战场。忠为百世荣，义使令名彰。垂声谢后世，气节故有常。

又其第六十六首：

　　　　生命几何时？慷慨各努力。

这些诗又是何等的热情和严肃。在嵇康、阮籍之后的陶渊明可说其放达的"玄心"更为高超，他的《形影神赠答诗》可说达到了悟人生的极高境界，其中最后几句：

　　　　纵浪大化中，不喜亦不惧。应尽便须尽，无复独多虑！

在大自然中，应自由自在，领略其中的奥妙，有什么可多虑的呢？只要自己能对生命自满自足，就可以"北窗下卧，遇凉风暂至，自谓是羲皇上人"了。这是何等逍遥、高朗的境界。陶渊明把"世界"看成一人可以在其中自由自在的世界，一切自然而然，生死是自然，富贵如浮云，其《归去来兮辞》最后几句：

> 富贵非吾愿，帝乡不可期，怀良辰以孤往，或植杖而耘籽，登东皋以舒啸，临清流而赋诗，聊乘化以归尽，乐夫天命复奚疑。

"帝乡"见于《庄子》："华封人谓尧曰：乘彼白云，至于帝乡。"又，《五柳先生传》：

> 不慕荣利，好读书不求甚解，每有会意便欣然忘食……常著文章自娱，颇示己志。忘怀得失，以此自终。

又《拟挽歌辞三首》其一：

> 有生必有死，早终非命促。昨暮同为人，今旦在鬼录。魂气散何之，枯形寄空木。娇儿索父啼，良友抚我哭。得失不复知，是非安能觉。千秋万岁后，谁知荣与辱。但恨在世时，饮酒不得足。

这些诗文表现了陶渊明对生死、富贵的超然看法和对世俗的是非荣辱的超然潇洒态度，这正是他的心胸自由与自然为一体放达的表现。在他的《读山海经》中有几句，我对之十分欣赏：

> 孟夏草木长，绕屋树扶疏，众鸟欣有托，吾亦爱吾庐……微雨从东来，好风与之俱，泛览周王传，流观山海图，俯仰终宇宙，不乐复何如！

这种把时间、空间的有限都置之度外，从安身立命，一切自然自得，而去领略宇宙中的无穷乐趣。我们读这些诗文是不是也会感染上那种超越世俗是非、荣辱的人生境界的影响呢？陶渊明的诗文中也可以看到他人生的另一面，如读他的《咏荆轲》不能不被他的热情所感动，不能不为之慷慨流涕呢！

> 登车何时顾，飞盖入秦庭。凌厉越万里，逶迤过千城。图穷事自至，豪主正怔营。惜哉剑术疏，奇功遂不成。其人

虽已没，千载有余情。

从陶的诗文中，我们深感有一种追求自由，又对人类的责任的承担，如他说："朝与仁义生，夕死复何求！""古人惜寸阴，念此使人惧。"读陶诗，必须用他所说的"此中有真意，欲辩已忘言"来读。

魏晋玄风所及，虽也有其消极的一面，可以使一些士大夫不关心社会，无所事事，甚至发展到精神空虚、生活腐化、道德堕落，而拿"放达"作为挡箭牌，这种倾向是应该否定的。但是，这种风气在当时历史条件下，也使一些士大夫保持着蔑视"名教"，傲然于天地之间，维护个人人格的尊严，不为世之名利所诱惑的品德，而创造出深刻的哲理和优美的诗文。

我们知道，世界是矛盾的，生活是复杂的，在任何社会都有真、善、美与假、恶、丑的对立，在魏晋社会的玄风中也不可能例外。而且往往我们可以看到，一种思潮的流行，就会为两种不同的、甚至相反的倾向所利用，在我们今天的现实社会中就可以看到。我们研究哲学史，就是要揭示这个时代中的真、善、美与假、恶、丑的对立，歌颂其中的真、善、美，而鞭挞其中的假、恶、丑，来丰富人们的精神生活，提高人们的人生境界。

我们从三个方面分析了魏晋玄学的价值。这三个方面都是从真、善、美三个方面考虑的。魏晋玄学在上述三个方面都有特殊的贡献，使我们的哲学提高到探讨宇宙存在的最后原因（final cause）的形而上学本体论领域；使"人"在一定程度上摆脱虚伪礼教的束缚，而成为具有真情实感的独立人格的人。这一做人的精神境界，在中国过去（甚至今天）的社会里是非常难能可贵的，它表现了人们对真、善、美看法的改变。由于思想的解放，给人们带来了自由创作的可能，因而在魏晋南北朝的诗文中表现出追求自由的倾向，它成为人们"美"的重要标准。有"自由创作"才可能写出有生命力、有艺术价值的篇章。我认为，也许我们可以从这三个方面来观察魏晋玄学。在这里，我们也许可以讨论"价值观"的问题。对此，我打算通过魏晋玄学讨论三个问题：价值与时代精神；价值的相对性；价值的时效性和合理性。

（一）价值和时代精神

如果说价值判断是表示一种爱好，一种对事物价值的评估，就一个一个的人而言对具体事物的爱好和评估往往是千差万别的；但是对一个时代来说，是不是社会上会有一种总的爱好和评估呢？我们知道，两汉自董仲舒提出"罢黜百家，独尊儒术"后，儒家思想成为正统，当时的思想家大都从儒家观点对事物作价值上的评估。当然，同时黄老思想也在流行，黄老思想在汉初大体上是一种"君人南面之术"，即治理国家的方法，如"无为自化，清净自正"。东汉后，黄老与神仙家等方术相结合而成为道教，同时佛教也传入了。因此，到魏晋时社会上有着各种各样的思想，有在一定程度弱化了的儒家，还有道家（老庄）、法家、名家以及道教、佛教等。那么在魏晋时期哪一种思想代表着时代精神呢？应该说是以黄老思想为骨架而企图调和儒道的"玄学"代表了当时的时代精神。而且玄学家开始比较重视《老子》，因为《老子》中讲到"修身治国"方面还比较多，可是后来玄学越来越重视《庄子》，所以《世说新语·文学》中说：

> 初，注《庄子》者数十家，莫能究其旨要，向秀于旧注外为《解义》，妙析奇致，大畅玄风。

这是因为《庄子》一书的精神在逍遥放达，这一精神为玄学家所推崇，而成当时玄学家所喜爱的一种精神生活。所以当时评论人物高下，就常常看他是否能逍遥放达。在沈约的《宋书·谢灵运传》中说当时的风气是：

> 为学穷于柱下，博物止乎七篇。

这就是说，当时的学风只注重《老子》和《庄子》。晋李充因其姓李，在他的《玄宗赋》中说：

> 慕玄风之遐裔，余祖皇曰伯阳。

东晋湛方正有《秋夜诗》一首：

> 拂尘襟于玄风，散近滞于老庄，揽逍遥之宏维，总齐物之大纲，同天地于一指，等太山于毫芒，万虑一时顿谍，情累豁焉都忘，物我泯然同体，岂复寿大于彭殇。

这种把"逍遥"、"齐物"看成是一种理想的人生境界，就是一时代的时代精神，它成为当时的风尚和爱好。因此，也就以此作为价值判断的标准，所以干宝的《晋纪·总论》中记：

> 学者以庄、老为宗，而黜六经。

这句话，可以说是对当时学者的精神生活的总体评估。

（二）价值的相对性问题

这个问题中包含着两个问题：一是，在一个时代里，可不可能有一个统一的价值标准的问题；二是，即使同一价值标准也有二重性的问题，也就是说"价值"有个相对性问题。

宾克莱（L. J. Binkley）的《理想的冲突》一书，副标题是"西方社会中变化的价值观"，在其第一章《二十世纪的道德思潮》中有一节讲"相对主义的时代"，其中有这样一段：

> 我们日常生活中，每天都进行各种价值判断。如果有人宁愿花十元钱看一出戏而就是表示，他相信在那特定的时间去看那出特定的戏比买那本特定的书更有价值。但是，人并不是认为看一出戏总比买一本书好，因为这样做就是赞成一种绝对的价值判断了。……倒不如说，人们的判断，是根据

> 在一定特定时间内，把那出特定的戏和一本特定的书作比较
> 而后得出的结果。①

在人们的日常生活中，常常会遇到这种不同的价值判断问题，这是不足为怪的。但是，对一个时代的风尚的价值判断就不那么简单了。在上面引用的那本书中，宾克莱利用斯肯诺的《瓦尔登二号》以当今社会的批判为例说明价值的相对性。在《瓦尔登二号》中，其领袖人物叫弗雷泽，在他那个社会里从来没有听说过什么叫"竞争"，当代世界所体验到的一切挫折和矛盾都被消除了，以致没有一个居民对这个"理想"社会的目标提出任何问题。于是弗雷泽从外部世界邀请了一些学者到他的"瓦尔登二号"来看他搞得多么成功。弗雷泽在和这群宾客中的一位哲学家讨论时宣称：

> 这就是美好的生活。我们知道这是个事实，不是个理
> 论……我们只安排了一个世界，在这儿，严重的冲突发生得
> 极少，或者，幸运一点儿，根本不发生。②

但是，这位哲学家对弗雷泽关于"瓦尔登二号"的"美好生活"持重要的保留态度，他提出的问题是：

> 这果真是美好生活吗？人应该受条件作用影响而达到温
> 温顺顺过生活吗？完全没有竞争，没有冲突是好事吗？③

这就是由价值观不同而对"美好的生活"的不同看法。在魏晋时，对玄学这种风气，自然也有不同看法，玄学家大多以"放达"的生活方式"美好地生活"。但是，就在当时也有不少人反对这种

---

① L. J. Binkley, *Conflict of Ideals：Changing Values in Western Society*，New York：Van Nostrand Reinhold Company，1969，p. 10.

② B. F. Skinner, *Walden Two*，New York：The Macmillian Co.，1962，p. 161. 转引自 L. J. Binkley：*Conflict of Ideals*，p. 10。

③ L. J. Binkley：*Conflict of Ideals*，p. 10.

"放达"的生活态度。所以任何时代，都不可能有一个统一的价值标准，任何"价值判断"只有其相对性。但是，就一个时代来说，尽管"价值标准"和"价值判断"不可能统一，然而也总有某种价值可以作为这个时代的代表。在魏晋时期，最高统治集团仍在那里提倡"礼教"，也有学者（士大夫）反对"玄风"，但是从历史的发展上看，我们不会用当时"礼教"来作为这个时代的价值取向，不会用当时的"礼教"来作为那个时代的价值标准，不会把"礼教"看成是理想人格的追求，仍然是依玄学的风气作出价值判断。所以价值判断有其相对性，但它总要和时代精神相联系，才能对它作出正确的价值判断。

我们还必须看到，即使用一种价值作为衡量事物的标准，它也有二重性。我们前面说过，玄学这种"放达"作为一种人生态度，可以分为三类：行为之放；心胸之放；与自然为一体之放。可见"放达"这种风气也有二重性，它可以为一些人用来作为其精神空虚，道德堕落的挡箭牌；也可以为人们用来反对"假名教"，解放思想，树立把生死、富贵置之度外的人生追求。因此，我们对任何一种"价值判断"所具有的二重性要作分析，从中找出其真价值和假价值的分别。

（三）价值的效用性和理想性

在谈到价值问题时，我们常常会碰到这样的问题：所谓"美好生活的价值判断"，或者说所谓"理想人格的价值判断"，是指在典籍中记载的少数圣贤的理想呢？还是指一般人在"日用伦常"中所表现的实际倾向呢？在这个问题上，西方和中国传统的看法可能不同。在西方理论与实践、理想与现实之间往往距离较大，这也许和西方的二分思维模式有关。在中国传统哲学中，一些思想家则要求把他们的理想落实到生活实践之中，要求尽可能地缩小理想与现实的距离，从孔子的"人能弘道"到张载的"为天地立心，为生民立命"都是如此。

因此，在中国传统哲学中，有一个价值标准的根据问题以及价值世界（理想世界）与现实世界的关系问题。儒家认为，理想社会的价值的根据是来源于神圣的"天"或"天道"、"天理"，虽说孔子不大讲"性与天道"问题，因为"天道"有其超越性，很难言说，但孔子的一生却在体会"天"（"天命"）赋予人的价值，所以他说要"知天命"（"五十而知天命"）。孟子讲人性善，认为"恻隐之心"等四大善端是天生的，来源于"天"，"天所与我者也"，所以他才说："知其性者，则知天矣。"到宋儒讲"天理"（太极），而"天理"具有超越性，是"合理的"、"至善的"，而"人人一太极"，"性即理"，所以"天理"落实到"人"，即"人"之内在性，所以王夫之说："然濂溪周子首为《太极图说》，以究天人合一之源，所以明人之生也，皆天命流行之实，而以其神化之精粹为性，乃为日用事物当然之理，无非阴阳变化之秩序，而不可违。"这就是说，"人道"的"日用事物当然之理"就是"天道"的"阴阳变化之秩序"，这就是"天人合一"学说的根本道理。"人道"和"天道"是不相隔的，"人道"和"天道"是个一贯相通的刚健大流行，"天行健，君子以自强不息"。就这点看，中国传统哲学的儒家思想或与西方的柏拉图以至近现代以前的传统颇有不同。不仅儒家如此，道家传统也是这样。道家认为，在天地万物之前，有一超越现实的"道"存在着，"有物混成，先天地生"，而后由这一超越的浑然一体的"道"产生天地万物，"道生一，一生二，二生三，三生万物，万物负阴而抱阳，冲气以为和"，所以人必须效法于"道"，"人法地，地法天，天法道，道法自然"，归根结底，"人"必须效法"道"的自然而然。庄子同样认为天人一体，他认为，"道"无所不在，天地万物，一切的一切都是按照"道"自然而然、逍遥自在地存在着、发展着。魏晋玄学继承发展了老庄思想，又要求能在现实中实现超越，所以王弼认为理想的社会和其人生态度应是"反本"（反回到"道"）、"体道"（体证"道"的根源性），实现崇本（道）以举末（儒）。郭象进一步认为，人应在现实社会生活中使其本性（自性）得到充分发展，"适性逍遥"，超越的人生境界就可以实现在现实社会之中，"游内"即"游外"，"游内"以"宏外"，内外相冥，这就是玄学家的"内圣外王之道"。

　　魏晋玄学家有他们的理想，他们的理想自然就是他们的爱好，也就是他们的人生价值所在。但他们的理想效用如何，那就需要分析。玄学的表现形式是远离实际的，所以它的超越性较强。他们把这种远离实际作为一种人生态度，而又不离实际，或表现为对现实的否定，这就成为其对当时社会的一种效用性，使得人们的思想比较自由解放，企图把自由实现在现实之中，于是造成了逍遥放达的风气，王坦之在《废庄论》中用"体远用近"来形容这种风气。超越性的"道"虽是很高的理想，有很高的超越价值，但它的效用则应在现实社会之中。也许这就是中国传统哲学特有的精神，一种与西方不同的独特的价值观。

第四章　魏晋玄学发展的历史（上）

对一个时代的哲学思想发展，如果能清楚明白地勾画出其发展的阶段性，找出其前后发展阶段性的逻辑联系，这样我们才可以说揭示出了它的发展的内在理路。也只有揭示出一个时代哲学思想发展的内在理路，才可以说哲学史成为一门具有科学性的学科。

魏晋玄学的发展可分成几个阶段，我曾在本书初版中讨论过，当时我把玄学的发展分为四个阶段：

（1）以何晏、王弼为代表的正始时期（240—249）的玄学；

（2）以嵇康、阮籍为代表的竹林时期（255—262）的玄学；

（3）以裴頠、郭象为代表的元康时期（291前后）的玄学；

（4）以张湛为代表的东晋时期（317以后）的玄学。

然而，我在本书初版的第112～113页中有如下一段：

> 魏晋玄学从何晏、王弼开始，特别是王弼对"有"和"无"的关系作了比较深入的论证，以"体"（本体）和"用"（功用、现象）来说明"有"和"无"的关系，并提出"无不可以无明，必因于有"，所以"无"作为"本体"而在"有"中，要由"有"来呈现，因而视"体"、"用"如一。但是王弼体系中由于强调"无"的绝对性，所以又有"崇本息末"的思想，这样就造成了王弼思想体系中的自相矛盾。就其"崇本息末"方面说，可以引出否定"有"，而包含着"非有"的意思。王弼的"贵无"经过向秀、裴頠，发展到郭象的"崇有"。照郭象看，"有"是唯一的存在，在天地万物之外（之

上）再没有什么作为它的"本体"（或造物主），万物的存在均根据其"自性"，而"自性"又是"忽尔而自生"的，所以他说："无既无矣"，这样直接否定了本体之"无"，而包含着"非无"的意思。东晋张湛注《列子》，又企图在他的体系中同时容纳王弼、郭象两人的思想，他一方面说"群有以至虚为宗"，"无"（至虚）是"有"存在根据，"无"是"有"的本体，"无"是不生不灭、无聚无散的，而"群有"是有生有灭，有聚有散的，故"万品以终灭为验"，所以是"非有"；而"群有"又都是"忽尔而自生"，它的存在不是有目的有条件创造的，因而又可引出"非无"的思想。然而张湛上述两点，是机械地拼凑在一起，是矛盾的，因而他的体系亦不严密。恰好般若空宗讲"非有非无"，它在理论体系上比张湛严密得多，因此可以说僧肇的"不真空义"是接着王弼、郭象而发展了玄学。僧肇的思想虽是从印度佛教般若学来的，但却成为中国哲学重要的组成部分，使魏晋玄学成为由王弼——郭象——僧肇，构成中国传统哲学的一个发展圆圈。

上引这段话，除有些提法应修正外，在魏晋玄学的发展阶段问题上，看来也没有弄得很清楚。现在对此问题作些补充说明。把魏晋玄学的发展划分为四个阶段，是根据东晋袁宏《名士传》中的一段话所作出的，《世说新语·文学》"袁彦伯作《名士传》成"条注谓：

> 宏以夏侯太初、何平叔、王辅嗣为正始名士，阮嗣宗、嵇叔夜、山巨源、向子期、刘伯伦、阮仲容、王濬冲为竹林名士，裴叔则、乐彦辅、王夷甫、庚子嵩、王安期、阮千里、卫叔宝、谢幼舆为中朝名士。

袁宏把从魏正始到西晋（240—317）的玄学划分为三个发展阶段，

盖因袁宏为东晋（317—420）初人，还不可能把其后的张湛列入他的《名士传》，作为第四个阶段。我在本书初版中把张湛作为第四阶段大体上说也是可以的，但并不完整。或者应把僧肇看成玄学发展的第五阶段。而这五个阶段的划分如果照列宁《谈谈辩证法问题》中所肯定的关于黑格尔把哲学史比作"圆圈"的思想①，实际上可以归为三个阶段：即王弼（经过嵇康、阮籍、向秀、裴頠）——郭象（经过张湛、道安）——僧肇。这个圆圈，从哲学思想的发展上看是一螺旋上升的："贵无"——"崇有"——"非有非无"，这是一个正——反——合发展过程。而其中的嵇康、阮籍、裴頠、向秀以及张湛、道安等是这个圆圈中的正——反——合三个环节中的某种过渡。因此，我以为应该对本书初版在此问题上的看法作些补充和修正。在此顺便说一下，中国哲学也许是由几个大的螺旋上升的正——反——合而构成其发展的全貌。先秦哲学——两汉哲学——魏晋哲学构成第一个圆圈；魏晋玄学——隋唐佛学——宋明理学构成第二个圆圈；也许可以预示着宋明理学——西方哲学的传入——将来中国哲学的重建可能又是一个圆圈。我本来打算在《论中国传统哲学》一课中讲的。（按：《论中国传统哲学》一课是 1985 年暑假后所开的课，只讲了第一讲"当前研究中国传统哲学有什么意义"，后因要出国开会而没有继续下去，因此关于中国哲学发展的圆圈也没有再继续研究下去。现在看来，这个圆圈式的考虑是有点简单化。但我那时讲"当前研究中国传统哲学有什么意义"，多少反映了当时中国哲学研究的状况。）

一、正始时期的玄学

正始时期的玄学家以何晏（190—249）、王弼（226—249）为

---

① 参见《列宁全集》，中文 2 版，第 55 卷，308 页。

代表，尤以王弼对中国哲学的影响最大。《晋书·王衍传》中说：

> 魏正始中，何晏、王弼等祖述《老》、《庄》，立论以为天地万物皆以无为本。无也者，开物成务，无往不存者也。阴阳恃以化生，万物恃以成形，贤者恃以成德，不肖恃以免身。故无之为用，无爵用贵矣。

这一段话可以说是对何晏、王弼"贵无"（"以无为本"）思想的简要概括：

（1）何、王的学说来源于《老》、《庄》。《三国志·曹爽传》附《何晏传》谓：晏"好老、庄言"，《世说新语·文学》"何晏为吏部尚书"条注引《魏氏春秋》："晏少有异才，善谈《易》、《老》"，同条引《弼别传》："好庄、老，通辩能言。"《三国志·钟会传》："初，会弱冠与山阳王弼并知名。弼好论儒道，辞才逸辩，注《易》及《老子》。"又注引何劭《王弼传》："弼注《老子》，为之《指略》，致有理统，著《道略论》，注《易》，往往有高丽言。"《老》、《庄》、《易》合称"三玄"。

（2）何晏、王弼的思想（立论）是"天地万物皆以无为本"。王弼《老子》第四十章注："天下之物，皆以有为生；有之所始，以无为本。将欲全有，必反于无也。"《列子·天瑞》张湛注引何晏《道论》谓："有之为有，恃无以生。事而为事，由无以成。"自然界的种种现象和社会生活的种种准则都是靠"无"得以形成和维系，所以"无"为"体"。

（3）"无"（本体）的作用非常之大（以无为用），它并非因为什么爵位而贵重。意思是说：它并不是如什么人格神（如天帝）那样而贵重，"无"并无意识，它只是事物存在的根据和道理，"物无妄然，必由其理"，就这点看玄学有反汉学目的论的意义。

据各种史科看，何晏、王弼虽好老庄，但在曹爽当政时，由于从汉刚过渡到魏未久，儒学虽衰，但余势犹存，所以何晏于注

《老子》未毕而作《道德论》外，并撰《论语集解》；而王弼于注《老子》外，又注《易》，并撰《论语释疑》，可见他们也很重视对儒家经典的研究。从现存的史科看，何、王虽立论根据《老》、《庄》，重在发挥道家思想，并用道家思想解释儒家经典，但他们齐一儒道，调和"自然"与"名教"的意图也是很明显的，故可谓为"不废名教而任自然"者也。

何晏、王弼虽都是"贵无派"，他们的思想大体相同，但也有若干差异，大概王弼哲学的本体论意味比何晏对《老子》的阐发更深刻，且对《周易》和《论语》的义解颇多创新。在这里，我想只对何晏思想作点简单介绍，重点讨论王弼的思想，这样可以使我们更便于抓住魏晋玄学发展的内在关联。

何晏，字平叔，仕魏，曾在曹爽集团中任吏部尚书，推行改制，正始十年被处死。好《老》、《庄》及《易》，为当时玄学领袖。《文心雕龙·文学》注引《文章叙录》谓："晏能清言，而当时权势，天下谈士，多宗尚之。"主要著作有：《论语集解》十卷，《老子道德论》二卷（亡佚），《何晏集》十一卷。据《世说新语·文学》记载：

> 何平叔注《老子》，始成，诣王辅嗣。见王注精奇，乃神伏，曰："若斯人，可与论天人之际矣！"因以所注为《道》、《德》二论。
>
> ……
>
> 何晏注《老子》未毕，见王弼，自说注《老子》旨。何意多所短，不复得作声，但应诺诺。遂不复注，因作《道德论》。

《道德论》已散失，仅在张湛《列子注》中引有《道论》一段，又引有何晏《无名论》一段，或为《德论》中之一段，待详考。这两段是研究何晏玄学思想最重要的史料。《论语集解》为集汉以来众家之注解，除何晏之注外，尚分别用了孔安国、马融、郑玄、周生烈、王肃、陈群等人之注。

何晏关于"贵无"学说之论述主要见于张湛《列子注》中《道论》和《无名论》。现录此二论于下：

> 有之为有，待无以生。事而为事，由无以成。夫道之而无语，名之而无名，视之而无形，听之而无声，则道之全焉。故能昭音响而出气物，包形神而章光影。玄以之黑，素以之白，矩以之方，规以之圆。圆方得形而此无形，白黑得名而此无名也。（《道论》）

> ……夫道者，惟无所有者也。自天地已来皆有所有矣；然犹谓之道者，以其能复用无所有也。故虽处有名之域，而没其无名之象；由以在阳之远体，而忘其自有阴之远类也。夏侯玄曰："天地以自然运，圣人以自然用。"自然者，道也。道本无名。故老氏曰："强为之名"，仲尼称尧"荡荡无能名焉"，下云："巍巍成功"。则强为之名，取世所知而称耳。岂有名而更当云无能名焉者邪？夫惟无名，故可得遍以天下之名名之，然岂其名也哉！惟此足喻而终莫悟，是观泰山崇崛而谓元气不浩芒者也。（《无名论》）

（1）从这两段所引的何晏之文可看出，他所谓的"道"是"无名"、"无形"的"无所有"者，因此也可名之为"无"。而"有名"、"有形"之天地万物是由"无"成就的，所以"圆方得形而此无形，白黑得名而此无名。""有名"的天地万物的根本是"无名"的"道"，之所以如此，是这个"道"隐藏而不易见其象。这就是说，"道"或"无"是"有"（有名、有形之天地万物）之所以存在之由，即本体，这正和前引《王衍传》所说的"何晏……以为天地万物皆以无为本。无也者，开物成务，无往不存者也。阴阳恃以化生，万物恃以成形"相合。

（2）"无"和"有"的关系是，"有"因"无"而成为"有"，这是因为"惟无名，故可得遍以天下之名名之"；如果"无"有名，那怎么能"更当云无能名焉"？所以说"道之而无语，名之而无名，视之而无形，听之而无声，则道之全焉"。正因为"道"是"无"，可以"可得遍以天下之名名之"，当然也可以"遍以天下之形形之"，故为"道之全"，即谓"道"乃为一"大全"。

（3）"道"（无）为"无所有"者，而与"有所有"虽为相对，但"无所有"之"无"与"有所有"之"有"仍是相通的。这是因为自古以来天地万物都是以有名有形的"有"而存在着，但是任何有名有形的"有"必有其存在之故，即当有其"所以存在"之"无"为其存在之根据。在此或已可谓以"无"为本体，而"有"为依本体而存在之存在物。

（4）何晏在论"无"和"有"的关系时，又把"有"看成是由"无"所生所成，就这点看他仍未完全摆脱宇宙生成论之影响，从而仍未能合体用为一。这不能不说是由于《老子》就存在这个问题。我们虽可视何晏思想为一种本体论，但又杂有若干"生成论"之因素，这或在一定程度上仍受汉学之影响，在这点上形成了何晏哲学中的本体论与生存论之间的矛盾。可以说他的哲学不如王弼的本体哲学更圆通。

由于有关的何晏哲学思想在《论语集解》中仍有一些，但较为零碎，我们不多作讨论。不过有一问题则不得不提，即"圣人有情无情"问题，此涉及有关"人性"之讨论。这个问题是王弼与何晏思想上的重要分歧，由此也可以看到何晏的本体哲学确不如王弼哲学高明。（详后）

王弼，字辅嗣，《三国志·钟会传》末附有关王弼数语，另有何劭《王弼传》论弼甚详，《世说新语·文学》有数则关于王弼之事迹。何劭《王弼传》对了解王弼的思想和生平最为重要，现节录于下：

　　弼幼而察慧，年十余，好《老氏》，通辩能言。父业，为尚书郎。时裴徽为吏部郎，弼未弱冠，往造焉。徽一见而异之，问弼曰："夫无者诚万物之所资也，然圣人莫肯致言，而老子申之无已者何？"弼曰："圣人体无，无又不可以训，故不说也。老子是有者也，故恒言无所不足。"寻亦为傅嘏所知。

　　于时何晏为吏部尚书，甚奇弼，叹之曰："仲尼称后生可畏，若斯人者，可与言天人之际乎！"正始中，黄门侍郎累缺。晏既用贾充、裴秀、朱整，又议用弼。时丁谧与晏争衡，致高邑王黎于曹爽，爽用黎。于是以弼补台郎。初除，觐爽，请间，爽为屏左右，而弼与论道，移时无所他及，爽以此嗤之。时爽专朝政，党与共相进用，弼通俊不治名高。寻黎无几时病亡，爽用王沈代黎，弼遂不得在门下，晏为之叹恨。弼在台既浅，事功亦雅非所长，益不留意焉。

　　淮南人刘陶善论纵横，为当时所推。每与弼语，常屈弼。弼天才卓出，当其所得，莫能夺也。

　　性和理，乐游宴，解音律，善投壶。其论道傅会文辞不如何晏，自然有所拔得，多晏也。颇以所长笑人，故时为士君子所疾。弼与钟会善，会论议以校练为家，然每服弼之高致。

　　何晏以为圣人无喜怒哀乐，其论甚精，钟会等述之。弼与不同，以为圣人茂于人者神明也，同于人者五情也。神明茂，故能体冲和以通无；五情同，故不能无哀乐以应物。然则圣人之情，应物而无累于物者也。今以其无累，便谓不复应物，失之多矣。

　　弼注《易》，颍川人荀融难弼"大衍义"。弼答其意，白书以戏之曰："夫明足以寻极幽微，而不能去自然之性。颜子之量，孔父之所预在。然遇之不能无乐，丧之不能无哀。又常

> 狭斯人，以为未能以情从理者也，而今乃知自然之不可革。足下之量，虽已定乎胸怀之内，然而隔逾旬朔，何其相思之多乎？故知尼父之于颜子，可以无大过矣。"

> 弼注《老子》，为之《指略》，致有理统，著《道略论》，注《易》，往往有高丽言。太原王济好谈，病《老》、《庄》，常云："见弼《易注》，所悟者多。"

王弼思想涉及的哲学问题很多，例如"有无"问题、"言意之辨"、"一多"问题、"动静"问题、"性情"问题、"名教与自然"问题等，但归纳起来或主要为三个问题：第一，论老不及圣，即认为老子不如孔子高明，这是由圣人体道，讲到"有"、"无"之关系的本体论问题。于此问题中，亦涉及"一多"问题、"动静"问题、"自然与名教"问题等。第二，论圣人有情，即圣凡之不同和相同，此问题实与王弼所主张的"体用如一"有关，并涉及性与情之关系。第三，述《周易》之"大衍义"，据《周易》论"一多"、"有无"以证"体用如一"，以及"自然"与"名教"之关系。

（1）关于"老不及圣"是上引《王弼传》第一段裴徽与王弼讨论的问题。这个问题在魏晋南北朝时是个常为士大夫等讨论的问题，如《周颙致张融书》："王何旧说，皆以老不及圣。"（见《弘明集》）又《世说新语·文学》中有一条：

> 僧意在瓦官寺中，王苟子来，与共语，便使其唱理。意谓王曰："圣人有情不？"王曰："无。"重问曰："圣人如柱邪？"王曰："如筹算，虽无情，运之者有情。"僧意云："谁运圣人邪？"苟子不得答而去。

从裴徽与王弼的对话，我们可以看出当时由于老庄思想的流行，在士大夫之间都承认"无"是万物存在的根据，从而引起关于"圣人"问题的讨论，是老子比孔子更高明，还是孔子比老子更高明。这在当时自是个大问题。因为在汉朝已经确立孔子的圣人地位，《汉书·古今人表》把古今人分成九等，孔子列于上上，是属于圣人行列最高等的；老子列于中上，于"智人"之下；庄周则列于中下。裴徽提出的问题大概是当时讨论很多的。王弼对这个问题的回答，有两点也许可以特别注意：

第一，"圣人体无，无又不可以训，故不说也"。这句话可以从两个层面来理解，一是由本体论方面来理解，一是由认识论方面来理解。

王弼认为，"无"是无形无名之本体，是不能说的。如果本体能说，那它（无）就是什么，既是什么，那就是有形有名的"有"。但作为本体的"无"虽然不能说，可并不是"虚无"（不是"不存在"）。如果"无"是"虚无"，那它怎么能成为事物之本体呢？"无"作为本体，它不是什么，只是事物存在的根据，但它超出事物而又不离事物，所以孔子说"有"而不说"无"。不说"无"，因为"无"不可说；而说"有"，因为"无"不离事物，故说"有"而达到"体无"。为什么"无"是"本体"，在这里王弼没有作更多的说明，在《老子指略》中却有较充分的论证，这个问题，后面再讨论。

从认识层面说，"无"作为本体无形无名，不是认识的对象，因此不能用言语把握它，那么如何把握它呢？如果根本不能把握，就无法证实有事物存在根据的"本体"，为了证实本体之"无"确实存在，所以必须说明本体之"无"可以由圣人体认，也就是说圣人只可以用其自备之智慧通过"有"而对"无"心领神会，以达到与"无"同体。"本体之无"对圣人说不是什么外在的东西，而是内在于其心灵，而不能言说。

第二，"老子是有者也，故恒言其不足"。王弼的意思是说，老子并不真正懂"无又不可以训"的"无"，这是因为他把"无"

看成认识的对象、知识的对象，认识与智慧不同，认识要有外在的对象，智慧是要由心灵体证，看成可以说的东西，看成是"有"。那就是说，老子认识的只是"有"，把"本体"也看成是可说的东西，所以他常常说的正是他不应说的。

从以上两点，我们可以看出，王弼认为孔子比老子高明之处有两点：①孔子没有把"无"和"有"对立起来。孔子认为，"无"作为"本体"，虽不可说，但因为它不离于"有"，所以说"有"，就可以体"无"。说现象，可以通过现象对本体心领神会，所以"体用如一"，"本末不二"；②圣人和道体的关系是一种内在的关系，所以圣人可以"体无"，而老子要说那不可说的本体，这就是说他把"本体"看成对象，而不能与"本体"有内在的关联，不能与"本体"为一。东晋王坦之在《废庄论》中说：

> 孔父非不体远，以体远故用近；颜子岂不具德，以德备故膺教。

这几句话可以作为上述王弼思想的注脚。孔子并非不能对超言绝象的本体心领神会，正因为他可以体证"本体"，所以才能从日常生活中来揭示"本体"的作用。颜回难道不具备高超的德性，正因为他具备高超的德性，所以他才处处注意顺应道德规范。

王弼把孔子抬高到老子之上，这是历史已经造成的事实，他无法改变，也不必改变。但他给"圣人"以一种新的形象，这就是"圣人体无"，把道家的思想加到了孔子身上，当然他不是简单地把道家思想说成孔子的思想，而是在不否定儒家原有的思想（名教）的基础上，为这一思想找一形而上的根据，或者说在道家思想中容纳某些儒家思想。这不能不说是王弼的高明之处，他把圣人的品格说成是：不废名教，而德合自然（"本体之无"）。王弼的这种思想在魏晋时影响很大，如后来乐广尝说"名教中自有乐地"，就是认为，不应把"名教"看成是和"自然"相对立的。郭象对孔子和庄周的看法实际上和王弼的思想更相近。如在郭象的《庄子序》中说："夫庄子者，可谓知本矣，故未始藏其狂言，言虽无会而独应者也。夫应而非会，则虽当无用；言非物事，则虽高不行。"照郭象的看法，庄周虽对事物的根本（体）有所识知，但他却不了解"体"和"用"是统一的，即"自然"没有落实于"名教"，因此庄周的思想"虽当无用"、"虽高不行"。

顺便解释一下，在魏晋时常常把"自然"就理解为"道体"。本来在《老子》中"自然"一概念主要是说"道"的性质，如"道法自然"（第二十四章），"希言自然"（第二十三章），"莫之命而常自然"（第五十一章），"以辅万物之自然而不敢为"（第六十四章），等等，这里的"自然"是说明"道"的，意思是说"道"的特性是"自然"的，但到魏晋玄学中，往往有把"自然"等同于"道"的倾向，例如何晏《无名论》中说：

> 天地以自然运，圣人以自然用。自然者，道也。道本无名，故老氏曰："强为之名。"

这里把说明"道体"性质（特性）的概念"自然"和作为"本体"概念的"道"等同起来，这表现了概念含义的变化。

王弼的"圣人体无"虽说是继承了老子道家的思想，但却是对老子思想的重大创新，从哲学上或可注意两点："体用如一"、"本末不二"；老不及圣。这两点就当时的社会作用说，都表明王弼企图调和儒道。

（2）论圣人有情。关于王弼与何晏圣人"有情无情"的讨论，已见于前面引的何劭《王弼传》中。对那段话，先做一点解说。关于何晏"圣人无情"的观点虽已不可详考，但根据一些材料，大体上可以推知。何晏认为，"圣人"是纯粹的，是完全合乎"天道"的，所以圣人"无喜怒哀乐之情"。老子曰："天道无情"，圣人法天，故亦应无情；而贤者则是以情当理者（情可以恰当地合乎理），所以贤人虽有情但能合理，而一般人也是有情的，不过他们往往是"违理而任情"（违背理而放任情），为喜怒哀乐所驱使而不能自拔，故何晏说：

> 凡人任情，喜怒违理；颜回任道，怒不过分。（《论语集解·雍也》）

王弼的看法与何晏不同，他认为：

第一，圣人和一般人不同的地方不在于"有情无情"，而在于他的"神明"和一般人不同，"圣人茂于人者神明也"。所谓"圣人"之"神明"就是王弼所说的圣人"智慧自备"、"自然已足"，故能"应物而无累于物"，"体冲和以通无"，如说："圣人有则天之德……故则天成化，道同自然。"正由于圣人智慧自备，所以可对一切事物都心领神会、身体力行，处处合理（冲和），而与本体之无相通。

第二，圣人和一般人有相同的地方，就在于仍有喜怒之情，故王弼说，孔子对颜回"遇之不能无乐，丧之不能无哀"。王弼的这个看法根据于《论语》。"子曰：贤哉，回也！一箪食，一瓢饮，在陋巷，人不堪其忧，回也不改其乐，贤哉，回也。"（《雍也》）"颜渊死，子曰：噫！天丧予！天丧予！"（《先进》）"颜渊死，子哭之恸。从者曰：子恸矣。曰：有恸乎？非夫人之为恸而谁为？"（《先进》）王弼在《老子》第三十二章注中说："抱朴无为，不以物累其真（应物而无累于物），不以欲害其神（有情有欲而不害其内在精神），则物自宾（宾服）而道自得也。"

第三，王弼认为，何晏对圣人有情无情的看法不正确，就在于他不了解圣人虽对事物有喜怒的感情反应，但他的"神明"（精神境界）并不会受到损害。关于"圣人有情无情"的问题前面已引用了两条材料说明这是当时玄学家们讨论的重要问题之一。盖何晏等人或未解圣人的人格德性，如果把圣人看成是在现实世界之外与一般人毫无共同之处的"神人"，这样就把圣人和一般人完全割裂开来，对立起来，那么圣人和一般人之间就无法沟通，也就是说这样势必把"理想境界"和"现实世界"、"自然"与"名教"视为两截，有"体"而无"用"了，有"本"而无"末"了。王弼思想的基本趋向却不如此，他认为"体"和"用"是统一的，故谓"圣人体无，无又不可以训"，"必因于有"。因此，王弼认为圣人和一般人虽有不同的一面（神明），但也有相同的一面，圣人既可"体冲和以通无"，又能"应物而无累于物"。或者说，王弼恰恰是认为，圣人唯其"应物而无累于物"，方可"体冲和以通无"。因为，"理想境界"并不需要在"现实生活"之外去追求（寻找），而即应实现在现实社会生活之中，"名教"不仅应该而且必须是"天道自然"的体现。这里虽反映着王弼用道家某些思想改变或补充儒家思想，但他并不认为圣人应超世尘外，不应离开现实人生，圣人的人格德性并不表现在无喜怒哀乐之上，而是表现在他的"智慧自备"、"道同自然"上。从这里看，王弼的关于"圣人有情"问题涉及中国哲学中的两个重要问题：

首先，关于"性"与"情"的问题。在中国哲学中，"性情"问题是一个很重要的问题，许多哲学家都讨论过这个问题，其中有多种不同的看法，但有两种或影响最大：一是认为"性善情恶"，一是认为"性静情动"，这两种看法虽也有若干联系，但实不相同，王弼的"圣人有情"可以说是与"性静情动"有关。在汉朝上述两种关于"性情"的观点都很流行。董仲舒认为，天有阴阳，人有贪仁，阴恶阳善，性仁而情贪。王充《论衡·本性》有如下一段：

> 董仲舒览孙、孟之书，作《情性》之说曰：天之大经，一阴一阳；人之大经，一情一性。性生于阳，情生于阴。阴气鄙，阳气仁。曰性善者，是见其阳也；谓恶者，是见其阴者

也。（按：此段未见今本《春秋繁露》）

又，"纬书"中也有类似的话，如：

> 性生于阳以理执；情生于阴以系念。（《孝经援神契》）

> 情生于阴，欲以时念也。性生于阳，以就理也。阳气者仁，阴气者贪，故情有利欲，性有仁也。（《孝经钩命诀》）

而《礼记·乐记》则认为"性静情动"，如说：

> 人生而静，天之性也；感于物而动，性之欲也。物至知知，然后好恶形焉。好恶无节于内，知诱于外，不能反躬，天理灭矣。（按：《淮南子·原道训》也有相类似的话）

"性之欲"指"情"。后来刘向等均以动静论性情，而这种"人生而静"、"感物而动"的思想本与道家思想相合。在汉朝还有调和这两种思想的观点，如《白虎通·情性》中说：

> 情性者，何谓也？性者阳之施，情者阴之化也。人禀阴阳气而生，故内怀五性六情。情者，静也。性者，生也。此人所禀六气以生者也。

此言"性动情静"与"性静情动"相反，盖因其根据乃在"性善情恶"，因《白虎通》引《钩命诀》："情生于阴以计念（计算着自己的私欲贪念）；性生于阳以契理。"

王弼承袭道家系统，接过《礼记·乐记》"性静情动"的观点，在魏晋玄学中更有其深刻意义。为什么王弼提出与何晏"圣人无情"不同的"圣人有情"的看法呢？因为照王弼看，"情"乃人之"自然之性"（本有的一种天性），"自然之性"如何能去掉呢？圣人只能做到"动不违理"，"应物而无累于物"。至于为什么"情"是"自然之性"，则是因为"性静而情动"，不能只有静而无动，动和静并不是互相排斥的，动不可废。如果只有静而无动，那么就是只执著"无"，而否定"有"，只承认"体"，而丢掉"用"，这样本体之"无"，成为空无用的了，这就是说把"体"、"用"割裂为二。王弼要坚持"体用如一"，则不能不以"圣人有情"立论，故王弼说："情近性者，何妨是有欲。"

这里，我们顺便说一下王弼对"动"和"静"的关系的看法，《周易·复卦》注谓：

> 复者，反本之谓也。天地以本为心者也。凡动息则静，静非对动者也；语息则默，默非对语者也。然则天地虽大，富有万物，雷动风行，运化万变，寂然至无，是其本矣。故动息地中，乃天地之心见也，若其以有为心，则异类未获具存矣。

按："动息地中"，复卦，震下坤上䷗，震象征雷，雷是动的；坤象征地，地是静的。雷在地下，息而不动，即静止之意。照王弼看，本体之"无"是事物存在之根据，事物存在的根据只能是常态的，不能是变态的。常态是静，变态是动，所以事物虽然千变万化，但它终归要回归到它的常态，所以虽有"雷动风行"这样的变动的状态，但其本根（本体）并没有变动，即仍是常态。因为事物的变动（运动）总有停止的时候，说话不能老说下去，最终必有不说之时，所以动是相对的，静是绝对的；"动"是"用"，"静"是"体"。不能有"用"无"体"，也不能有"体"无"用"。王弼以此说明"性"、"情"之关系，使"性情"问题和他的本体之学联系起来，成为一种思辨性较强的哲学思想。王弼关于"动静"关系的学说，有其深刻之处，即就任何事物说，它的运动最后归于静止，是可以的。但就宇宙全体说，这或许可以讨论了。是否宇宙全体最后归于"死寂"呢？这也许是科学问题。但就哲学说，"本体"即为天地万物存在之根据（本）为常静，无所谓"动静"；无所谓"动静"，即为常静。

　　其次，关于"圣人"问题。照王弼看，"圣人体无"，而"无"是"至静"（常静），"寂然至无，是其本矣"。寂然不动的"无"是天地万物的本根（本），那么圣人又为什么是"应物而无累于物"呢？这是因为王弼认为，"圣人"并不是对现实世界无所作为的，而只是去体会那超言绝象的本体。《老子》第二十八章注中说：圣人"以善为师，不善为资，移风易俗，复使归于一也"。因此，圣人要"应物"，否则如何能"移风易俗"呢？但圣人可"应物而无累于物"，这是由于他的"神明"与一般人不同，圣人智慧自备，道同自然，这点是圣人高于一般人的地方。所谓"智慧自备"就是说，圣人所以是圣人并非后天养成的，而是出于"自然"的，所以王弼认为，"圣人天成"，"则天成化，道同自然"。圣人的为人行事完全是自然而然的，并非故意如此。但是，一般人就不一样，一般人没有圣人的智慧，他们的为人行事往往不能符合道理，违背"自然"，矫揉造作，喜怒无常。圣人虽"有情"，但圣人就其本性说就是圣人，有圣人的智慧，这是一般人达不到的，所以圣人是"不可学不可致"的，这又是魏晋玄学中一大公案，它和印度佛教有很大不同，这个问题后面我们会讨论到。

　　（3）述"大衍义"。何谓"大衍义"？《周易·系辞》中说："大衍之数五十，其用四十有九。""衍"，演也。"大衍之数"指演天地之数，最大的演变之数当然是天地之数了。何劭《王弼传》中说的"弼注《易》，颍川人荀融难弼'大衍义'"一段，前面已录，现对这段话做一点解释。

　　这段话并没有直接谈到王弼对"大衍义"的解释，而是用开玩笑的口气对荀融说了一段话，意思是：你荀融呀，我虽然有一段时间没有和你见面了，可是你没有什么长进呀！而后一段主要还是讨论"圣人有情无情"的问题。王弼的意思是说：孔子这位圣人虽然"明足以寻极幽微"，就是说孔子智慧能洞察事物的奥妙，但是圣人也不能去掉其"自然之性"。这里"自然之性"是指"情"，本有的"五情"。对于颜回的德行，孔子当然早有所了解，但是遇到颜回不能不高兴，颜回死时，不能不悲伤。而你荀融却认为孔子没有能做到"以情从理"，以至无情。可是你难道不知道，五情这自然之性是任何人都不能去掉的。你的本事，我也早了解，可是分别这段时间，也还很想念你呀！我对你的了解，就像孔子对颜回的了解一样，不会有太多差错的。因此，这段文字，也只是再把王弼的"圣人有情说"具体化了，而更重要的是把"大衍义"的问题提出来了。

王弼论述"大衍义"的思想见于韩康伯的《系辞》注中，在"大衍之数五十，其用四十有九"下，韩注：

> 王弼曰：演天地之数，所赖者五十也。其用四十有九，则其一不用也。不用而用以之通，非数而数以之成，斯易之太极也。四十有九，数之极也。夫无不可以无明，必因于有，故常于有物之极，而必明其所由之宗也。

汉朝的学者对"大衍之数五十"有种种解释，如：

京房："五十者谓十日、十二辰、二十八宿也。凡五十其一不用者，天之生气，将欲以虚来实，故用四十九焉。"

马融："易有太极谓北辰（指北极星）也。太极生两仪，两仪生日月，日月生四时，四时生五行，五行生十二月，十二月生二十四气（季节、节气），北辰居位不动，其余四十九转运而用也。"

这些对《周易》的解释就是所谓的"象数之学"，他们多是用天文历算、"数字"等来解释《周易》。这和汉朝当时讲的宇宙构成论有关，用这套来讲宇宙的存在和变化。王弼抛弃汉朝的这一套，而从本体论上来讲宇宙的本源问题，王弼对"大衍义"的那段话的解释是说：《易经》是用五十来表现天地之数。在五十中，其中四十九是代表"多"，表示万物（数之极）的。"多"（万物）

都有它的实际效用，所以说五十中有实际效用的是四十九，而那个无实际效用的"一"和四十九不同。可是没有具体实际效用的"一"，它的作用恰恰是贯通于"多"之中。"一"并不是什么具体的数目，可是任何具体的数目都是由它成就。所以"一"指的就是《周易》中所说的"太极"，而四十九无非是象征着万物之多，因此它的意思是说四十九象征着数的极限；而那个四十九之外的"一"，并不是一个单独的数字，它是蕴涵在四十九中的"一"。为什么呢？这是因为，贯通于四十九中的"一"，即是贯通于"多"中之"一"，这"一"是"多"之得以为"多"的根据。就像"无"（本体之无）不能从"无"方面来说明（或表现），它必定要从"有"（万有）方面来说明（或表现），所以人们要从有形有名的事物上去把握无形无名的它赖以存在的根据之"无"（本体之无）。

这里，王弼用"一"和"多"的关系来论证"有"和"无"、"体"和"用"的关系，正表明他哲学的思辨性。如他说："以无为用，则得其母，故能己不劳焉而物无不理。"（《老子》第三十八章注）"夫大之极也，其唯道乎？自此以往，岂足尊哉！故虽盛业大富而有万物，犹各得其德，虽贵以无为用，不能舍无以为体也。"（第三十八章注）"毂所以能统三十辐者，无也。以其无能受物之故，故能以寡统众也。"（第十一章注）"木、埴、壁所以成三者，而皆以无为用也。言无者，有之所以为利，皆赖无以为用也。"（第十一章注）"一"不是具体的数字，它是贯通于"四十九"（多、万物）中的，即万物之所以为万物者；"无"不是任何具体的事物，而是使具体事物之得以成为有用之事物者。但贯通在"四十九"（多）中的"一"要由"四十九"（多）来体现；作为事物之所以为事物存在之根据的"无"（本体之无），即为"无"（无名无形，无规定性），就要由"有"（有名有形之"有"）去把握和证成。但是要了解天地万物存在之原因和根据，不能只抓住现象不放，而要通过现象去把握其本体（所由之故，所以然之理），故王弼说：
"守母以存其子。"他的本体哲学是"执一统众"之道。在他的《老
子》第三十八章注中有一长段说明这个问题：

> 　　载之以道，统之以母，故显之而无所尚，彰之而无所竞。
> 用夫无名，故名以笃焉；用夫无形，故形以成焉。守母以存
> 其子，崇本以举其末，则形名俱有，而邪不生。大美配天，
> 而华不作。故母不可远，本不可失。仁义，母之所生，非可
> 以为母。形器，匠之所成，非可以为匠也。舍其母而用其子，
> 弃其本而适其末，名则有所分，形则有所止。虽极其大，必
> 有不周；虽盛其美，必有患忧。功在为之，岂足处也。

"万物"如大海之波，千姿百态，汹涌澎湃（多），而其本质为水，
且为统一的水（一）；离开大海之波，也就无所谓大海之水；然而
大海之水是"体"，大海之波则为大海之水的种种表现，为"用"。
同样无大海之水，则无千姿百态、汹涌澎湃之水波，故当"守母
存子，崇本举末"。大海之水为"一"，千姿百态之波为"多"，大
海之水为"体"（母），千姿百态之波为"用"（子），这种"体用如
一"、"本末不二"的思维模式正是王弼哲学对中国哲学的新贡献，
是对老子思想的新发展。盖在《老子》书中，还没有明确地用
"体用如一"的思维模式表达出"有"和"无"、"多"和"一"的
关系，"无"似仍在"有"之上，有创造万物的意味，如"道生
一"、"有生于无"等。（王弼注"道生一"谓："万物万形，其归一
也。何由致一？由于无也。由无乃一，一可谓无。已谓之一，岂得
可无言乎有？……"注"有生于无"谓："天下之物，皆以有为生；
有之所始，以无为本。将欲全有，必反于无也。"）王弼的这种"体
用如一"、"本末不二"的思维模式对中国哲学的发展有很大影响，
如唐朝的华严宗讲"一多相摄"，宋朝以来讲"体用一源，显微无
间"、"理一分殊"等，实际上都可以说是王弼哲学思想的继承和

发展。

上面讨论的三个问题："圣人体无，无又不可以训，故不说也"，圣人虽体"无"，而"无"超言绝象，故说"有"。盖有超言绝象之"无"，必有与之相对应之有形有名之"有"；"圣人之情，应物而无累于物"，"以情从理"，盖有理必有情，有静必有动，理必由情体现，静必由动呈显；"无不可以无明，必因于有"（大衍义），"无"无以名之，必据"有"得以彰，盖因"无"无形、无名、无规定性，而必得以有名有形、有规定性之"有"才得以彰显。所有这三点都说明一个道理，即本体之"无"（体）和现象之"有"存在着不可分之关系，而这种"有"（有名有形、有规定性之千差万别之现象）必因于"无"（无名无形、无规定性之本体）而得以为"有"。至此，我们必须进一步讨论王弼是如何论证"无"是"本体"，而"有"是本体之无的种种表现呢？或者说"有"正是因"无"而呈现为"有"呢？关于这个问题，有两段王弼的文字最为重要。《老子指略》中有如下一段，对这一段，我将随文解说：

> 夫物之所以生（这里首先提出问题，而问题的提出就有其特殊的意思，他不是从"物"是什么说起，而是提出"物"为什么存在，要探求它存在的究极原因），功之所以成，必生乎无形，由乎无名（这是他的立论，要证明的结论）。无形无名者，万物之宗也（"无形无名者"即指"无"，它是万物［万有］的宗主，"宗主"是支持者［support］的意思）。不温不凉，不宫不商（是说本体之无没有任何规定性）。听之而不可得而闻，视之而不可得而彰，体之而不可得而知，味之而不可得而尝，故其为物也则混成，为象也则无形，为音也则希声，为味也则无呈（混成，无分别状，无法给以规定性。"混然不可得而知，而万物由之以成，故曰混成"［《老子》第二十五章注］，这几句都说明"无"不可以作为感官认知的对

象）。故能为品物之宗主，苞通天地，靡使不经也（经，由也，这里说"道"或"无"，它是包容天地万物，没有不经过它的。"道者，无之称也。无不通也，无不由也，况之曰道，寂然无体，不可为象。"[《论语释疑》]）。若温也则不能凉矣；宫也则不能商矣（有某种具体规定性者，就不可能是另外一种有具体规定性者。也就是说，有此性就不能又为彼性）。形必有所分，声必有所属（意同上，如是方形就不可能又是圆形）。故象而形者，非大象也，音而声者，非大音也（象有了一定的形，音有了一定的声，都是有规定性的，只有无形、无声的无规定的"大象"、"大音"才可以是无所不包的象和音）。然则四象不形，则大象无以畅（四象：太极生两仪，两仪生四象，指金、木、水、火，由天地而有。太阴、少阴，太阳、少阳，由阴阳所分。如果没有具体的形象，那么无象之象的"大象"则无以呈现），五音不声，则大音无以至（意同上）。四象形而物无所主焉，则大象畅矣（通过有具体形象的事物，那有规定性的事物，又不被其所限制，这样无象之大象，即无规定性的抽象的"象"才得以呈现），五音声而心无所适焉，则大音至矣（适：执著；五音发而为声，但心无所执著，这样无声之大音才能为心所得到）。故执大象则天下往，用大音则风俗移也（从本体论落实到人生哲学和道德伦理）。

王弼这一长段是对他哲学本体论的说明，应该说具有很明显的思辨哲学的特点，它不是从具体经验出发，而是从一抽象的命题出发，来说明具体事物的存在必有其存在的道理（"物无妄然，必由其理"），必有其存在之宗主（support），此即为本体之"无"；而此无规定性的本体之"无"落实到现实中又必由有规定性之"有"（万有）才得以呈现，才可体察其存在，故可说"无"（或"道"）是"不存在而有"（nonexistence but being），它并非"虚无"（nonbeing）。我们对上引那段可作如下分析：

（1）立论：提出他要论证的论点，也就是他的哲学思想的基本命题，即有形有名的事物之所以存在，人们的事业功绩之所得以成就，这都是有赖于无名无形者。所以无名无形者，是万物的宗主（存在之根据）。也就是说要为现象界找其终极原因或存在之理由（"物无妄然，必由其理"）。本体论就是要找事物存在的终极原因（ultimate cause）、存在之理。盖"经验论"必由具体经验经过推理以证明其立论之合理；而唯理论则必先立一自明之理（命题），然后依此命题作理论之推理，说明其理论之合理。王弼属于后者。

（2）论证一：无规定性之"无"才可以成就有规定性之"有"；而无规定性之"无"又必须由有规定性之"有"才得以呈现。对这个无名无形者要加以说明，但既为无名无形就不能直接说明，只能通过说它不是什么，从而表现出它是什么，这种说明的方法是老庄常用的方法，或叫"负的方法"、"否定的方法"。从负的方面、否定的方面来把握正的方面、肯定的方面，这个"无名无形者"不能是温，也不能是凉；不能是圆，也不能是方，它既听不到、看不到，也摸不到、尝不到，这就是老子所说的"先天地生"的混成的"道"。有形就必和其他有形的事物有分别，所以有具体形象的形象就不可能是无所不包、无所不存的"大象"（象的一般，共相）；有具体声音的声音就不可能做成无所不包的、无所不存的"大音"。因此，"无形"才可以成就任何"形"，"无声"才可以做成任何"声"。只有"无"（不是什么，没有任何规定性的"存在一般"）才可以做成"有"（有具体规定性的万物），所以王弼在《老子》第四十章注中说：

> 天下之物，皆以有为生；有之所始，以无为本，将欲全有，必反于无也。

王弼的意思是说，天下万物都是有形有名的具体存在物，而这些有形有名的具体存在物之所以如此存在，使之成为如此存在是由于本体之无。如果多种多样的具体事物都得以保全，必须回归到本体之无。故不能以任何具体的事物作为所有事物存在的根据，必须以无规定性的（不是任何具体事物的）"无"作为存在根据。但是，本体之无并不是在天地万物之外的另一实体。因为如果不通过有形有名的万物的存在，如何证明它有一本体呢？"现象"不存，如何有"本体"？这就是说，王弼看到"有"和"无"作为一对矛盾，不能只有矛盾的一方面，而无矛盾的另一方面，事物是矛盾的统一体，所以只有通过具体的形象又不拘于具体的形象，才可以把握无形无名之"大象"；只有通过具体的声音又不拘于具体的声音，才可以把握无声之"大音"；只有通过"有"才可以超越而把握"无"，故"无不可以无明，必因于有"。

（3）论证二：多样性的纷纭万物是否有统一性？王弼从"一"与"多"的关系来论证无名无形之"无"是有名有形的"有"的"宗主"。"无形无名者，万物之宗。"（《老子指略》）前面已经讨论过王弼论"大衍义"。"一"与"四十九"的关系就是"一"与"多"的关系，此关系即"统一性"与"多样性"的关系，多种多样的事物必有其"统一性"，"万有"从根本上就必归于"一"。《老子》第四十二章注中说：

> 万物万形，其归一也。何由致一？由于无也。由无乃一，一可谓无。

又，在《周易略例·明象》中说：

> 夫众不能治众，治众者至寡者也。夫动不能制动，制天下之动者，贞夫一者也。故众之所以得咸存者，主必致一也；动之所以得咸运者，原必无二也。物无妄然，必由其理。统

之有宗，会之有元。故繁而不乱，众而不惑。

又，《老子》第三十九章注中说：

> 一，数之始，而物之极也。各是一物之生，所以为主也。
> 物皆各得此一以成，既成而舍以居成，居成则失其母。

这几段都是讨论"一"、"多"关系，众多纷纭复杂的事物，从根本上说是一个统一体。如何达到统一呢？是由无名无形的"无"来统一。马克思、恩格斯在《神圣家族》中说："如果我从现实的苹果、梨、草莓、扁桃中得出'果实'这个一般的观念，如果再进一步想象我从现实的果实中得到的'果实'这个抽象观念就是存在于我们身外的一种本质，而且是梨、苹果等等的真正的本质，那末我就宣布（用思辨的话说）'果实'是梨、苹果、扁桃等等的'实体'，所以说：对梨说来，决定梨成为梨的那些方面是非本质的，对苹果说来，决定苹果成为苹果的那些方面也是非本质的。作为它们的本质的并不是它们那种可以感触得到的实在的定在。而是我们从它们中抽象出来又硬给他们塞进去的本质，即我们观念中的本质——'果实'。于是我就宣布：苹果、梨、扁桃等等是'果实'的简单的存在形式，是它的样态。"① 王弼哲学正是从各种各样的水果中抽象出"水果"这一概念，把它作为苹果、梨等的"本体"，但他不认为这"本体"是一"实体"，而是多样性的水果的水果"统一性"，这就是说"水果"这一观念体现在任何水果中，任何具体的水果如苹果、梨都可以叫它"水果"。因此，"水果"是一个"类"概念。把事物归类很重要，可以找到其统一性，即此类事物之"共性"，"水果"之"共性"，不是苹果、梨之特性。天下所有的事物排除了其特性（即事物的规定性），所谓的"本体"只能是无规定性的"无"。无规定性的"无"就成为统一所有

---

① 《马克思恩格斯全集》，中文1版，第2卷，71～72页，北京，人民出版社，1957。

有规定性的"有"，所以王弼说："物无妄然，必由其理。统之有宗，会之有元。"事物的存在都是必然如此，这是因为其背后都有统一的道理。任何有规定性的事物都不可能统一其他事物，只有无规定性的"无"（本体）才可以统一任何事物，就如无规定性的"无形"才可以做成任何形，"无声"才可以做成任何声。但无规定性的"无"并不是"虚无"，而是"不存在而有"（nonexistence but being），所谓"不存在"是指不是任何实体性的东西，也可以说不是在经验中的东西，因此在经验中它可以说是"无"，但在思辨中它也可以说是"纯有"（pure being），所谓"纯有"才可以使万物"统之有宗，会之有元"。

（4）证论三：把"天道"落实到"人事"。经世治国者必须掌握如"大象"的品格，无为无造，任自然，这样才可以使天下归往，《老子》第二十八章"朴散则为器，圣人用之则为官长"，王弼注说："朴，真也。真散则百行出，殊类生，若器也。圣人因其分散，故为之立官长。以善为师，不善为资，移风易俗，复使归于一也。""朴，真也"，可说是王弼对"无"的一重要说明，"朴"是"道"的特性，也是"本体之无"的特性，故"本体之无"是真实无妄的。天下万物是由这真实无妄的"本体之无"所成的，因此它们也就必统一于"本体之无"。圣人的作用就在于把天下分散的事物统一起来，把好的合理的作为榜样，把不好的不合理的作为借鉴，使之移风易俗，达到统一于"自然"（按：魏晋时的玄学家以"道"为"自然"。如《老子》第二十五章注"道法自然"谓："道不违自然，乃得其性。法自然者，在方而法方，在圆而法圆，于自然无所违也。自然者，无称之言，穷极之辞也。"）的目的。因为圣人可与"天地合其德"，"顺自然而行"，"因物自然，不设不施"。这就是王弼要论证达到的目的："名教"出于"自然"，"人事"本于"天道"。所以在何劭《王弼传》中说："于时何晏为吏部尚书，甚奇弼，叹之曰：'仲尼称后生可畏，若斯人者，可与言天人之际乎！'"

王弼在《老子注》中多处谈到"大象"、"大音"、"大形"的问题，如第三十五章注："大象，天地之母也。不炎不寒，不温不凉，故能包统万物，无所犯伤。"第四十一章注："听之不闻名曰希。不可得闻之音也。有声则有分，有分则不宫而商矣。分则不能统众，故有声者非大音也。""有形则有分，有分者，不温则凉，不炎则寒。故象而形者非大象。""在象则为大象，而大象无形，在音则为大音，而大音希声。"这些都是可以对上引《老子指略》的说明。

我认为，王葆玹同志在杨士勋的《春秋穀梁传疏》中发现了一条王弼注《周易·系辞》的佚文，也许对了解王弼"以无为本"的思想很重要：

> 《系辞》云："一阴一阳之谓道。"王弼云："一阴一阳者，或谓之阴，或谓之阳，不可定名也。夫为阴则不能为阳，为柔则不能为刚，唯不阴不阳，然后为阴阳之宗；不柔不刚，然后为刚柔之主。故无方无体，非阴非阳，始得谓之道，始得谓之神。"

这段话的意思是说，"道"的本性是非阴非阳，非柔非刚，它什么都不是，是没有规定性的"无"，这样才能无所不适，变化莫测（无方所）。"无"无所滞碍，无所不通，"有"则有所滞碍，而只限于一隅。王弼把"无"（无规定性抽象概念）作为"有"（有规定性的万物）的"本体"，作为"有"存在的根据（理由，"物无妄然，必由其理"），那么"无"究竟是什么呢？当然，照王弼的哲学体系看，"无"不是什么，如果是什么就不是"无"，"无"是超言绝象的。但是，我们能不能对王弼的"无"进行分析解释呢？我认为是可以而且应该的。如果我们研究中国哲学史，只说明历史上的哲学家他们自己如何说的就算了事，那么研究哲学史就没有用处，也表现不出我们比历史上的那些哲学家在哲学理论上有所前进。王弼说："圣人体无，无又不可以训，故不说也。"这就是说，他认为"无"无名无形（无规定性）所以不能说它是什么。但我们却应该说清王弼的这个不能说的"无"如何说，也就是要说明"这个不是什么的什么是什么"。照我们看，王弼所谓的本体之"无"实际上是把天下万物的一切属性都抽空的最一般的抽象概念。《老子》第四十二章注中说：

> 愈多愈远，损则近之，损之至尽，乃得其极。

事物的属性（规定性）包含的内容愈多，它就离"道"愈远；事物的属性包含的内容愈少，它就离"道"愈近。只有把事物的属性的内容全都去掉，才可以使"道体"（天地万物的本体）呈现出来。这个"道体"才可以是无所不包的、最普遍的。《老子》第二十二章注"少则得，多则惑"说：

> 自然之道，亦犹树也。转多转远其根，转少转得其本。
> 多则远其真，故曰惑也。少则得其本，故曰得也。

这段的意思是说："自然之道"就像树木一样，它的年轮越多，就离开它的根愈远；树木的年轮愈少，就离其根愈近。"多"就要远离本真（根本），就会迷惑（不知根本）；"少"就能得到根本，所以说"少则得"。我们可以说，王弼认识到概念的内涵越多，则所包含的事物就越少，只有把概念的内涵减损、抽象到什么内容都没有的"无"的地步，才能获得覆盖和贯通天地万物最广的外延，"无"不是什么才可以是什么都是的本体。这就是说，王弼把没有任何内容（或无任何规定性）的"无"作为本体，即把没有任何内容的抽象概念作为"本体"。这个没有任何内容的抽象的"无"就像是一"纯形式"，也可以称之为"纯有"（不存在而有），不是任何实体性的东西，但它却不是"虚无"（nonbeing），而是"不存在而有"（nonexistence but being）。王弼的哲学大体如此，但是他的哲学的特点还不仅如此。王弼虽然把抽掉一切规定性的"一般"（最大共相）作为本体，但他同时认为"一般"（"一"）不能离开具体（"多"），抽象的无规定性的本体之"无"不能离开具体的有规定性的"有"来呈现，人们只能从"有"这个方面来把握"无"。这也许正是王弼"体用如一"哲学的特点。

对历史上的哲学体系固然可以去分析它是什么唯物主义与唯心主义、唯理论与经验论、一元论与二元论等，但哲学史的研究如果只是为了说出某种哲学体系是唯物主义或唯心主义，或者只是把判定某哲学体系的哲学是唯物主义与唯心主义为目标，我想这是很不够的，也许可以说这对哲学"只是登堂，还未入室"。我认为，更重要的应该是能经过层层分析揭示其哲学体系所存在的内在矛盾，以便认识人类理论思维发展的曲折性和复杂性。人类的认识总是在矛盾中前进的，历史上的任何一种唯心主义或唯物主义都必然存在其自身体系的内在矛盾，以及其体系所包含的内在矛盾如何在哲学史的发展过程中这样或那样地得到解决或部分的解决，这也许是我们了解哲学思想发展的内在逻辑的问题。罗素在《西方哲学史》中有一段话，我想应受到我们重视：

> 不能自圆其说的哲学决不会完全正确，但是自圆其说的哲学满可以全盘错误。最富有结果的各派哲学向来包含着显眼的自相矛盾，但是正为了这个缘故才部分正确。①

自20世纪80年代以来，我一直认为历史和现实中的任何哲学体系，都不可能完全正确，没有什么"放之四海而皆准"的理论，我们曾为相信有什么"放之四海而皆准"的理论，吃了大亏，使

---

① 罗素著，马元德译：《西方哲学史》下册，143页，北京，商务印书馆，1963。

我们的哲学理论走了很大一个弯路，理论研究停滞了几十年。如果我们设想，有那么一种理论可以解决不断发展的人类社会的一切问题，那么人类的哲学理论就不可能有根本性的发展，而这种理论就会成为僵死的"教条主义"。当然王弼哲学也是一样。恩格斯有一段话，也许和上引罗素的话同样有重要意义，在他的《反杜林论》一书附录中说：

> 在黑格尔以后，体系说不可能再有了。十分明显，世界构成为一个统一的体系，即有联系的整体，但是对这个系统的认识是以对整个自然界和历史的认识为前提的，而这一点是人们永远也达不到的。因而，谁要想建立体系，谁就得用自己的虚构来填补无数的空白，即是说，进行不合理的幻想，而成为一个观念论者。①

我想，恩格斯这段话，当然是对"马克思主义哲学本身而言"，也对解剖王弼哲学的内在矛盾同样有着十分重要的意义。

王弼哲学在中国哲学中最重要的新贡献，"夫无不可以无明，必因于有"，这一思想包含着"体用如一"、"本末不二"的重要思维模式，对以后中国哲学有着很大影响。但是，王弼哲学是否能把他的这一思维模式贯彻到底，无矛盾地说明他的思想的方方面面呢？这是很有问题的。王弼企图用"体用如一"来说明（即"以无为本"而"无不可以无明，必因于有"。前面未对"因"作解释，这里补充一下。《老子》第二十九章注中有两段："万物以自然为性，故可因而不可为也，可通而不可执也。""圣人达自然之至，畅万物之情，故因而不为，顺而不施。""因"就是因顺的意思，万物的本性是顺自然的，圣人了解自然之性，故可应顺万物之情。"因于有"即因顺于有，不能离开有），因此说"无"不是外在于

---

① 北京大学哲学系编：《〈反杜林论〉参考资料》，137 页，1962。

"有"，即不是在"有"之外，"有"之先，也就是说"无"不是在"万有"之上的造物主，而是不离于"有"的本体。所以我们在他的《老子注》和《老子指略》中可以找到多处说明"有"和"无"关系的话，如第五十二章注：

> 母，本也。子，末也。得本以知末，不舍本以逐末也。

又《老子》第三十八章注：

> 载之以道，统之以母，故显之而无所尚，彰之而无所竞。用夫无名，故名以笃焉；用夫无形，故形以成焉。守母以存其子，崇本以举其末，则形名俱有，而邪不生。大美配天，而华不作。故母不可远，本不可失。仁义母之所生……弃其本而适其末，名则有所分，形则有所止，虽极其大，必有不周；虽盛其美，必有患忧，功在为之，岂足处也。

所谓"母，本也"，指"道"或"以无为本"，而"道"即"自然"，或说"自然"为"道"之特性。所谓"子，末也"，指各种各样的"事物"，包括"仁义"等"名教"，故曰"仁义母之所生"。王弼认为，如果一切都统一于"道"，那么任何事物虽有千差万别的表现而并不以自己为高明，也没有什么竞争。所以守住"本"（道、无、自然），以保存"子"（千差万别的事物，名教），推崇"本"而使"末"得以很好地发挥作用，那么各种各样有形有名的事物都可以存在，而且那些邪道就不会产生。如果丢掉了"本"，而只追求"末"，那么就会产生纷争、混乱，破坏"道"的"自然"本性。从根本上说，王弼认为，"本"和"末"并不对立，"守母存子"、"崇本举末"是合理的，是应该如此的。如果能把"本"把握住，那么"末"就自然合理地呈现。因此，"名教"出于"自然"，并且可以表现"自然"。如果这样，那么一切有形有名的事物都可以并存，而不会发生什么差错。这本是老子的思想，在《老子》第五十二章中说："天下有始，以为天下母。既得其母，以知其子。既知其子，复守其母。"故在王弼的《老子指略》中也有"守母以存子"之说。因此，在王弼的学说中，"守母存子"应是其基本命题，这正是他"贵无"学说的高明处，他的"以无为本"的"无不可以无明，必因于有"的本体论落实到社会层面就是"不废名教而任自然"。可是，在《老子注》和《老子指略》中又多次出现了"崇本息末"这样的命题，这岂不造成王弼思想的矛盾吗？对此，我们可以有一种解释，也许因王弼对现实社会不满，所以他主张"崇本息末"。可是由王弼的"体用如一"、"本末不二"的基本观点看，本应不须在"有"、"末"、"用"等之外去寻求"本体"，而是应通过"有"、"末"、"用"等来把握本体，但又不能停止在"有"、"末"、"用"之上，把"有"、"末"、"用"等当成"本体"，所以他反对"用其子而弃其母"、"弃其本而适其末"。看来，王弼为了防止"弃本适末"、"弃母用子"，而过分地强调了"本体"的绝对性和根本性，以至于把"本体之无"强调到成为高于（甚至可说是脱离）万物之上（之外）的绝对概念了。我们前面讨论过，王弼在答裴徽问时，他认为孔子之所以不讲"无"而讲"有"，正是由于孔子能做到不把"有"和"无"割裂为二之故，没有把"名教"和"自然"看成是对立的，如他说"绝仁非欲不仁，为仁则伪成"（《老子指略》）。"为仁"是说，故意去追求仁是由虚伪做成的。但是，从哲学上说，同时提出"崇本举末"和"崇本息末"两个命题，而且没有作出明确的说明，即从概念上说未把"举"的"末"和"息"的"末"加以规定，就会形成矛盾。王弼哲学总的倾向虽企图调和孔老，把"名教"和"自然"看成是统一的，但由于他的思想基本是从老子来的，故不能不受《老子》的思想的影响，他对老子的思想的推崇之情在《老子注》、《老子指略》中所在多有，这就和他的"体用如一"、"本末不二"、"不废名教而任自然"有着一定的矛盾。王弼对老子思想是深有体会的，在《老子指略》中主要是阐述老子的思想，所以对其他各家均有批评，如说："法者尚乎齐同，而刑以检之。名者尚乎定真，而言以正之。儒者尚乎全爱，而誉以进之。墨者尚乎俭啬，而矫以立之。杂家尚乎众美，而总以行之。夫刑以检物，巧伪必生。名以定物，理恕必失。誉以进物，争尚必起。矫以立物，乖违必作。杂以行物，秽乱必兴。斯皆用其子而弃其母。"为批判上述思想，王弼提出要"崇本息末"，他说：

> 《老子》之书其几乎可一言而蔽之。噫！崇本息末而已矣。观其所由，寻其所归，言不远宗，事不失主。文虽五千，贯之者一。义虽广瞻，众则同类。解其一言而蔽之，则无幽而不识。每事各为意，则虽辩而愈惑。尝试论之曰：夫邪之兴也，岂邪者之所为乎？淫之所起也，岂淫者之所造乎？故闲邪在乎存诚，不在察善。息淫在乎去华，不在滋章。绝盗在乎去欲，不在严刑。止讼存乎不尚，不在善听。故不攻其为也，使其无心于为也。不害其欲也，使其无心于欲也。谋之以未兆，为之于未始，如斯而已矣。故竭圣智以治巧伪，未若见质素以静民欲。兴仁义以敦薄俗，未若抱朴以全笃实。多巧利以兴事用，未若寡私欲以息华竞。故绝司察，潜聪明，去劝进，翦华誉，弃巧用，贱宝货。唯在使民爱欲不生，不在攻其为邪也。故见素抱朴以绝圣智，寡私欲以弃巧利，皆崇本以息末之谓也。

看来，王弼虽有"崇本举末"之说，而其学说更在张老子"崇本息末"之义。《老子》第五十八、五十九两章注中皆提出治国之道在于"崇本息末"也。

> 夫以道治国，崇本以息末。以正治国，立辟以攻末。

（《老子》第五十七章注）

其注"我无为而民自化，我好静而民自正，我无事而民自富，我
无欲而民自朴"谓：

> 上之所欲，民从之速也。我之所欲唯无欲，而民亦无欲
> 而自朴也。此四者，崇本以息末也。（《老子》第五十八章注）

又，第五十八章注"光而不燿"句下有：

> 以光鉴其所以迷，不以光照求其隐匿也。所谓明道若昧
> 也。此皆崇本以息末，不攻而使复之也。

辟，法也。由于《老子》的基本思想是"崇本息末"，王弼虽欲调
和"本"、"末"，但终因其思想是崇尚老庄，故不能无此矛盾。这
种把"本"（"道"、"无"、"自然"、"体"）和"末"（"万物"、
"有"、"名教"、"用"）对立起来，可能和王弼哲学的"体用如一"
并不彻底有关。王弼的本体哲学之特点是"末"不离"本"（"崇本
举末"）；"用"不离"体"（"虽贵以无为用，不能舍无以为体也"，
"言无者，有之所以为利，皆赖无以为用也"）；"用"不离"无"
（"夫无不可以无明，必因于有，故常于有物之极，而必明其所由
之宗也"）；"名教"本于"自然"（"万物以自然为性，故可因而不
可为也，可通而不可执也"）。也就是说，不应把"本"和"末"、
"体"和"用"，"无"和"有"、"自然"与"名教"分为两截是王
弼本体哲学的特点。但是，在王弼的论述中确也包含着某些"体"
离于"用"，"本"与"末"为二，"本体"先于"万有"而存的思
想。这无疑是受到老子思想的影响。我们知道，在《老子》中，既
有本体论的思想，也有宇宙生成论的思想，二者并未分清。王弼
企图分清二者，但也未能彻底。例如王弼对《老子》第二十五章
"有物混成，先天地生"的注说：

> 混然不可得而知，而万物由之以成，故曰混成。不知其

谁之子，故先天地生。

"有物混成"是说"道"，"道"超言绝象是不能由经验得到，但它是万物存在的根据，这可以说是一种"本体论"。但后一句，说"道"先于天地而存在，那就可以说是一种"宇宙生成论"的观点。在《老子》第一章注中也有这样的问题，如注"此两者同出而异名，同谓之玄，玄之又玄，众妙之门"说：

> 两者，始与母也。同出者，同出于玄也……玄者，冥也，默然无有也，始、母之所出也……众妙皆从同而出，故曰众妙之门也。

"同出于玄"言，天地之始、万物之母同出于"玄"；"玄者，冥也"，言未分化；"默然无有"，即是本体之无。"天地之始"、"万物之母"同出于"玄"，"非有"的"本体之无"则在"万有"之前，而成为天地万物之所由生者，王弼《老子》第三十八章注中说："万物皆由道生。"这就可能有把"道"（本体之无）实体化的嫌疑了。因而王弼就和老子一样，从把"道"看成是天地万物存在的根据而走向把"道"看成是产生天地万物的东西了。可见，王弼虽然提出"无因于有"这样"体用如一"的本体论思想，但他并未能彻底贯彻。因此，在他的体系中，既有"崇本息末"的思想，又有"崇本举末"的思想。这样的矛盾如何解决？其发展有两种可能：一是沿着"崇本息末"的思想进一步发展，否定"末"、"有"的意义，而强调"本"、"无"的绝对性；二是沿着"崇本举末"的路向发展，进一步论证"本"、"末"的一致性。从魏晋玄学思想发展的历史看，沿着"崇本息末"思想发展的是嵇康、阮籍等，他们提出了"越名教而任自然"的思想，进一步论证"本"、"末"之间统一性的就是向秀的"以儒道为一"。这样魏晋玄学就发展到它的第二个时期——竹林时期。

二、竹林时期的玄学

在魏晋玄学中，有一对很重要的概念："自然"与"名教"。
"自然"是《老子》中一重要概念，如"道法自然"，此"自然而
然"的意思，其他各章中的"自然"大体上也都是说明"道"的状
态。到汉朝，如王充讲"天道自然"，此"自然"仍是"自然而然"
的意思，或指"自然现象"。魏晋时期，"自然"有多种含义：仍有
"自然而然"义；也有如"道"，作为万物存在之根据（本体）之
义。在王弼的《老子注》中"自然"也往往是说明"道"的状态，
如说："顺自然而行，不造不施，故物得至，而无辙迹也"，"因物
自然，不设不施"，等等。但也有把"自然"看成如"道"一样指
"本体"的（详下）。夏侯玄说得更明白："自然者，道也。"故"自
然"可是"定名"，也可说是一"虚位"。夏侯玄所说的"自然"就
是"道"，即是天地万物之本。在王弼的《老子注》中也有类似的
情况，如对"道法自然"的注说：

> 道不违自然，乃得其性。法自然者，在方而法方，在圆
> 而法圆，于自然无所违也。自然者，无称之言，穷极之辞也。

"道不违自然，乃得其性"，是说"自然"是"道"的本性，这里的
"自然"仍是对"道"的说明。"法自然者，在方而法方，在圆而法
圆"是说："法自然"的意思是作为方的事物是照方的标准（方
性）而成为方，作为圆的事物是依圆的标准（圆性）而成为圆。
"方的事物"、"圆的事物"是实际存在的事物，而"方性"、"圆性"
是实际事物之所以存在之"理"（准则）。此事物如果根据其标准
而存在，就是合乎"自然"。这就是说，"自然"是事物存在的标准
或"一物之所以成为一物者"（性），"自然"也是"无称之言"。因
此，王弼说："自然"，"其端兆不可得而见，其意趣（按：意谓

'意蕴'，内在之意义）不可得而睹"，这和他对"道"和"无"的说明是相同的。

"自然"在魏晋时期，除上两种意思外，还有以下几种意思：①"自然"是"天然"的意思，如晋王廙《洛都赋》："不劳煮沃，成之自然"，即是天生如此，原来如此。②"自然"有偶然的意思，如钟会《老子注》："莫知所出，故曰自然。"郭象说："物各自然，不知其所以然。"③"自然"还有必然的意思，如郭象谓"命之所有者，非为也，皆自然"，等等。但这几种意思大体上都是说明存在之状态，而"自然"等同于"道"，则是魏晋时玄学家们把它看成是"道"的另一名称，即有"本体"义或"本根"义。

"名教"是什么意思？是等级名分道德教化的意思。可能最早见于《管子·山至数》篇：

> 名教通于天下。

在《后汉书·孝献帝纪》中对"名教"有一解释：

> 夫君臣父子，名教之本也。然则名教之作，何为者也？盖准天地之性，求之自然之理，拟议以制其名，因循以弘其教。

处理君臣、父子之间的关系，是"名教"的根本。"名教"的作用是什么呢？由于"名教"是以天地之性、自然之理为标准，据此以制定等级名分，遵循发扬道德教化。就此可知，"名教"是当时处理社会生活的准则。晋郑鲜之《滕羡仕宦议》中为"名教"的内涵作了一简单的说明：

> 名教大极（名教的最根本者），忠孝而已。

"忠"是就君臣关系而言，"孝"是就父子关系而言，这都是社会生活的问题。而"自然"是指宇宙（天地）本体（天地万物存在之根本）。魏晋时把"名教"与"自然"看做一对相对的概念。袁宏

《三国名臣序赞》中评论夏侯玄说："君亲自然，匪由名教。"（你崇尚自然，不根据名教）这是说夏侯玄把"自然"和"名教"看成是相对立的。盖夏侯玄认为，"自然"即"道"，是宇宙的本体，世界的本源，或者说是宇宙本来的样子，因此是"先天的"；"名教"是人为的，是人们为了协调人与人之间的关系设立的等级名分道德教化。这两者是对立的，还是一致的呢？就袁宏批评夏侯玄看，夏侯玄或者认为"自然"与"名教"并不一致。《世说新语·德行》载："王平子、胡毋彦国诸人，皆以任放为达，或有裸体者。乐广笑曰：名教中自有乐地，何为乃尔也。"乐广认为，"名教"与"自然"是可以一致的。王弼的论述中存在着相矛盾的看法，从他的思想体系看，应该认为"名教"与"自然"是一致的，"名教"本于"自然"，它不仅应当而且必然反映"自然"，故有"崇本举末"之说；但由于他的思想源于《老子》，故而不得不把"名教"又看成是外于"自然"，故有"崇本息末"之论。前面说过，竹林时期的玄学家有着两个不同的走向：一是"越名教而任自然"的嵇康、阮籍，一是"以儒道为一"的向秀。

嵇康（223—262）、阮籍（210—263）与何晏、王弼生约同时，而晚死十余年，他们作为竹林名士，其主要活动已经是在司马氏当政的时期了。曹魏政权对汉末说，虽然在政治和经济上有所改革，但并没有能阻止世家大族势力的发展。司马氏作为世家大族政治势力集团的代表者，这个政权所赖以支持的集团势力一开始就比较腐败，当时就有说这个集团极为凶残、险毒、奢侈、荒淫，说他们所影响的风气"侈汰之乱，甚于天灾"。可是他们却以崇尚"名教"相标榜。而以嵇康、阮籍为代表的竹林七贤思想作风虽不完全相同，但多认为现实社会政治为不合理。嵇康是曹魏的亲戚，"与曹宗室婚"，从政治上说属于魏晋集团；从思想上说，又不满司马氏那套"伪名教"。阮籍也是反对当时"假名教"的，据载，阮籍"本有济世志，属魏晋之际，天下多故，名士少有全者，籍由是不与世事，遂酣饮为常"。这些我们前面已讲过。

秘康、阮籍的政治态度深深影响着他们的哲学思想和人生态度，特别是影响了他们对"名教"与"自然"关系的看法。王弼认为"名教"不仅应当而且必须反映"自然"，这是他哲学体系"体用如一"、"本末不二"所要求的。但秘康、阮籍则认为，"名教"虽应当反映（表现）"自然"，而并不必然反映"自然"，甚至会背离"自然"。他们对"名教"的看法，虽然和当时的统治集团维护"名教"，而实际上是践踏"名教"有关，但从哲学思想的发展上看，也和王弼的"崇本息末"思想所可能导致的结果有关。秘康、阮籍认为"名教"会背离"自然"，因此他们的思想以"崇尚自然"为特点。由于"崇尚自然"，因而也把他们看成"贵无派"。但秘康、阮籍与何晏、王弼不同。何、王较严肃，有精密的思想体系；而秘、阮则表现了玄学的浪漫方面，我们也许可以说，何、王思想多以《老子》为据，而秘、阮思想更近庄周。汤用彤先生论秘、阮说："放达之士，其精神近庄子，秘、阮开其端，至西晋而达极盛。讲《老》、《易》者如王、何，较严正，以名教合自然。讲庄子者则较浪漫（romantic），反名教。"①

从对宇宙的看法说，王弼等认为，"自然"即"道"，是天地万物之本体，而有其"以无为本"的本体论学说。而秘、阮认为"自然"是指宇宙本来的样子。宇宙本来是什么样子？秘、阮认为，宇宙由浑然一体之元气构成，此即"自然"存在之实在。而此宇宙乃一混沌、有秩、和谐之实体，此即"自然"存在之状态。关于秘、阮之学说，汤用彤先生说的应受到重视，现节录于下：

> 元气说。秘康、阮籍把汉人之思想与其浪漫之趣味混成

---

① 《魏晋玄学论稿》，147 页，上海，上海古籍出版社，2001。

一片，并无形而上学精密之思考，而只是把元气说给以浪漫的外装。他们讲宇宙偏重于物理方面的地方多，而尚未达到本体论之地步。二人以阮籍的思想较好，他有《通老》、《通易》、《达庄》等论。《达庄论》讲宇宙之实体与郭象等之说不同。他说："天地生于自然，万物生于天地（按：指所看见的）。"天地为两个，自然为一个；元气为自然，分而为天地，即阴阳。自然为一体，有时变为山河大地等等，所以他说："一气盛衰，变化而不伤。""气"是恒常（constant），所以不能增减。"人生天地之中，体自然之形。身者，阴阳之精气也。性者，五行之正性也。情者，游魂之变欲也。神者，天地之所以驭者也。"（《达庄论》）身与神有何分别，阮氏未之明。"神"在阮氏学说中极为重要，因"神"可以说为元气。据他看来庄子之宇宙是元气、阴阳、五行等等，此说与王弼所说完全不同，王弼之学说，以为"有"是物质的实体（physical entity），"无"是 logical，抽象的，并不离开"有"，不像"气"之包含一切。所以说阮籍之学乃为汉人之旧。

嵇康之《太师箴》说宇宙："浩浩太素，阳曜阴凝，二仪陶化，人伦肇兴"；《明胆论》："夫元气陶铄，众生禀焉。"宇宙为一浩浩元气，人生一切皆元气所造，元气衍而为阴阳五行，人乃或有"明（智）"或有"胆（勇）"及其他种种分别（此说并未超出形下之学说也）。

自然三义：自然为元气，盖就实体说；自然为"混沌"（"玄冥"）、为"法则"（"秩序"）、为"和谐"（"天和"），盖就其状态说。[①]

关于嵇康、阮籍"自然三义"，用彤先生论之甚详，在此我只

---

① 汤用彤：《汤用彤全集》，第 4 卷，331～332 页，石家庄，河北人民出版社，2000。

简单作些分析：

（1）"自然"是一混沌状态的无边无际之整体。照嵇、阮看，"自然"作为一整体，天地万物都存在其中，都是它的一个部分，在本质上是没有区别的，"至极之道，混一不分。同为一体，得失无闻"（《达庄论》）。宇宙无所不包，一切东西都在其内。从时间上说，没有比它更早的，更长久的，故"太初如何，无先无后"；从空间上说，它是无所不包的，无所不容的，故"自然无外"；从根本上说，它是天地万物赖以存在的根源，故"莫究其极"。因此，在"自然"之先、之外就不应再有什么东西了。但在"自然"之内，相对地说则有万物的不同，若从整体的"自然"看，它们又都是自然的组成部分，没有什么不同，故"别而言之，则须眉异名；合而说之，则体之一毛也"，"当其无外，谁谓异乎！"（《达庄论》）

（2）"自然"是一有秩序的统一整体。嵇康、阮籍认为，天地万物在"自然"中各有其一定的位置，就其时间方面说，都有常规，"四时有常序"；就空间方面说，都有规定的形体，"方圆有正体"；就人类社会说，本来就有规定的制度，"是以圣人以建天地之位，守尊卑之制"。因此，圣人应该根据"自然"本身规则来处理政事，"圣人明乎天人之理"，"以建天地之位"。如果能做到"崇简易之教，御无为之治，君静于上，臣顺于下……群生安逸，自求多福，默然从道，怀忠抱义，而不觉其所以然"，那么"名教"就和"自然"一致了。这种"名教"就是合乎"自然"的"名教"。

（3）"自然"是一和谐的有秩的统一体。嵇康、阮籍认为，"自然"之所以是和谐的，由于它是混沌无分别地存在着，因此是"和"；由于它是有秩地发展变化着，因此是"谐"。"自然"的和谐性是根据它的统一性和有秩性而有的。嵇、阮都是魏晋时期著名的文学家，因而他们对宇宙人生的看法往往以艺术的眼光看待。

他们常用音乐的和谐来说明宇宙的和谐，或者认为由于宇宙是和谐的才有音乐的和谐。阮籍在《乐论》中说：

> 夫乐者，天地之体，万物之性也。合其体得其性则和，离其体失其性则乖。昔者圣人之作乐也，将以顺天地之性，体万物之生也。故定天地八方之音，以迎阴阳八风之声……

阮籍把音乐看成是"天地之体"（本质）、"万物之性"（本性）的表现。宇宙本身就像是和谐的音乐，如有韵律的诗一样，这是由于宇宙本是有秩的存在着，它超乎个人利害得失；既无利害得失，就无矛盾冲突，因此它是和谐整体。人类社会本是宇宙整体的一部分，那么人们就应该顺乎自然的规律，这样在人与人之间就不会有矛盾冲突，以达到"君静于上，臣顺于下"，"无君而庶物定，无臣而万物理"的局面。既然"自然"是和谐的，反映"自然"的理想社会也应是和谐的，圣人事天治人，当以"和为贵"。音乐可以起陶冶性情的作用，使人心境平和，阮籍在《乐论》中说：

> 乐者使人精神平和，衰气不入，天地交泰，远物来集，故谓之乐也。

《易·泰卦》"天地交泰"，王弼注谓："泰者，物大通之时也。"交泰时运亨通。嵇康在《声无哀乐论》中说：

> 和心足于内，和气见于外……使心与理相顺，气与声相应，合乎会通，以济其美……大道之隆，莫盛于兹，太平之业，莫显于此。

嵇康、阮籍认为，人类社会本来应和"自然"一样，是一个有秩的和谐整体，但是后来的政治破坏了应有的秩序，扰乱了和谐，违背了"自然"的常态，造成了"名教"与"自然"的对立，嵇康在《太师箴》中说：

季世陵迟，继体承资（嫡嫡相承以为用），凭尊恃势，不友不师，宰割天下，以奉其私，故君位益侈，臣路生心（生二心）。竭智谋国，不吝灰沈（不惜一切）。赏罚虽存，莫劝莫禁。若乃骄盈肆志，阻兵擅权，矜威纵虐，祸蒙丘山。刑本惩暴，今以胁贤。昔为天下，今为一身。下疾其上，君猜其臣。丧乱弘多，国乃陨颠。

在阮籍的《大人先生传》中对现实社会政治的批判同样很深刻，他说：你们这些人呀，争夺高高的位置，夸耀自己的才能，用权势凌驾在别人上面，高贵了还要更加高贵，把天下国家作为争夺的对象，这样哪能不上下互相残害呢？你们把天下的东西都据为己有，供给你们无穷贪欲的要求，这哪里是养育老百姓呢？这样，就不能不怕老百姓了解你们的这些真情，你们想用奖赏来诱骗他们，用严刑来威胁他们。可是，你们哪里有那么多东西来奖赏呀，刑罚用尽了也很难有什么效果，于是就出现了国亡君杀的完蛋局面。这不就是你们这些所谓的君子所做的事吗？你们这些伪君子所提倡的礼法，实际上是残害天下的、使社会混乱的、国破家亡的东西，可是你们反而把它看成是美德善行不可改变的法规，这难道不太过分了吗？

照嵇康、阮籍看，这样的社会政治当然是和有秩和谐的"自然"相矛盾，因此他们在"崇尚自然"的同时，对"名教"颇多批判。在他们看来，所谓"名教"，是有违"天地之本"、"万物之性"的，"故知仁义务于理伪，非养直之要术，廉让生于争夺，非自然之所出也"（《难自然好学论》）。这种人为的"名教"只会伤害人的本性，败坏人们的德行，破坏人与人之间自然的和谐关系。由此，嵇康、阮籍提出了"越名教而任自然"、"非汤武而薄周孔"，并说"老子、庄周是吾师也"。这样一种思想潮流，从当时哲学思想的发展看，是"贵无"派"崇本息末"的一种必然发展趋势。因为在王弼的"以无为本"的思想中已经存在"贵无"而"贱有"、"崇本"而"息末"的因素，据此进一步发展这个方面，就不难走到"越名教而任自然"的境地。这种逻辑发展的趋势在一定条件下就会在现实中表现出来。这个"一定条件"就是嵇康、阮籍所处的当时现实社会风气的败坏和他们自身的种种遭遇以及性格所导致的。

王弼哲学体系中所包含的矛盾，使魏晋玄学在发展中出现了"越名教而任自然"的潮流。但是，王弼的思想的本质是主张"体用如一"、"本末不二"的，所以调和"自然"与"名教"是他思想的主导方面。也就是说王弼企图在思辨哲学的基础上把儒家思想和道家思想结合起来，这本是他哲学体系的要求。盖中国哲学自先秦以来就有两大系，一为儒家，一为道家。在汉朝，从总体上说儒家思想是主流，但道家思想仍相当流行，据杨树达统计汉朝治《老子》者约有六十余家，而且成为一些思想家反对当时天人感应目的论的理论支柱。到魏晋，玄学家虽然推崇老庄，但是由于社会政治的原因是不可能废弃"名教"的。因此，魏晋玄学家也不得不考虑儒道关系问题。不仅如此，如果能把儒道结合起来，这样就可以做到"不废名教，而德合自然"，在"名教"中也可以达到超越的境界。王弼哲学本来也想解决这个问题，但他更多地在形而上层面上下功夫，而在人生哲学方面虽也讲了不少，但他的贡献无疑是在本体论方面。而在人生哲学方面，嵇康、阮籍作为"贵无"一派或可说贡献颇多，关于这点汤用彤先生的论述，应说很有意义。现节录于下：

> （嵇康、阮籍）逍遥放任之人生观。王弼之学说，最后归于抱一，即得乎全，也就是反本，此乃老子之学说。嵇康、阮籍之学说非自老子而来自庄子，得到庄子逍遥、齐物之理论，而用文学家之才华极力发挥之。他们虽也主张秩序，但

偏于奔放，故其人生哲学主逍遥。其人生哲学之要点：①超越世界之分别；②既超越分别，故得放任；③逍遥为放任之极（神游于无名之境）。

（1）超越世界之分别。所谓"超越世界之分别"者，乃谓不受世间人事的限制，不为礼法所束缚。而人世之礼法，乃至内外情欲、声音、颜色等一切外在的东西能剥夺人之天性。至人法天顺自然，故无是非，无喜怒哀乐之情，此所谓"无情"是真正的无情，非以情从理。"无情"则能于世界无分别。盖若有主观之分别，则伤人身体与精神，使人不能表现其天真，如阮籍《大人先生传》所说："造音以乱声，作色以诡形，外易其貌，内隐其情，怀欲以求多，诈伪以要名……坐制礼法，束缚下民。"嵇、阮所希望者，乃在自然的状态中，有自然之流露。所谓伦常均非天真，有了伦常就使人有分别，有造作，有争斗，而不得反自然也。"无贵则贱者不怨，无富则贫者不争"，而"尊贤以相高，竞能以相尚，争势以相君，宠贵以相加，驱天下以趣之，此所以上下相残也"。在此两种不同之境界中，可以看出争与不争、分别与不分别之不同。嵇、阮之学说本来自庄子多，而得之于老子少。他们要超出主观的分别世界，而达到无分别之世界，此属其人生观之消极方面。

（2）放任。嵇、阮之人生观在积极方面则为放任。放任就能超越分别，即谓"因超越分别而放任也"。不为是非情欲所累，则其性超越，至人循性而动，应变顺和，超分别而游放，此即阮籍所谓之大人先生也。故曰："至人无宅，天地为客；至人无主，天地为所；至人无事，天地为故。无是非之别，无善恶之异，故天下被其泽，而万物所以炽也。"放任即顺乎自然，超越是非善恶之对立，此最和谐之境界也。能代表和谐者是音乐，音乐一方面奔放，另一方面有秩序，故人至放任境界是在无规定之中自有规定，如阮籍之"应变顺和"，嵇康之"和理日济，同乎大顺"。

（3）放任之极则为逍遥。受世界之束缚乃在于心，心若能放任，自无世界之累。嵇、阮以为人有形神两方面，而神可以超然，所以逍遥即神游也。故至人即世界内的神仙，是神游之人，为理想之人格。阮籍有《大人先生传》，嵇康有《养生论》。他们所说的"至人"不仅是心理之描写，而且相信实有这种人，如阮籍《答伏义书》中就有这样的见解："荡精举于玄区之表，摅妙节于九垓之外……从容与道化同逌，逍遥与日月并流。"此种神仙似的人物在现世界内就有，所以他说："徒寄形躯于斯域。"至人可既不脱离形躯，又不脱离世界，而精神则能不受限制，故嵇、阮之人生观乃由齐物而达逍遥也。

向秀（约 227—280），在嵇康、阮籍顺着王弼"崇本息末"方面发展玄学的同时，又有向秀发挥着王弼思想"崇本举末"的一面，而提倡"以儒道为一"的思想，而这一思想应说是玄学的主要倾向。

向秀虽与嵇康、阮籍等被称为"竹林七贤"，而且他和嵇康交往甚多，曾和嵇康一起在洛阳打铁，又和嵇康的另一好友吕安一起种菜。

据《世说新语·文学》的注引《向秀别传》所载，向秀与嵇康、吕安都很要好，但他们的性格很不相同，嵇康傲世而不羁，吕安放逸而凌俗，而向秀雅好读书（据《晋书》谓向秀"雅好老、庄之学"），但他对儒家学说也颇有研究。他有《周易注》，《向秀别传》说："后注《易》，大义可观，而与汉世诸儒互有彼此。"可惜已佚失，如果此书存，应是了解汉人注《易》与魏晋人注《易》之不同（在马国翰《玉函山房辑佚书》中辑有数条，但看不出有什么得要思想）；又有《儒道论》，此文已佚。向秀的最主要作品是他的《庄子注》，关于向秀与郭象注《庄子》的问题，我们有专章讨论，这里不再重复。《世说新语·文学》中说：

> 初，注《庄子》者数十家，莫能究其旨要。向秀于旧注外为《解义》，妙析奇致，大畅玄风。

可见向秀的《庄子注》在当时影响之大。据《向秀别传》，在向秀打算注《庄子》时，曾向嵇康、吕安说了他的这个想法，而嵇、吕二人却说："此书讵复须注，徒弃人作乐事耳。"（这本书难道有注解的必要吗？这样做徒然会妨碍你能得到的享受）但向秀还是作了注。在向秀完成对《庄子》的注后，送给嵇、吕看，吕安看了说："庄周不死矣！"（庄周尚未死呀！）然而嵇康却说："尔故复胜不？"（你认为你的注比别人的更好吗？）嵇康仍认为没有必要作注。可见嵇康与向秀虽为好朋友，但他们的思想作风却很不一样。研究向秀思想的材料，当然包含在郭象《庄子注》中，但对其中哪些是郭象注，哪些是向秀注，不易区分。当然我们可以根据张湛《列子注》中分别引用的向、郭注作为参考。看来，向、郭所注《庄子》虽有不同，但相同处是很多的。对向、郭之不同，后文将详细论述，而相同处，则在论述郭象思想中可包括，故不必单独讨论。可是向秀有一篇重要文章，应该特别受到重视，这可以视为他的"以儒道为一"思想的很好证据，这就是包含在《嵇康集》中的他那篇《难养生论》。这篇文章是针对嵇康的《养生论》而发的。嵇康主张"越名教而任自然"，故作《养生论》以表示他的超世之想，他说：

> 善养生者……清虚静泰，少私寡欲……又守之以一，养之以和，和理日济，同乎大顺……无为自得，体妙心玄，忘欢而后乐足，遗生而后身存。

而且嵇康认为，"名位伤德"，"厚味害生"，因此他说："神仙禀之自然，非积学所致。至于导养得理，以尽性命，若安期、彭祖之伦，可善求而得也。""调节嗜欲，全息正气"，以养息自己的身心，即可长生。但向秀和嵇康看法不一样，并对嵇康的论说提出批评和质疑。在《难养生论》中，向秀首先明确提出对人的性情不应压抑，他说：

> 夫人含五行而生，口思五味，目思五色，感而思室，饥而求食，自然之理也，但当节之以礼耳。

照向秀看，人的本性包含着"口思五味，目思五色"这样一些本能的欲望，这是合乎"自然之理"的（按：这点或与王弼的"圣人有情"有关），而用压制人的本性要求的办法求长生，是"悖情失性，不本天理"。从这点看，向秀的"自然之理"和嵇康、王弼对"自然"的看法不大相同。嵇康认为，"自然"是一统一的有规律的和谐整体，而人的本性本应"任自然"，应"少私寡欲"，"全息正气"。王弼认为，"自然"即"道"，乃天地万物之本体，无违无造，无适无莫。而向秀把人们生活中的一些欲望要求也看成是"自然之理"。然而如何能使人们顺应"自然之理"，而又不致造成社会混乱呢？这当然就是"自然"与"名教"的关系问题了。向秀认为，需要对人们的欲望要求"节之以礼"。这显然企图把人的本性的自然要求和人的本性又应受到"礼教"（即"名教"）的制约调和起来，这和嵇康的"越名教而任自然"很不相同了。因此在《难养生论》中，向秀说：

> 且生之为乐，以恩爱相接。天理人伦，燕婉娱心，荣华悦志。服飨滋味，以宣五情，纳御声色，以达性气。此天理之自然，人之所宜，三王所不易也。

从这里可以说，向秀把"恩爱相接"、"燕婉娱心"等都认为是"天理之自然"，是人性之所不可易者，宜宣而不宜抑。进而，他的"任自然"与嵇康又不一样。嵇康《养生论》中说：

> 善养生者……清虚静泰，少私寡欲……外物以累心，不
> 存神气，以醇白独著，旷然无忧患，寂然无思虑，又守之以
> 一，养之以和，和理日济，同乎大顺。然后蒸以灵芝，润以
> 醴泉，晞以朝阳，绥以五弦，无为自得，体妙心玄，忘欢而
> 后乐足，遗生而后身存，若此以往，庶可与羡门比寿，王乔
> 争年，何为其无有哉！

向秀认为，这种养生之谈，是一种营营惜生而悖自然之理，所以
他说：

> 夫人受形于造化，与万物并存，有生之最灵者也。异于
> 草木。草木不能避风雨，辞斤斧；殊于鸟兽，鸟兽不能远网
> 罗，而逃寒暑。有动以接物，有智以自辅。此有心之益，有
> 智之功也。若闭而默之，则与无智同，何贵于有智哉！有生
> 则有情，称情则自然，若绝而外之，则与无生同。何贵于有
> 生哉！……
>
> 今若舍圣轨而恃区种，离亲弃欢，约己苦心，欲积尘露
> 以望山海，恐此功在身后，实不可冀也。纵令勤求，少有所
> 获，则顾影尸居，与木石为邻，所谓不病而自灾，无忧而自
> 默，无丧而疏食，无罪而自幽。追虚徼幸，功不答劳，以此
> 养生，未闻其宜。故相如曰：必若欲长生而不死，虽济万世
> 犹不足以喜。言背情失性，而不本天理也。长生且犹无欢，
> 况以短生守之耶？

向秀以人的自然欲望为天理自然，压制这种自然的性情来养生，
则悖情失性，对生命是无益的。把生活中应有的欢乐都抛弃掉，
这种长生有什么可以喜好的呢？何况以短短的一生抛掉生之欢乐
去追求那虚无缥缈的长生呢？但另一方面，向秀又认为，对人的
情欲如果不加节制而至于背礼违俗，那也是不可取的，所以他说：

> 富与贵，是人之所欲也。但当求之以道义，在上以不骄
> 无患，持满以损俭不溢，若此何为其伤德耶？或睹富贵之过，
> 因惧而背之，是犹见食之有噎，因终身不飨耳。

人的情欲主要应合情又合礼，追求"富与贵"也不是什么伤德之
事，希求长生是不切实际的。向秀这些看法在当时的条件下，从
一方面看，具有从教条化的、束缚人的"名教"下使人得到解放
的意义。他肯定了人们的感情欲望也是合乎天理自然的，这显然
和汉学的传统不同；另一方面，在当时"越名教而任自然"的风
气之下，提出了"当节之以礼"，肯定了合理的"名教"的作用，
不能不说是企图调和"自然"与"名教"，和把"自然"与"名教"
对立起来的二分思维很不相同。这种思维方式应说是王弼的"体
用如一"、"本末不二"思维方式的继承和延续，或者也和王弼的
圣人有情说有一定的关系。向秀哲学的重要意思或正在于此。与
这种思维方式相关的是向秀论"道"与"事"的关系，他说：

> 夫实由文显，道以事彰，有道而无事，犹有雌无雄耳。
（《列子注》引向秀语）

这种思想可以说是王弼的"崇本举末"、"无""必因于有"的另一
种表示。但是在王弼思想中，由于他主张"以无为本"，虽立论在
"体用如一"、"本末不二"上，然而过分强调"无"的绝对性、超
越性和原始性，所以有时又把"无"看成是产生天地万物者，并
和"万物"对立起来，而有"崇本息末"、"万物皆由道生"的说法
（有说此"生"只是说逻辑在先，而非谓时间在先。我想，这正是
我们受西方哲学影响而有的一种诠释。我国古代哲学家或并无此
说。我在讨论中国诠释学的论文中，曾说《系辞》本身很可能包
含两个系统，一个本体论系统，一个宇宙生成论系统，而这两个
系统在《系辞》中同时存在，《系辞》作者并不认为有什么矛盾）。

向秀在"体用如一"、"本末不二"、"不废名教而任自然"方面受到王弼思想的影响，但从他思想的整体上看，他已从王弼的"贵无"思想向"崇有"方面转化了。顺便说一下，其实魏晋玄学家几乎都受到王弼的"有无之辨"思想的影响，而没有能完全摆脱王弼思想的影响。所以他们都不能不讨论王弼提出的哲学问题。

在张湛的《列子注》中，我们可以找到向秀有关"崇有"思想的论述，如在《列子注》的"生物者不生、化物者不化"的注下引了一段向秀的话：

> 向秀注曰：吾之生也，非吾之所生，则生自生耳。生生者岂有物哉？（无物也，）故不生也。吾之化也，非物之所化，则化自化耳。……若使生物者亦生，化物者亦化，则与物俱化，亦奚异于物？明夫不生不化者，然后能为生化之本也。

这段话有点难解，首先是"吾"是指什么？有的学者认为"吾"指"任何一事物"的自称（我的存在＝吾之生也），我认为也许"吾"指"生物者"、"化物者"，如果这样理解，这段话也许不大难解了。我想，它可以分以下四个层次：

（1）"生物者"、"化物者"的存在不是由其他什么东西使它存在的，"非吾之所生"应为"非物之所生"，这点可由下面的"非物之所化"证明。"则生自生耳"，这很重要，因向秀把"自生"概念引入其学说。而"自生"是"崇有"思想的基本概念。

（2）从逻辑上说，"生生者岂有物哉"是说：产生一切事物的难道还有什么东西产生它吗？因为，从事物的产生上说推到极点，产生一切产生别的东西的东西就不能再是被别的东西产生的东西，因此是"无物也"，没有什么东西可以作为"生生者"之"生生者"。

（3）"生生者"既然是产生别的东西的东西，而不是别的东西所产生的东西，所以它不是什么东西所"生"的，也就是说"生生者"是"无生"（无所从生）的。"无生"才"无灭"。"化物者"既然是使其他事物变化的东西，而不是别的什么东西能使之变化的，所以它不是什么东西所"化"的，也就是说"化物者"是"无化"。"无化"才"恒常"。

（4）"若使生物者亦生"是说：如果"生生者"也是"有生"，那么它就和一般的有生有灭的东西没有什么不同了。"化物者亦化"是说：如果"化物者"也是在不断变化，那么它就和一般的变化无常的东西没有什么区别了。所以不生不化的才是有生有化的东西的根本。此可作两解：可解为不生不化者是有生有化者的本体；也可指是产生有生有化的"始生者"。我认为，作前一解是向秀的思想。

向秀的这段话可以说是思辨性很强的，从逻辑推理上说，是可以说得通的。而且这一思想和王弼的思想也有相近之处。但可以注意的是，上引的那段话中，向秀引进了"自生"、"自化"这类的概念。这类概念在汉朝有的哲学家已多次使用它来反对当时的目的论，如王充说：

> ……天地合气，万物自生；犹夫妻合气，子自生矣。
> ……夫天之不故生五谷丝麻以衣食人……物自生而人衣食人。
> ……天动不欲以生物，而物自生，此则自然也。
> ……夫天覆于上，地偃于下，下气蒸上，上气降下，万物自生其中间矣。

王充的"自生"是说一切事物都是由"气"自然而然产生的，不是什么东西使它们这样或那样产生的，这是针对当时目的论而发的，仍然属于宇宙生成论的问题。而向秀的那段话和王弼一样也是讨论形而上本体论的问题，是从原则上说"生生者"不能为他物所生，故是"不生"。那么如果"吾"不是说的"生生者"，而是指的"任何一物"呢？只要这个主语（"吾"）的意思变了，这段话的意思也就完全变了。如果把"吾"了解为"任何一物"，那就不是向秀的学说了，而是裴頠或郭象的学说。但从上引向秀那段话，我们可以看出王弼的"贵无论"在魏晋时期的影响是不可低估的。从向秀以后的玄学发展看，裴頠提出"自生而必体有"（"自生"必须以"有"为本体）、郭象"万物自生"，都应是由向秀提出"自生"概念而引发出来的。由此可以看出，如果要把"有"和"无"（"现象"和"本体"、"殊相"和"共相"）、"名教"和"自然"真正统一起来，为它找到一形而上本体论的根据，在向秀的哲学中还没有很好解决。因为，他仍然承认有一"不生不化"的与"万物"相对的"生化之本"，这样世界仍是二元的，不是一元的。关于这个问题，在本书第二版中没有讲清楚，也可以说对上引向秀的那段话的理解不大正确。在前引向秀那段话里讲的"自生"、"自化"并不是说的"万物"的"自生"、"自化"，而是说"生生者"是"自生"的，故"不生"；"化物者"是"自化"的，故"不化"。问题是"自生"从一方面说可以是"不生"，但从另一方面说，"自生"仍是"生"，这就可能与"不生不化者"是"生化之本"相矛盾，如何解决？从逻辑上说，把"自生"的主体改变为"万有"或"万物"，这样矛盾可以说解决了，"天地万物"（物）、"纲常名教"（事）都是"自生"的，不是外在的什么强加上去的，因此它们是合理的，这样"天地万物"、"纲常名教"也就是"天理自然"了。向秀企图解决这个问题，但是没有解决好。

从竹林时期玄学的发展看，王弼的"贵无论"引发出两个不同的方向：一是嵇康、阮籍的"越名教而任自然"；另一是向秀的"以儒道为一"，企图调和"自然"与"名教"。但向秀并没有能较好地解决这个问题，这样魏晋玄学就发展到元康时期的裴頠与郭象的玄学了。

第五章　魏晋玄学发展的历史（下）

一、元康时期的玄学

西晋王朝统治了几十年，社会矛盾不断加深，当权的统治集团的寄生性和腐朽性越来越暴露了，加上北方民族的侵扰，使社会更加动荡不安。随着社会生活的变化，元康时期的玄学发生了很大变化。大凡一个社会的存在已成为不合理的时候，当权的统治者往往要强调其统治的社会的合理性，同时某些士大夫出于其主观的愿望也会来制造现实社会合理性的哲学论证。元康时期，某些名士利用嵇康、阮籍"越名教而任自然"的思想，把它作为"放荡形骸"的工具，例如胡毋辅之之流，"至于裸裎，言笑忘宜"。因而也有一些名士对此不满，提出批评，如乐广说："名教中自有乐地，何为乃尔也。"可见"名教"与"自然"的问题仍是当时士大夫所关注的重要问题。那种只在生活上追求"放荡形骸"的名士，以"崇尚自然"相标榜，而他们在哲学上并无什么建树。他们的代表王衍也不过在形式上一再重复何晏、王弼的思想，而且常常不能自圆其说，"信口雌黄"。因此，这种"越名教而任自然"的风气显然是于社会的稳定不利。从一些士大夫的主观愿望说，则企图创造出一套更加强调"名教"的意义，或使"名教"与"自然"进一步调和的哲学思想。为了进一步解决"名教"与"自然"关系的问题，也就得解决"本末"、"有无"问题，即在"万有"之上（之后）是否有一本体之"无"（或者说是否应有一"不生不化的生化之本"）。这样，元康时期的玄学就出现了沿着向秀思想发展的不同两支：一为裴頠，一为郭象。裴頠从反对"越名教而任自然"出发，在架空"本体之无"的基础上，抛弃"本体之无"，提出万物"自生而必体有"的"崇有"思想，认为"名教"本身存在的根据就在于它本身，它的合理性在于社会的需要，不必在既成的社会之外去找它的根据。郭象从否定"无能生有"出发，提出"万物自生"，而肯定事物存在的根据在于它的"自性"，因此事物既然存在了，它就不是不合理的，现存的即是合理的，"名教"（游内）与"自然"（游外）是合一的。这样魏晋玄学的发展进入了它的第三期。

裴𫜹（263—300）著有《贵无》、《崇有》二论，而《贵无》已佚失。但从《资治通鉴》中保存的一段不同于《晋书·裴𫜹传》的《崇有论》，也许可以透出一点裴𫜹《贵无论》的主旨。裴𫜹的《贵无论》可能包含两方面的内容：一方面承认有一个"无形的世界"（无）；另一方面却把这"无形的世界"架空，认为在有形世界产生之后，无形世界对有形世界就无意义，无形世界就被有形世界抛弃了，而有形世界就独立运作。我们也许可以作另一种解释，假设《贵无论》是一篇批评和否定"贵无"思想的论文，其根据就在《晋书·裴𫜹传》中的《崇有论》中有一句"夫至无者无以能生，故始生者自生也。自生而必体有"。如果这样，请看《资治通鉴》中的《崇有论》中的那句：

> 夫万物之有形者，虽生于无，然生以有为已分（原注：物之未生，则有无未分，既生而有，则与无为已分矣），则无是有之所遗者也（原注：遗，弃也）。

这段话前面我们已经作过解释，为了方便后面的分析，再作一点重复解释：有形的万物虽然是由混沌未分的无形的"无"所生，但是它存在之后就以"有"为自己的性分了（原注的意义是："物"还没有成为"物"时，有形世界和无形世界还没分开，但是既然有形世界产生了，那么"有"就与"无"完全分开了，也就是说"有"与"无"没有什么关系了），所以"无"就被"有"所抛弃了。这段话的整体意思是说：虽可以假定有一个产生有形世界的无形的世界，但一旦有形世界产生了，无形世界就被抛弃了，它对有形世界无任何意义。因此，有形世界的万物的存在是靠他们的自性而存在的，并不需要什么已被抛弃的无形世界作为它存在的根据。为什么裴頠要以这种方式讨论"有"与"无"的问题，我认为，这说明王弼"贵无"思想对魏晋时期一直有着重大影响，凡是讨论宇宙人生的根本问题都无法绕开这个问题。裴頠要建立他的"崇有"思想，必须给"无"一个位置，于是他虚设了一个"无"（无形的世界），然后又巧妙地把它抛弃，这样"有"（有形的世界），实际上就成为唯一存在的世界。因此，裴頠写《贵无论》的目的也许就在此了。而且只有这样，他的《崇有论》所讨论的主要就是"有"（有形的世界）的问题了。既然《崇有论》主要是讨论"有"的问题，那么在这有形世界中，无形世界是没有意义的，即是说对有形世界说，无形世界可以被视为是不存在的，因此在有形世界中就不存在"无生有"的问题，"有"只能是"自生"的。在"原注"中有一句话似乎我们可以注意："物之未生，则有无未分，既生而有，则与无为已分矣。"这实际上是说，万物没有存在之前，有形世界和无形世界是浑然一体的，是没有分别的。当有形世界出现以后，那么它就与无形世界分开而单独存在了，这就是说，其实有形世界是从一个与无形世界的混沌一体的世界分化出来。这个分化出来的有形世界好像是从无形世界中产生的，但实际上是从有无混沌一体中分化出来的。我想，也许作如此了解，对裴頠的《崇有论》才能作出合理的分析。有了这个前提，下面我试对《崇有论》作一解说。

裴頠写《崇有论》的目的是为了"疾世俗尚虚无之理"、"矫虚诞之弊"。但他不能也没有对"贵无"学说作完全否定。顺便说一下，魏晋时期的玄学家几乎都没有对王弼"贵无"学说作全盘否定，而且王弼哲学的"有无之辨"，使我们把魏晋玄学看成是一种本体论的模式。裴頠分析了产生这一学说的原因，肯定了它在一定限度内的意义。他认为，崇尚"自然"，主张"无为"的人有时看到了"欲衍情佚"（欲望太多，情感不当）、"擅恣专利"（一味放任，专门自利）的危害，从这方面说是有其合理性的。于人们在找寻上述对社会产生危害的原因时，发现"偏质有弊"，而"睹简损之善"。这样就提出"贵无"的理论和"贱有"的学说。裴頠说，这种看法的合理之处就在于它使人心平气和，是和儒家《易经》中"损"、"谦"、"艮"、"节"等卦的主旨相合的。但裴頠认为，这些看法只看到问题的一面，即"无为"好处的一面，但它却不能说是根本的道理。特别是如果把"无为"强调得过分，就会造成对社会不好的结果，他认为这样就会"贱有则必外形（以有形的事物的存在为不重要），外形则必遗制（抛弃社会存在的制度），遗制则必忽防（忽视规范和防犯），忽防则必忘礼（破坏礼教），礼制弗存，则无以为政矣"。这就是说，提倡"无为"的人，从主张"无为"，发展到反对"有为"，从崇尚"自然"，发展到反对"名教"，这样的结果使"无为"的学说成为错误的而且是对社会有害的主张。原来向秀主张人们对欲望的要求应当"节之以礼"，而欲望要求"皆生于自然"，它有其存在的根据，因而是"合理"的。而"礼"是否也有其存在的根据，是否合理的呢？因为欲望要求是"自然"的，而不是"人为"的，"礼"是"人为"的，那么这种人为的"礼"（或者说是圣人制定的"礼"）有没有"合理"的根据呢？向秀没有深入讨论这个问题，但要维护"名教"必须回答这个问题，因此裴頠接着向秀的思想，在《崇有论》中对这个问题作了较为详细的讨论。

在裴頠看来，有社会存在就有人与人之间的关系，而在人与人之间的关系中就必然有贵贱的等级，有长幼的次序，有各种各样的礼仪规范，这样才可以维持人们之间的正常关系，社会才能安宁。"礼"是由社会本身的需要而有，因此它是"合理"的，是必不可少的，根本不须要在它自身之外去找什么存在的根据。所以裴頠对当时"越名教而任自然"的风气作了严厉的批评。

为了维护人们之间的正常关系，使等级名分的社会维系下去，裴頠提出必须"用天之道（合天时），分地之利（任地利），躬其力任（亲自做自己力所能及的事），劳而后飨（出什么力就享受什么成果）"；"居以仁顺（居官应仁爱顺民心），守以恭俭（守业应恭顺勤俭），率以忠信（以忠信为表率），行以敬让（做事要讲求敬让）；志无盈求（志向不要有太大野心），事无过用（行事不要过分）"。裴頠说，这些就是"圣人为政之由"。

裴頠的《崇有论》不仅是为了指摘时弊，而且它对哲学思想方面的贡献也许更有意义。为了论证"礼"（名教）的存在本身的合理性，他提出"有"（他把"万物"称为"有"或"万有"，即一切存在的事物）并不需要另外去找它之外（之上）存在的根据，"有"作为"存在的"本身的存在就是它存在的根据。

"有"和"无"作为一对哲学上的概念，是由老子提出来的，如他说"天下万物生于有，有生于无"，"有无相生"，等等。看来，在老子那里"有"已不是仅仅指某一具体存在事物，而是指所有事物的总称，也可以理解为由万物抽象出来的"共相"。具体存在的事物，"物"是指一个一个的器物，如桌、椅，"事"是包括人们活动所产生的结果。如我讲课，同学们听课，就是裴頠说的"形器之故有征"。玄学家讨论宇宙万物的问题，常用"有"来表明"事物"之全体，而"物"则表示一个一个的具体存在物，但他们在行文中这两个字也常常相混，这是由于我国古代哲学家对概念的分析很不重视，往往概念的含义很不明确，要我们来理清。我们一般把"有"译成"Being"，《美国传统词典》中对"Being"的解释是："That which can be conceived as existing. Absolute existence in its perfect and unqualified state, the essence of existence."（"有"［或"存在"、"存有"］被认为是存在着的。"有"是绝对的存在，有其完全的和无条件的意义和状态，是存在的本性。）我认为，在这里"有"不应释成"Thing"（或 Things），而应释为"Being"，但是否可以释为"existence"呢？

据《美国传统词典》，它把"existence"解释为："The factor or state of continued being, as life."（连续存在的实际或状态，例如生命。）"A thing that exists, entity."（某物的存在，实体。）"mode or manner of existing."（存在的样式或方式。）

据此，有时"有"也释成"existence"，但是否也可以译为"Being"，因为这样更抽象，更一般。Runes 的《哲学辞典》中说："existence: the mode of being which consists in interaction with other things."（existence 是说这样一种存在的式样，它存在于和别的东西的相互关系之中。）

根据这些说法，我想，"有"译为"Being"较好。《崇有论》开头有如下一段：

> 夫总混群本，宗极之道也。方以族异，庶类之品也。形象著分，有生之体也。化感错综，理迹之原也。夫品而为族，则所禀者偏，偏无自足，故凭乎外资。是以生而可寻，所谓理也。理之所体，所谓有也。有之所须，所谓资也。资有攸合，所谓宜也。择乎厥宜，所谓情也。识智既授，虽出处异业，默语殊涂，所以宝生存宜，其情一也。

这段话是裴頠对宇宙人生的总体看法，分析起来大体上有以下几层意思：

（1）"总混群本，宗极之道也"，这是对整个宇宙的总体说明。

对这句话有一种解释：最高的道是总括万有的，是万有的根本。这样解释就等于说："道"是天地万物的根本。这和全篇思想形成矛盾，也和王弼的思想没有根本上的区别。我认为应解释为：整个无分别的群有本身就是最根本的"道"。这就是说，除了整个无分别的群有本身之外，再没有什么另外的"本体"了，或者说"道"就是"群有"的总称。这是从"群有"的总体上说，是从"全"（大全）上说，这个"全"可称为"有"。

（2）"方以族异，庶类之品也。形象著分，有生之体也。"事物有不同的形式，以类而异，这样就区分为不同的种类（意谓：万物按其性质，区分为不同的类，这就是各种东西的类别）；有形有象的物体都有明显的不同，这就是一切生长变化着的实体（意谓：具体的事物都是不同的实体，在具体事物之外、之上、之后再没有什么实体了）。这是从"分"的方面说，每一个具体事物都与其他事物有所不同，都是一个实实在在的事物。

（3）"化感错综，理迹之原也。""化"，指万物的生长变化；"感"，指事物之间的相互感应作用；"理"，条理，秩序；"迹"，形迹，表现。万有的生成变化及其相互作用是错综复杂的，这种错综复杂的情况正是其条理、秩序形成的根源。在这一点上，裴𬱟与王弼的看法很不相同。在王弼的《周易略例·明象》中说："物无妄然，必由其理。统之有宗，会之有元。"王弼认为：事物之所以如此存在，是由于有其统一的"理"。也就是说，"理"是"物"之所以为"物"如此存在的根据，因此"理"是"本"（"宗本"、"无"）。王弼追求的是事物的统一性，而统一在"理"（此"理"即"道"）。裴𬱟则认为，"理"是以"有"为其实体，即"理"依"有"而为其"理"。规律、条理是事物自身的规律、条理，它不是外加上去的，也不是不依事物而有的。

（4）"夫品而为族，则所禀者偏，偏无自足，故凭乎外资。"既然万有互相区别为不同的种类，因此每一类都各有自己的特点；正因为各有所偏（各有各的功用），所以都不是自满自足的（不是不需要其他条件的），因此就需要依靠一些别的条件才能存在（才能生生化化）。这也就是说，任何一具体事物的存在都需要靠其他事物而存在。这是讲事物存在的"条件性"。

（5）"是以生而可寻，所谓理也。理之所体，所谓有也。有之所须，所谓资也。资有攸合，所谓宜也。择乎厥宜，所谓情也。"万物的生生化化表现出来的形迹是可以探求的，这就叫做"理"；"理"之所以体现出来是因为有"有"（"存在者"，"理"的承担者）；"有"要成为实实在在的存在物就要有所"依待"（有待），事物存在的"依待"叫做"资"（条件）；条件如果和事物的存在相适合（条件适合事物的存在），这就叫做"宜"（适宜）。能选择适合的条件，这就叫做"情"（合情理）。

（6）"识智既授，虽出处异业，默语殊涂，所以宝生存宜，其情一也。"既生为有意识的人，虽地位不同，但是宝贵生命，找到适合生存的条件，这种情况是一样的。

这段话可以说是裴𬱟比较系统地说明了天地万物存在的状况。但问题是如果追问下去，天地万物是如何产生的，如果有一个产生天地万物的，那么是不是有一个造物主，或者是由什么抽象的理作其主生之根据？如果这样，那就和裴𬱟的"总混群本，宗极之道"相矛盾了。因此，裴𬱟提出"有"是"自生"的思想。原来在向秀那里已经用了"自生"、"自化"等概念，但那是指的"不生不化"的"生化之本"。因为讨论宇宙的问题往往要问宇宙如何产生、如何存在。裴𬱟为了解决这个问题，他说：

> 夫至无者无以能生，故始生者自生也。自生而必体有。

对这段话，我认为应该从"有"（有形世界）把"无"（无形世界）抛弃来理解。在"无"被抛弃之后，它对"有"就毫无意义了，

"有"的产生和存在就和"无"完全没有关系了，当然"无"就不能成为"有"的产生者，也不能成为"有"存在的根据。所以《崇有论》讨论的是"有"（有形世界）的问题。对此，我们可作如下理解：

（1）"夫至无者无以能生"，是讨论在有形世界中"无不能生有"。这里的"无"是指"不存在"（nonexistence），是指"虚无"，这是因为"无"已经被抛弃了，它对"有"不能起什么作用或有什么意义了。这就把"有"和"无"完全割裂开来、对立起来，认为"有"和"无"之间没有同一性，裴頠了解的"无"和王弼了解的"无"的意思是不相同的。王弼认为，"无不可以无明，必因于有"，即"无"作为本体是不能离"有"的；而裴頠则认为"有"（有形世界）是离（抛弃）"无形世界"而存在的。

（2）如果"无不能生有"，那么"有"如何产生呢？裴頠认为，"始生者自生也"，从一开始"有形的世界"（有）就是"自生"的。这说明：第一，一开始"有"就是自生的，从而否定了"有"之外有一个产生"有"的东西。第二，说"有"已始生是"自生"，这意味着"有"（有形世界）还有一个开头。如果要问，这个"有"（有形世界）开头之前如何呢？在《资治通鉴》所引的那段话中可以被理解为存在一个"有无混成"的世界。但这个世界在"有世界"出现之后就无意义了。这样说，裴頠并未深入讨论此问题。第三，"始生"是"自生"的，"始生"之后，就是生生了，即可以是由"此有"（指具体事物）生"彼有"。这里可能留下一个可以追问的问题：那么，那个"始生者"是什么呢？是不是也可能是个与"有"不同的造物主呢？

（3）"自生而必体有"。这是对上面说的可能产生的问题的回答。"自生"一定是以"有"为体，不是以"无"为本体。因此，"自生而必体有"这个命题在裴頠的《崇有论》中非常重要。这和

"以无为本"的命题是相对立的。它说明万物的产生是以其自身的实际存在为本体（或实体），"有"即是其自身存在的根据，除万物自身之外，"无"对"有"的存在是没有意义的。所以裴頠说："自生而必体有，则有遗而生亏矣。生以有为已分，则虚无是有之所谓遗者也。"万物自生是以其实际的存在"有"为体，如果"有"受到损失，那么其生存就缺失了。存在着的事物以"有"为其自身的性分（存在的根据），那么"虚无"不过是"有"消失的状态。接着裴頠说：

> 故养既化之有，非无用之所能全也。理既有之众，非无为之所能循也。心非事也，而制事必由于心，然不可以制事以非事，谓心为无也。匠非器也，而制器必须于匠，然不可以制器以非器，谓匠非有也……由此而观，济有者皆有也，虚无奚益于已有之群生哉！

这段话的意思是说：滋养已生化的万有，不是"无"的作用所能保全的。治理已经存在的众人，不是"无为"所能驯服的。心不是事，但要做事必须靠心，不能因为做事的心不是事本身，就认为心是"无"。这就像工匠不是所做成的器物一样，工匠是制作器物的，不能因为制作器物的工匠不是器物本身，就认为工匠不存在。由此可见，成就"有"的都是"有"，"虚无"哪能对已经存在的众多事物有用呢？这就是说，裴頠认为一切都是客观存在的，无论物理的、心理的、精神的、物质的都是"有"。各种各样的事物是"有"，而做成各种各样事物的"心"也是"有"，在"有形的世界"（有）中的一切都是"有"，"无"是没有意义的。这里也许存在几个问题：①"有"的含义如何？看来，裴頠认为"物"是"有"，"事"是"有"，"心"也是"有"。这就是说，不仅山河大地是"有"，政治人伦、道德教化也是"有"。既然"有"都有其存在的道理，因此不仅山河大地的存在是合理的，一切政治人伦、道德教化也是合理的。这无异于说："一切存在的都是合理的。"但是为什么"一切存在的都是合理的"？裴𫖯没有作出说明，而郭象对这个问题，有他的一种说明。②裴𫖯说："始生者自生也。""始生"是什么意思？是说总天地万物最初产生之时是"自生"，还是指每一个具体事物产生之时都是"自生"，裴𫖯并没说清，看起来，是前面的一种意思。这个问题也由郭象作出了一种说明。③在裴𫖯看来，"物"和"事"都是"有"，这当然是可以的。郭象用"迹"和"所以迹"来区别"事"和"物"，从哲学上可说又前进了一步。因此，我们可以说郭象的"崇有"哲学不仅接着向秀讲，而且也是接着裴𫖯讲。

　　郭象（253—312），字子玄，《晋书》有传，《世说新语》多处记载了郭象的事迹。《晋书·郭象传》谓：象"少有才理，好《老》、《庄》，能清言"。《世说新语·文学》注引《文士传》说：象"慕道好学，托志老、庄，时人咸以为王弼之亚"。可见郭象在魏晋玄学中地位之高，同时也说明王弼是当时人所推崇的玄学主帅。

　　哲学家的哲学思想是以理论思维的形式表达的，而理论思维必定是一系列的概念、范畴（按：范畴是指某一哲学体系的基本概念，如亚里士多德《范畴篇》的十个范畴）构成。因此，通过对某个哲学家的概念、范畴的分析，这样不仅可以看到某个哲学家与哲学史上的其他哲学家前后之间的联系，而且可以使我们比较深入地了解其理论思维的水平和特点。在哲学家的哲学体系中，必然会存在着由其所使用的概念构成的反映其哲学思想的基本命题，这里我们将由对郭象哲学中的主要概念分析入手，以见其哲学思想的基本命题和哲学理论的结构。

　　我们不可能对郭象著作中的全部哲学概念进行分析，这当然也没有必要，只要对他的哲学体系的基本概念作出分析，找出它们之间的逻辑联系，这样郭象的哲学体系也就可以搞清楚了。所谓一个哲学体系的基本概念就是说，用这些概念足以说明这个哲学家哲学体系的构成、特点以及发展的水平。郭象的哲学体系如用一图表来表示大体如图所示：

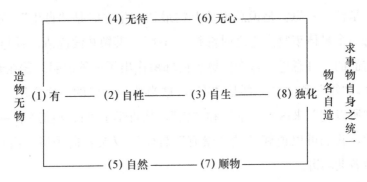

"有"是郭象哲学体系中的最基本概念，是"唯一的存在"，其存在的根据不在自身之外，而即其自身之"自性"。每一事物依其"自性"而存在，必以"自生"、"无待"、"自然"为条件。事物的存在虽是"无待"，但如执著"无待"，则为"有待"，故必"无心"（无所执著），方可"无待"。"自然"因物而然，故应"顺物"，"常无其心而付之自然"。要把"物各有性"（自性）以及事物存在的形式"自生"、"无待"、"自然"等观点坚持到底，则必有"独化"一概念。下面我们将对郭象哲学体系中的上述基本概念作些具体分析。

"有"：郭象把一切事物称为"有"，即所谓"存在着的"都是"有"。他的哲学体系从否定"无"作为"造物主"或万有存在的根据出发，来论证"有"是唯一的存在。他说：

> 非唯无不得化而为有也，有亦不得化而为无矣。是以夫
> 有之为物，虽千变万化，而不得一为无也。不得一为无，故
> 自古无未有之时而常存也。（《知北游》注）

这段话郭象说明了三点：第一，"无"不能生"有"，故"无"不是

一实体；第二，"有"是唯一的存在；第三，"有"的存在是无始无终的，绝对的。对此三点，郭象又从各方面作了论证。

为什么"无"不能生"有"呢？照郭象看，"无"就是"无"（nonexistence，nothing），不存在的东西怎么能产生存在的东西呢？所以他说："无既无矣，则不能生有。"（《齐物论》注）如果"无"能生"有"，那怎么还能说它是"无"呢？因为能生"有"的必然是什么，而不能什么也不是，"若无能为有，何谓无乎"，"一无有则遂无矣。无者遂无，则有自欻生明矣"（《庚桑楚》注）。《庄子·天下》中说关尹、老聃的学说是"建之以常无有，主之以太一"，即认为"有"生于"无有"而以万物之上的"太一"为宗主，但郭象的注却说：

> 夫无有何所能建？建之以常无有，则明有物之自建也。自天地以及群物，皆各自得而已，不兼他饰，斯非主之以太一邪！

显然郭象是否定上述关尹、老聃的观点的，所以郭象认为"无"只是和"有"相对的一个概念，其含义只是"无物"或"不存在"，即"有"的否定，它既不是精神性实体（如造物主），也不是物质性实体（如元气），在郭象的哲学体系中是一存在形式的概念，而非实体概念。

那么"有"为什么是唯一的存在呢？郭象对这个问题采用的是反证法，他提出存在的都是物，所以"万有"是唯一的存在，他说：

> 谁得先物者乎哉？吾以阴阳为先物。而阴阳者，即所谓物耳。谁又先阴阳者乎？吾以自然为先之，而自然，即物之自尔耳。吾以至道为先之矣。而至道者，乃至无也。既以无矣，又奚为先？然则先物者谁乎哉？而犹有物，无已。明物

之自然，非有使然也。（《知北游》注）

所存在的都是"物"，所以"万物"是唯一存在的。"自然"是万物
自然而然存在的状态，它只是说明"万物"自己存在着、变化着，
没有一个东西使它如此存在着、变化着。"道"也并非一实体，而
是"至无"，既然是"无"它就不可能在"有"之先存在，它仅仅
是"物"所以如此运动变化的状态，"物所由而行，故假名曰道"。
由此可见，在郭象的体系中，"有"是最普遍、最一般的概念。

"有"既然是唯一存在着的，那么它的存在就是无始无终的永
恒的存在。郭象说："言天地常存，乃无未有之时"（《知北游》
注），"殊气自有，故能常有。若本无之，而由天赐，则有时而废"
（《则阳》注）。照郭象看，不仅宇宙是"常存"、"常有"，而且每一
个具体的存在物也是"常存"、"常有"的，如他说："夫有不得变
而为无，故一受成形，则化尽无期也"，"化恒新也"，"不以死为
死"（《田子方》注。按：《庄子》原为"吾一受其成形，而不化以
待尽……日夜无隙，而不知其所终"）。这样，郭象就从原来否定
"无生有"的观点走向把具体的事物亦视为永远存在的了。这点要
和他对"生死"的看法联系起来看（详后）。

"自性"：郭象称"性"为"自性"，或为"性命"，这都是说
"此事物之所以为此事物者"。就事物的"自性"说，每一事物都
各自有各自的"性"，而且各自的"性"都有其所能达到的一定限
度，他说："物各有性，性各有极，皆如年知，岂跂尚之所及哉？"
（《逍遥游》注）"小年"如"朝菌不知晦朔"、"蟪蛄不知春秋"，
"大年"如"大椿者，以八千岁为春，八千岁为秋"，这都是他们
"自性"所规定的，不是能希求可以得到的。郭象说：

　　凡所谓天，皆明不为而自然。言自然则自然矣，人安能
　故有此自然哉？自然耳，故曰性。（《山木》注）

这就是说所谓"性"是"自然而然"的，即天然的，天生如此的，

"不知其然而然，非性如何"（《则阳》注）。就这点看，郭象对"性"的看法是有合理因素的，因为任何事物之成为这样或那样不是自己可以选择的，而是"自然而然"如此的。那么每个事物的"性"又是如何呢？

郭象认为，每个事物的"性"都有其具体的内容，比如说马，它的"真性"不仅如庄周所说"龁草饮水，翘足而陆"，而且是要求为人们所骑乘的，"马之真性，非辞鞍而恶乘，但无羡于荣华"（《马蹄》注）。对一般老百姓的"性"，郭象说：其"性之不可去者，衣食也；事之不可废者，耕织也"（同上）。由于每个事物的"性"是天生如此的，不得不然的，因此是不能改变的，所以郭象说：

> 天性所受，各有本分，不可逃，亦不可加。（《养生主》注）
>
> 性各有分，故知者守知以待终，而愚者抱愚以至死。岂有能中易其性者也。（《齐物论》注）
>
> 性之所能，不得不为也；性所不能，不得强为，故圣人唯莫之制则同焉皆得，而不知所以得也。（《外物》注）

"性"是不可改变的，这在一定意义上说也是不错的，动物生而为动物就不能改变其"性"而成为植物，人生而为人也不能改变其"自然本性"而成为其他种类的动物。但问题在于，马的"真性"是否"非辞鞍而恶乘"；是否一般老百姓的"自性"就是"衣食"、"耕织"，而"智者"就是天生的智者，"愚者"就应一辈子处于奴隶的地位？看来，郭象说"物各有性"并不全错，问题在于每个事物的"性"的内容是由郭象规定的，这就是他的所谓"自性"的秘密所在。

郭象不仅认为"性"是不能改变的，而且主张事物都应安于其"自性"所要求；如果能安于性命，那就是"逍遥"（自由）的了，他说：

> 夫以形相对，则大山大于秋豪也。若各据其性分，物冥
> 其极，则形大未为有余，形小不为不足。苟各足于其性，则
> 秋豪不独小其小，而大山不独大其大矣。若以性足为大，则
> 天下之足未有过于秋豪也……苟足于天然而安其性命，故虽
> 天地未足为寿而与我并生，万物未足为异而与我同得。则天
> 地之生又何不并，万物之得又何不一哉！（《齐物论》注）
> 物各顺性则足，足则无求。（《列御寇》注）

郭象提出"自性"这一概念，是为从"物"自身找其存在的根据，但是每一事物的"自性"的内容如何，则由郭象来规定，他把他为事物所规定的"自性"说成是"天然"的，"自然而然"的，因此是不能改变的。如果能"自足其性"，不以"形大为有余，形小为不足"，"物任其性，事称其能，各当其分，逍遥一也，岂容胜负于其间哉"（《逍遥游》注）。如果每个事物都能按照其本性的要求，在他性分允许的范围内活动，都是一样的"自由"，"逍遥一也"。

郭象为建立其"崇有"的思想体系，为把"物各有性"的思想坚持并发挥下去，他提出"自生"、"无待"、"自然"三个概念，这三个概念从不同的方面表明事物存在的形式："自生"表明事物发生的形式，"无待"表明事物存在的无条件性，"自然"表明事物的存在是必然性和偶然性的统一。

"自生"：事物根据其"自性"而存在，而其"自性"只能是"自生"的；如其"自性"不是"自生"的，则是其他事物所给予的，推求下去势必又得承认有造物主或本体之无。所以"自生"这一概念在郭象的哲学体系中非常重要，他在《庄子注》中反复说明这一点。从我们上面所构造的图表中看，"自生"这一概念可以说是郭象哲学体系的中心环节，它把"自性"和"独化"两概

念联系起来。在《庄子序》中提出的郭象注《庄子》的基本思想"上知造物无物，下知有物之自造也"也正好说明这一点。"自生"这一概念在郭象的《庄子注》中大体有三个相互联系的含义："自生"意谓"非他生"，"自生"意谓"非有故"，"自生"意谓"非有因"。

郭象说："欻然自生非有本。"（《庚桑楚》注）这里的"本"是指"根本"，即有"根据"的意思，"欻然"是说忽然发生。万物都是忽然自生的，没有什么使之发生，作为其存在的根据，所以说：

> 无既无矣，则不能生有；有之未生，又不能为生，然则生生者谁哉？块然而自生耳。（《齐物论》注。按：《列子·黄帝》注："向秀曰：块然若土也。"成玄英疏："块然，无情之貌。"）

> 夫有之未生，以何为生乎？故必自有耳，岂有之所能有乎？此所以明有之不能为有，而自有耳，非谓无能为有也。若无能为有，何谓无乎？（《庚桑楚》注）

照郭象看，不仅"无"不能生"有"，而且"有"也不能生"有"，如果此"有"能生彼"有"，此"有"则为彼"有"之根本，这样一来，此"有"则具有造物主的地位了。所以任何事物都只能是"自生"的，而非"他生"的。所以郭象说："上不资于无，下不待于知，突然而自得此生矣。"（《天地》注）"独生而无所资借。"（《知北游》注）"死生出入，皆欻然自尔。"（《庚桑楚》注）事物既不是靠着"无"而存在的，也不是根据其自己主观的要求而生成的，而是不知其所以然而然地自然如此生的，如此存在了。

"自生"必"无故"，这点在郭象思想中同反目的论有关系。郭象说：

> 天不为覆，故能常覆；地不能载，故能常载。使天地而

> 为覆载，则有时而息矣；使舟能沈而为人浮，则有时而没矣。
> 故物为焉，则未足以终其生也。（《德充符》注）

故意做什么就会违背自然之性，而往往行不通，所以他说："无故而自合者，天属也。"（《山木》注）郭象在《庄子注》中常用"自尔"一概念，而"自尔"这一概念往往和"自生"的含义是相同的，如他说"欻然自生"、"欻然自尔"。又如他说"万物皆造于自尔"，"物各自生，而无所生焉"，都是"有物之自造"的意思。郭象说：

> 自尔，故不可知也。
>
> ……
>
> 设问所以自尔之故。
>
> ……
>
> 夫物事之近，或知其故，然寻其原以至乎极，则无故而自尔也。自尔则无所稍问其故也，但当顺之。（《天运》注）

一事物的生生化化似乎可以找到一些近因，可是对这事物生生化化的原因不断地追问下去，就会发现它的存在和变化是根本没有什么原因的。如果人们硬要去追求，只会陷于困惑之中。所以郭象对《齐物论》"若有真宰"一节注说：

> 凡此上事，皆不知其所以然而然，故曰芒也。今夫知者，皆不知所以知而自知矣。

对万物的"自生"是不能去追问它为什么如此的。甚至，郭象更进一步论证说，万物"自生"是"无故"的，不仅是指没有其自身以外的目的；而且也没有其自身内在的目的，"岂有之所能为有乎"，所以"自生耳，非为生也"，也不是"有"有目的生的。就这一点看，郭象反对目的论在中国哲学史上有其一定的意义。

万物"自生"既然是"无故"的，因而也是"无因"的。在郭象的体系中，"因"有两种含义：一是"顺应"的意思，如说"达者，因而不作"，"因其性而任之则治"；另一则是"原因"的意思，如说"不知所以因而自因"，前面的"所以因"的"因"就是"原因"的意思，是说事物的存在是没有"所以因"的。郭象说：

> 天机自尔，坐起无待。无待而独得者，孰知其故，而责其所以哉？（《齐物论》注）

这里的"故"也是"原因"的意思，对事物的存在是不能追求其原因的，它的微妙的变化都是其自身如此的，自然而然的，不需要外在的条件的。为此郭象强调"因"是"自因"，如《齐物论》注："夫达者之因是，岂知因为善而因之哉？不知所以因而自因耳，故谓之道也。"

"无待"："无待"是说事物的存在是无条件的，它的生生化化不需要任何外在力量，不需要等待任何条件而自己存在着、变化着。郭象说：

> 故造物者无主，而物各自造；物各自造，而无所待焉。此天地之正也。（《齐物论》注）

事物存在的正常状态是"无待"的，因为既然没有一个造物主，而它的存在也就不需要其他任何条件了。然而"无待"是不是否定了其他事物的存在呢？照郭象看，那也不一定。列子御风而行，虽"非风则不能行"，但列子"非数数然求之者"，即并非有意去追求它，因此他可以顺万物之性，游变化之途，而能无不成，这就是"无待"。郭象认为，此事物的存在并不是为了另一事物而存在，它的存在就是如此的存在了，所以它不能作为别的事物存在的条件。郭象说：

> 故乘天地之正者，即是顺万物之性也；御六气之辩者，即是游变化之涂也；如斯以往，则何往而有穷哉！所遇斯乘，

又将恶乎待哉！此乃至德之人玄同彼我者之逍遥也。苟有待焉，则虽列子之轻妙，犹不能以无风而行，故必得其所待，然后逍遥耳，而况大鹏乎，夫唯与物冥而循大变者，为能无待而常通，岂自通而已哉！又顺有待者，使不失其所待，所待不失，则同于大通矣。故有待无待，吾所不能齐也；至于各安其性，天机自张，受而不知，则吾所不能殊也。夫无待犹不足以殊有待，况有待者之巨细乎！（《逍遥游》注）

这段话看起来似乎和上面的一段话有些矛盾，其实不然。这里郭象的意思是：第一，本来每一事物都是各有各的"自性"的，其"自性"是"自生"的，没有一个给予者。列子能御风而行，这是列子的本性，无论有风或无风都不影响他的御风而行的本性。因此，列子能御风而行的"本性"并不以"有风"为条件。第二，从列子必待风而行方面看，那么任何事不能"无待"，而都是"有待"的了。第三，因此对"有待"和"无待"去分别它们，只是一种看法。从事物都能"各安其性"，不去追求什么，"不为而自然"，"顺万物之性，游变化之涂"，这难道不就是"无待而常通"吗？第四，如果去追求"无待"，这实际上正是"有待"，因为你期待着去追求，那你的存在正是有条件的。第五，不去分别"有待"、"无待"，而"自足其性"者，才是真正的"无待"。盖任何事物使其性自足是不必求之于外的。郭象在《齐物论》注中有一段论"形"、"影"、"罔两"之间的关系很能说明他的观点，兹录于下：

世或谓罔两待景，景待形，形待造物者。请问：夫造物者，有耶无耶？无也，则胡能造物哉？有也，则不足以物众形。故明众形之自物而后始可与言造物耳。是以涉有物之域，虽复罔两，未有不独化于玄冥者也。故造物者无主，而物各自造，物各自造而无所待焉，此天地之正也。故彼我相因，形景俱生，虽复玄合，而非待也。明斯理也，将使万物各反

所宗于体中而不待乎外，外无所谢而内无所矜，是以诱然皆
生而不知所以生，同焉皆得而不知所以得也。今罔两之因景，
犹云俱生而非待也，则万物虽聚而共成乎天，而皆历然莫不
独见矣。故罔两非景之所制，而景非形之所使，形非无之所
化也，则化与不化，然与不然，从人之与由己，莫不自尔，
吾安识其所以哉？故任而不助，则本末内外，畅然俱得，泯
然无迹。若乃责此近因而忘其自尔，宗物于外，丧主于内，
而爱尚生矣。虽欲推而齐之，然其所尚已存乎胸中，何夷之
得有哉？

事物的存在本来都是自然而然的，并不是此事物由彼事物的存在
而存在，所以无论"罔两"、"景"或是"形"都是独自存在的。如
果要求追问此事物存在的"近因"，则可以无止境地追问下去，这
就会忘掉事物是"自尔"的（"自尔，故不可知也"），这样就会失
掉"自性"，而无所适从了。所以说事物依其自性自生，其存在本
来是无条件的，如有条件则有造物主，故只有承认事物的存在是
无条件的，才可以真正坚持事物的"自性"是"自生"的，它的存
在是"无故"、"无因"的，而"造物者无主"的观点才能站得
住脚。

"自然"：在魏晋玄学中，"自然"这一概念是有种种不同的含
义的，就郭象来说，由于他针对的问题不同而有不同的说法，因
此"自然"在他的著作中的含义至少有五种，而这些不同的含义
又是相互联系的。

第一，天人之所为皆"自然"。在《庄子》书中"自然"往往
是"天然"的意思，如说"常因自然而不益生"。晋王廙《洛都
赋》："不劳煮沃，成之自然。"这里"自然"也是"天然"的意思。
在郭象的著作中，"自然"固然有"天然"的意思，但在某种意义
上他认为"人为"也是"自然"。《庄子·大宗师》中说："知人之

所为，至矣。"庄周是主张要区分天和人之所为的，所以荀子说他
"蔽于天而不知人"。郭象在这里注说："知天、人之所为者，皆自
然也。"这就是说，郭象不仅把"天然"看成"自然"，而且从某种
意义上说"人为"也是"自然"。那么在什么意义上说"人为"也
是"自然"呢？

第二，"自为"是"自然"的表现。王弼说：天地任自然无为，
但从某种意义上说"无为"并不是什么都不做，而把"自为"也
看成是一种"天地任自然，无为无造"。"自然"有"无为"义。郭
象也认为"自然"有"无为"义，他说：

> 天下莫不相与为彼我，而彼我皆欲自为，斯东西之相反
> 也。然彼我相与为唇齿，唇齿者未尝相为，而唇亡则齿寒。
> 故彼之自为，济我之功弘矣，斯相反而不可以相无者也。
> （《秋水》注）

郭象把这种"自为"称为"自然"，即是说自己为自己，不是为别
的东西，所以他又说："所贵圣王者，非贵其能治也，贵其无为而
任物之自为也。"（《在宥》注）"自为"是"无为"的一种表现形
式，是和"有为"不同的，"有为……不能止乎本性，求外无已"。
那么"自为"是根据什么呢？

第三，"任性"即"自然"。王弼说："道不违自然，乃得其性，
法自然者，在方而法方，在圆而法圆，于自然无所违也。"（《老子》
第二十五章注）方的东西是根据方的原则（方的标准）而成为方，
圆的东西是根据圆的标准而成为圆，方得方之性，圆得圆之性，
这就叫"法自然"或"法性"。但在王弼哲学中，这里"自然"概
念指的是抽象的标准，具体事物应该根据抽象标准而成为具体事
物，这就叫"自然"。郭象认为"自为"也是"自然"，但"自为"
是根据什么，是不是任意而为呢，是不是故意而为呢？不是的。
照郭象看，所谓"自为"就是根据事物各自的"自性"而"为"，

这也是"无为"，他说：

> 率性而动，故谓之无为也。（《天道》注）

> 无为者，非拱默之谓也，直各任其自为，则性命安矣。
（《在宥》注）

> 不因其自为而故为之者，命其安在乎？（《秋水》注）

"自然"就是"自然"，没有什么使事物这样或那样。任何事物都
只能"率性而动"，而不能"故为之"，不要使人从己，也不要舍己
从人，"各任其自为，则性命安矣"。

第四，"必然"即"自然"。王弼认为，事物的存在都是有根据
的，其根据就在于有其存在之理，所以他说："物无妄然，必由其
理。"这是说事物存在有其必然性，"无妄"者，"不是没有根据"
之谓也，其根据即在"必然之理"。郭象则认为，事物的存在是根
据各自的"自性"，而"自性"是不可改变的，"天性所受，各有本
分，不可逃，亦不可加"，"岂有能中易其性者"。所以，此事物成
为此事物是为其"自性"规定的，这种为"自性"所规定的情形
叫"命"，即"必然性"，他说：

> 命之所有者，非为也，皆自然耳。（《天运》注）

> 达命之情者，不务命之所无奈何也，全其自然而已。
（《养生主》注）

"知命"者不作"无奈何"的事，这就叫做"自然"。

第五，"偶然"即"自然"。王充在反对天人感应目的论中，接
触到偶然性的问题，他说："夫天地合气，人偶自生也，犹夫妇合
气，子则自生也"，"天地合气，物偶自生矣"（《论衡·物势》），
"天动不欲以生物，而物自生，此则自然也"（《论衡·自然》）。这
里的"偶自生"是说自然巧合而生，是没有什么目的和原因的，
因此王充的"自然"含有偶然性的意思。郭象在这个问题上继承

了王充的思想而又有所发展。他认为，事物据其"自性"而必然
如此地存在着，这是自然而然的，必然如此。但是，这种"自然
而然"地、"必然如此"地存在着又是没有任何原因、没有任何道
理的。或者说，你根本不可能去问它如此存在的原因，因此他讲
的"自然"又有偶然性的意思，他说：

> 物各自然，不知其所以然而然。（《齐物论》注）

就其"不知其所以然"说，"自然"就有偶然性的意思。所以郭象
在说明事物的"自生"时，往往用"突然"、"掘然"、"欻然"等，
都是为了说明事物的存在是没有目的的、说不出原因的。

郭象关于"自然"概念的含义有以上相互联系的五点，其中
最重要的是后面两点，即"自然"既有"必然"又有"偶然"的意
思。必然和偶然本是相对立的概念，但从辩证的观点看必然和偶
然又是相互联系的，是能互相转化的，必然性又往往通过偶然性
而表现。郭象用"自然"一词，既说明"必然"，又说明"偶然"，
正是他认识到"必然"和"偶然"的相互联系：此一事物作为此
一事物而如此地存在着，从一方面说是必然的，"物各有性"；从
另一方面说又是"偶然"的，"忽尔自生"。在郭象的体系中，事物
的存在必须兼有这两方面，缺一方面则非郭象哲学。黑格尔认为，
必然的东西是这样的而不会是那样的，因为它是有原因的，偶然
的东西则相反，它是没有原因的。郭象大概是了解这一点的。甚
至可以说，郭象认识到说事物的存在是由于"自性"，而此事物之
所以有此"性"，则是"欻然自生"、"忽尔自然"，所以必然性是通
过偶然性表现出来的。

郭象在这个问题上还有一点很有辩证意味的看法，即在他的
思想体系中包含着"认识了必然就是自由"的意思。当然郭象的
著作中没有"自由"一词，他用的是"逍遥"一词。郭象认为，事
物虽有不同，但是都能"放于自得之场"，只要做到"物任其性"、

"事称其能"，"各当其分"，则"逍遥一也"。自己根据自己的性分所及，充分地、无限地去实现其"自性"，就是最大的逍遥，就是最自由的。如何才能充分地、无限地实现其"自性"呢？郭象认为，这就要求不把自己限于"一身"去分别自己是"大"还是"小"，因为"大"和"小"只有相对的意义。如果对于那些只具有相对意义的东西能不以为意，不要求一定这样或一定那样，就是"无待"，所以他说：

> 故游于无小无大者，无穷者也；冥乎不死不生者，无极者也。若夫逍遥而系于有方，则虽放之使游而有所穷矣，未能无待也。（《逍遥游》注）

所以"逍遥"（自由）是一种精神，有这种"无大无小"、"无生无死"的认识，就是"无待而逍遥"。"无待而逍遥"，则是"无方"（无方所），或叫"大方"，"踏于大方，不知所以然"。认识了自己，又不执著自己，可以这样，也可以那样，那就是说它有无限的可能性，这就是"踏于大方"（即无方），无所限制，因此这种"踏于大方"的境界含有偶然性的意思。所以郭象的"认识了必然就是自由"，其必然性是在无限的可能性中实现的，因此也就是说它是纯偶然的，碰上的。而其所谓"逍遥"当然也只能是一种主观的精神境界。

郭象关于"自然"的观念，在南北朝有很大影响，不少反对佛教因果报应说的人都利用这种关于"自然"的观念。例如，范缜说：

> 人生如树花同发，随风而堕，自有拂帘幌坠于茵席之上，自有关篱墙落于粪溷之中。坠茵席者，殿下是也。落粪溷者，下官是也。贵贱虽复殊途，因果竟在何处？（《南史·范缜传》）

他认为，为什么有的人富贵，有的人贫贱，并没有什么必然性可寻。你萧子良碰巧落在编花席上，就富贵了，而我范缜落在粪坑里，就贫贱了。但范缜关于"自然"的全面了解，似乎也含有必然性和偶然性相联系的观点，如他说：

> 若陶甄禀于自然，森罗均于独化，忽焉自有，恍尔而无；来也不御，去也不追，乘夫天理，各安其性。（《神灭论》）

就"自然"说，一方面是"不可知其然"的，"忽焉自有，恍尔而无"，但另一方面是根据"天理"的，各有其性。所以"自然"也是必然和偶然的统一。

后来朱世卿著《性法自然论》也是继承着郭象、范缜而发展的，他一方面说：

> 荣落死生，自然定分。（《广弘明集》卷二十五）

另一方面又说：

> 动静者莫有识其主，生灭者不自晓其根，盖自然之理著矣。所谓非自然者，乃大自然也。（同上）
>
> 譬如温风转华，寒飙扬雪，有委溲粪之下，有累玉阶之上。风飙无心于厚薄，而华霰有秽净之殊途；天道无心于爱憎，而性命有穷通之异术。（同上）

这些都有必然性寄寓于偶然性之中的意思。

"无心"和"顺物"（顺有）：郭象的"无待"概念中包含着一个问题，从任何事物的"自性"都是"自生"的方面看，它存在的根据只在其自身，因此是"无待"的；但从任何事物的"自性"所表现出的情况方面看，似乎又是"有待"的。如何解决这个矛盾呢？郭象认为，这种矛盾的出现全是由于自己主观的因素引起的，如果任其自性，随遇而安，而能无所不成，则是"无待"。因此，对任何事物说，达到"无待"必然以"无心"为条件。郭象的"自然"概念也包含着一个问题，它既有"无为"又有"自为"（特定的"为"）的意思。那么这两方面如何统一呢？郭象认为，这本来是事物自身的矛盾，只能从事物自身方面去解决，因此必须"顺物"（顺有）。这样一来，本来是讨论事物存在的问题，却成了人们如何对待事物存在的问题。郭象说："至人无心而应物，唯变所适。"（《外物》注）又说："神人者，无心而顺物者也"，"夫无心而任化乃群圣之所游处"（《知北游》注）。这都是说圣人或至人对待事物应有的态度。采取这样的态度对待事物，虽属主观方面，但是因为任何事物都是依其"自性"而生生化化，对它们只能"因"，只能"顺"，而不能有所作为，"无心于物，故不夺物宜"，"无心而任乎自化者应为帝王"（《应帝王》注）。

"独化"：如果说"有"是郭象哲学体系中最普遍的概念，那么"独化"则是他的哲学体系中的最高范畴。上述诸概念最终都是为了证成"独化"这个范畴的。所谓"独化"，从事物存在方面说，是说任何事物都是独立自足的生生化化，而且此独立自足的生生化化是绝对的，无条件的。郭象的这个观点是由"自生"、"无待"、"自然"三个方面引申出来的。

从"自生"方面，郭象说：

> 凡得之者，外不资于道，内不由于己，掘然自得而独化也。夫生之难也，犹独化而自得之矣。既得其生，又何患于生之不得而为之哉？故夫为生果不足以全生，以其生之不由于己为也，而为之则伤其真生也。（《大宗师》注）

"凡得之者"云云是说凡得自性而为生者，从外面说不是由于"道"所给予的，从自身说也不是自己所能求得的，而且没有什么原因突然自己得以如此独立自足地存在着。"自得"是说"道"不能使之得而自得为生（"自生"）。既然是"自得""生"，那就根本用不着自己去考虑自身的存在而去追求之。"自得为生"，则任何事物都应是独立自足的，如果不是独立自足的，那或是"外资于道"，或是"内由于己"之为，这样就要否定"自生"了。

从"无待"方面，郭象说：

> 若责其所待，而寻其所由，则寻责无极，卒至于无待，
> 而独化之理明矣。（《齐物论》注）

又说：

> 推而极之，则今之所谓有待者，卒至于无待，而独化之
> 理彰矣。（《寓言》注）

事物就其表面上看似乎是"有待"，因为它们各有各的"自性"，都是相对的，但从能"自足其性"说，则都可以是"无待"的。而"性"既不是由外面所给予，也不是由自己主观求得，而是其自身所具有的。因此，对于事物存在的原因表面上看可以一层一层地追求下去，但追求到最后就可以看到"似有待而实无待"。如果人们要追问事物存在的原因和根据，那你尽管无穷地追问下去，最后得到的结果只能是"无待"。由于刨根问底，到最后所得的结果只能是"无待"，所以"无待"就是绝对的，任何事物的存在都是独立自足的。

事物的存在从一个方面说是必然的，从另一方面说又是偶然的，这两方面统一起来就是"自然"。郭象说：

> 卓尔，独化之谓也。夫相因之功，莫若独化之至也。故
> 人之所因者天也，天之所生者独化也。人皆以天为父，故昼
> 夜之变，寒暑之节，犹不敢恶，随天安之，况乎卓尔独化至
> 于玄冥之境，又安得而不任之哉？既任之，则死生变化，唯
> 命之从也。（《大宗师》注）

这里的所谓"天"是"天然"的意思，即"自然"，郭象说："天者，自然之谓也。"人的存在和活动都是顺乎自然的，而这种顺乎自然正表现了人的独立自足的生生化化。人的存在与活动既然是

以其自身的生生化化为根据，那么人就可以在昼夜、寒暑等变化之中，顺乎自然而不受外在的东西所影响，何况能卓尔独化于玄冥之境的圣人又哪能不任其自化呢？既然是任其自化，这也就是他自己命中之事了。这就是说，表面上看来，任何人，包括独化于玄冥之境的圣人，其存在与活动都是命定的，必须"安命"，所以郭象说："夫安于命者，无往而非逍遥矣。"（《秋水》注）这就是说，"安命"才可以真正的"逍遥"。盖任何事物只要在其性分允许的范围之内，都可以"放于自得之场"，无往而不逍遥，又是可以自由的，苟"得其所，则物皆逍遥也"。

任何事物都是独立自足地存在着、活动着，这样就必须是此事物独立自足地存在着的同时也得让别的事物独立自足地存在着，这样就有一个如何对待别的事物的关系问题。但是，从郭象的思想体系看，他认为每一事物都是一独立自足的存在，没有和其他事物发生关系的问题，这个矛盾如何解决呢？照郭象看，正因为每一事物都是一独立自足的存在，那么如有一事物不能独立自足地存在，别的事物也就不能独立自足地存在，所以在事物之间，此一事物的"独化"必是彼一事物存在的条件，彼一事物的"独化"也必是此一事物存在的条件，"相因之功，莫若独化之至"。因此，事物之间相互为因（条件）的功用，与顺应事物自身的独立自足的生生化化相比是没有意义的，每个事物的"独化"对其他事物才有意义。

如果说"崇有"是郭象哲学的起点，那么"独化"则是他的哲学的终点。他的哲学从反对有一本体之"无"或造物主，而只承认"有"是唯一的存在开始，到把一个个的事物都绝对化为独立自足的神秘的自在之物为止，这中间相当丰富地运用了思辨哲学特有的方法，在分析事物的种种矛盾中建立了他的哲学体系。上面我们分析了他的哲学范畴体系的逻辑结构，揭示其间的内在联系，这样就可以对郭象哲学的特点和发展水平有一系统的了解了。

郭象的哲学体系有两个相互联系的方面，前面所讨论的是其"上知造物无物，下知有物之自造也"，下面将讨论他的"明内圣外王之道"的思想。"内圣外王之道"初见于《庄子·天下》，而后儒道两家亦多有论者。郭象欲排除在于现实世界之外的造物主，其目的还在于调和"自然"与"名教"，而合"内圣"与"外王"为一。《外物》注中说："神人即圣人也，圣言其外，神言其内也。"《逍遥游》注谓："夫神人，即今所谓圣人也。"就此可知，《外物》注中所谓的"圣人"实指"外王"，而"神人"则指"内圣"，且"内圣"即可以是"外王"，并非为二。郭象合"内圣"与"外王"为一，其论证见于《大宗师》注。郭象注《庄子》"孔子曰：彼游方之外者也，而丘游方之内者也"一段说：

> 夫理有至极，外内相冥。未有极游外之致而不冥于内者也，未有能冥于内而不游于外者也。故圣人常游外以宏内，无心以顺有。故虽终日挥形而神气无变，俯仰万机而淡然自若。夫见形而不及神者，天下之常累也。是故睹其与群物并行，则莫能谓之遗物而离人矣。睹其体化而应务，则莫能谓之坐忘而自得矣。岂直谓圣人不然哉！乃必谓至理之无此。是故庄子将明流统之所宗，以释天下之可悟，若直就称仲尼之如此，或者将据所见以排之，故超圣人之内迹，而寄方外于数子，宜忘其所寄以寻述作之大意，则夫游外宏内之道，坦然自明，而庄子之书，故是超俗盖世之谈矣。

郭象的这段注可以说是了解其"内圣外王之道"的关键，分析起来可注意者或有四点：

（1）郭象认为，在所有的道理中有最根本的道理，这就是"内圣"与"外王"是相合一的，因为没有最高明的游于外而不冥于内者，也没有最高明的冥于内而不游于外者。这就是说"极高明"而必能"道中庸"，"道中庸"亦必能"极高明"。

（2）圣人之所以能"常游外以宏内"，关键在于"无心以顺有"，故《应帝王》解题谓"夫无心而任乎自化者应为帝王也"。《逍遥游》注"至人无己"谓："无己而顺物，顺物而王矣。"《人间世》注中说："神人者，无心而顺物者也。"据此可知，能"无心而顺物者"是能为"圣人"，也是能为"帝王"者。

（3）"无心以顺有"，即谓"无措于心"而"顺物自然之性"。圣王生活于现实社会之中必遇到种种事情，如遇事而"有心"（有意去做什么），那么必为"物"累，而不得"逍遥游放"，如"无心"，那么就可以"虽终日挥形而神气无变"，"俯仰万机而淡然自若"了。"无心"则能"顺物"，《齐物论》注中说："无心而无不顺。"盖因"物各有性"，圣人对"物性"是不能做什么，也不必做什么，只能让每个事物都顺其自然之性，故《达生》注中说："各任性分之适而至矣。"如果每个事物都能按照其性分的要求生生化化那是最美妙的，这是因为："性之所能，不得不为也，性之不能，不得强为也。故圣人唯莫之制，则同焉皆得，而不知所以得也。"（《外物》注）所以郭象说："神人无用于物，而物各得自用，归功名于群才与物冥而无迹，故免人间之害，处常美之实。"

（4）一般人看到圣人"终日挥形"、"俯仰万机"，就认为"圣人"不能"遗物而离人"，不能"坐忘而自得"，这是因为他们只见其形，而未睹其神，这正是为一般俗人的见解所累，而不了解"外内相冥"的最高道理。至于郭象用"寄言出意"的方法解释《庄子》，在《郭象的哲学方法》一章中详论，于此从略。

就以上所论，郭象的目的正是在于合"内圣"与"外王"为一，以消除"自然"与"名教"之分离，以证"出世间""即世间"之理。关于这种"合内外"的思想在郭象的《大宗师》注中尚有

多处，如说："夫游外者依内，离人者合俗，故有天下者无以天下
为也。是以遗物而后能入群，坐忘而后能应务，愈遗之愈得之。"
"夫与内冥者，游于外也。独能游外以冥内，任万物之自然，使天
性各足而帝王道成，斯乃畸于人而侔于天也。""夫知礼意者，必
游外以经内，守母以存子，称情而直往也。若乃矜乎名声，牵乎
形制，则孝不任诚，慈不任实，父子兄弟怀情相欺，岂礼之大意
哉！"以上郭象《大宗师》注所论，就其内容言，其一方面强调
"游外"者才可以"冥内"，离人群者才是真正的"合俗"，坐忘者
才能"应物"，如果不忘掉世俗的一切，那不过是俗中之一物，而
不能应物而无累于物，非"体玄识远"者。另一方面又提出"游
外以经内"，"守母以存子"，而要求"至德之人"照自己本性的要
求去做，不要为"名声"和"政事"（刑制）所限制，这样才是真
正的"礼乐复乎己能，忠信发乎天光"（《庄子序》），而能"畸于人
（事）而侔于天（道）也"。在这里郭象无非是反复论证"不废名教
而任自然"之意，此乃其"内圣外王之道"的要点。就其方法而
论，郭象多运用"否定之否定的方法"，即用"否定达到肯定"。
"离人"为否定，而恰恰可以达到"合俗"的肯定；"遗物"为否
定，而恰恰得以"人群"，所以"夫与内冥者，游于外也"。这种
"用否定达到肯定"的方法，可以把看起来相对的两个方面调和起
来合而为一。"名教"与"自然"是相对的两个方面，然而愈是任
万物自然之性，则愈是能成就帝王之道。关于"否定方法"的意
义详见于《郭象的哲学方法》一章。如果说《应帝王》之解题欲
说明"内圣外王之道"在于"无心而任乎自化者应为帝王也"，那
么上引《大宗师》的注，则在论证内外合一之方，而"大宗师"
者，帝王之师也。故《大宗师》的解题说："虽天地之大，万物之
富，其所宗而师者，无心也。"

　　"圣人"是否可学可致为魏晋南北朝时期讨论的一个重要问

题，王弼首论"圣人"不可学不可致。何晏以为圣人无喜怒哀乐之情，钟会等人又发挥了他的这一思想，而王弼却不赞成何晏的观点，他以为"圣人茂于人者神明也，同于人者五情也。神明茂，故能体冲和以通无；五情同，故不能无哀乐以应物……今以其无累，便谓不复应物，失之多矣"（何劭《王弼传》）。照王弼看，因"情"乃人之"自然之性"，"自然之性"怎么能去掉呢？但圣人可以做到"动不违理"，"应物而无累于物"。为什么圣人可以做到"应物而无累于物"，而一般人做不到呢？这是因为圣人"茂于人者神明"的缘故。"圣人茂于人者神明"的意思是说，圣人"智慧自备"，"自然已足"。所谓"自备"，非学所得，非求而致也，故"圣人天成"。而嵇康《养生论》亦谓："神仙禀之自然，非积学所致。"郭象虽"崇有"，虽反对"贵无"，但在圣人的学致问题上却与王弼同。《徐无鬼》注中说："圣人之形，不异于凡人，故耳目之用衰也。至于精神，则始终常全耳。"郭象认为，就人之所以为人，在形体上，圣人和一般人是没有什么不同的，但在"精神"上则和一般人完全不同。所以在《逍遥游》注中说，神人和一般人都一样"俱食五谷"，但神人之所以为神人，"非五谷所为，而特禀自然之妙气"。盖因人与人所禀受不同，即其所具有的"性分"不同，"若天之自高，地之自卑，首自在上，足自居下，岂有递哉"（《齐物论》注）。"性分"是不能改变的。故《德充符》注中说："人之生也，非情（按：此谓故意追求）之所生也……有情于离旷而弗能也，然离旷以无情而聪明矣。有情以为圣贤而弗能也，然贤圣以无情而贤圣也。"离娄之明、师旷之聪，是天生的聪明，皆在其性分之内，不待外求，圣贤自为圣贤，故不可学致，"故学者不至，至者不学"（《庚桑楚》注）。

　　郭象为进一步论证圣人"特禀自然之妙气"，提出学"圣人"只能是"学圣人之迹"。《胠箧》注中说："法圣人者，法其迹耳。

夫迹者，已去之物，非应变之具也。奚足尚而执之哉！执成迹以御乎无方，无方至而迹滞矣。"效法圣人只能是学他所表现出来的有迹可寻的种种形式。而圣人的那些活动的可寻之迹，是已时过境迁的活动，和效法者所处的时事毫不相干了，而成为无用的东西。我们知道，在中国传统哲学中把存在着的东西叫做"事物"，但"事"和"物"并不是一回事，"物"往往指存在着的东西本身，而"事"则常指物的活动（主要是指人的活动）。郭象分别"迹"和"所以迹"，可以说看到了"事"和"物"的区别，或者说看到了看得见的"活动"（痕迹）和看不见的"本性"（内在本质）的分别。照郭象看，所谓"迹"是指事物（或圣人）活动留下来的痕迹，"诗礼者，先王之陈迹也"（《外物》注）。所谓"所以迹"是指事物（或圣人）自身之"自性"，"所以迹者，真性也"（《天运》注）。"真性"即指此事物之所以为此事物者。此马之真性可日行千里，这是他的"所以迹"；此马日行了千里，这是它的"迹"。"迹"和"所以迹"都是此事物的，不过一是此事物活动留下的"痕迹"，一是此事物之"自性"。有某种"自性"的事物，如果它活动了，则有其活动留下的"痕迹"。对于一事物说，它存在的根据是它的"自性"即"所以迹"，而人们对其"自性"（"所以迹"）是无法认识的，所能认识到的只能是某事物活动所留下的"迹"。

郭象为什么要提出"迹"和"所以迹"的问题？或有多重意义：

（1）郭象看到了事物本身和事物活动所留下的痕迹的区别。如果把"迹"看成是事物本身而不是事物活动留下的痕迹，那么很可能得出有"造物主"或"本体之无"的结论。如果"迹"是事物本身，那么谁使它如此而不如彼呢？而把事物活动留下的"迹"和事物本身看成是有区别的，"所以迹"是事物自身，是一个一个以"自性"为根据的单独存在物，这样造物主或本体之无就成为不必要的了。当然，说事物自身是其自身的造物主亦无不可。可是，郭象认为"物各有性"，那无非是说每个事物自己就是自己的造物主，世界上有千千万万个只能造自己的造物主，这样也就否定了有一个唯一的统一的造物主了。而所谓"自己是自己的造物主"也就是郭象"造物无主"、"物各自造"的意思。"迹"是事物活动留下的痕迹，不是事物自身，因此它不是"实体"；"所以迹"是事物的自身，它是唯一存在着（或曾经存在着）的"实体"。因此，照郭象看来，区分了"迹"和"所以迹"可以更好地坚持"有"是唯一的存在。如果把"迹"和"所以迹"看成相对的存在，或两种不同的"实体"，这不是郭象的意思。郭象认为，如果把"迹"和"所以迹"看成两种不同的"实体"，不如对"迹"和"所以迹"双忘，《大宗师》注说："既忘其迹，又忘其所以迹者，内不觉其一身，外不识有天地，然后旷然与变化为体，而无不通也。"本来人就不能把自身作为认识的对象，同样如果去把外在的世界作为认识的对象而加以执著，那么就是把"迹"当做"所以迹"了，这是毫无意义的，因此不如双忘，随时而迁，故《齐物论》注中说："唯大圣无执，故苂然直往，而与变化为一，一变化而常游于独者也。""苂然"，无所执而直往之貌。不仅"迹"是过去的东西，是"陈迹"，不应去执著；而且"所以迹"又是无迹可寻的，是"无迹"，也是无法执著的，人们只能随遇而安，无著无执，故可无往而不通了。《让王》注谓："……曰：许由之弊，使人饰让以求进，遂至乎呤也。伯夷之风，使暴虐之君得肆其毒，而莫之敢亢也。伊、吕之弊，使天下贪冒之雄，敢行篡逆。唯圣人无迹，故无弊也……夫圣人因物之自行，故无迹。然则所谓圣者，我本无迹，故物得其迹，迹得而强名圣，则圣者乃无迹之名也。"圣人无迹，故不可学致也。

（2）相对地说人们的认识只能认识事物之"迹"，即认识其他事物活动的痕迹，而不能认识其他事物的"所以迹"，也就是说不能认识其他事物的"自性"。如果不去区分"迹"和"所以迹"，那么就是说人们也可以认识其他事物的"自性"，这样就把别的事物作为认识的对象了。但照郭象看，每一事物都是一独立自足的存在，它不能作为认识的对象，故《齐物论》注中说："今夫知者，皆不知所以知而自知矣，生者不知所以生而自生矣。万物虽异，至于生不由知，则未有不同者也，故天下莫不芒也。"甚至圣人对其他事物也只能"无心而任乎自化"。人们在认识上发生错误，正是把"迹"当成了"所以迹"。本来"迹"只是某事物过去活动留下来的痕迹，就去效法，要做圣人，可是所追求和效法的只是圣人之"迹"。而圣人之"迹"只是圣人所在时的所作所为，但它已经变为"陈迹"了，万万不可以用它作为"应变之具"。无圣人之性而去效法、追求圣人之迹，岂不要失去原有的本性，越追求就越错误吗？所以郭象说："所以迹者，无迹也。"（《应帝王》注）事物的"自性"是无迹可寻的。从这点看，郭象的"所以迹"和康德的"物自体"颇为相似，"所以迹"是不可认识的"自在之物"。

（3）郭象提出"迹"和"所以迹"这个问题的目的是要求人们安于其"自性"。任何事物的存在都是由于其"自性"所规定的，而"自性"又是自身所固有，不是谁给予的，因此就不能怨天尤人。每个事物由其"自性"所决定而只能有某种活动，帝王可以"戴黄屋，佩玉玺"，可以"终日挥形而神气无变"，老百姓只能"耕织"，"守愚以待终"。老百姓如果去追求"戴黄屋，佩玉玺"，那就是想效法帝王，然而老百姓并不是帝王，无帝王之性而要去做帝王所做的事，这不仅追求不到，反而会丧失自己的本性。照郭象看，社会混乱就是由一些人违背自己本性去追求他不应追求的所造成的，所以他说："天性所受，各有本分，不可逃，亦不可加。"（《养生主》注）要使社会安定就是要使各个事物顺其本性发展，"物各顺性则足，足则无求"（《列御寇》注）。

郭象的这一"内圣外王之道"的理论，照我看需要有两个前提：一是他必须论证他所构造的社会蓝图的合理性；二是他必须说明圣王之所以必有之必要性。对后一问题郭象作了说明，《人间世》注中说："千人聚，不以一人为主，不乱则散，故多贤不可以多君，无贤不可以无君，此天人之道，必至之宜。"郭象认为，在社会生活中必须有一统治者（君主），如果没有一个统治者，社会或者解体，或者混乱，而且这是宇宙人生的根本道理。然而他的这一社会必以一人为主的道理，和他的"独化"理论会发生矛盾。照郭象的"独化"理论看，每个事物都是按照其"自性"独立自足地生生化化的，其他事物对它不应发生什么影响，因此一人为主的统治者是没有必要的。当然，郭象可以说，他所说的"统治者"（帝王）正是对其他事物的生生化化不加干涉的统治者，他是"以不治治之"者，是"无心而任乎自化"者。如果这样，"帝王"（君主）就成为可有可无的了，或者我们把郭象这种"帝王观"叫做"虚君论"。这种"虚君论"和当时鲍敬言的"无君论"是两种不同的政治思想。鲍敬言认为可以"无君"，而郭象认为"不可以无君"，但君主可以"无心而顺物"。

郭象的这种分"臣民"（多）与"君主"（一）的观点是否有其合理性，郭象又是如何论证其合理性，这就涉及他所构造的理想社会的蓝图了。《齐物论》注中说："夫时之所贤者为君，才不应世者为臣，若天之自高，地之自卑，首自在上，足自居下，岂有递哉！虽无错于当，而必自当也。"郭象用自然现象比附社会的人群关系，说不上是有力的论证，但它毕竟是当时等级森严的阶级社会的写照。在当时的情况下这种等级关系是不能改变的，它是当然之理。《秋水》注说："小大之辨，各有阶级，不可相跂。"郭象为进一步说明他的合理社会的蓝图，用"公私之辩"加以论证，他说："夫臣妾但各当其分耳，未为不足以相治也。相治者，若手足、耳目、四肢、百体，各有所司，而更相御用也。"各个等级的人都是有其相当的名分，并没有谁治谁的问题，而是一种相互的关系，就像一个人的耳目等各有各的职能那样而互相配合。照郭象看，如果社会上的各个等级的人能各安其位，并不是谁为谁而存在，那么这样的社会就是合理的社会。这个观点和他的"相因之功，莫若独化之至"相一致。在什么等级安于什么等级之位，尽伦尽职，这就是"公"，反之就是"私"。所以他说："若皆私之，则志过其分，上下相冒，而莫为臣妾矣。臣妾之才而不安臣妾之任，则失矣。故知君臣上下，手足外内，乃天理自然，岂真人之所为哉！"（《齐物论》注）一个人在什么样的地位全由其所禀受的"自性"所决定的，"自性"是天然如此不能改变，因此其社会地位也是不可改变的，这是"天理自然"。如果企图改变已定的社会地位，那就是"私"，这不仅做不到，而且会使自己陷入困境。《逍遥游》注中说："故理有至分，物有定极，各足称事，其济一也。若乃失乎忘生之主，而营生于至当之外，事不任力，动不称情，则虽垂天之翼，不能无穷，决起之飞不能无困矣。"任何事物受它性分所决定，他所能活动的范围都是有极限的，越过其性分所允许的范围，必然失败。"自性"决定着事物活动的范围，决定着其社会等级地位，同时又以是否安于"自性"作为"公"与"私"的价值标准，而且在"适性"上又都可以叫做"逍遥"，故《逍遥游》的解题说："夫大小虽殊，而放于自得之场，则物任其性，事称其能，各当其分，逍遥一也。岂容胜负于其间哉！"郭象的"合理"的社会蓝图难道不正是当时等级社会的摹写吗？在魏晋世家大族统治的等级社会中，那个集团一方面希望各个等级的人都只能按照他们的等级地位（即郭象所规定的"自性"）活动，另一方面世家大族本身的社会地位使他们可以"戴黄屋，佩玉玺"，可以"终

日挥形而神气无变"，可以这样也可以那样，"无往而不为天下
君"，他们的"逍遥放达"的范围是很广大的，甚至可以说是无限
制的。一般老百姓名义上也可以"逍遥放达"，但其实他们"自
由"的范围是很小的。郭象的哲学，以"游外以宏内"取代了"越
名教而任自然"；又用"无心而任乎自化者应为帝王"取代了"名
教中自有乐地"。就前者说，可以避免使世家大族等级制度遭受破
坏的危险；就后者说，又可以摆出超然物外不为世事所累的姿态。
郭象依据当时世家大族统治的社会勾画出一幅"合理"的社会蓝
图，这就是说他认为的"现实的就是合理的"。现实社会的存在自
然有其存在的理由，就这方面说"现实的"确有其"合理性"。但
是，对"现实存在着的"给予价值判断，如果从历史作为一发展
过程的观点看，"现实存在着的"并不具有天然的"合理性"。"现
实存在着的"总是某种"合理性"和"不合理性"的统一，而且必
定会由其具有某种"合理性"走向全然的"不合理性"。因此，批
判哲学的批判功能是最可贵的人类精神。

二、东晋时期的玄学

张湛约生于 370 年前后，卒年不详。著有《列子注》，陶弘景
的《养性延命录》中提到张湛的《养性集叙》，并说是书之"养生
大要：一曰啬神；二曰爱气；三曰养形；四曰导引；五曰言语；六
曰饮食；七曰房室；八曰反俗；九曰医药；十曰禁忌。过此已往，
义可略焉"。在《养性延命录序》中说："余因止观微暇，聊复披览
《养生要集》，其集乃钱彦、张湛、道林之徒，翟平、黄山之辈，咸
是好事英奇，志在宝育。或鸠集仙经真人寿考之规，或采摭彭祖、
李聃长龄之术，上自农黄以来，下及魏晋之际，但有益于养生及
招损于后患。诸本先皆记录。今略取要法，删弃繁芜，类聚篇题，

分为上下两卷，卷有三篇，号为《养性延命录》。"可知，张湛对养生颇有研究。

张湛为东晋时人，此时佛教传入已久，道教也已渐成一颇有势力的宗教，社会风气有了很大变化，据《世说新语》可知当时对个人"生死"问题更为关注，张湛当然不能不受到影响。故在《列子注》中可见佛道二教之影响，据季羡林先生考证，《汤问》"偃师之巧"的故事和西晋竺法护所译的《生经》卷三里的一个故事"内容几乎完全相同"，因而说明这一故事是"《列子》抄袭佛典恐怕也就没有什么疑问了"①。注中又颇有"养生延年"之论，或亦受道教之影响。兹不详论。张湛在王弼、郭象之后，故其注《列子》不得不受魏晋玄学"贵无"、"崇有"这两大思想之影响，可以看出张湛企图调和上述两派之学说，并杂有汉朝以来的"气论"学说（这或与张湛注意养生有关），但一种学说要求调和多种学说往往会使其自身学说陷入矛盾之中。张湛的思想就是一例。

魏晋人注书，其宗旨大意往往在"序"和"篇目注"中表现得最清楚。"序"为述全书大意，故如欲了解全书思想宗旨，必细读其"序"；"篇目注"为述全篇之大意，列举大纲，而发挥其思想。故研究张湛《列子注》的思想，似可从此入手。

张湛注《列子》的根本思想在其"序"中表现为两个基本命题：一是"群有以至虚为宗"，二是"万品以终灭为验"。张湛认为"群有以至虚为宗"，"群有"的生生化化是以不生不化的"至虚"（至无）为其存在、变化的宗主，实际上认为在万物背后有一超现实的造物主。郭象哲学要解决的现实问题是如何调和"自然"与"名教"，以维护现存的世家大族的统治，而张湛哲学则是要解决个人生死以求解脱的问题，即所谓"万品以终灭为验"，"神惠以

---

① 《〈列子〉与佛典》，见《中印文化关系论丛》，北京，人民出版社，1957。

凝寂常全"，这种企图超生死的人生观正是适应东晋当权的世家大族的需要。

《列子》一书是否为张湛所作尚无定论，但由他编定和加工则毫无疑问，而"注"为张湛所作。这本书虽不免有矛盾之处，但张湛的注则认为该书八篇的思想是一贯的。据他的"篇目注"并参照各篇中注的内容，则可知：第一篇《天瑞》说"存亡变化，自然之符"，"群有"有生有化，而"本无"不生不化；第二篇《黄帝》说顺生死，顺性命之道者，应理处顺，则所适常通，"任情背道，则遇物斯滞"；第三篇《周穆王》说无变化，"生灭之理均，觉梦之途一"，"神之所交谓之梦，形之所接谓之觉。原其极也，同归虚伪"；第四篇《仲尼》、第五篇《汤问》说玄照，超生死须借智慧，"夫智之所限知，莫若其所不知"，而"真智"为"无智"，无智之智则寂然玄照，无所根滞；第六篇《力命》说知命，"命者必然之期，素定之分也"，"死生之分，修短之期，咸定于无为，天理之所制"，第七篇《杨朱》说达生，"夫生者，一气之暂聚"，"暂聚者终散"而归虚，故当纵情肆性，而不求余名于后世，此达乎生生之极者；第八篇《说符》说变通，"事故无方"，圣人"倚伏变通"，"心乘于理，检情摄念，泊然凝定者，岂万物动之所能乱者乎!"从这八篇"篇目注"所包含的思想看，张湛是围绕着生死问题来注《列子》的。所以在《杨朱》于"太古之人知生之暂来，知死之暂往"一段注说："此书大旨，自以为存亡往复，形气转续，生死变化，未始绝灭也。"要"超生死，得解脱"，就不能从有存亡变化的"群有"自身方面去解决，而必须从不生不灭的至虚之"无"方面去看待。因而，为了解决生死、解脱等问题，就得承认超自然的"无"是"群有"的生化之本，而"群有"之生生化化又是一气之聚散，至虚之"无"乃无存亡变化。所以《列子序》所讲的两个根本问题之间的相互联系，又可以从八篇的"篇目注"得到证实。此段于前面介绍《列子注》时已有，为方便讨论张湛思想再重复于此。

张湛的哲学虽也是为门阀世族服务的，但是由于东晋时代社会矛盾出现了新的情况，因而"生死问题"始成为他们要解决的中心课题。张湛虚构了一个超现实的世界"至虚"，用它作为现实世界存在的根据，并把认识"群有以至虚为宗"看成是人们解决"生死问题"、达到解脱的办法。"至虚"这个超现实的世界是人们所追求的最后归宿。第一，张湛认为现实世界中的事物的存在是暂时的、相对的，只有超现实的"至虚"才是永恒的、绝对的，因而千变万化、生生灭灭的"群有"从根本上说都要回到"至虚"，此名"反本"，"出无入有，散有反无"。第二，"群有"有始终、生灭、聚散，而"至虚"则无始终、生灭、聚散，他说："生于此者或死于彼，死于彼者或生于此，而形生之主，未尝暂无。是以圣人知生不常存，死不永灭，一气之变，所适万形。万形万化，而不化者存。"（《天瑞》注）"元气"无形无象，所适万形，故为生化之本。所谓"元气"者实即"至虚"（或曰"太虚"）之别名。既然具体的事物都是暂时的，而"至虚"之本体是永恒的，如果有此认识，那就可以超出生死的限制，而达到解脱，盖"俱涉变化之涂，则予生而彼死，推之至极之域，则理既无生，亦又无死也"（同上）。圣人能明白生死的来源去向，因而对生死是没有什么欢戚的。而一般人不明白这个道理，有所执著，有所分别，这就是"私其身"。人们的迷惑都是由于"私其身"引起的，而一旦能不"私其身"，认识到"神惠以凝寂常全，想念以著物自丧"，则可"超生死，得解脱"了。第三，得到解脱的圣人是"乘理而无心"者。所谓"无心"亦即不执著什么，因为"不执著什么"才可以"无东西而非已"，"常与万物游"。这样的"圣人"也就是"至人"，具有各种各样的神通，张湛说："至于至人，心与元气玄合，体与阴阳冥谐，方圆不当于一象，温凉不值于一器，神定气和，所乘皆顺，则五物不能逆，寒暑不能伤。谓含德之厚，和之至也，故常无死地，岂用心去就而复全哉？蹈水火，乘云雾，履高危，入甲兵，未足怪也。"（《黄帝》注）这里，张湛所描写的"至人"真的成了所谓"神人"了。

如果我们把张湛与郭象的思想加以比较，不仅可以看出他们所要解决的问题不同，而且也可以看出他受王弼思想的影响，而更近"贵无"派。

（1）"游外"、"宏内"是郭象哲学的一个重要命题，而张湛亦尝讲之，但他们在这个问题上的出发点则不相同，一是要解决"名教"和"自然"的矛盾，一是要解决"生死问题"。郭象在《大宗师》注中说："夫理有至极，外内相冥。未有极游外之致而不冥于内者也，未有能冥于内而不游于外者也，故圣人常游外以宏内，无心以顺有。"这段话的中心思想很明显，是要说明圣人可以不废"名教"，而德合"自然"，因此"外内相冥"。张湛《列子注》中也有一段讲"冥内游外"的，他说：

> 卒然闻林类之言（按：指林类论生死问题），盛以为已造极矣，而夫子方谓未尽。夫尽者，无所不尽，亦无所尽，然后尽理都全耳。今方对无于有，去彼取此，则不得不觉内外之异。然所不尽者，亦少许处耳。若夫万变玄一，彼我两忘，即理自夷，而实无所遣。夫冥内游外，同于人群者，岂有尽与不尽者乎？（《天瑞》注）

照张湛看，"有"和"无"不能说是一对矛盾，因为"无"是绝对的，在"绝对"之外不可能有和它相对立的"相对"。又如果把"无"看成和"有"是相对立的，那就有分别取舍，这不是"尽理都全"。盖从绝对的观点看（即从"无"的观点看），"尽"与"不尽"都一样。如果能把握千变万化（"群有"）的不变的本体

（"无"），把一切对立取消，那么生死也就没有什么分别了。圣人顺性而无心，"顺性"则体道穷宗，与"无"为一；"无心"则同于物，与万物并游。顺一切物之性，任一切物之心，无为而无不为，故能超于一切分别（包括生死的分别），而得到解脱。所以张湛讲"冥内游外"和郭象讲"游外以弘内"，其用意不同，他讲的是圣人超越一切分别的解脱之道，而其理论架构多与王弼"贵无"相类，而肯定"有"与"无"并非对立。

（2）郭象哲学旨在解决社会矛盾，调和"自然"和"名教"，张湛哲学旨在解决个人生死问题，要求达到自我的解脱，因此他们提出问题和解决问题的角度不同。

郭象认为，每个事物都有其"自性"，每个事物的"自性"都有其极限，如果每个事物（当然主要是指各种各样的人）都能尽其"自性"天下就太平了，这就是到达了理想的社会。能让每个事物最大限度地尽其"自性"，而又"无厝心于其间"，这是最理想的统治者，"无心而任乎自化者应为帝王"。从事物自身说，则应各安于其"自性"，"凡得真性，用其自为者，虽复皂隶，犹不顾毁誉而自安其业"（《齐物论》注）。郭象并把这种"任性"、"自用"称为"无为"，"夫无为也，则群才万品各任其事，而自当其责矣"（《天道》注）。当奴隶的应安于做奴隶，尽奴隶的职责；当统治者的也要安于做统治者，履行其统治的职责，各安其位，均应如此，这是必然的，合理的，"夫时之所贤者为君，才不应世者为臣，若天之自高，地之自卑，首自在上，足自居下，岂有递哉！虽无错于当，而必自当也"，"臣妾之才而不安臣妾之任，则失矣。故知君臣上下，手足外内，乃天理自然，岂真人之所为哉！"（《齐物论》注）如果"志过其当"，那就是"私"，这样不仅破坏了"天理自然"，而且也要"伤其自性"，所以郭象对"公"和"私"的看法是："任性自生，公也；心欲益之，私也。"（《应帝王》注）这种顺性为公、违性为私的观点，从根本上说正是在鼓吹"私"即是"公"。郭象认为，每个事物都是独立自足的存在，它们之间没有什么必然联系，正是每个事物充分实现其"自性"的结果才有所谓"相因之功"，"夫相因之功，莫若独化之至"，"若乃责此近因，而忘其自尔，宗物于外，丧主于内，而爱尚生矣"（《齐物论》注）。这就是说，"公"、"私"的标准，只是在于是否能实现其"自性"。如果"开希幸之路，以下冒上，物丧其真，人忘其本，则毁誉之间俯仰失错也"（《齐物论》注），这就是"私"，而"若皆私之，则志过其分，上下相冒，而莫为臣妾矣"（同上）。然而每个事物的所谓"自性"又是怎么一回事呢？郭象说"自性"都是自身之规定性，任何事物之生成为此或为彼是没有原因的，也是没有道理可说的，因而不必去追问这个问题。这正掩盖了事物差异的实质，使郭象得以根据世家大族的要求把现存社会中事物所处的不同地位规定为其"自性"，并把社会关系模式图中所谓的"任性"、"当分"，叫做"公"，这实际是最大的"私"。这样的处理"公"、"私"关系，正是郭象提倡"内圣外王之道"所要求的。

张湛和郭象一样，认为"生各有性，性各有所宜"（《天瑞》注），且每个事物的"自性"不是由外物所给予的，是其自身所固有的，"至纯至真，即我之性分，非求之于外"（《黄帝》注）。但是，他又和郭象不同，以为每个事物的"性分"虽是其自身所固有，但圣人却可以"陶冶"它，使之走正道而各得其所，各安其位，"圣人所以陶运群生，使各得其性，亦犹役人之能将养禽兽，使不相残害也"（同上）。所以张湛说的"性各有所宜"只是说每个事物的存在都有其适当的环境和条件，而不是说它都是独立自足的存在。且张湛更进一步提出人和整个宇宙的关系，他认为"群有"都是"一气之暂聚"，它们之间是相通的，所以互相之间不能没有影响，"人与阴阳通气，身与天地并形，吉凶往复，不得不相关通也"（《周穆王》注）。人们如欲"超生死，得解脱"，就得破"小我"，与"大我"（太虚）为一体，而如"私其身"，则不能超生死而解脱。所谓"私其身"，即谓对自身有所执著而使自己同整个宇宙分开，这样就不能与"太虚"成为一体，不能了解生死的来源与去向。然而张湛并不认为"公"是"与天地合其德"，他认为："公者对私之名，无私则公名灭矣"，"天地之德何耶？自然而已。自然而已，何所厝其公私之名。"（《天瑞》注）"公"与"私"是相对的，或者说，相对的事物才有"公"、"私"之分，故无"私"则无"公"。然从绝对的观点看，既无所谓"私"，也无所谓"公"，所以人们应从绝对的"至虚"的观点看问题，这样既可消除"公"、"私"的分别，也可以超乎一切的分别，包括生死的分别，而得到解脱。张湛要从根本上取消"私"和"公"的分别，也是他的思想体系所要求的。在张湛的思想体系中有一个绝对的本体——"至虚"，而这个"至虚"即无所不包的宇宙全体，所以从绝对的全体的观点看，在超现实的世界中，一切分别都不存在了，而无分别才是永恒的存在。张湛的这种观点，无疑仍须肯定一超越的世界存在，思维模式或更近何晏。

（3）郭象和张湛在生死问题上的不同看法，也表现了他们思想体系的重大差异。在郭象的思想体系中，他认为每个事物都是独立自足的存在，没有一个"生生者"，因此任何事物实际上都无所谓生灭。"生"是此物之"生"，"灭"也是此物之"灭"，"生"、"灭"，对于此物都是暂时的现象，无论它是"生"还是"死"，都仍是此"有"，故"更相为始，则未知孰死孰生也"（《知北游》注）。物的生死并非其始终，"死生者无穷之变耳，非始终也"（《秋水》注）。任何事物都是独立自足的存在，既为独立自足存在，故谓"永存"。所谓"永存"，并非"永生"，而万物"一受成形，则化尽无期"，即永远存在于变化之中，生死也是一种变化，一物的

"生"即是此物的"生"，一物的"死"，也是此物的"死"，它"生"既不为他物所"生"，它"死"也不会变成为另一物，所以"生"和"死"对此物而言仅仅是其存在的不同表现。"生"是此物作为一"生物"而存在，"死"是此物作为一"死物"而存在，它只是存在形式的变化，并不影响每个事物的自身。因此，说"生"，说"死"，对一个事物的存在本身并无不同，而只是一种看法而已。因为对于"生"说"死"是"死"，但对于"死"说"死"是"生"，对于"生"说"生"是"生"，但对于"死"说"生"是"死"，所以"生"和"死"并非聚和散，而"俱是聚也，俱是散也"。在郭象看，"生"和"死"对任何事物都是其存在的一种状态，"生"是一种存在的状态，"死"也是一种存在的状态，如果能"于死为存"，那么任何事物哪有不存在的时候呢？所以他说："非唯无不得化而为有也，有亦不得化而为无矣。是以夫有之为物，虽千变万化，而不得一为无也。不得一为无，故自古无未有之时而常存也。"（《知北游》注）又说："死亦独化而死也"，"死与生，各自成体。"（同上）既然"死"和"生"一样，都是事物存在的形式，那么就应该"生时安生"，"死时安死"，不以亡为亡，亦不以存为存，没有必要去追求什么"超生死，得解脱"之道，而"存亡更在于心之所措耳，天下竟无存亡"（《田子方》注）。从这里我们可以看出，郭象在生死问题上的态度和他对待其他问题的态度一样，即要求人们在现实社会中随遇而安，顺性当分，而要做到这点，就必须在现实生活中（不像张湛那样，要求在所谓的超现实世界中）取消一切分别和对立，包括生死的分别和对立，而不求之于超现实的世界。

张湛既然把万物看成是相对的、暂时的存在，而只有"至虚"是绝对的永恒的存在，因此任何事物都是有始有终，有聚有散。此一事物之"生"就是其始，或说是"聚而成形"；彼一事物之

"死"就是其终，或说是"散而归太虚"。就万物说，有"生"就有"死"，"死"、"生"之不同只是相对的，因此对每个事物说，"生"就是"生"，"死"就是"死"；对万物本体（至虚）说，则是"不生"，故"亦无死"，即无所谓"生"，亦无所谓"死"，所以张湛说：

> 本无形者，初自无聚无散者也。夫生生物者不生，形形物者无形，故能生形万物于我体无变。今谓既生既形而复反于无生无形者，此故存亡之往复尔，非始终之不变者也。（《天瑞》注）

所谓"始终之不变者"即万物之本体，万物有存亡变化，而本体不变。万物之有生有形反于无生（死）无形（灭），就是返回"太虚"。所谓"太虚"，既是万物之本体，又是宇宙之全体，"太虚也无穷，天地也有限"（《汤问》注），"凡有形之域皆寄于太虚之中，故无所根蒂"（同上），盖万物之生生化化均在"太虚"之中。而所谓"太虚"，张湛有时又认为是"元气"，故说："夫生者，一气之暂聚，一物之暂灵。暂聚者，终散，暂灵者，归虚。"（《杨朱》注）从这里我们可以看到，张湛的哲学思想虽以王弼、何晏"贵无"为基础，而又糅合着汉人的元气论。大凡追求"超生死，得解脱"之道者，都把现实生活中的生死看成是相对的，张湛正是这样。他认为，现实世界中的一切事物都是暂时的，因此才有生灭、聚散、始终之分。只有"群有"之宗主"至虚"才是永恒的、不变的、无生灭聚散的。他们这种在现实世界之外虚构一种超现实世界的理论，正是因为现实世界中的生死问题成为不可克服的矛盾，又欲取消而不得其道，所以产生这种结果。由于不能在现实生活中取消生死的对立，而只能求之于超现实的世界。人们如欲解决生死问题，就必须不执著暂时的、有生灭聚散的现实世界，而以"无智之智"观照"至虚"之本体，则可知"生灭之理均，梦觉之涂一"，而达到"体神而独运，忘情而任理"这种"超生死，得解脱"的境界。这正是张湛哲学思想的特点和目的。

综上所述，郭象的思想体系均围绕着论证"上知造物无物，下知有物之自造也"，即否定本体之"无"；而张湛的思想体系则在"明群有以至虚为宗，万品以终灭为验"，即肯定本体之"无"。然而他们的哲学都是在分析"有"和"无"的关系中建立的，并得出了不同的结论。郭象从"无"不能生"有"，而否定"有"之上存在一个作为其本体的"无"。他所采用的是否定的方法，即从反面来论证，例如他说："谁得先物者乎哉？吾以阴阳为先物。而阴阳者，即所谓物耳。谁又先阴阳者乎？吾以自然为先之。而自然，即物之自尔耳。吾以至道为先之矣。而至道者，乃至无也。既以无矣，又奚为先？"（《知北游》注）所以所谓"六合之外"、"无何有之乡"、"圹埌之野"等，实际不过在"日用百物"之中，如果能在现实生活中"出处常通"，即是"独化于玄冥之境"了。郭象的哲学是以否定在现实世界之外有超现实的存在为中心课题。张湛则认为，"群有"有生有化，其所以有生有化，必有一不生不化的生化之本为宗主，他所采用的方法是肯定法，即从正面来论证，如他说："凡滞于一方者，形分之所阂耳；道之所运，常冥通而无待"，"至无者，故能为万变之宗主"（《天瑞》注）。张湛的哲学是以肯定超现实的存在为中心思想。

关于张湛的哲学思想，我曾根据汤用彤先生的三份讲课提纲整理成《贵无之学（下）——道安和张湛》一文，最初发表于《哲学研究》1980年第7期，后又收入《汤用彤全集》第四卷中，现录其中一部分请大家参考：

1. "群有以至虚为宗"

《天瑞》一篇即说存亡变化，故要在解释"群有以至虚为宗"。所谓"宗"者，创始命宗，为宗极、宗主之义，即"体"也，如说

"至无者，故能为万变之宗主也"。盖佛教本无名宗，初亦无宗派之义，本无宗者，以本无为体也。

（1）群有万变，至虚不变。《天瑞》注曰：

> 夫巨细舛错，修短殊性，虽天地之大，群品之众，涉于有生之分，关于动用之域者，存亡变化，自然之符（按：符，信也，验也；"自然之符"即"天瑞"也）。夫唯寂然至虚，凝一而不变者，非阴阳之所终始，四时之所迁革。

盖群有之变，依于至虚之不变，有不变而后乃有变，变不能自变，必有变之者。"变不能自变"者，谓变不能生，变不能化，此点系采自向、郭《庄子注》；"必有变之者"，郭象无此说，向秀注则或有（详后）。故张湛于《列子》"有生不生，有化不化"下注曰："不生者，生物之宗；不化者，化物之主。"不变如海，变如波浪，有不变故有变也。

（2）群有有形，至虚无形。盖既为群有必定有形，有种种之外形（form），最重要的是有物质的形体（physical figure）也。有形即有分别，故《天瑞》注曰："夫体适于一方者，造余涂则阂矣。王弼曰：'形必有所分，声必有所属，若温也则不能凉，若宫也则不能商。'"又曰："质，性也。既为物矣，则方圆、刚柔、静躁、沉浮各有其性。"而至虚无形，则超乎一切分别，故曰："夫生生物者不生，形形物者无形，故能生形万物，于我体无变。"群有各有偏，虚则不偏，能不偏则能反其真，为能归根，归根则无物。"凡滞于一方者，形分之所阂耳；道之所运，常冥通而无待。""何生之无形，何形之无气，何气之无灵？然则心智形骸，阴阳之一体，偏积之一气，及其离形归根，则反其真宅，而我无物焉。"按："气"有二义，总者为至虚（元气），别者为有形，此别也。

（3）群有有化，至虚无化，此言生灭。"万品以终灭为验"，此语为"群有以至虚为宗"之张本。按张湛意，至虚与万品仿佛有绝对（absolute）与相对（relative）之关系，然其实他并不曾把这关系弄清楚。郭象《庄子注》"故不暂停"，意即谓无"故"，盖一切永远涉新也。"方生方死，方死方生。"《列子注》用此义谓宇宙潜化，万物不能逃变化，故曰："生不可绝"，"死不可御"，没有不变化之物，万品皆在生灭变化之中，唯至虚不在变化之中。至虚不变，故能变；至虚无生，故能生。所谓有生之物，即为有形之物，"夫尽于一形者，皆随代谢而迁革矣，故生者必终。而生生物者无变化也"。且张湛用庄周"藏舟于壑"义说："夫万物与化为体，体随化而迁，化不暂停，物岂守故？故向之形生非今形生，俯仰之间，已涉万变。"此"向之形生非今形生"，言"万物"顿生顿灭，而"万物与化为体"，此言"化"即能变义也。群有既常生灭，而群有之本是什么呢？

（4）本无。相对的（relative）万有有生化，绝对的（absolute）"无"无生死，不变的能变者为一切变化之本，至虚不变无形，不变无形即无，至虚为本，故曰本无。张湛于《列子》"生物者不生，化物者不化"下注曰：

> 《庄子》亦有此言。向秀注曰：吾之生也，非吾之所生，则生自生耳。生生者岂有物哉？（无物也，）故不生也。吾之化也，非物之所化，则化自化耳。化化者岂有物哉？无物也，故不化焉。若使生物者亦生，化物者亦化，则与物俱化，亦奚异于物？明夫不生不化者，然后能为生化之本也。

张湛引向秀语，意欲说明"群有有生，而无不生"。至虚者即至无。按：张湛所谓"无"与王弼、阮籍均不同。王弼所谓"无"并不是指"无有"，阮籍亦不是指"不存在"（nonexistence），然张湛所谓"无"则近于 nonexistence。照他看"无"的意思中没有"有"（existence）的意思，反过来说 existence 就不是"无"。所以他说：

> 谓之生（有）者则不死，无者则不生，故有无之不相生。
> 理既然矣，则有何由而生？忽尔而自生。忽尔而自生，而不
> 知其所以生。不知所以生，生则本同于无；本同于无，而非
> 无也。此明有形之自形，无形以相形者也。

凡是"生"都是有限的（finite），而"无"不能用"有限的"来解
释，所以"无"和"有"的关系不能用"生"的关系来说明。所谓
"生"只是在现象界中，而"形、声、色、味，皆忽尔而生，不能
自生者也。夫不能自生，则无为之本"。"忽尔而生"似向、郭"独
化"之说也。但"无为之本"则与向、郭（特别是郭）截然不同。
从这里可提出两个问题：一是"无者则不生"；二是"不能自生，
则无为之本"。

"无者则不生"，盖"无"和"有"是对立的，"无为之本，则
无留于一象，无系于一味"，此谓"无"若为圆、为黑，则方、白
之物将何所有？而现象界有方、圆、黑、白……故"无"不能限于
一象，所以"无"是不生不死的。如"无"能生能灭，则无以为
"无"矣。所以他引用了向秀说的话："若使生物者亦生，化物者
亦化，则与物俱化，亦奚异于物？明夫不生不化者，然后能为生
化之本也。""生"则有限，"无"则无限。有限的存在（finite ex-
istence）是有变化的，"尽于一形者，皆随代谢而迁革矣，故生者
必有终"。有限的存在如下图；

$$\overline{\qquad\qquad\qquad}$$
始（生）　　　　　终（灭）

而"无"则无此性质。盖"有始即有终"是佛教"无常"之意。而
佛教之涅槃，即不生；道教之成仙，即不死，张湛之学说与佛教
之学说甚相近也。

又群有为相对（relative），有形有象，故曰"适一"。"无"，
无形无象，故曰"无方"，或曰"无所寄"。"适一"者适于一方，

方即有所限制也。万物各有所宜，各有其性，各有其理，"生各有
性，性各有所宜"，"生必由理，形必由生"。方安于方，而不为圆，
是有所宜也。性或理者，物之所生也。物者万物中之一物，其所
由之理乃万理中之一理也。群有相对，一物之生与别物异，一物
之形与他物不同，而"本无"或宇宙之本体其本身即是万理，即
是万物，故张湛数次引向、郭语："天地者，万物之总名也。"就变
化言，特殊的事物有始终、存亡、聚散等，以群有有彼此，故而
变之；全体则无方，无终始、存亡、聚散等可言，故无变。有方之
甲、乙，出入太虚，复归于太虚，此出彼入，此存彼亡，而太虚本
身则无所谓出入、存亡、生死也。变化继续不断，其实无"所谓
甲"、"所谓乙"，故曰："方死方生，方生方灭，"而"无"则无聚
散、生死等，盖"无"者，"群有之总名"也。张湛之说，初视颇
类王弼或郭象，但其实本不同。王、郭说"无"，都不曾把它看成
一实体，皆说体用不二，而张湛之说总仿佛在"有"之外别有一
"无"。

　　"不能自生，则无为之本"。"群有"有始终、存亡、聚散等等，
故有形有象；而"无"，则无始终、存亡、聚散，故无形无象，而
"群有"则以"无"为之本。故张湛说：

　　　　聚则成形，散则为终，此世之所谓终始也。然则聚者以
　　形实为始，以离散为终；散者以虚漠为始，以形实为终。

所谓"虚漠"者即是说"元气"，"元气"即有似今日之"能"（en-
ergy），是"守恒"（constant）的。元气所造之物有始有终，而本
身是无生死、无尽、无限的，所以元气不是"物"。凡物皆有始有
终，因其为元气之变化故也，故曰："生于此者或死于彼，死于彼
者或生于此，而形生之主，未尝暂无。是以圣人知生不常存，死
不永灭，一气之变，所适万形。万形万化，而不化者存。"元气为
"形生之主"，无始终生灭；群有有形，有始终生灭，如水之与波，

波浪如物，而水为主，波浪虽有变化，而水是无变化的。从元气说，是无聚散的，所以"生物者不生，化物者不化"。从有限之物上讲，没有不死的，即佛教所谓"无常"，顿生顿灭，所以说，"成者方自谓成，而已亏矣；生者方自谓生，潜已死矣"。简而言之，无即是元气，因为"无"不是"有"之一，所以"无"无聚散，与有聚散之"有"相反，然是"有"之本。具体地说，即《列子》卷一中所说的"太易"，而"太初"，而"太始"，而"太素"，此明物之自微至著变化相因袭也。而元气浑然，是为太易。"太易者未见气也"，张湛注说："易者不穷滞之称，凝寂于太虚之域，将何所见耶？如《易系》之太极，老氏之浑成也。"其后始有气，是为太初。其后始有形，是为太始。其后始有质，是为太素。"太易为三者宗本"，"虽浑然一气不相离散，而三才之道实潜兆乎其中"，"太易之义，如此而已，故能为万化宗主"。张湛之说实为宇宙论（cosmology），不过也是汉人元气说加上魏晋玄学老庄之意义也。

总之，张湛之宇宙观，以"无"为本体，而"群有"为现象。"无"非"有"之一，故不生；"无"非"有"之一，故无形；"无"非"有"之一，故无聚散、终始，而"群有"反是。

2. 解脱由觉，沉溺因迷

张湛之所以有上述之宇宙论，乃以为这种说法能解决生死问题也。据上述宇宙论而知生死存亡皆为相对，则可免除这种烦恼，故沉溺因迷，而解脱由觉也。《天瑞》"长庐子闻而笑之"句下注曰：

> 夫混然未判，则天地一气，万物一形，分而为天地，散而为万物。此盖离合之殊异，形气之虚实。

这一段是《列子注》的宇宙论。根据这第一点宇宙论乃有第二点，即下面一段注的对人生之看法：

　　　　此知有始之必终，有形之必败，而不识休戚与阴阳升降，
　　器质与天地显没也。

天地犹言阴阳。物有生死，元气有显没而无生死。物和元气是本
末的关系，所以不应说元气生万物，而只能说元气是不生不灭的。
张湛有时如此说，或是其疏忽处也。既明生死存亡不过是这样虚
幻之事，乃有下面一段第三点，即所说的人生学说：

　　　　彼一谓不坏者也，此一谓坏者也。若其不坏，则与人偕
　　全；若其坏也，则与人偕亡，何为欣戚于其间哉！

"不坏"是从本体上讲，"坏"是从现象上讲。天地不坏者也，但因
其亦是气之委结，故亦可谓坏。天地犹如此，何况于人。这是从
一个观点说，但从另一观点说，则又可谓：

　　　　生之不知死，犹死之不知生。故当其成也，莫知其毁；
　　及其毁也，亦何知其成？此去来之见验，成败之明征，而我
　　皆即之，情无彼此，何处容其心乎！

世界上的聚散离合都是暂时的变化，从根本上说是无什么分别的。
"即之"即与万物如一，知道生死的来源去向，那么对于生死就没
有什么欢戚了。凡是有欢戚者，皆因不明此理。盖"俱涉变化之
涂，则予生而彼死，推之至极之域，则理既无生，亦又无死也"。
常人执著分别，以生为实，而不知死。常人执此而非彼，执彼而
非此，彼此者，去来、成毁之根据。而达观之士，从全体看皆"即
之"，乃"情无彼此"。常人不达观，私其身，认此现象为我而作种
种分别，"认而有之，心之惑也"，是谓"贪天之功"，"饬爱色貌，
矜伐智能，已为惑矣。至于甚者，横认外物以为己有，乃标名氏
以自异，倚亲族以自固；整章服以耀物，借名位以动众；封殖财
货，树立权党，终身欣玩，莫由自悟"。迷惘乃由"自私"（私其
身），认万物之死灭，乃以为是他自己的死灭，所以有悲戚、烦

恼，这就是佛家所说的"惑"字。而达观之士所以能解脱，乃因其觉，能知事物变化之理，而本体未尝变化也。所以张湛说："夫天地，万物之都称；万物，天地之别名。虽复各私其身，理不相离；认而有之，心之惑也。"

具体的事物有形有质，故有存亡聚散，盖从其形质方面看，以为自己有生有得，则私其身，此正如海波以为自己是波浪而不是海水。张湛说"公"，不是从"与天地合其德"方面讲，而认为"公者对私之名，无私则公名灭矣。今以犯天者为公，犯人者为私，于理未至……生即天地之一理，身即天地之一物，今所爱吝，复是爱吝天地之间生身耳。事无公私，理无爱吝者也"。"公"与"私"相对，相对的事物中才有公私，故无私亦无公。张湛心目中似乎在相对之外有一绝对，此似佛教"俗谛"与"真谛"之分。张湛或知真谛超四句义。（按：如后来《中论》一曰："诸法不自生，亦不从他生，不共不无因，是故知无生。"吉藏《三论玄义》："若论涅槃，体绝百非，理超四句。"）张湛说"公"与"私"和王弼、嵇康皆不同。王弼所谓"私"为"私其身"；所谓"公"即"无所不周"，即得到全体也。嵇康说"私"为"丧其自然之质"；而"公"则"志无所尚，心无所欲，达乎大道之情，动以自然"，"抱一而无措，则无私"。张湛说"私"近王弼，而说"公"则与之不同，此似受当时流行之佛教的影响也。

"私其身"即为"著物"，故序中说："想念以著物自丧。"《周穆王》注曰："愚惑者以显昧为成验，迟速而致疑，故窃然而自私，以形骸为真宅。执识生化之本归之于无物哉！""无著"则"不私"。如果认识到"凡在有方之域，皆巨细相形，多少相悬，推之至无之极，岂穷于一天，极于一地"，而不执著什么就可得到解脱。

《列子注》第一篇、第三篇讲形上学，其余六篇皆讲解脱。张

湛以为"顺心"、"无心"即可解脱（超生死）。盖所谓"性命"，即
一人在宇宙中生死之暂时变化。顺性乃知其性之本原，即知其为
一气之变也。"禀生之质谓之性"，"命者必然之期，素定之分也"，
"生者一气之暂聚"。又顺性，顺物之性也，顺即不逆、不违、不
造。"顺性"即"任心"。性本得元气之全，心本与天地合德。"顺
性"、"任心"即体道穷宗，超乎一切是非、利害、分别。如此，则
能顺一切物之性，任一切物之心，无为而无不为。盖从相对的观
点看，乃有是非分别；从绝对的观点看，则超乎一切分别。故解
脱须借智，此智是无智之智，即"无心"。无心者，以万物之心为
心，亦即"皆即之"也。"乘理而无心者，则常与万物并游"。无心
则同于物，与无为一，是反本之谓也。"泛然无心者，无东西之非
己"，"冥绝而灰寂者，固泊然而不动矣"。无心而应，与物同化，
是为圣人。在政治上说，圣人能任贤使能，圣人并不必能众人之
所能，而在于他能使众人，故曰："不能知众人之所知，不能为众
人之所能，群才并为之用者，不居知能之地，而无恶无好，无彼
无此，则以无为心者也。故明者为视，聪者为听，智者为谋，勇
者为战，而我无事焉。"又曰："夫理至者无言，及其有言，则彼我
之辨生矣。圣人对接俯仰，自同于物，故观其形者似求是而尚胜
也。"张湛又相信圣人有神通，水火风雨皆不能伤，如佛家言有天
眼通天耳通，故说："至于圣人，心与元气玄合，体与阴阳冥谐，
方圆不当于一象，温凉不值于一器，神定气和，所乘皆顺，则五
物不能逆，寒暑不能伤，谓含德之厚，和之至也。故常无死地，
岂用心去就而复全哉！蹈水火，乘云雾，履高危，入甲兵，未足
怪也。"而限于一方者，各有所宜，则有缺点，不能为"至和"。圣
人超乎一切分别，故能顺一切分别，在水为水，在火为火。盖圣
人能倚伏变通，"心乘于理，检情摄念，泊然凝定者，岂万物动之
所能乱者乎！"

　　觉则解脱，迷则委结。而解之者、体之者由于神智。神智不假于耳目，而寂然玄照，忘智则神理独运，感无不通。所以《列子序》中所说的"顺性则所之皆适，水火可蹈；忘怀则无幽不照，此其旨也"，正是张湛所谓解脱而达到的最高境界也。

第六章　郭象的生平与著作

郭象字子玄，《世说新语·文学》引《文士传》谓象为河南人，《经典释文·序录》谓为河内人，约生于魏齐王芳嘉平五年（253），卒于西晋怀帝永嘉六年（312）。《晋书》有传，《世说新语》多处载郭象事。

《晋书·郭象传》谓：象“少有才理，好《老》、《庄》，能清言”。《世说新语·文学》注引《文士传》说：象“慕道好学，托志老、庄，时人咸以为王弼之亚”。尝与王衍、庾敳、裴遐诸名士游。本传中说：“太尉王衍每云：听象语，如悬河泻水，注而不竭。”按：《语林》所载与本传不同：“王太尉问孙兴公曰：郭象何如人？答曰：其辞清雅，奕奕有余，吐章陈文，如悬河泻水，注而不竭。”又《世说新语·赏誉》上说：“郭子玄有俊才，能言老、庄。庾敳尝称之，每曰：郭子玄何必减庾子嵩！”《晋书·裴秀传》附《裴楷传》中说：“楷弟绰……绰子遐，善言玄理，音辞清畅，泠然若琴瑟。尝与河南郭象谈论，一坐嗟服。”而《世说新语·文学》有更具体的记载：“裴散骑娶王太尉女，婚后三日，诸婿大会。当时名士，王、裴子弟悉集。郭子玄在坐，挑与裴谈。子玄才甚丰赡，始数交未快。郭陈张甚盛，裴徐理前语，理致甚微，四坐咨嗟称快。王亦以为奇，谓诸人曰：君辈勿为尔，将受困寡人女婿。”王僧虔《诫子传》有“郭象言类悬河”之语；刘勰《文心雕龙·论说》有“郭象锐思于几神之区”之语，如此等等。可见，郭象为当时清谈名家，玄学巨匠，当时人目“为王弼之亚”，其在魏晋玄学中地位之重要自不待言。

《晋书·郭象传》谓：象"州郡辟召，不就。常闲居，以文论自娱。后辟司徒掾，稍至黄门侍郎。东海王越引为太傅主簿，甚见亲委，遂任职当权，熏灼内外。由是素论去之。永嘉末，病卒。"又《晋书·苟晞传》中说："苟晞字道将……复上表曰：殿中校尉李初至，奉被手诏，肝心若裂。东海王越得以宗臣，遂执朝政，委任邪佞，宠树奸党。至使前长史潘滔、从事中郎毕邈、主簿郭象等操弄天权，刑赏由己。……"《世说新语·赏誉》："郭象字子玄，自黄门郎为太傅主簿，任事用势，倾动一府。"根据这些材料可以看出，郭象虽为玄学清谈大师，但他不但热心追求名誉和权势，而且运用其权势作威作福。魏晋名士口谈"玄远"，自许"放达"，然往往是名利场中人，其言行不一若是，实为当时之世风。如嵇康、阮籍、陶渊明诸人确为凤毛麟角。至于郭象为何不就州郡之辟召，当是待价而沽，后应朝廷之召辟而出，且迁升很快，由司徒掾而黄门侍郎，后东海王越当政，又引为太傅主簿。据史载，东海王越是西晋朝政混乱之罪魁祸首，"越专擅威权，图为霸业，朝贤素望，选为佐吏，名将劲卒，充于己府……四海所知"云云。郭象在东海王越手下颇受重用，"操弄天权，刑赏由己"，"倾动一府"。由此可见，对郭象的为人评论很差。曾有一种观点认为，社会政治声誉不好的人，在哲学思想上也不可能有很大成就。然统观历史，此或为腐儒之见解，"左"倾教条之认识。当然，具有极高尚人格哲学家，能为世人之模范，而这在历史上是很少见的。哲学与政治自然有关，但哲学并不等于政治，而且也不必然从属于政治。因此，有的哲学家在哲学上或甚高明为世所重视，而在政治上则幼稚、糊涂，甚至可以是争名夺利者，这种情况在中外历史上屡见不鲜。何况，郭象的哲学本来就是主张既可"戴黄屋，佩玉玺"，而又可"心无异于山林之中"呢？魏晋玄学家又多为世族出身，更不足怪，《颜氏家训》中说：

夫老、庄之书，盖全真养性，不肯以物累己也。故藏名
柱史，终蹈流沙；匿迹漆园，卒辞楚相，此任纵之徒耳。何
晏、王弼，祖述玄宗，递相夸尚，景附草靡，皆以农、黄之
化，在乎己身，周、孔之业，弃之度外。而平叔以党曹爽见
诛，触死权之网也；辅嗣以多笑人被疾，陷好胜之阱也；山
巨源以蓄积取讥，背多藏厚亡之文也；夏侯玄以才望被戮，
无支离拥肿之鉴也；荀奉倩丧妻，神伤而卒，非鼓缶之情也；
王夷甫悼子，悲不自胜，异东门之达也；嵇叔夜排俗取祸，
岂和光同尘之流也；郭子玄以倾动专势，宁后身外己之风也；
阮嗣宗沈酒荒迷，乖畏途相诫之譬也；谢幼舆赃贿黜削，违
弃其余鱼之旨也：彼诸人者，并其领袖，玄宗所归。

颜之推这段话并非公允之谈，且是站在传统儒家立场来批评诸玄
学家，其中对嵇康、阮籍等的批评更是偏颇之辞，兹不论。但是，
当时不少玄学家，如何晏、王弼、郭象等无疑在哲学理论的创建
上和对中国哲学发展的贡献上都堪称一流，而在人品方面却不为
时人所称许。

据《晋书》本传，郭象除有《庄子注》外，尚著有《碑论》十
二篇，早已亡失。《文选》卷五十四刘孝标《辩命论》中说："肖远
论其本，而不畅其流；子玄语其流，而未详其本。"李善注谓："李
肖远作《运命论》，言治乱在天，故曰论其本。郭子玄作《致命由
己论》，言吉凶由己，故曰语其流。"此《致命由己论》亦早已佚
失。《隋书·经籍志》著录有《太傅（脱"主簿"二字）郭象集》
二卷，注云："梁有五卷，录一卷，亡。"《旧唐书·经籍志》仍五
卷。在《隋书·经籍志》和《新唐书·艺文志》中都著录有郭象
之《论语体略》，此或如王弼之《老子指略》和《周易略例》者。
又《隋书·经籍志》尚著录有郭象的《论语隐》，此或如王弼之
《论语释疑》者乎？江熙《论语集解》叙《论语》十三家，郭象为

其中一家，可见《论语体略》是一家之言，在东晋时为人所重视。皇侃《论语义疏》引有郭象注数条（据马国翰《玉函山房辑佚书》），与郭象《庄子注》思想很一致，如"子曰：禹吾无间然矣"条，郭象注说：

> 舜、禹相承，虽三圣故一尧耳。天下化成，则功美渐去，其所因循，常事而已。故史籍无所称，仲尼不能间，故曰：禹吾无间然矣。

这段话和《庄子·天地》中的一段注大体相同，其文如下：

> 夫禹时三圣相承，治成德备，功美渐去，故史籍无所载，仲尼不能间，是以虽有天下而不与焉，斯乃有而无之也。故考其时而禹为最优，计其人则虽三圣，故一尧耳。

据《玉函山房辑佚书》所载其余八条，现录于下，以便研究者作为参考。

（1）《论语·为政》第二："子曰：为政以德，譬如北辰居其所，而众星共之。"注谓：

> 万物得性谓之德，夫为政者奚事哉？得万物之性，故云德而已也。得其性则归之，失其性则违之。

（2）《论语·为政》第二："子曰：道之以政，齐之以刑，民免而无耻；道之以德，齐之以礼，有耻且格。"注谓：

> 政者，立常制以正民者也；刑者，兴法辟以割物者也。制有常，则可矫；法辟兴，则可避。可避则违情而苟免，可矫则去性而从制。从制，外正而心内未服；人怀苟免，则无耻于物，其于化不已薄乎？故曰民免而无耻也。德者，得其性者也；礼者，体其情者也。情有可耻而性有所本，得其性则本至，体其情则知至。知耻则无刑而自齐，本至则无制而

自正，是以道之以德，齐之以礼，有耻且格。

按：以上两条释"德"为"得其性者也"，此正是郭象哲学之要点，他以"物各有性"立论，而《天地》注中说："任其自得，故谓之德。""任其自得"者即"任其自得之性"也。又，此二条皆阐释"以不治治之"之义，此亦为郭象思想之要点。

（3）《论语·述而》第七："子在齐，闻韶，三月不知肉味，曰：不图为乐之至于斯也。"注谓：

> 伤器存而道废，得有声而无时。

（4）《论语·先进》第十一："颜渊死，子哭之恸。从者曰：子恸矣！子曰：有恸乎？非夫人之为恸而谁为恸？"注谓：

> 人哭亦哭，人恸亦恸，盖无情者与物化也。

按：《庚桑楚》注中说："无人之情则自然，为天人。"又谓："今槁木死灰，无情之至，则爱恶失得无自而来。"郭象或与何晏同，主"圣人无情"，而与王弼"圣人有情说"不同。

（5）《论语·宪问》第十四："子路问君子。子曰：修己以敬。曰：如斯而已乎？……曰：修己以安百姓。修己以安百姓，尧舜其犹病诸！"注谓：

> 夫君子者不能索足，故修己索己。故修己者仅可以内敬其身，外安同己之人耳。岂足安百姓哉？百姓百品，万国殊风，以不治治之，乃得其极。若欲修己以治之，虽尧舜必病，况君子乎？今尧舜非修之也，万物自无为而治。若天之自高，地之自厚，日月之明，云行雨施而已。故能夷畅条达，曲成不遗而无病也。

按：《齐物论》注中有："夫时之贤者为君，才不应世者为臣，若天之自高，地之自卑，首自在上，足自居下，岂有递哉！虽无错于当，而必自当也。"这段注是基于"百姓百品"，高下自陈，皆天理自然，故当"以不治治之"，这正是上引之注所发挥之要旨。又《天地》注中说："此乃圣王之道，非夫人道也。子贡闻其假修之说而服之，未知纯白者之同乎世也。"人之所能与所不能者非假修可得到的，全由其所具有之"自性"，故《外物》注说："性之所能，不得不为也；性所不能，不得强为；故圣人唯莫之制，则同焉皆得而不知所以得也。"

（6）《论语·卫灵公》第十五："子曰：吾之于人也，谁毁谁誉？如有所誉者，其有所试矣。斯民也，三代之所以直道而行也。"郭象注曰：

> 无心而付之天下者，直道也。有心而使天下从己者，曲法。故直道而行者，毁誉不出于区区之身，善与不善，信之百姓，故曰：吾之于人，谁毁谁誉，如有所誉，必试之斯民也。

（7）《论语·卫灵公》第十五："吾尝终日不食，终夜不寝，以思，无益，不如学也。"郭象注说：

> 圣人无诡教，而云不寝不食以思者何？夫思而后通，习而后能者，百姓皆然也。圣人无事而不与百姓同事，事同则形同。是以见形以为己异，故谓圣人亦必勤思而力学，此百姓之情也。故用其情以教之，则圣人之教因彼以教，彼安容诡哉！

（8）《论语·阳货》第十七："孔子曰：诺，吾将仕矣。"郭象注曰：

> 圣人无心，仕与不仕随世耳。阳虎劝仕，理无不诺。不能用我，则无自用，此直道而应者也。然危逊之理，亦在其中也。

按：此言圣人无心，以百姓之心为心，《天地》注说："圣人之道，即用百姓之心耳。"又《天下》注谓："夫圣人统百姓之大情，而因为之制，故百姓寄情于所统，而自忘其好恶，故与一世而得淡漠焉。乱则反之，人恣其近好，家用典法，故国异政，家殊风俗。"盖谓圣人自忘其好恶，因百姓之情而教，则天下治。

以上八条之注释和郭象《庄子注》中的思想完全一致，并有些字句亦相同，且往往用"寄言出意"的方法以释之，而使其解释得以圆通。

郭象尚有《老子注》，文廷式《补晋书艺文志》著录有郭象《老子注》，并谓"唐张君相《三十家老子注》有郭（象）刘（仁会）二家"云云。按：《三十家老子注》即《道德真经注疏》，旧题为"齐顾欢述"，此书决非顾欢述，是否为张君相"注疏"也很可疑，但为唐时人的注疏当无疑问（详见蒙文通《校理〈老子成玄英疏〉叙录》）。在《三十家老子注》中有郭象注两条：

> 虚其心，实其腹。郭曰：其恶改尽，诸善自生，怀道抱一，神和内足，实其腹也。
>
> 生而不有。郭曰：氤氲合化，庶物从生，显仁藏用，即有为迹，功不归己，故曰不有。

又杜光庭《道德真经广圣义序》中亦著录有郭象《老子注》，并谓"河南郭象，字子玄，向秀弟子，魏晋时人"。彭耜《道德经集注杂说》中说："广川董逌《藏书志》云：……唐道士张道相集注《道德经》七卷，凡三十家，其名存者：河上公、节解、严遵、王弼、何晏、郭象……而道相所集郭象、刘仁会……此十四家不著于志。按《志》称道相集注四卷，而董所收乃有七卷，恐后人之所增也。"可见宋时董逌或仍见有郭象注。故宋李霖《道德真经取善集》中尚存郭象的两条注解：

湛兮似或存。郭象曰：存，在也。道，湛然安静，古今不变，终始常一，故曰存，存而无物，故曰似也。

谷得一以盈。郭象曰：谷，川也。谷川得一，故能泉源流润，溪壑盈满。

按：郭象《庄子注》中尝引《老子》以证己说，但上录四条是否为郭象的注，当然还应作进一步考证，然目前尚未有足够之资料，故暂录于上，以备查用。

郭象的主要著作自然是《庄子注》，关于《庄子注》的问题将在下一章《郭象与向秀》中讨论，在这里只想讨论《庄子序》的问题。对于《庄子序》有两种不同看法：一种观点认为，此序确为郭象所作；另一种观点认为："序文开头一段，批评了庄子的学说，认为游谈乎方外，不能与化为体，此与《庄子注》中对庄子的评论相矛盾。"但是，从《庄子注》中可以看出，郭象在不少地方实际上批评了庄子，此将于本书《郭象的〈庄子注〉与庄周的〈庄子〉》中评论。特别是《庄子序》中说明了注《庄子》是为了"明内圣外王之道，上知造物无物，下知有物之自造也"，这正是《庄子注》所阐明的主旨。还有学者认为：郭象《庄子序》是《庄子》的序，而不是《庄子注》的序，并认为在古抄卷子本的《庄子注》全文之末"以贻好事也"之后，所有的一大段，才是《庄子注序》。照我看，这个看法也是没有什么根据的。盖魏晋时，有些注解前面也有序，其序就是其注的序，例如张湛的《列子注》前的《序》，就是《列子注》的《序》，但它标为《列子序》。正是这篇《列子》集中地表达了张湛的哲学思想。王叔岷《郭象庄子注校记》认为《庄子注》末所附的一段是《庄子注》的"后记"，或更为合理。现据王叔岷《郭象庄子注校记》文录于后（有所删节），并略为解说：

夫学者尚以成性易知为德，不以能政异端为贵也武内义雄云：政乃攻字之讹。然庄子闳才命世，诚多英文伟词，正言若反，故一曲之士，不能畅其弘旨，而妄窜奇说，若《阏亦》武内云：《阏亦》，《释文》作《阏弈》，《困学纪闻》所辑《庄子》佚文中，有"阏弈之隶，与殷翼之孙，遏氏之子相谋"一条，《文选·颜延年车驾幸京口侍从蒜山诗注》引之，当是《阏弈》篇首之语……《意循》之首，《尾言》武内云：尾言《释文》作《卮言》。《寓言》篇，寓言、重言、卮言并说。据郭本《寓言》篇，则《卮言》及《尾言》，皆《卮言》之误也……《游易》武内云：《游易》，《释文》作《游凫》。《困学纪闻》所辑《庄子》佚文中，有"游凫问雄黄"一条，《太平御览》引，当是《游凫》篇首之语……《子胥》之篇，凡诸巧杂，若此之类，十分有三。或牵之令近，或迂之令诞，或似《山海经》，或似《梦书》岷案：《释文·叙录》似作类，当从之……武内云：《梦书》，《释文》作《占梦书》……或出《淮南》，或辩形名。而参之高韵，龙蛇并御，且辞气鄙背，竟无深澳，而徒难知，以因后蒙武内云：因乃困之讹，令沈滞失乎流，岂所求庄子之意哉？故皆略而不存。令唯哉取其长达武内云：令唯哉，乃今唯裁之讹，致全乎大体者，为卅三篇者武内云：者乃焉字之误。太史公曰：庄子者，名周，守蒙县人也武内云：守乃宋字之讹。曾为漆园史岷案：《史记》本传，《释文·叙录》，史并作吏，与魏惠、齐王、楚威王同时者也狩野（直喜）云：魏惠下脱王字。武内云：齐王，当作齐宣王。

王叔岷《郭象庄子注校记》有"案语"谓：

右"夫学者"以下二百二字，见《古钞卷子本》，他本无之，最为可贵。《释文·叙录》引郭子玄云："一曲之才，妄窜奇说，若《阏弈》、《意脩》之首，《卮言》、《游凫》、《子胥》之篇，凡诸巧杂，十分有三。"武内义雄据之以断此文为郭象附于书末目录之序。狩野直喜据之以断文为郭象后语，自述其刊芟《庄子》，辑为三十三篇之意。岷谓此二百二字，措辞草率，不似一完整之序，当是郭象注《庄子》毕，偶记于篇末者。至其注《庄》大旨，则篇首之《序》，已尽之矣。

王叔岷所论甚当。据《汉书·艺文志》知《庄子》本为五十二篇。《经典释文·序录》谓，司马彪、孟氏之注本亦为五十二篇，且从今本《庄子》看，其"内篇"与"外篇"、"杂篇"所包含之思想也并不一致，许多学者认为"内篇"或为庄子本人之作，而"外篇"、"杂篇"或为庄子后学（或庄子一派）所作。郭象删去原本若干篇，存三十三篇，意在把一些"辞气鄙背，竟无深澳"而不类庄子思想的诸篇刊芟，以便更集中地阐释庄子的思想。盖先秦古籍，至汉多散乱，后经刘向整理，作有《序录》，班固据之以成《汉书·艺文志》，故知先秦古籍多经汉人整理而成，并非尽存旧籍原貌也。今本《列子》有些段落与《庄子》同，可证。故此"古钞本"后之文，或正如狩野直喜说，此文当是郭象"自述其刊芟《庄子》，辑为三十三篇之意"，实为《庄子注》之《后记》也。又，王叔岷《郭象庄子注校记》之"附录"，辑有郭象《庄子注》之佚文，可参考，于兹不录。

第七章　郭象与向秀

郭象和向秀都是魏晋玄学家中注《庄子》的名家。向秀字子期，河内怀（今河南武陟）人，约生于魏明帝太和初（约 227），卒于西晋武帝咸宁末（约 280）。郭象字子玄，亦为河南人，约生于魏齐王芳嘉平五年（253），卒于西晋怀帝永嘉六年（312）。郭象比向秀约晚三十年，故说向秀为竹林时期的玄学家，郭象为元康至永嘉时期的玄学家。

郭象的生平事迹主要见于《晋书·郭象传》和《世说新语》，其中最可注意的有三：

第一，郭象"少有才理，好《老》、《庄》，能清言"，他年轻时就喜好老庄之学，为当时名士。所谓"好《老》、《庄》"，当即指爱好以《老》、《庄》为骨架的玄学。他能言善辩，所以王衍说："听象语，如悬河泻水，注而不竭。"又尝与裴遐辩论，使"一坐嗟服"。

第二，郭象初不就州郡辟召，这似乎是当时名士的作风，对地方官吏不大买账。后来东海王越请他到朝中做官，他就出任了，官至太傅主簿。这时东海王越当权，郭象很能得到他的信任。郭象虽"好《老》、《庄》"，但他并不远离政事，相反还有一些权力欲，所以史书记载都说郭象"操弄大权"，"任职当权，熏灼内外"，"任事用势，倾动一府"云云。所以大家对他颇有议论，"由是素论去之"。可见，郭象比较热衷政事，这点正和他的哲学思想主张"内圣外王之道"完全一致。

第三，郭象的著作有"《碑论》十二篇"，但均已佚失，而其主

要著作当然是《庄子注》了。可是对《庄子注》的著作权向来又
有不同的看法。而研究郭象的哲学思想，主要是根据这部书，因
此对这个问题就不得不首先讨论清楚了。

关于今本郭象《庄子注》向来有两种说法：一种认为，这部
注是郭象剽窃向秀的；另一种说法认为，是郭象在向秀注的基础
上，加以发展而成的。前一种说法主要是根据《世说新语·文学》
中的一段话：

> 初，注《庄子》者数十家，莫能究其旨要。向秀于旧注
> 外为《解义》，妙析奇致，大畅玄风。唯《秋水》、《至乐》二
> 篇未竟，而秀卒。秀子幼，义遂零落，然犹有别本。郭象者，
> 为人薄行，有俊才，见秀义不传于世，遂窃以为己注，乃自
> 注《秋水》、《至乐》二篇，又易《马蹄》一篇，其余众篇，或
> 定点文句而已。后秀义别本出，故今有向、郭二《庄》，其义
> 一也。

《晋书·郭象传》也是这样说的，大概是引自《世说新语》。以后
认为郭象的注是抄袭向秀的见于：唐末新罗学士崔致远的《法藏
和尚传》、高似孙《子略》、王应麟《困学纪闻》、焦竑《笔乘》、胡
应麟《四部正讹》、谢肇淛《文海披沙》、陈继儒《续狂夫之言》、
王昶《春融堂集》、袁守定《占毕丛谈》、《四库全书总目提要》、
《四库简目》、陆以湉《冷庐杂识》、刘宗周《人谱类记》、顾炎武
《日知录》以及近人杨明照《郭象〈庄子注〉是否窃自向秀检讨》、
寿普暄《由〈经典释文〉试探〈庄子〉古本》等。后一种说法主要
是根据《晋书·向秀传》：

> 庄周著内外数十篇，历世才士虽有观者，莫适论其旨统
> 也。秀乃为之《隐解》，发明奇趣，振起玄风，读之者超然心
> 悟，莫不自足一时也。惠帝之世，郭象又述而广之，儒墨之

迹见鄙，道家之言遂盛焉！

根据这段材料，对郭象注窃自向秀说疑之者有：钱曾的《读书敏求记》、王先谦的《庄子集解》以及吴承仕《经典释文序录疏证》、刘盼遂《世说新语校笺》等。

上面两段引文所说，有一致的地方，也有矛盾的地方。一致的地方是：向秀的《庄子注》在当时影响之大是空前的，大大推动了玄学的发展；郭象的《庄子注》对向注，无论是"窃以为己注"，还是"述而广之"，都说明郭象注曾深受向秀注的影响；又从"易《马蹄》一篇"，或"述而广之"，都说明郭注和向注总有不同之处。它们之间矛盾的地方是：据上引《世说》，郭注对向注似没有什么大不同，是"其义一也"；据《向秀传》，则可认为郭对向注有较大的发展。那么到底哪一种看法比较符合实际呢？下面让我们从几个方面做一些探讨。

（一）郭象和向秀一样都是魏晋玄学发展中的重要人物

我们能看到的关于郭象的材料虽不很多，但也不算太少，除《晋书》有关各传外，《世说新语》和注保存有关郭象的材料可以说是相当丰富的。从这些材料来看，郭象注《庄子》一事虽有矛盾，但郭象在魏晋玄学发展中占有重要的地位，这点是毫无疑问的。《世说新语·赏誉》中说：

郭子玄有俊才，能言老、庄。庾敳尝称之，每曰：郭子玄何必减庾子嵩！

又说：

王太尉（衍）云："郭子玄语议如悬河泻水，注而不竭。"

又注引《文士传》说：

象字子玄，河南人，少有才理，慕道好学，托志老、庄，时人咸以为王弼之亚，辟司空掾，太傅主簿……象作《庄子注》，最有清辞道旨。

王衍是元康时代玄学的领袖人物，《世说新语·言语》注引《晋诸公赞》说："夷甫（王衍）好尚谈称，为时人所宗。"庾敳作《意赋》言"至理归于混一"，也是当时玄学名家。郭象为王衍、庾敳所称道，当非偶然。《文士传》更说"时人"（指元康时人）咸以郭象为"王弼之亚"，把这和《向秀传》所说惠帝之世（即元康之时），郭象又"述而广之"云云联系起来看，郭象在玄学发展中的地位甚为重要。如果王弼是正始时的主要玄学家，向秀是竹林时的主要玄学家，那么说郭象是元康时的主要玄学家，当不过分。

（二）郭象除注《庄子》外，尚有其他著作，可供作为研究其思想之资料，帮助确定他在魏晋玄学中的地位

魏晋玄学家以《易》、《老子》、《庄子》为他们研究、发挥玄学思想的主要著作，史称三书为"三玄"。除此之外，《论语》由于言简意赅，也是当时玄学家们发挥玄学思想的好资料。据姚振宗《三国艺文志》及吴士鉴《补晋书经籍志》，魏晋时注《论语》今可考者有五十余家，其数量当和"三玄"不相上下。主要玄学家何晏有《论语集解》，王弼有《论语释疑》，后来皇侃又有《义疏》，都是研究魏晋玄学的重要材料。《隋书·经籍志》和《新唐书·艺文志》都著录郭象有《论语体略》；《隋书》还著录郭象有《论语隐》。江熙《论语集解》叙《论语》十三家则有郭象书，可见《论语体略》是一家之言，在东晋时甚为人所重视。皇侃《义疏》引郭象注九节，同郭象《庄子注》的思想甚为一致，如"子曰：禹吾无间然矣"句，郭注说：

> 舜、禹相承，虽三圣故一尧耳。天下化成，则功美渐去，其所因循，常事而已。故史籍无所称，仲尼不能间，故曰：禹吾无间然矣。

这段注和《庄子·天地》中的一段注文字大体相同：

> 夫禹时三圣相承，治成德备，功美渐去，故史籍无所载，仲尼不能间，是以虽有天下而不与焉，斯乃有而无之也。故考其时而禹为最优，计其人则虽三圣，故一尧耳。

文廷式《补晋书艺文志》著录郭象《老子注》，并说"唐张君相《三十家老子注》有郭（象）、刘（仁会）二家"云云。按《三十家老子注》即《道德真经注疏》，旧题为"齐顾欢述"。此书不是顾欢的"注疏"，是可以肯定的，是否即是张君相的"注疏"，也很可疑，但为唐时人的"注疏"则无疑问（详见蒙文通：《校理〈老子成玄英疏〉叙录》）。在这种《注疏》中引有郭象注两条。宋李霖《道德真经取善集》中亦引郭象注两条，其一注"生而不有"句，郭注说：

> 氤氲合化，庶物从生，显仁藏用，即有为迹，功不归己，故曰不有。

颇似郭象的思想。又唐末杜光庭《道德真经广圣义》中列有注疏笺注《老子》者六十余家，其中第七家即为郭象。郭象《庄子注》中有许多地方都有见其依玄学新说解释《老子》的话，如《知北游》中对"失道而后德"等的注释就是这样。据此，或者郭象确实注过《老子》。当然这个问题也还要作进一步的考证。

王弼注《周易》、《老子》，并作《论语释疑》，郭象注《老子》、《庄子》，并作《论语体略》，故时人赞扬他为"王弼之亚"，似甚相当。又据刘孝标《辨命论》说："萧远论其本，而不畅其流；子玄语其流，而未详其本。"李善注说："李萧远作《运命论》，言治乱在天，故曰论其本。郭子玄作《致命由己论》，言吉凶由己，故曰语其流。"郭象此文已佚，然从李善注可知此文也与《庄子注》的思想颇为一致。

从这些情况看，说郭象的《庄子注》完全是把向注"窃以为己注"，似乎有些过分。

（三）自晋至唐，向秀和郭象的《庄子注》都是两本并存

即使照上引《世说新语·文学》（《晋书·郭象传》同）所说，"其后秀义别本出，故今有向、郭二《庄》，其义一也"，也说明当时两本同时流行。所谓"其义一也"，如果真的一样，或郭注仅仅是"定点文句"，而向、郭二《庄》，自晋至唐，长达三百余年，竟能长期同时并行，大概亦不可能。只有二《庄》内容不尽相同，长期得以同时并行，才较为合理。

《世说新语》注中关于向、郭《庄子注》的记载还有几条，也可看出一些问题：

（1）"秀将注《庄子》，先以告（嵇）康、（孙）安……及成，以示二子"云云，这说明向秀注《庄子》是在嵇康被杀（262）之前。故向秀注当属竹林时期。

（2）"秀本传或言，秀游托数贤，萧屑卒岁，都无注述，唯好《庄子》，聊应崔譔所注，以备遗忘"。这说明，向秀注也是在崔譔注的基础上发展而成的，只是向秀的《隐解》更带有时代精神，故"妙析奇致，大畅玄风"。这样的意义和《晋书·向秀传》所说郭象在向注基础上"述而广之"，致使"儒墨之迹见鄙，道家之言遂盛"，比较相似。盖魏晋人注书，常常都是把前人或同时代人的见解吸收在自己的注释中。

（3）"向子期、郭子玄逍遥义曰……"云云，刘孝标所见之向、郭的"逍遥义"是相同的，而与支遁义异，证明郭象确实吸收了向秀的许多见解。

（4）注引《文士传》（东晋张隐作）"象作《庄子注》，最有清辞遒旨"，又"殷中军问自然无心于禀受"条注引郭象《庄子·齐物论》"天籁者吹万不同"句注。可见张隐、刘孝标等所见《庄子注》就有向、郭两本并存，所谓郭象把向秀注"窃以为己注"，在当时也难成立。

（5）更重要的是，《世说新语》注本身就说明刘孝标所看到的向、郭注为不同的两种本子。《文学》篇"殷中军问自然无心于禀受"条，注引郭象注《庄子》"天籁者吹万不同"句与今本郭注全同。而"庄子逍遥游篇旧是难处"条，注中有一大段叙"向子期、郭子玄逍遥义"。可见刘孝标也知道郭象注和向秀注有相同的地方，也有不同的地方。其中不同的地方非常重要，它比较有力地说明郭象注对向秀注有很大的发展。

更能说明问题的则是，东晋张湛《列子注》、梁陶弘景《养生延命录》、唐陆德明《经典释文》以及李善《文选注》等，都分别说明所引用的《庄子注》，哪些是向秀的，哪些是郭象的。又东晋罗含《更生论》引向秀《庄子注》一条。

张湛《列子注》大约作于东晋中期，距离郭象逝世不过几十年，当时向、郭二注本尚同时流行，其中引向秀注四十余条，郭象注二十余条。《养生延命录》引向注四条，郭注一条。《经典释文》主要根据郭注本，但也引用向秀注六七十条。《文选》李善注引用向注只有几条，却大量引用郭象注。这一情况当可说明，从东晋到唐初，向、郭二本尚同样流行，唐以后郭象注就比向秀注流行更广，再后向注失传。这点还可从唐朝各种音义、音训的书得到证明，比如慧琳《一切经音义》引书甚多，只用郭象《庄子注》，不引向秀《庄子注》。唐末新罗学士崔致远《法藏和尚传》，在说到法藏的《新经音义》（即《新翻华严经梵语音义》）时说："《新经音义》不见东流，唯有弟子慧苑《音义》两卷，或者向秀之注《南华》，后传郭象之名乎？"可见至唐末，向秀注本已经失传。

上述各书所引郭象注和今本郭象注对照参阅，除少数例外，大都完全相同。这就说明，现存的郭象注，就是晋到唐时向、郭二《庄》同时并行的郭象注，因此把郭象注《庄》看做郭象著作是无问题的。问题是郭象注和向秀注究竟有什么关系？

我们用上述各书引用的向秀《庄子注》和现存郭象《庄子注》对照，确有很多相同的地方，这就说明郭象是大量地利用了向秀的旧注，但也可以看出两者之间有些重大的不同。第一，《经典释文·序录》明确地说明："向秀注二十卷，二十六篇"，并注说："一作二十七篇，一作二十八篇，亦无杂篇。"据此，向秀注本要比郭象注本少五六篇或七篇，故《世说》所谓郭象自注仅《秋水》等三篇则不确实。第二，上述各书引用二家注时，多为分别引用，有时则两注并存。例如，张湛《列子注》引向秀注"鲵旋之潘为渊"句是："夫水流之与止，鲵旋之与龙跃，常渊然自若，未始失其静默也。"接着引郭象注："夫至人用之则行，舍之则止……虽波流九变，治乱纷纭，居其极者，常淡然自得，泊乎忘为也。"（《黄帝》注）而今本《庄子》郭象注恰好将这两段合在一起，可见是郭象在抄录向秀注后，又加上了自己的话，使向注得到引申和发挥，扩大其思想。这就不仅是"定点文句"而已，而是"述而广之"了。这种情况在其他三种书的引用中也同时存在。第三，有些地方所引向注与今本郭注则很不相同。如《经典释文》所引向秀对《胠箧》篇"圣人已死则大盗不起"等句的注，就和今本郭注很不相同。向秀是从"变化日新"来解释，他说："事业日新，新者为生，故者为死，故曰圣人已死也。乘天地之正，御日新之变，得实而损其名，归真而忘其途，则大盗息矣。"郭象则是用"独化"的思想来解释，他说："竭川非以虚谷而谷虚，夷丘非以实渊而渊实，绝圣非以止盗而盗止，故止盗在去欲，不在彰圣知。"但"独化"这一概念各书所引向注不见，仅《列子注》中引有向秀一句说："唯无心者独远耳"，或者后来郭象把"独远"发展为"独化"。第四，郭象注不仅许多地方采用了向秀注，而且也采用了崔譔注和司马彪注。《人间世》的解题郭象则全抄自司马彪，有些地方郭象注也采用了司马彪注，而不引用向秀注，如对"罔两"的解释。《释文》"罔两"向、郭二注并存，"郭云：景外之微阴也。向云：景之景也"。据《文选》卷十四李善注说："郭象为罔两，司马彪为罔浪。罔浪，景外重阴也。"可见郭象是采用司马彪注。又《释文》"儵然"引向秀注为"自然无心而自尔"，又引郭象和崔譔注为"往来不难之貌"，此处郭象用崔注，而不用向注。郭象注《庄》，对前人旧注有所选择，是可以的，也是应该的。

上面所举向、郭二《庄》的种种不同，虽然不很重要，因为仅仅靠这些材料似乎还难充分说明问题。如果能提出在今本郭象注中有和上述诸书所引用的向秀注，发现重要观点不同，这才能比较充分地说明问题。是否有这样的材料呢？经过核查是有的。下面我们将着重讨论这个问题。

（四）从郭象和向秀思想的两点不同，看《庄子注》的问题

今本郭象《庄子注》的基本思想，在《庄子序》中，对它作了明确而精确的概括。尽管目前对此序是否为郭象所作尚存在着争论，但它概括地说出了这部注的基本思想，大概是不会有异议的。序中说这部注包含两个重要思想，一是"明内圣外王之道"；二是论证"上知造物无物，下知有物之自造也"。前者代表郭象对社会问题的总看法，或者说是解决"自然"和"名教"关系的总命题；后者代表他对整个宇宙的总看法，或者说是解决"无"和"有"关系的根本思想。通观《庄子注》，它们也围绕着这两个观点而展开。但各书所引向秀注，则多与上述两个观点不甚相同。《列子·天瑞》"故生物者不生，化物者不化"句，张湛注说：

> 《庄子》亦有此言。向秀注曰：吾之生也，非吾之所生，则生自生耳。生生者岂有物哉？（无物也，）故不生也。吾之所化，非物之所化，则化自化耳。化化者岂有物哉？无物也，

> 故不化焉。若使生物者亦生，化物者亦化，则与物俱化，亦奚异于物？明夫不生不化者，然后能为生化之本也。

向秀这段话大概是注《庄子·大宗师》"生生者不生，其为物也，无不将也，无不毁也……"的。这里郭象是删去了向秀的注，紧接着他就用"上知造物无物，下知有物之自造也"的观点来解释"生生"和"化化"。郭象注说："任其自将，故无不将；任其自迎，故无不迎"，等等，就是明证。而且上面说到《世说新语》注所引郭象注《庄子·齐物论》"天籁者吹万不同"句（今本郭注同）中说：

> 郭子玄注曰："无既无矣，则不能生有；有之未生，又不能为生，然则生生者谁哉？块然而自生耳，非我生也。我不生物，物不生我，则自然而已。然谓之天然，天然非为也。故以天言之，所以明其自然故也。"

这里用"自生"的观点否认有一"生有"者，显然是郭象的新思想。从上面抄录的《列子注》引用向秀的那段话来看，向秀并没有摆脱王弼、何晏"贵无"思想的影响，以为仍有一不生不化的"生化之本"。这实际上是认为，在"万有"之上有一作为"万有"存在的根据的"无"，或者说有一"造物主"。郭象不仅否认"无"能生"有"，而且从原则上也否认有任何东西能产生天地万物，并且批判了有"造物主"的观点，他说："万物万情，趣舍不同，若有真宰使之然也，起索真宰之朕迹，而亦终不得。则明物皆自然，无使物然也。"（《齐物论》注）又说："任其自生，而不生生。"（《庚桑楚》注）

在张湛《列子注》中，还引有向秀对《达生》"奚足以至乎先是色而已"句的注：

> 同是形色之物耳，未足以相先也。以相先者，唯自然也。

今本郭注删去了"以相先者，唯自然也"句。删去这句和留下这句是大不相同的。因为，"贵无"派的玄学家往往把"自然"和"道"或"无"同等看待，即认为"自然"是先于万物而产生万物的"生物之本"，或说是万物存在的根据。和王弼、何晏同时的"贵无"派玄学家夏侯玄说："天地以自然运，圣人以自然用。自然者道也，道本无名，故老氏强为之名。"王弼注《老子》"道法自然"句说："自然者，无称之言，穷极之辞也。"这里，王弼也和夏侯玄一样，把"自然"解释为先于天地万物的无以名状的存在。向秀的注，以为先于天地万物而存在的是"自然"，不管他对"自然"怎样解释，这种承认"相先"的观点，仍然表明他没有摆脱"贵无"思想的影响。而在郭象的注中则找不到"贵无"派"相先"思想影响的痕迹。而且郭象明确否认天地万物之先尚有任何先于天地万物的存在，从而堵塞了通向承认"造物主"的道路，如他说：

> 谁得先物者乎哉？吾以阴阳为先物。而阴阳者，即所谓物耳。谁又先阴阳者乎？吾以自然为先之，而自然，即物之自尔耳。吾以至道为先之矣。而至道者，乃至无也。既以无矣，又奚为先？然则先物者谁乎哉？而犹有物，无已。明物之自然，非有使然也。(《知北游》注)

这段注表明，确有以"自然"为一先物存在的实体者，故有"以自然为先"之说。郭象否认有"先物者"，并给"自然"下了明确的定义："非有使然"，即"物之自尔"，这个观点也是贯穿在整个他的《庄子注》中。如《逍遥游》注说："自然者，不为而自然者也。"《大宗师》注中也说："人皆自然，则治乱成败、遇与不遇，非人为也，皆自然耳。"像这样的观点，在郭注中不下十余处，不去一一列举了。

郭象和向秀在这个问题上的观点不同，至少说明两点：一是，郭象尽管采用了向秀的注，但他都是按照他自己的思想体系的需要而有所选择，凡是不符合"上知造物无物，下知有物之自造也"等思想的都在排除之列。因此，郭象的注只能是对向秀注的"述而广之"，不可能是把向注"窃以为己注"。二是，郭象和向秀上述观点不同，还说明了一个重要问题，即竹林时期向秀的思想正是正始时期王弼"贵无"向元康时期郭象"崇有"的过渡。如果依照这个发展线索来研究魏晋玄学发展的内在逻辑，将能比较清楚地说明许多问题。

"内圣外王之道"，几乎所有魏晋玄学家都在不同程度上讨论了这个问题。但是，郭象《庄子注》对这个问题却有他的特殊看法，即"圣人常游外以宏内"的新思想，向秀不仅没有这种思想而且还有相反的看法。

向秀除注《庄子》外，并著有《儒道论》一文（已佚），还注过《周易》，也已佚失，不过马国翰《玉函山房辑佚书》里还辑有数条，看不出有什么特别重要的思想。而另有《难养生论》一篇则比较重要，因为这篇文章涉及当时人们所注意的"名教"和"自然"的关系问题，也就是前面说的"内圣外王之道"的问题。对于所谓"自然"，魏晋玄学家尽管有不同的解释，但从根本上说都是把"自然"和"名教"看成为一对矛盾，并用种种不同的观点来解释它们两者之间的关系。

嵇康作《养生论》，以为"神仙禀之自然，非积学所致，至于导养得理，以尽性命，若安期、彭祖之伦，可以善求而得也"[①] 因而嵇康认为，"调节嗜欲，全息正气"，即可长生。向秀作《难养生论》，表示不同意嵇康的观点。他认为，人们的"求食"、"思室"等是"自然之理"，不应压制；为了求长生而压制这些"自然之

---

① 嵇喜：《嵇康传》，见《文选》李善注引。

理"是"悖情失性"、"不本天理",不仅做不到,而且会使生活失去其意义。所以在他批判了违反人的自然本性以求长生的种种做法之后,说:"长生且犹无欢,况以短生守之耶?"那么如何能既顺应人的自然本性,又使社会不致陷于混乱呢?向秀认为,只需对人们天生的欲望要求"节之以礼"就可以了。向秀这个观点在当时"越名教而任自然"相当广泛流行的情况下,是一种企图调和"自然"与"名教"的矛盾的观点,谢灵运《辨宗论》中说:"向子期以儒道为一",或者与此不无关系。

从原则上说,嵇康、阮籍和王弼、何晏一样也是把"自然"看成是根本的,"名教"看成是派生的。然而嵇康、阮籍并没有因此得出和王弼、何晏相同的结论。如果说王、何认为"名教"应当而且根本上说必然反映"自然",那么嵇、阮则认为"名教"只是应当而未必必然反映"自然"。王、何在积极为现实社会的合理性作论证,嵇康、阮籍则在为否定现实社会的合理性造舆论。

嵇康、阮籍这种对待现实社会的态度,以及对"名教"和"自然"关系的看法,在当时影响是很大的。向秀作为"竹林七贤"之一,并且和嵇康的关系很密切,他们在思想上自然有许多共同之点。然而由于他们所处的具体环境和个人性格的不同,思想也就有着很大的差异,甚至可以说存在着发展方向的不同。嵇康对现实不满,具有强烈的反抗性,所以他当时并不想调和"名教"和"自然"的矛盾;向秀虽也不满现实,但他却有很大的妥协性。据《晋书》本传记载:"康既被诛,秀应本郡计入洛,文帝问曰:闻有箕山之志,何以在此?秀曰:以为巢、许狷介之士,未达尧心,岂足多慕。"这种态度反映了向秀和嵇康在性格上有很大的不同,自然也会影响他们的哲学思想。

向秀也认为"自然"是根本的,而"名教"和其他事物是派生的,"同是形色之物,未足以相先。以相先者,唯自然耳"。甚至有时他也提倡"越名教而任自然"，他说："任自然而覆载，则名利之饰皆为弃物"，"弃人事之近物也"（《列子注》引）。尽管如此，但向秀的基本态度是要调和"名教"和"自然"。向秀对"自然"作了新的解释，使之和王、何与嵇、阮都不相同，在《难养生论》中，他说：

> 有生则有情，称情则自然，若绝而外之，则与无生同。何贵于有生哉？且夫嗜欲，好荣恶辱，好逸恶劳，皆生于自然。夫天地之大德曰生，圣人之大宝曰位，崇高莫大于富贵。然富贵，天地之情也。贵则人顺己以行义于下，富则所欲得以有财聚人，此皆先王所重，关之自然，不得相外也。又曰：富与贵，是人之所欲也，但当求之以道义。

又说：

> 夫人含五行而生，口思五味，目思五色，感而思室，饥而求食，自然之理也，但当节之以礼耳。

又说：

> 且生之为乐，以恩爱相接。天理人伦，燕婉娱心，荣华悦志。服飨滋味，以宣五情。纳御声色，以达性气。此天理自然，人之所宜，三王所不易也。

《列子注》引向秀语：

> 夫实由文显，道以事彰。有道而无事，犹有雌无雄耳。

从上引文可知：第一，向秀把人的一些自然本能（"求食"、"思室"等）和社会生活中的一些要求（"富贵"、"荣华"等），都看成是"自然之理"。因此，尽管向秀没有否定有一不生不化的"生化之本"，而他对所谓"自然"概念的含义的了解显然与王弼等把"自然"作为天地万物之本体很不相同。第二，所谓"任自然"就包含着使上述要求得到满足，"称情则自然"，而不应压制这些要求，这点又与嵇康分道。嵇康的《养生论》中说：

> 修性以保神，安心以全身，爱憎不栖于情，忧喜不留于意，泊然无感而体气和平。又呼吸吐纳，服食养身，使形神相亲，表里俱济也。

> 善养生者……清虚静泰，少思寡欲。……外物以累心，不存神气，以醇白独著，旷然无忧患，寂然无思虑，又守之以一，养之以和，和理日济，同乎大顺。然后蒸以灵芝，润以醴泉，晞以朝阳，绥以五弦，无为自得，体妙心玄。忘欢而后乐足，遗生而后身存，若此以往，庶可与羡门比寿，王乔争年，何为其无有哉。

向秀以为，这种养生之谈，是一种营营惜生而悖自然之理，所以他在《难养生论》中说：

> 夫人受形于造化，与万物并存，有生之最灵者也。异于草木，草木不能避风雨，辞斤斧；殊于鸟兽，鸟兽不能远网罗，而逃寒暑。有动以接物，有智以自辅。此有心之益，有智之功也。若闭而默之，则与无智同，何贵于有智哉！有生则有情，称情则自然。

> 今若舍圣轨而恃区种，离亲弃欢，约己苦心，欲积尘露以望山海，恐此功在身后，实不可冀也。纵令勤求，少有所获，则顾影尸居，与木石为邻，所谓不病而自灾，无忧而自默，无丧而疏食，无罪而自幽。追虚徼幸，功不答劳，以此养生，未闻其宜。故相如曰：必若欲长生而不死，虽济万世犹不足以喜。言悖情失性，而不本天理也。长生且犹无欢，况以短生守之耶？

第三，向秀认为，使这些要求得到满足，与"名教"并无矛盾，盖此种种要求为"三王所不能易"者，只需"节之以礼"、"求之以道义"即可。而"名教"之不可废，盖如"实由文显，道以事彰"，如"任自然"而"非名教"，则如"有雌无雄"也。所以向秀这种"任自然"，和王、何鼓吹的"我之所欲为无欲，而民亦无欲而自朴"不同，也和嵇康提倡的"绝五谷，去滋味，寡情欲，抑富贵"大相径庭。魏晋玄学家同讲"任自然"，但讲得如此不同，这也是当时思想大解放的一种表现吧！向秀在魏晋玄学中有着重要的地位，和他在新的条件下提出这种对"自然"的新解释，以及他调和"名教"、"自然"的新方向是分不开的。这个新解释就是把超现实的"自然"逐步拉回到现实的"万有"之中。这个新方面就是由"贵无"向"崇有"过渡的桥梁。

郭象《庄子注》在调和"名教"与"自然"的矛盾问题上比向秀又大大前进了一步，表现了对向秀思想很大的发展。郭象的《庄子注》不仅认为"名教"和"自然"全无矛盾，而"外王"与"内圣"简直就是一回事。这个观点集中地反映在《逍遥游》注"夫神人，即今所谓圣人"和《大宗师》注"圣人常游外以宏内"两段话中。前一段话说的是，圣人是"在庙堂之上"的，是"历山川，同民事"的，他尽管这样仍可"心无异于山林之中"。后一段话说的是，最能"游外"的方可以"冥内"，所以圣人是"常游外以宏内"的，是能够"终日挥形而神气无变"的。这两段话就是郭象对"内圣外王之道"的特定的解释，是他对魏晋玄学的新发展。如果说，向秀的"以儒道为一"只是把"名教"和"自然"的矛盾看成是可以协调的，在他那里"自然"仍是"自然"，"名教"仍是"名教"，儒道还是两行，那么郭象就不一样了。从某种意义上说，他认为"名教"就是"自然"，"庙堂"就是"山林"，真正的"外王"必然也是"内圣"，充分的"有为"必是最完美的"无为"，孔教和老庄是一而二、二而一的。

郭象这种对"名教"和"自然"关系的看法，在今本《庄子注》中是非常之多的，例如在《逍遥游》注中说：

> 若独亢然立乎高山之顶，非夫人有情于自守。守一家之偏尚，何得专此？此故俗中之一物，而为尧之外臣耳。若以外臣代乎内主，斯有为君之名，而无任君之实也。

又说：

> 然未知至远之所顺者更近，而至高之所会者反下也。若乃厉然以独高为至，而不夷乎俗者，斯山谷之士，非无待者也。奚足以语至极而游无穷哉？

《大宗师》注说：

> 夫游外者依内，离人者合俗。

《天地》注说：

> 圣人未尝独异于世，必与时消息，故在皇为皇，在王为王，岂有背俗而用我哉！

《秋水》注说：

> 天然在内，而天然之所顺者在外，故《大宗师》曰：知天人之所为者至矣。明内外之分，皆非为也。

从至极的境界上说，把"山林"和"庙堂"等同，"游外"和"游内"齐一，这个新思想在上述各书所引的向秀注中是找不到的，而《文选》李善注两次引用了郭象注的这个思想，卷二十二注引郭象《庄子注》说：

> 所谓尘垢之外，非伏于山林而已。

卷二十六注引郭象《庄子注》说：

> 以方内为桎梏，明所贵在方外，夫游外者依内。

这一情况难道能说是偶然的吗？何况"游外宏内"的理论和向秀《难养生论》中的观点又是那么不同呢！

郭象和向秀在这个问题上存在观点的不同，至少又说明两点：一是，郭象尽管是沿着向秀"以儒道为一"的路线在发展，但他确实在这个问题上提出了与向秀颇不相同的新理论，甚至可以说用"述而广之"已经不能概括郭象对向秀思想的发展了；二是，又进一步说明，向秀思想具有正始王、何"贵无"向元康郭象"崇有"的过渡性。魏晋玄学从王、何"贵无"的重"自然"，经向秀的任"自然之理"与"节之以礼"的调和儒道二家过渡性理论，发展到郭象的"庙堂"即"山林"、"名教"即"自然"的合一论，这可以说是魏晋玄学发展的必然趋势，也就是说郭象哲学是魏晋玄学发展的高峰。其所以如此，就因为郭象的思想体系能比较更好地适应魏晋时期当权的门阀世族的根本要求。

从正始到永嘉，从王弼到郭象，不过六七十年，魏晋玄学在这短短的几十年中发展着，并较充分地实现了它的历史使命。虽东晋尚有注《列子》的张湛，但其思维水平并未超过郭象，而且多沿袭王、何旧说，用于养生，而配合着佛、道二教的流行。王、何于正始发其端，提倡"任自然无为之道"；竹林嵇、阮"有疾"而发，鼓吹"越名教而任自然"；泰始、元康之际"放荡形骸"、"诽毁六经"之风尤盛，王澄、胡毋辅之之徒"或至裸体"。乐广虽为玄学名匠，也看不惯这种风气，曾批评说："名教内自有乐地，何必乃尔。"元康以后，"放达之风更盛"，戴逵指出："古之人未始害名教之体……若元康之人，可谓好遁迹而不求其本。"看来，解决"名教"和"自然"的矛盾，实在是贯穿玄学中的一大难题。

向秀对当时"放荡形骸"、"诽毁六经"的现象也不很满意，故有"节之以礼"、"以儒道为一"的主张。他注释《庄子》当亦欲在老庄思想的基础上解决上述难题，不过向秀并没有完成这个任

务，"名教"与"自然"仍是二行。裴頠在其《崇有论》中取消了
"贵无"的所谓"自然"，根本改变了"名教"和"自然"两者之间
的关系，以"有"为根本，以"无"为"有"消失的状态，提出
"居以仁顺，守以恭俭，率以忠信，行以敬让"的主张。到郭象，
他既是沿着向秀"以儒道为一"的新方向，把"名教"与"自然"
合二为一，把老庄化为孔丘，给孔圣人穿上玄学道袍；又是把裴頠
的唯物主义"崇有"，改造成唯心主义的"崇有"，从而在魏晋玄
学范围内完成了王弼没有能完成的任务。

　　"自生"、"自化"这一类概念，当然并非魏晋玄学家所创造，
在老庄哲学中固已有之，然而把它作为一个重要的哲学问题，而
给予普遍的重视，则是魏晋玄学所特有的。向秀使用"自生"、
"自化"等概念虽是和生生化化的"生化之本"相联系，但其"自
生"的理论却对裴頠的"崇有"理论发生了很大作用。郭象的《庄
子注》处处都可以看到，他极力否定在"万有"之上还有一个支
配者，不管它是"无"也好，是"道"也好，是"自然"也好，而
宇宙间只有"有"是唯一的存在。郭象在论证这个问题时，借助
的就是"自生"、"自化"等概念。从这点看，郭象的"崇有"也和
裴頠的"崇有"有一定的联系。但是郭象没有就此止步，他对"自
生"、"自化"作了和裴頠很不相同的解释，这可概括为以下三点：

　　第一，裴頠认为，"有"是"自生"而非"无"所生，只是说
"始生者自生也"，并非认为一切事物在任何情况下都是"自生"
的，而认为"有"亦可生"有"，"有"亦可济"有"。郭象和裴頠
不同，他不但否认"无"能生"有"，甚至也否认"有"能生
"有"。他用了一个极端的例子来说明他的观点，他认为"罔两"
和"影"、"形"一样都是"自生"的，非有所待，"造物者无主，
而物各自造；物各自造，而无所待焉"，所以"罔两非景之所制"，
"景非形之所使"。一切事物都是"自有"，所以他说："有之不能为

有，而自有耳。"这种过分强调"自有"的观点从理论上说也有一定的困难，笔者后面将在分析郭象哲学的矛盾时讨论。

第二，裴頠虽未对"有"作比较明确的说明，然从其《崇有论》的倾向看，他大体认为"有"既包括自然界的一切事物（物），又包括人类社会中的一切活动（事），也就是说，他认为客观存在着的一切都叫做"有"。表面上看，郭象似乎也承认客观存在着的一切都叫做"有"，问题是他所谓的"有"是如何存在着。郭象认为，"有"是"自生"的，而此"自生"都是"突然"、"掘然"、"忽然"而生的，和其他任何事物都没有关系，他把这种现象叫做"无待"。"有"既然都是"忽尔自生"，那么在"万有"之间就没有什么共同性，而是各有各自的"性"，各又根据各自的"性"存在着，"物各有性，性各有极"。郭象还把事物这种绝对地独立自足地存在着、变化着的状态名之为"独化"。在此，郭象虽然取消了作为"万有"的本体之"无"或"造物主"，却又赋予了"有"以神秘性，使所谓"有"和客观存在着的事物的真实情况相脱离了。

第三，裴頠承认事物之间的相互联系和相互影响，他把每个事物都看成是整个宇宙的一部分，因此是"所禀有偏"，而"偏无自足，故凭乎外资"，"有之所须，所谓资也"。从表面上看，郭象似乎也不否认事物之间的相互联系和相互影响，比如他认为大鹏"非冥海不足以运其身，非九万里不足以负其翼"，似乎事物有所待，有所资。其实郭象并非真的认为大鹏之飞需这些"外资"，因为大鹏飞也好，不飞也好，都是"自足其性"的。其不飞，并不失其有"大力"的本性；其飞九万里，也正是它有"大力"的本性的表现，其性自足，无待外资。至于"冥海"之大，"九万里"之远，也和大鹏的存在一样，并不因为有大鹏才大才远，其存在同样是"自足其性"的。所以郭象进一步提出，每个事物只要照其本性的要求去做，那就是绝对的"自由"。从这点看，郭象的"自足其性"

和裴𬱖的"偏无自足"又是很不相同的。

从以上几点，我们大体可以看出，郭象的思想既对裴𬱖的"崇有"作了根本改造，又排除了向秀思想体系中"贵无"派"以无为本"的残余。他的"崇有"、"独化"的哲学体系更加精致了。

郭象"无心而任自然"的思想，也是从向秀那吸取来的。向秀说："得全乎无者，自然无心，委顺至理也。"① 不过郭象又把这一思想向前发展了，他认为"无心而任自然"就可以"独化于玄冥之境"。"独化于玄冥之境"是郭象哲学欲引出之最后命题。所谓"独化"，就是说独立自足地存在着，变化着，"外不资于道，内不由于己，掘然自得而独化"；所谓"玄冥之境"，并非是在现实世界之外的超现实的彼岸世界，而是指在现实世界中的一种精神境界。如果人能把自己看成是绝对的独立存在，就可以在任何时候、任何地方随遇而安，有了这种认识和生活态度就是"独化于玄冥之境"；如果用此种认识和此种态度进行统治，那就是行了"内圣外王之道"；如果以此治天下，而使所有的人都能依其本性随遇而安，那么此社会就是最理想的社会，即行了"内圣外王之道"的社会。魏晋玄学于此完成了它的历史使命。说它完成了它的历史使命，即指它比较充分而完满地满足了当权的门阀世族的要求。郭象的哲学的现实意义即在于此。

郭象改造了庄周，把庄周所虚构的超现实的彼岸世界拉回到现实的此岸世界，而他并不在形式上否定"无何有之乡"的"玄冥之境"，以为这全在人的看法，如果能"虽在庙堂之上，然其心无异于山林之中"，那就是"即世间而出世间"，在此岸而到彼岸。所以郭象认为，把"名教"和"自然"、"游外"和"宏内"、"神

---

① 郭象"无心而任自然"的思想，也是受司马彪的影响。司马彪《庄子·人间世》解题中有："唯无心而不自用者，为能随变所适而不荷其累"，郭象全抄此解题。"无心"这一概念常为魏晋玄学家所使用，如嵇康的《家诫》说："故以无心守之，安而体之，若自然也。"孙绰《论语集解》："圣人无心，故即以物畏为畏也。"

人"和"圣人"等分开来只是一种看法，而如果改变了这种看法，那就会看到"外王"就是"内圣"，"游外"即是"宏内"，"神人即今所谓圣人也"。这样一来，"名教"和"自然"就合二而一了。甚至郭象认为，能超越现实的必然能在"名教"之中，能远离人群的，必然能顺应世俗，"遗物"恰恰是为了更好的"入群"，"坐忘"恰恰是为了更好的"应务"，"是以遗物而后能入群，坐忘而后能应务，愈遗之愈得之"。郭象既然否定了庄周以"方内"与"方外"为两行的观点，从而大大发展了向秀"以儒道为一"的新思想。

郭象的哲学，不仅保存了玄学思辨性的特点，用老庄思想改造了儒家礼教，给封建统治披上了玄虚的超现实的外衣，而且用儒家的重世事的精神充实了老庄哲学的崇玄虚，把超现实的"玄冥之境"拉回到现实的人间，因而更适合门阀世族的性格和口味。郭象注《庄子》，正是要适合既可"宅心玄远"，又可不废"名教"；既可得到清高的虚名，又可过着淫逸侈靡的生活；既可得到压迫剥削最大的实惠，又可泰然处之而心安理得的士族集团的要求。

郭象的哲学要取消对立，调和矛盾，这当然是他的主观妄想，它只不过是当时门阀世族一相情愿的主观要求，全然不能解决现实中存在的种种矛盾。农民并没有因此而安于"皂隶"的地位而不起来造反；地主阶级内部也并没有因为"自足其性"而不争权夺利。郭象的哲学要证明"一切现实都是合理的"，恰恰说明现实的一切是那么的不合理；郭象企图要肯定现存的一切方面，恰恰说明现实的一切方面都应当被否定。这难道不正是历史的辩证法吗？

第八章　郭象与裴頠

　　郭象和裴頠一样，他们的哲学都被称为"崇有"，并且都把何晏、王弼的"贵无"作为他们批判的对象。因此，郭象和裴頠在思想上无疑有许多共同之点，但有没有什么差异呢？从他们的差异是否可以看到魏晋玄学发展的轨迹呢？这是本章打算讨论的问题。

　　裴頠生于西晋武帝泰始三年（267），卒于西晋惠帝永康元年（300），约比郭象晚生十四年，早死十二年，他们可以说是生活于相同的时代。据袁宏《名士传》说，魏晋学术发展可以分为三个时期，即正始时期、竹林时期和中朝时期。在中朝时期中所列举的名士乐广、王衍等多为西晋元康、元嘉时期的人，而裴頠和郭象大体上也都是这个时期的名士。有学者认为，竹林时期和正始时期的玄学一样都是"贵无"派，因此是玄学发展的同一个时期，属于玄学发展的第一阶段；而裴頠的"崇有论"为玄学发展的第二阶段；郭象"无无论"则是玄学发展的第三阶段，也是玄学发展的最高峰。这种对魏晋玄学发展阶段划分，当然不能说全无道理，但也存在可以商榷的问题。第一，何晏、王弼"贵无"并不要求"越名教"（"废名教"），而竹林时期的嵇康、阮籍则提出"越名教而任自然"，因此和何、王有着明显的不同。第二，如果说郭象是"无无论"，那么裴頠也可以说是"无无论"，在"有"和"无"的问题上他们没有多大区别（如据《资治通鉴》卷八十二引《崇有论》又当别论）。第三，从魏晋玄学的发展上看，王、何"贵无"可以引出两个方向：一是嵇康、阮籍的"越名教而任自然"；二是向秀的"以儒道为一"。而向秀思想中的"当节之以礼"可以发展成为裴𫖯的"崇名教而抑自然"；其中的"任自然之理"可以发展为郭象的"不废名教而任自然"。所以看来袁宏把魏晋思想分为三期的分法更合乎实际。

《世说新语·文学》注引《晋诸公赞》说："𫖯疾世俗尚虚无之理，故著《崇有》二论以折之，才博喻广，学者不能究。"《晋书·裴𫖯传》亦谓：𫖯作"《崇有》之论"。然《三国志·裴潜传》注引《惠帝起居注》则说：裴𫖯"著《崇有》、《贵无》二论，以矫虚诞之弊，文辞精富，为世名论"。现《晋书》本传载有《崇有论》全文，司马光《资治通鉴》卷八十二亦节录有《崇有论》，而文字有所不同，而《贵无论》则不见，故有学者认为，裴𫖯既然反对"贵无"，如何能著《贵无论》呢？因此认为，《世说新语·文学》注所说"《崇有》二论"的"二"字是"之"字之误，《惠帝起居注》中之"贵无"二字为后人妄加。我认为这个看法也是可以商榷的。如果仅《惠帝起居注》一处如此，或可推论说"贵无"二字为"妄加"，但孙盛《老聃非大贤论》还有如下一段："昔裴逸民作《崇有》、《贵无》二论，时谈者或以为不达虚胜之道者，或以为矫时流遁者。余以为尚无既失之矣，崇有亦未为得也。……而伯阳以执古之道，以御今之有；逸民欲执今之有，以绝古之风，吾故以为彼二子者，不达圆化之道，各矜其一方者耳。"（《广弘明集》卷五）孙盛，东晋人，距裴𫖯去时未远，而且从他的论述看，他当是看到此《崇有》、《贵无》二论的，因为裴𫖯主张"崇有"，所以他作的《贵无论》当然是"不达虚胜之道"的；而其《崇有论》自是"以为矫时流遁者"。因此，说裴注引《惠帝起居注》中的"贵无"二字为后人妄加，似根据不足。不过由于裴𫖯的《贵无论》已佚，这里我们也就只能根据他的《崇有论》来讨论他的思想了。这里还必须说明，以下只是根据《晋书》所载《崇有论》来讨论裴𫖯思想，若据《资治通鉴》卷八十二所节录之《崇有论》，则有更多问题讨论，因此非与本章有关，故不详论。①

　　裴頠著《崇有论》的目的，无疑是要"疾世俗尚虚无之理"、"矫虚诞之弊"的。但是，裴頠对"贵无"思想也不是简单的否定，他不仅指出老子的"贵无"学说有其有意义的一面，而且论及产生这种思想的原因。裴頠认为，"欲衍情佚"、"擅恣专利"，过分追求物欲，不仅对自己有害，还会引起社会的争夺与混乱。《崇有论》说：

　　　　老子既著五千之文，表摭秽杂之弊，甄举静一之义，有以令人释然自夷，合于《易》之损、谦、艮、节之旨。②

但是，裴頠认为，这只是看到问题的一个方面，即"无为"的好处，可它却不能算是根本道理，"损、艮之属，盖君子之一道，非《易》之所以为体守本无也"。而"贵无"论者不仅没有看到这种理论的片面性，反而把它加以夸大，把它说成是根本道理。于是"贵无"论者由提倡"贵无"，而导致"贱有"，"贱有则必外形，外形则必遗制，遗制则必忽防，忽防则必忘礼。礼制弗存，则无以为政矣"。这就是说，提倡"贵无"的人，从主张"无为"而导致反对"有为"；从崇尚"自然"发展到反对"名教"，以至于社会风气败坏，"故砥砺之风，弥以陵迟，放者因斯，或悖吉凶之礼，而忽容止之表；渎弃长幼之序，混漫贵贱之级。其甚者至于裸裎，言笑忘宜"。为了维护社会的稳定、上下安宁，裴頠提出，应"居以仁顺，守以恭俭，率以忠信，行以敬让"，即认为必须维护"名教"，这是"圣人为政之由"。由上引《崇有论》看，裴頠反对"贵

---

① 关于《资治通鉴》中裴頠《崇有论》问题可参见拙作《裴頠是否著有〈贵无论〉》，见《学人》第十辑，345～350页。

② 《群书治要》卷二十九《晋书·百官志》中载，裴頠上书中谓："人知赋务，各守其所，下无越分之臣，然后治道可隆，颂声能举。故称尧舜劳于求贤，逸于使能。分业既辨，居任得人，无为而治，岂不宜哉？"

无"，大概是针对"越名教而任自然"所造成的不良社会风气所发的，是出于一种维护"名教"的社会责任感。郭象的思想显然并不像裴頠那样只是为了维护"名教"，而是要为"名教"找一合理的根据，他的主张是"任自然"就是"崇名教"，提倡的是"虽在庙堂之上，然其心无异于山林之中"，自与裴頠所论不同，兹不详论。

如果裴頠的《崇有论》只如上述所论，那么它本身并没有什么哲学上的意义，他也就不能算是"善谈名理"者，而能与王弼这样的玄学家相匹敌了。据《世说新语·文学》载谓："裴成公（頠）作《崇有论》，时人攻难之，莫能折，唯王夷甫（王衍）来，如小屈。时人即以王理难裴，理还复申。"这就是说，由于裴頠的《崇有论》和当时流行的"贵无论"大不相同，因此受到很多人的批评，但又无法驳倒他，只有王衍或者可以稍稍使之退让。又《世说新语·文学》注引《晋诸公赞》："乐广与頠清闲欲说理，而頠辞喻丰博，广自以体虚无，笑而不复言。"可见裴頠于辩名析理上颇有辩才。那么裴頠在哲学上有什么贡献呢？我们能不能认为他是一位玄学家？他的"崇有"思想与郭象的"崇有"有什么异同？

我们知道，魏晋玄学讨论的主要问题是"有"与"无"的问题，《老子》中论及"有"、"无"关系的主要是第四十章"天下万物生于有，有生于无"，裴頠在《崇有论》中针对这点说：

> 观老子之书，虽博有所经，而云有生于无，以虚为主，偏立一家之辞，岂有以而然哉！

这表明，从哲学的观点上看，裴頠主要批评的是老子思想中的"有生于无"的观点，而"有生于无"正是王弼的"贵无"思想不能自圆其说的方面。王弼要建立"以无为本"的本体论，并且提出"无不可以无明，必因于有"，按照其论体系本身的要求应抛弃"有生于无"这种宇宙构成论的观点，但王弼体系中没有解决这个问题，如《老子》第三十四章注中说："万物皆由道生。"裴頠恰能抓住这点，对"贵无论"进行了批评，可谓甚有洞见。《崇有论》的最后一段说：

> 夫至无者无以能生，故始生者自生也。自生而必体有，则有遗而生亏矣。生以有为己分，则虚无是有之所谓遗者也。故养既化之有，非无用之所能全也。理既有之众，非无为之所能循也。

这一段是裴頠对他的"崇有"思想的哲学阐述，其基本思路和郭象的"崇有"思想是一致的。他们都把"无"解释为"虚无"（即不存在），既然是什么都没有，那自然不能产生什么，所以"存在的"只能是"自生"的。"自生"这个概念并非裴頠或郭象首先提出，早在王充的《论衡》中已多次使用，如说："天地合气，物偶自生"，"夫天地合气，人偶自生"。"自生"这一概念的引入玄学，当然是针对"贵无论"的"有之为有，恃无以生"的"有生于无"的观点。但是如果仅仅批评"有生于无"的观点，那还不能说是完全针对了"贵无论"的问题，故裴頠进一步说："自生而必体有。""自生而必体有"这个命题非常重要，从某种意义上说它正是针对着"以无为体"（"以无为本"）而提出的，意谓"万有"的"自生"是以其自身的存在为根据（本体）。"有"即是其自身存在的根据，在"有"的背后（之外、之上）不再有什么"无"作为其本体。在《崇有论》开头已经表明了他的基本观点，他说："总混群本，宗极之道也"，整个无分别的群有本身就是最根本的"道"，或者说"道"最根本的意思就是指整个无分别的群有本身，并非在"群有"之上还有什么超越"群有"的"道"。"贵无论"常以"无"说"道"，如谓："道者，无之称也。无不通也，无不由也，况之曰道，寂然无体，不可为象。"（《论语释疑》）所以"道"乃是超越"万有"的。不过王弼的哲学其创新方面不是对"有生于无"的论证，而是对"以无为本"的论证，他说："天下之物，皆以有为生；有之所始，以无为本。将欲全有，必反于无也。"（《老子》第四十章注）"万有"之所以存在，是因为有"无"作为它存在的根据（本体），如果要成全"有"，就必须了解"有"存在所根据之"无"。盖因只有无规定性之"无"才可以成全一切有规定性之"有"。因此，针对"以无为本"，"自生而必体有"这一命题，既否定"无"的实体意义，又否定"无"的本体意义，可以说包含着"以有为体"的意义。这里可以说，裴頠这个命题表明"自生"的主体是"有"，也就是说"有"就是物之"性"，这样裴頠的"自生而必体有"就和郭象的"物各有性"相似了。王弼的"以无为本"，把"无"看成是"有"存在的根据，因此他认为，根据本体之"无"而存在的天地万物都是有道理（有规律）的，所以他说："物无妄然，必由其理。统之有宗，会之有元。故繁而不乱，众而不惑。"（《周易略例·明象》）事物的"理"的必然性正在于"统一性"之"无"，离开统一性之"本体"（无），则无从把握事物之必然性（理）。裴頠很可能是针对王弼上述观点提出的："理之所体，所谓有也。""理"只是物之理，只能以"有"为其"本体"（体），也就是说"理"不能离开"有"而存在。郭象同样认为"理"只是物之理，是物自然而然具有的，不是外在于事物的，如他说："夫我之生也，非我之所生也……凡所有者，凡所无者，凡所为者，凡所遇者，皆非我也，理自尔耳。"（《德充符》注）人的一生所作所为，都是由其所具之"理"所规定的，不是自己可以自由选择的，这个"理"是自然而然的，不得不然的，所以郭象又称"理"为"命理"，即事物内在必然性的意思。而这种必然之"理"是以事物的存在为根据的，郭象说："自然之理，有寄物而常通也。"（《外物》注）对于"理"的了解，裴頠和郭象大体也相同。

但是，裴頠的"崇有"和郭象的"崇有"是不是也有不同呢？照我看至少有以下四点显著的不同：

一、"有始"与"无始"

裴頠《崇有论》中说："夫至无者无以能生，故始生者自生也。"这几句话中的"夫至无者无以能生"和郭象的"无则无矣，则不能生有"是一致的。但后面的"故始生者自生也"，则和郭象思想不相同，后面一句可以说包含两层意思：其一是说"始生"只能是"自生"；其二是说"万有"有个"始生"的问题。就后面一点，会令人产生疑问："万有"有没有一个"始生"的问题？当然，就个别事物说是有个"始生"的问题，但就自然界整体说难道也有个"始生"问题？在裴頠的《崇有论》中至少没有分清这两个问题。而在郭象的《庄子注》中则没有"万有"（万物）始生的问题，并且他批评了这种"有始"的观点，《知北游》注中说：

> 谁得先物者乎哉？吾以阴阳为先物。而阴阳者，即所谓物耳。谁又先阴阳者乎？吾以自然为先之，而自然，即物之自尔耳。吾以至道为先之矣。而至道者，乃至无也。既以无矣，又奚为先？然则先物者谁乎哉？而犹有物，无已。明物之自然，非有使然也。

这里郭象的意思是说，由于没有一个先物者，因此推究上去万物的存在没有开始，"犹有物，无已"。与此相关，他还提出"常存"的观点，他说："天地常存，乃无未有之时。"天地没有个开始。这点又和他对"宇"、"宙"的解释相关联，他说："宇者，有四方上下，而四方上下未有穷处"，"宙者，有古今之长，而古今之长无极"（《庚桑楚》注）。从理论的圆满上说"自生"应该是"无始"的，在这一点上郭象比裴頠似乎高明一层。为什么裴頠在理论上会

发生这样的问题？很可能是由于他对"有"这一概念可能包含的
两重意思没有分清。如他说"自生而必体有"，这里的"有"不应
只是指"个别的物"，而应是指一般意义的"万有"或"物之全
体"；但是说"生以有为己分"、"虚无是有之所谓遗者"，这里的
"有"是指个别事物，因为作为一般意义的"有"或"有之全体"
是不能变为"无"的。然而郭象对这个问题的论说则比较圆满，
他说："非唯无不得化而为有也，有亦不得化而为无矣。是以夫有
之为物，虽千变万化，而不得一为无也。不得一为无，故自古无
未有之时而常存也。"（《知北游》注）郭象这里的"有"就是"常
有"，它是"万物之总名"，所以郭象不用"始生"这样的概念。但
是，由于郭象对"有"或"物"的两层意思有时也没有分清，而在
理论上仍有不周全处，这点将在《郭象哲学中的理论问题（上）》
一章中讨论。

二、"外资"与"独化"

《崇有论》首段中说："夫品而为族，则所禀者偏；偏无自足，
故凭乎外资。"这意思是说，万物互相区别，而成为不同的类别，
因此它们各自所禀受的都有所偏；既然任何一物都各有所偏，因
此不能是自足的，这样就要对其他的事物有所依靠。裴頠的这个观
点也和郭象的理论很不相同。郭象的"独化论"是以任何事物都
是"自足其性"立论的，如他说："凡得之者，外不资于道，内不
由于己，掘然自得而独化也。"（《大宗师》注）事物凡得其自性而
存在者，既不靠外在的条件，也不是由自己刻意所能追求的，是
没有什么道理和原因得以存在，而能独立自足生生化化的。因为，
你要找寻此事物存在的条件，那么就等于说如果没有这样的条件
此事物就不存在了，这样追寻下去是无穷无尽的，当追寻到最后，

就会得出"寻责无极，卒于无待，而独化之理明矣"（《齐物论》注）。他追寻到最后，能得到的只能说是事物的存在是没有条件和原因，这样独化的道理是很明白的。《庄子·天运》有云："云者为雨乎？雨者为云乎？"郭象注谓："二者俱不能相为，各自尔也"；"自尔，故不可知也"。为什么呢？郭象说："夫物事之近，或知其故，然寻其原以至乎极，则无故而自尔也。自尔则无所稍问其故也，但当顺之。"郭象的这个认为事物的存在是"无故"的观点，对于反对目的论是有意义的，但如果推而极之，认为个体事物的存在是无任何条件的，这就可能导致神秘主义，而使事物成为不可知之自在之物了。

三、"无为"与"有为"

裴頠的《崇有论》反对"无为"，如他说："理即有之众，非无为之所能循也。"治理社会上的众人，不是"无为"可以办得到的。因此，他主张"君人必慎所教，班其政刑，一切之务，分宅百姓，各授四职，能令禀命之者，不肃而安，忽然忘异，莫有迁志"云云，又说："礼制弗存，则无以为政矣。"这就是说，要以"礼制"治天下，不能以"不治"（无为）治天下。然而郭象主张"以不治治之"，如他说："夫能令天下治，不治天下者也。故尧以不治治之，非治之而治者也。"（《逍遥游》注）郭象和裴頠为什么有这样的不同呢？

盖因郭象的思想是以"任自然"为基础，而裴頠的思想则以"崇名教"为根基。郭象说："物皆自然，无为之者也"（《大宗师》注），"自然者，不为而自然也"（《逍遥游》注），照郭象看，"无为"就是让每个事物都能任其自然之性，这样社会就能相安无事，所以他说："夫无心而任乎自化者应为帝王也。"帝王不应有心而为，而应"无心"让万物自己生生化化。郭象虽仍然主张要"治天下"，但应以"无为"来"治天下"，所以他可以"不废名教而任自然"。而裴𬱖则主张用"礼制"（即"名教"）来"治天下"，因此他要求"为政"必须"绥理群生"，"训物垂范"，"崇济先典，扶明大业"，"以矫虚诞之弊"。就这点看，裴𬱖的《崇有论》虽讨论了"有"、"无"，"有为"、"无为"等问题，但他只是"善谈名理"（《世说新语·语言》），而尚"不达虚胜之道"（孙盛《老聃非大贤论》）。按：章太炎《黄巾道士缘起说》谓"虚胜"者"虚无贵胜之道"。这就是说：裴𬱖谈"玄"虽已"登堂"，但尚未"入室"也。

四、"入世"与"超世"

关于什么样的人是圣人，或者说什么样的人"应为帝王"，裴𬱖与郭象的观点也不相同。《崇有论》中说："惟夫用天之道，分地之利，躬其力任，劳而后飨；居以仁顺，守以恭俭，率以忠信，行以敬让；志无盈求，事无过用，乃可济乎！故大建厥极，绥理群生，训物垂范，于是乎在，斯则圣人为政之由也。"这就是说，圣人要用"名教"来治理社会，教化老百姓，因此裴𬱖的"圣人"是"入世"的。而这样的"圣人"只能"游于外"，而不能"冥于内"，故还算不上真正的圣人。郭象在《大宗师》注中说："夫理有至极，外内相冥，未有极游外之致而不冥于内者也，未有能冥于内而不游于外者也。故圣人常游外以宏内，无心以顺有。"照郭象看，道理之中有最高的道理，最高的道理是能"在庙堂之上"（游外）而"心无异于山林之中"（宏内）。裴𬱖"游外"者也；郭象所追求的是"常游外以宏内"者也。"外内相冥"者可"即世间而出世间"，他的境界是"超世"的。

根据以上的分析，我们可以说，郭象的思想不仅是对向秀思想的修改和发展，而且也是对裴頠思想的改造和发挥。有谓裴頠崇尚名教，故不应算作玄学家。这种看法当然有一定的道理。但如果我们从另一角度看，"玄学"是讨论"本末"、"有无"问题的一种思辨性很强的学问，那么说裴頠是玄学家亦为不可。这是因为：第一，裴頠的《崇有论》也是讨论"本末"、"有无"问题的；第二，此论也表明裴頠确是一运用"辩名析理"之"名理"学家。如果裴頠的《贵无论》在，或更可证明他是一玄学家了，而这一点或可说已由《资治通鉴》所载之节录的《崇有论》一段看出。

兹有所附于此者，《资治通鉴》卷八十二所引之《崇有论》有多处与《晋书》所载不同，而大多无关宏旨，唯有一处或甚重要。《晋书》中之《崇有论》有如下一段："自生而必体有，则有遗而生亏矣。生以有为已分，则虚无是有之所谓遗者也。"而在《资治通鉴》中则为："夫万物之有形者，虽生于无，然生以有为已分，则无是有之所遗者也。"在"然生以有为已分"下有注曰："物之未生，则有无未分，既生而有，则与无为已分矣。"《资治通鉴》所据不得而知，然司马光治《资治通鉴》所用之材料当有所据。如果《资治通鉴》所引确为裴頠原文，那么《崇有论》岂不有自相矛盾处？但我想，如果对《资治通鉴》作如下的解释，似亦可以自圆其说：有形之万物虽然生于无形（之气），但存在的事物都是以其具体的存在为其性分（而不是以"无"为其性分），那么"有"（形之物）产生之后，"无"（形）就是为"有"（形）所抛弃的，"无是有之所遗者"句下，注谓："遗，弃也。"就"注"来说，亦可解释为：在有形之物还没有产生时，"有"（形）和"无"（形）还没有分别（既然无形与有形还没有分别，那么就是"无形"），在"有"（形）产生以后，那么"有"（形）就与"无"（形）分开了。有形的东西既已存在，它的存在就是由它的性分决定，"无"（形）再不能对它起什么作用。因此，"夫万物之有形者，虽生于无"的

"无"不可作"虚无"解，而当做"无形"解。如果这里的"有"和"无"作"有形"、"无形"解，那么《晋书》中的《崇有论》"夫有非有于无非无于无非无于有非有"一段亦或可得而解。冯友兰说："'夫有，非有于无，非有。于无，非无于有，非无。'意思是说，有是对无而言（'有于无'），无是对有而言（'无于有'），而且都是就具体事物说的。如果有不是对无而言，'有'就没有意义（'非有于无，非有'）。如果无不是对有而言，'无'也没有意义（'非无于有，非无'）。"[①] 我认为冯友兰先生的解释是对的，既然这里的"有"、"无"，"都是就具体事物说的"，那么把"有"和"无"解释为"有形"和"无形"就更合理了。如果《资治通鉴》所引是裴頠原文，那么，他著有《贵无论》就更可理解了。

[①] 《中国哲学史新编》第四册，118 页。

第九章 郭象与王弼

魏晋玄学从王弼的"贵无"发展到郭象的"崇有"无疑是有其内在必然性的，这个问题在本书《郭象哲学中的理论问题（上）》中有所论及，这里不多讨论。这里只想就他们哲学思想的不同来说明各自的特点，并兼论中国传统哲学的某些特点。王弼和郭象哲学思想的不同，可以用下列对比来表示：

(1) 王弼　以无为本　从无生有　"道"即"无"（本体）

　　郭象　造物无物　有各自生　"道"为"非有"（不存在）

(2) 王弼　反本　不居成　反一本

　　郭象　安命　顺　性　各反其极

(3) 王弼　抱一（存体）　用反于体　用不离体（着眼于体）

　　郭象　独化（即用）　即用是体　用外无体（着眼于用）

(4) 王弼　统一于无（体用如一）　求宇宙的统一

　　郭象　统一于有（体用如一）　求自身的统一

上面这个表虽然分为四项，但它们是相互联系的。从王弼说，他的哲学基本命题是"以无为本"，则"有"从"无"生。"有"从"无"生，则"无"即是"道"，是"有"之本体。"无"为"有"之本体，则本体之种种表现（万有）必反于本体而存在。"反本"则可不执一偏而"居成"，"不居成"则可"反一本"。"本体"是全体、是统一的，"反本"则与"自然为一"，故曰"抱一"。"抱一"则存体，而"用"反于"体"。"用反于体"则"用不离体"，即是着眼于体，而明无单独的"用"。"用不离体"则"万有"统一于本体之无，从而知"体用如一"。王弼的"体用如一"，是为求宇宙的统一。圣人体无，无莫无适，"则天成化，道同自然"，故能与"道"同体。圣人与"道"同体是王弼理想中的最高境界。王弼所说的这种圣人的最高境界是即世间而出世间的，因为他要求圣人不离世间而达到与超时空的绝对本体同一。从郭象说，他的哲学的基本命题是"造物无物"，则"有"各"自生"。"有各自生"，则不需要一统一的存在为根据，不需要造物主，故"道"是"非有"，即不存在。"有各自生"，则万有可各自安于各自应处的地位，这就是"安命"。"安命"并非由外力所强加，它即是顺乎其自身的本性。所谓"顺性"，则要求每个事物都根据其自性最大限度地发挥其作用，而又独立自足地生生化化，这叫"独化"。万物独化，不需要任何支配者、主使者、创造者，不需要另外有一存在的根据，它自身就是其存在的根据，故说"用外无体"，"即用是体"。郭象的"用外无体"，是着眼于"用"，而无单独的"体"，因而他的哲学是统一于"有"，从这个方面达到"体用如一"。郭象的"体用如一"要求"万有"自身的统一。达到这种自身统一的"圣人"，则能"独化于玄冥之境"。"独化于玄冥之境"并非要求在现实之外来实现，只是要求充分地独立自足地生生化化于现实社会之中。所以郭象要求的最高境界是出世间而即世间，在现实中完满地实现其自身的同一。王弼和郭象的哲学虽不相同，却并不相反，而是殊途同归，都要求达到"体用如一"的境界，这点是必须注意到的。从他们的哲学思想的比较中，我们是不是也可以看到中国传统哲学的某些特点？下面我们将就这个问题作些讨论。

(1) "本末"、"有无"是魏晋玄学讨论的中心问题，围绕这个问题魏晋玄学分为"贵无"和"崇有"两大派别。这两大派别虽有区别，在 20 世纪 50、60 年代，曾有人认为此是唯物主义与唯心主义的斗争，但是就王弼和郭象说，一是"贵无"派，一是"崇有"派，而并非如西方哲学表现为唯物主义和唯心主义的对立。

从先秦说，儒家（除荀子外）和道家（除《管子》中某些篇外）的不同，并不是唯物主义和唯心主义的问题，儒家重视"天"，道家抬出"道"，但无论是儒家还是道家，很难简单地归为唯物主义唯心主义的矛盾。到宋明，无论是理学，还是心学，他们之间的互相诘难，也还是唯心主义内部的不同派别。所以我们不能简单地把"贵无"和"崇有"的矛盾看成是唯物主义或唯心主义的矛盾。恰恰相反，"贵无"和"崇有"的矛盾表现在王弼和郭象身上只是玄学内部的不同派别。然而为什么又有区别呢？这点或许正是中国传统哲学的一个特点。在中国长期的封建社会中，几乎所有哲学家都在论证封建制度和封建道德规范的合理性。"贵无"派的王弼把"无"作为"万有"（包括封建礼教）存在的根据，是为封建社会的存在找合理性的根据；"崇有"派的郭象只承认"有"是唯一的存在，因而说现存的一切都是合理的。王弼为"万有"找一存在的根据"无"，而这本体之"无"不过是没有任何规定性的抽象的概念或者说是无任何内容的抽象的形式，这样就便于它做成任何有规定性的具体事物。郭象否定"万有"要有一存在的根据，认为"万有"的存在均为其"自性"所规定，然而所有事物的"自性"实际上都是由郭象根据当时统治阶级的愿望所规定的。因而所谓"万物独化"，虽有独立自足生生化化的形式，而实际上都是被某一主观上构造的模式所规定了的。从这里看，无论王弼还是郭象都不是如实地反映世界，不过是从不同的方面来虚构世界的存在。

（2）如果说在先秦哲学中还没有用"体"、"用"这对范畴来说明世界的存在，那么自魏晋以后，"体"、"用"这对范畴就成为中国传统哲学用以说明世界的存在状态的一对基本范畴。不仅魏晋玄学中广泛地使用了"体"、"用"这对范畴，而且南北朝以后的佛教、道教和宋明理学都广泛地使用了这对范畴。从中国传统哲学看，几乎凡是比较有理论思维意义的哲学体系都主张"体用如一"。所谓"体"原意为"根据"（或"根本"），或者说有"本体"（substance）的意思；"用"则是"功用"的意思。本体是事物存在的根据，而功用是本体的种种功用的表现。提出"体"、"用"这对范畴，就表明人们不仅在探求宇宙是怎样的存在，而且在探求宇宙为何如此存在的问题。"体用如一"这个命题正是要求通过天地万物纷纭复杂的种种表现探求其统一性的根据。

王弼的哲学是从"用"必有"体"这方面进行论证的，他说："虽贵以无为用，不能舍无以为体也。""以无为用"的是"有"，而天下万物为什么表现为各种各样的功用呢？这正是因为有"无"作为它的本体。"以无为体"，而"无"又不能由无来表现，"无不可以无明，必因于有"。从"有"这方面说，不能不"以无为本"；从"无"这方面说，不能不"因于有"，故必"体用如一"。"体用如一"并不是说"体"和"用"没有分别，而是说"用"不离"体"，故王弼主张"崇本举末"。但无论如何，在王弼看，"无"是天地万物（有）存在的根据，所以他虽主张抱一存体，但是有时又说"道生万物"，从而导致主张"崇本息末"，这样他实际上又承认"无"是独立于天地万物（有）之外的实在。这样在王弼哲学中就不能不包含着某种不能自圆其说的矛盾。

郭象虽也讲"体用如一"，但他和王弼不同，他把"用"本身就看成是"体"。郭象认为，天地万物之所以存在，其根据就在于其自身，在于其各自的"自性"。天地万物有着各种各样的功用和表现，这种种的功用和表现就是其本性，就是"体"，因此"用外无体"。"用外无体"则"即用是体"，所以他主张自足其性的"独化"。从郭象的这种学说看颇有点现象主义的味道，近代德国哲学家胡塞尔（Husserl）认为"存在"就是"个体的存在"（individual being）。郭象大体也是如此，他认为每个单独的具体的事物即是独立自足的绝对的"存在"，因而他实际上把"个体"的存在抽象化为神秘的不可认识的自在之物了。

（3）中国传统哲学还有一显著的特点，它往往表现为追求宇宙的统一性或天地万物自身的统一性。从先秦哲学开始，就有一些哲学家在探讨"天（道）"和"人（道）"的关系问题，以后有所谓"天人之际"的探讨，又有所谓"天人合一"的学说。到魏晋，玄学本来就想解决"天道"（自然）和"人事"（名教）的关系及其"统一性"的问题。王弼讲"反本"、"抱一"，是说要求反回到"道"，反回到本体之"无"而与"道"同体，即要求一切事物统一于"无"（本体）。而"无"是全体，是绝对的，是"唯一"（一）的；"有"是部分，是相对的，是众多（多）的。事物的统一不能由部分、相对的、众多的来统一，必须由全体、绝对的、唯一的来统一，所以王弼的哲学要求宇宙的统一，要求纷纭复杂的万有统一于绝对的、超时空的本体之"无"。郭象和王弼不一样，他的哲学虽也有"体用如一"，但由于"即用是体"，根本否认在"有"之上（之外）还另有一其存在的根据。天地万物本来就是一个一个的独立自足的存在，它们之间没有任何必然联系，因此在郭象哲学中也就没有宇宙统一性的问题。至于事物的统一性问题，由于郭象主张"用外无体"、"即用是体"，那么就只有各个事物自身的统一性。事物的统一性，仅仅表现它自身内在的统一性，而不表现为宇宙的统一性。郭象否认宇宙的统一性当然是错误的，宇宙的统一性固然不在于绝对的、超时空的本体之"无"，但是宇宙毕竟有其统一性，而这正是中外许多哲学家在讨论的问题。郭象之所以要否定宇宙的统一性，正在于他把"有"抽象化、神秘化。他之所以只承认各个事物自身的统一性，不仅是为了排除宇宙的统一性，从而否认本体之"无"，而且也是为了论证其"独化"学说。事物如是独立自足的生生化化，就必须是自身统一的，而不受外面的任何影响。

（4）"境界"这种学说，虽不能说是中国传统哲学所特有的，但它却是中国传统哲学中特别注重的问题。在先秦，无论是儒家还是道家（他们对以后的中国哲学影响最大），都把达到某种"境界"作为其最高的理想。孔子说他"七十而从心所欲不逾矩"，这当然是一种理想的境界。《中庸》讲"诚"，说："诚者，天之道也，诚之者，人之道也。诚者，不勉而中，不思而得，从容中道，圣人也。"所谓"不勉而中，不思而得，从容中道"，自然也是一种精神境界。孟子讲"吾善养吾浩然之气"，"上下与天地同流"，这更是一种精神境界了。老子所追求的"致虚极，守静笃"，"和其光，同其尘"，这是他要求的一种超然境界。庄子向往"乘天地之正，御六气之辩"，"游于无何有之乡"，庄子本人并不认为这种状况真正存在，但是他的精神要求达到这种境界。"境界说"在中国传统哲学中十分流行，至少是由下面两个方面的原因所造成。一是在长期的封建社会里，人们受着极端的专制主义的统治，没有自由，不仅被统治阶级是这样，就是统治阶级的大多数在等级森严的制度下也没有多少自由。既然实际生活中没有多少自由可言，那么只好向精神世界去追求所谓自由了，于是产生"境界说"。这点在中国古代哲学家身上表现最明显的要推庄周的《逍遥游》；在中国古代文学家身上表现最明显的要推屈原的《离骚》和《远游》。二是中国古代许多哲人大都有"济世之志"，但他们的热情抱负往往受到冷遇，因为现实社会（特别是那些当权的统治者）并不需要他们的那种献身精神。从孔子起，他就被人视为"知其不可而为之"的"迂阔"者，在他们对现实社会失望的情况下，总得找一精神寄托；这些哲人（包括文人）又有"不为五斗米折腰"的一面，悲愤之余，只得在精神上求得安慰，于是追求精神境界的哲理也就出现了。当然，如果从另一个角度看，由于中国哲学往往是以"内在超越"为特征的，故那些伟大的哲学家大都以追求"超凡入圣"为目标，通过自我的身心修养而达到一种理想的人生境界。因此，"境界说"无疑是中国哲学研究的重要课题。

魏晋是社会大动荡的时代，随之带来了思想上的大解放。社会生活中的种种矛盾，门阀世族的等级统治，黑暗腐化的社会现实，使当时的玄学家们更加着力去追求一种精神境界。在当时表现得最突出的有嵇康、阮籍、陶渊明等。嵇康作《游仙诗》以述其"乘云驾六龙"的超世之想。阮籍作《大人先生传》，认为在现实生活中人是不自由的、无能为力的，但从精神上则可以"直驰骛乎太初之中，而休息乎无为之宫"。陶渊明所追求的也是"北窗下卧，遇凉风暂至"，而"自谓是羲皇上人"。在中国这种社会中，如果没有一点超然物外而求得精神上的安慰的办法，是很难生活下去的。正因为这样，我国历史上的一些哲人文士才能创造出深刻的哲理和优美的诗篇。有时，他们的诗文是消极的，但在一定条件下也往往给人们一种精神上的安慰和寄托。

不论王弼和郭象在现实生活中如何，但他们作为哲学家都在追求一种精神境界，或者说他们的哲学思想中认为"圣人"应该有一种精神境界。王弼认为，圣人和一般人有共同的方面，即"同于人者五情也"，而更重要的是圣人和一般人有不同的地方，"圣人茂于人者神明也"，"神明茂，故能体冲和以通无"，这就是说圣人和一般人不同的地方在于他可以达到与宇宙本体相通的地步。圣人"体冲和以通无"，可在现实中通于超现实。圣人之所以能如此，并不是说圣人真的超出现实，只是说他在精神上可以达到这种境界，这实际上是一种人生态度，所以王弼说：圣人"则天成化，道同自然。不私其子而君其臣，凶者自罚，善者自功；功成而不立其誉，罚加而不任其刑，百姓日用而不知其所以然"（《论语释疑》）。圣人是"道同自然"，并非"自然"（本体）本身，

"同自然"即"同无"，"道同自然"仍是一种精神境界。这种"同自然"的精神境界是以"反本"、"抱一"而达到的。郭象认为，"神人即今所谓圣人也"，圣人可以"游外以宏内，无心以顺有"，"独化于玄冥之境"。所谓"游外以宏内"，即是说超现实的本在现实之中；所谓"无心以顺有"，即是说要实现"游外以宏内"，必须以"无心以顺有"为条件。"无心以顺有"也只是一种生活态度，精神所要求的境界。圣人正是能以超现实的态度对待一切现实的问题。超现实本来是不可能的，但用这样一种态度对待现实问题又是可能的。"独化于玄冥之境"，就是要求用超现实的态度对待现实中的一切问题，或者说要求在现实社会中实现其自身的独立自足的生生化化。所以在郭象看来，超现实的可以而且只能实现在现实之中。王弼和郭象在"境界"问题的看法虽不相同，但他们都极力解决现实的和超现实的矛盾。王弼要把现实的提高成为"超现实的"，因此在他的体系中需要有一个绝对的超时空的本体之"无"；郭象则是要把超现实的拉回到现实之中，因此在他的体系中就要取消这个本体之"无"。无论王弼还是郭象，他们极力追求的都是一种主观上的精神境界，当然这种主观上的精神境界正是他们这个统治集团在不同历史条件下的不同要求所决定的。尽管这样，不论是王弼还是郭象作为哲学家来说，企图通过提高境界解决现实和超现实的矛盾所做的尝试，深刻地影响着中国哲学的许多方面，这点是我们应该注意到的。

第十章　郭象的《庄子注》与
庄周的《庄子》

今本《庄子》是由郭象编定的，分为"内篇"、"外篇"和"杂篇"，共三十三篇。看来这三十三篇的思想并不完全一致。因此，对这部书是否成于庄周一人之手，向来就有各种不同意见。这个问题不是一下子可以解决的，也不是本书所需要解决的问题，故存而不论了。为了说明郭象的《庄子注》在思想上和《庄子》书有所不同，这里我们暂且把《庄子》书都作为庄周（或先秦庄周一派）的著作看待。

古今中外对一种书的注解，或是"六经注我"，或是"我注六经"。但从哲学思想看，往往是"六经注我"更有思想上的价值。《大慧普觉禅师语录》卷二十二中说："曾见郭象注《庄子》，识者云：却是庄子注郭象。"我们可以说郭象注《庄子》是为了发挥他自己的思想。当然，既然是注《庄子》，而不是注别的什么书，那么注解总和原书有着千丝万缕的联系，在思想上总有某些一致之处，总有一定的继承关系。郭象的《庄子注》所讨论的问题大都是《庄子》书所讨论的问题，其论证方法多与《庄子》书相同，这也不是本章我们要讨论的重点。我们要讨论的是，郭象的《庄子注》在哪些方面和庄周的《庄子》不同，又为什么有这样一些差异。研究郭象的《庄子注》和庄周的《庄子》的不同，将使我们能更好地了解郭象哲学的特点及其意义。

郭象和庄周生活在两个不同的时代，他们所处的社会地位不同，所代表的阶级不同。这样就决定郭象对《庄子》中所包含的思想必须加以改造，以适应他所处的时代和阶级地位的需要，如果说庄周是生活在中国封建专制社会正在形成时期的思想家，那么郭象则是生活在封建专制社会得到相当程度发展时期的思想家；庄周是一位对现实社会采取激烈批判态度的思想家，郭象则是为现实社会的合理性作论证的思想家。社会生活是非常复杂的，思想理论的作用同样也是非常复杂的，一种哲学思想在一个时期可以用来否定现实社会，而在另一时期又可用来肯定现实社会，庄周的《庄子》和郭象的《庄子注》大概就起着这样不同的作用。

我们研究郭象的《庄子注》，首先遇到一个问题，这就是郭象如何看待庄周本人。庄周是否是"圣人"？庄周的人格和思想境界能否和尧、舜、周、孔等"圣人"相比？

"圣人"在中国社会中代表着最高人格的人。而每个时代理想的最高人格的标准并不相同，甚至同一时代的不同阶级、不同集团的人对"圣人"的看法也不相同。魏晋时代居于统治地位的世家大族的理想的最高人格是怎么样的呢？能不能像庄周那样，要求超越现实，否定现实社会，作为一"外内不相及"的"游方之外者"？又能不能像那些把"仁义"、"礼乐"之类挂在嘴上，仅仅在形式上追求尧、舜、周、孔所作所为的俗儒呢？郭象的回答当然是否定的。照魏晋时期世家大族提倡玄学的思想家看，理想的圣人人格应该是"不废名教而任自然"的"内圣外王"。用我们的话来说，魏晋时代理想的圣人人格应该是生活在现实社会中，享受着荣华富贵，又可以超越现实社会，"无心而任自然"。因此，庄周是不能算当时人的最高人格的标准的。郭象的《庄子序》中有如下一段话：

> 夫庄子者，可谓知本矣，故未始藏其狂言，言虽无会而独应者也。夫应而非会，则虽当无用；言非物事，则虽高不行；与夫寂然不动，不得已而后起者，固有间矣，斯可谓知

无心者也。夫心无为，则随感而应，应随其时，言唯谨尔。
故与化为体，流万代而冥物，岂曾设对独遘而游谈乎方外哉！
此其所以不经而为百家之冠也。

这里郭象一方面对庄子的思想给以充分的肯定，认为庄子对事物
的根本道理有深切的认知，因此可以称得上是"百家之冠"；但另
一方面又认为庄子思想还没有圆通，没有达到圣人的高度，因为
他的思想只是对事物根本道理的回应而不能做到融会贯通，所以
它"虽高不行"；虽然能超世，"游谈乎方外"，但与"寂然不动，
不得已而后起者"仍有相当距离，所以他的著作还达不到"经典"
的地步。这就是说，庄周还不了解"内圣"、"外王"本是一回事，
"游外"与"游内"完全可以相通，因此他的思想虽然高超，但是
对社会生活起不了作用。那么什么样的人才是郭象理想的圣人呢？
郭象认为，只有孔子才可以称得上圣人，当然被孔子所推崇的尧、
舜等也是圣人了。不过郭象所推崇的孔子已不是春秋末期的孔丘，
而是他所塑造的理想的圣人。

从郭象的《庄子注》全书看，他处处把孔子、尧、舜等说成
是圣人，《庄子·徐无鬼》中说："（仲尼）曰：丘也闻不言之言矣，
未之尝言。"郭象的注说："圣人无言，其所言者，百姓之言耳。"
这里直接把孔子称为"圣人"。《渔父》最后一段谓"道之所在，圣
人尊之"云云，郭象注说：

此篇言无江海而闲者，能下江海之士也。夫孔子之所放
任，岂直渔父而已哉！将周流六虚，旁通无外，蠕动之类，
咸得尽其所怀，而穷理致命，固所以为至人之道也。

庄子的话本来是孔子赞美渔父之辞，而郭象的注则在说正因为孔
子能如此说渔父，恰恰说明孔子是"能下江海之士"，能"周流六
虚，旁通无外"、"穷理致命"的"圣人"。在《寓言》中，庄周和

惠施都批评孔子，文说：

> 庄子谓惠子曰：孔子行年六十而六十化，始时所是，卒而非之，未知今之所谓是之非五十九非也。

庄周本意谓孔子没有一定的是非标准，是由于他不能"休乎天均"，不能齐是非，所以老在变来变去，而郭象的注却与原意不同，他认为正是由于孔子能随时变化，无心而任物，故"惠子不及圣人之韵远矣"，谓孔子为"圣人"。又《徐无鬼》中，庄周借啮缺与许由的讨论谓：

> ……尧闻舜之贤，举之童土之地，曰：冀得其来之泽。舜举乎童土之地，年齿长矣，聪明衰矣，而不得休归，所谓卷娄者也。

郭象的注说：

> 圣人之形，不异凡人，故耳目之用衰也。至于精神，则始终常全耳。

这条注把舜称为"圣人"。然而郭象称道之孔子，并非儒家之孔子，而是老庄化了的孔子，说得确切一些，应该是玄学化了的孔子；所称道的尧舜，也并非孔子心目中的尧舜，而是道家化的尧舜，确切地说，应是魏晋时代玄学家的理想帝王的化身，即所谓"虽在庙堂之上，然其心无异于山林之中"的"圣王"。

郭象对庄周既然有这样的看法，那么他对《庄子》这部书又如何看呢？在《庄子注》一开头就表明了他对《庄子》这部书的态度，在《逍遥游》第一条注中说：

> 鹏鲲之实，吾所未详也。夫庄子之大意，在乎逍遥游放，无为而自得，故极小大之致，以明性分之适。达观之士，宜要其会归，而遗其所寄。不足事事曲与生说，自不害其弘旨

皆可略之耳。

这段话说明郭象深深地了解庄子所要讨论的问题是"逍遥游放"的问题，但是讨论这个问题不能仅从字面了解，应是"宜要其会归"，就是说应抓住问题的要点。郭象认为哪个问题应是讨论的要点呢？照郭象看，所谓"逍遥游放"所要讨论的应是"无为而自得，故极小大之致，以明性分之适"。而这个问题在郭象对《逍遥游》的解题中就说得更为明确了，他说：

> 夫小大虽殊，而放于自得之场，则物任其性，事称其能，各当其分，逍遥一也，岂容胜负于其间哉！

这就是说，讨论"逍遥游放"主要应放在"物任其性，事称其能，各当其分"上。至于什么是"鹏"、什么是"鲲"，以及它们如何如何，就不必去"曲与生说"地解释了，这就是郭象所谓的应"遗其所寄"和"要其会归"了。

由于《庄子》书中包含了大量的寓言，虚构了许多历史人物的故事，用来发挥他自己的思想，特别是庄子往往把自己的思想寄托在对尧、舜、周、孔的否定上，对此，郭象是不可能完全同意的，因此他要注《庄子》，顺着庄周所讨论的问题来发挥自己的思想，就只能用"遗其所寄"、"要其会归"的办法了。这样一来，郭象对《庄子》书中明显诽毁尧、舜、周、孔的地方就好办了，他把这些地方说成是庄周假托之辞，是无关宏旨的，可以置而不论，只要按照郭象的意思来解释其中的道理就可以了。于是郭象在这些地方就可以大做文章，按照他自己的意思来解释庄子的思想。有些实在不好解释的地方，郭象可以丢在一边，而不去讨论。

郭象注《庄子》当然有不少思想是和庄子一致的，特别是他像庄子一样善于用思辨的方法讨论问题，因此有时深得庄周之神韵，可是也正是他在注解《庄子》中，发展、修改甚至批评了庄子的某些思想。对郭象与庄子在思想上的不同，这里不能一一列举，我想除上引《逍遥游》第一个注中所涉及的两个问题，即"无为"和"自性"的问题外，尚有两个有关的问题，即"游内"与"游外"问题和"有"与"无"的问题，这四个问题或者可以说表现了郭象与庄子思想主要的不同。

一、关于"自性"的问题

所谓某一事物的"性"（自性）、"本性"、"性分"等，在郭象和庄子看来都是指某一事物之所以为某一事物者，也就是某一事物本身所固有的内在素质（天然如此的素质）。《庄子·外物》中说："人有能游，且得不游乎？人而不能游，且得游乎？"郭象注说："性之所能，不得不为也；性所不能，不得强为。"这就是说，"性"和"为"是一对相对立的概念。关于什么是"性"和什么是"为"，郭象和庄子的看法大体是一致的。但在某一事物什么是其"性"，什么是其"为"上，他们的看法就大不相同了。在《马蹄》中，庄子以马为例说明什么是马之"真性"，他说：

> 马，蹄可以践霜雪，毛可以御风寒，龁草饮水，翘足而陆，此马之真性也。

接着庄子说，伯乐对马的种种训练、装饰等，都是强加在马身上的东西，以至于马因是而死，这是由于违反马的真性所致。郭象于此处有一段很长的注解，他说：

> 夫善御者，将以尽其能也。尽能在于自任，而乃走作驰步，求其过能之用，故有不堪而多死焉。若乃任驽骥之力，适迟疾之分，虽则足迹接乎八荒之表，而众马之性全矣。而或者闻任马之性，乃谓放而不乘；闻无为之风，遂云行不如

卧，何其往而不返哉！斯失乎庄生之旨远矣。

照郭象看，马的本性不仅仅像庄子所说那样只是"龁草饮水，翘足而陆"，而更在于让人骑乘。善御者只要根据不同的马的能力去驾驭它，能日行八百的就让它日行八百，能跑多远就让它跑多远，这叫"尽其能"；而"尽其能"才是任马之性。如果此马能日行千里，而不让它日行千里，甚至"放而不乘"，那不仅不是"任马之性"，反而正是"伤性"。于是郭象批评"或者"（惑者）说，这种人认为"任马之性"，就是"放而不乘"；就像"闻无为之风"，就认为"行不如卧"一样，是"何其往而不返"，只知其一不知其二了。其实"或者"的看法正是庄子的看法，郭象正是通过批评"或者"而批评了庄周。在《秋水》中庄子借北海若的话说道：

牛马四足，是谓天；落马首，穿牛鼻，是谓人。

"天"就是"天性"，天生如此；"人"是指"人为"，谓人力所强加的。郭象对上段话的注释说：

人之生也，可不服牛乘马乎？服牛乘马，可不穿落之乎？牛马不辞穿落者，天命之固当也。苟当乎天命，则虽寄之人事，而本在乎天也。

这里当然可以更加清楚地看到郭象与庄子思想的不同。"天命之谓性"，照郭象看"穿牛鼻"、"落马首"都是牛马本性所要求的，它虽然是通过"人为"来实现，但从根本上说仍是牛马本性所要求的。这样一来，郭象就可以把某些由人强加给其他东西的因素说成是其"本性"。由此，郭象当然可以根据他的思想体系的要求来规定人或物之"本性"。

二、关于"无为"的问题

由上面所引用《马蹄》及注看庄子的思想和郭象的思想，已见他们对"无为"的看法颇不相同。庄子主张"无为"，认为"有为"会伤害事物之本性；郭象则认为，"无为"并不是什么也不做，根据事物本性的要求有所为也是"无为"。《应帝王》最后一段有个故事说：

> 南海之帝为儵，北海之帝为忽，中央之帝为浑沌。儵与忽时相与遇于浑沌之地，浑沌待之甚善。儵与忽谋报浑沌之德，曰："人皆有七窍以视听食息，此独无有，尝试凿之。"日凿一窍，七日而浑沌死。

郭象注说："为者败之。"表面上看，郭象和庄周一样，似乎同样都主张"无为"，其实不然，因为他们对"无为"的解释不同。《逍遥游》"尧让天下于许由"一段，照庄子的原意，是肯定"无为"，而否定"有为"。而郭象注中说：

> 若谓拱默乎山林之中，而后得称无为者，此庄、老之谈所以见弃于当途。当途者自必于有为之域而不反者，斯之由也。

又郭象对《大宗师》"芒然彷徨乎尘垢之外，逍遥乎无为之业"注说：

> 所谓无为之业，非拱默而已；所谓尘垢之外，非伏于山林也。

郭象这样解释"无为"，和庄子的思想是不同的，而和裴頠《崇有论》对"无为"的批评颇有相似之处（详见本书《郭象与裴頠》一章）。照郭象的意思是说，如果"无为"就是"拱默山林"，那么"当途者"就没有办法用"无为"，只好用"有为"了。但是"无为"又是发挥老庄思想的玄学思想所不能少的，因此郭象必须给"无为"以新的解释，以成全他的玄学体系的要求。

郭象对"无为"的新解释，可以从两个方面来分析：一是从事物自身方面看，郭象认为，只要是"任性自为"就是"无为"，或者说"率性而动"就是"无为"；二是从圣人方面说，只要是"无心而任化"就是"无为"，或者说"任物之自为"就是"无为"。在《天道》的注中，郭象给"无为"下了一个定义，他说：

> 夫无为也，则群才万品各任其事，而自当其责矣。

这就是说，"无为"的意思就是万物都各自做它应当做的事，尽它应该尽的责。同篇的注中又说：

> 夫工人无为于刻木而有为于用斧，主上无为于亲事而有为于用臣。臣能亲事，主能用臣；斧能刻木而工能用斧；各当其能，则天理自然，非有为也。若乃主代臣事，则非主矣；臣秉主用，则非臣矣。故各司其任，则上下咸得而无为之理至矣。

这段话说明，郭象的"无为"实际上是一种特定的"有为"，他把"各司其职"的"为"叫做无为。而把"不能止乎本性"的"为"和"不用众之自为，而以己为之"的"为"叫做"有为"。这样解释"无为"自不同于庄周，或近于《老子》和黄老思想。如果和裴頠《崇有论》的一段话相对照，我们或者可以说上引"工人无为于刻木"一段可能是由裴頠的思想引申而来。《崇有论》有如下一段：

> 心非事也，而制事必由于心，然不可以制事以非事，谓心为无也；匠非器也，而制器必须于匠，然不可以制器以非器，谓匠非有也。

裴頠这段话本来是用来反对"无为"，而肯定"有为"的，但郭象的"工人无为于刻木"一段不把这种"有为"称为"有为"而称为"无为"，且谓"无为位上，有为位下"（《天地》注），这正是郭象的高明之处。

郭象在讨论"无为"问题时，特别着力讨论圣人的"无为"问题。照庄子看来，许由高于帝尧，他真正懂得"无为"，因为他能"不治"而使帝尧去"治天下"，故"治天下"的帝尧并不真正懂得"无为"的真谛。郭象持不同的看法，他认为帝尧才是真正懂得"无为"的圣王。可是帝尧又确实在"治天下"，这又应如何解释呢？照郭象看，帝尧的"治"实是"不治"，其"为"实是"无为"，故曰："夫治之由乎不治，为之出乎无为也。"因此，"所贵圣王者，非贵其能治也，贵其无为而任物之自为也"（《逍遥游》注）。"任物之自为"则圣人必"无心以顺有"。"无心"和"顺有"是一个问题的两个方面："无心"是就圣人的主观境界说的；"顺有"是就圣人对事物的态度说的。只有"无心"才能"顺有"；只要"顺有"就是"无心"。故郭象《应帝王》的解题说："夫无心而任乎自化者应为帝王也。"这是就圣王说的；另处又说："各任其自为则性命安矣。"（《在宥》注）这是就万物自身说的。郭象对"无为"的新解释，和庄子对"无为"的旧说法，虽有若干相似之处，但却更加圆通，更加能适应"内圣外王之道"的需要了，就其哲学的思辨性说，与庄子思想相比也毫不逊色。

三、关于"圣人"的问题

关于最高理想人格的人，在《庄子》书中或名之为"至人"、"神人"、"真人"等，但也用"圣人"作为理想人格的人，例如《逍遥游》中说："至人无己，神人无功，圣人无名"，这里所说的"至人"、"神人"、"圣人"都是指能超越外在和自我身心限制的理想人格的人。因此，在这里我们就用"圣人"这一名称来代表庄子理想中的具有最高人格的人，也代表郭象理想中的具有最高人格的人。庄子认为，超越现实的"游于方之外"的人是具有最高人格的人。在《大宗师》中记载着一个故事。孔子闻子桑户死，让子贡前去吊唁，子贡到那里一看，子桑户的两个朋友孟子反、子琴张毫不悲戚，又是编曲，又是鼓琴，他们还唱着："嗟来桑户乎！嗟来桑户乎！而已反其真，而我犹为人猗。"子贡感到非常奇怪，就去问这两位神人：临尸而歌难道合乎礼吗？（"敢问临尸而歌，礼乎？"）这两位神人相视而笑地说："你懂得什么叫礼吗？"子贡回去告诉孔子，说了上述情况，于是孔子说："彼，游方之外者也；而丘，游方之内者也。外内不相及，而丘使汝往吊之，丘则陋矣。"这里庄子显然认为"游外"的孟子反和子琴张与"游内"的孔子是两类不同的人。前者是超生死、忘礼乐的超越现实的人，他们是"拱默山林"、把政治人伦视为桎梏的"至人"、"神人"之类，是所谓"游方之外者也"；后者是执著生死、未忘礼乐的在世俗中的人，他们是"戴黄屋，佩玉玺"、讲仁义说道德的帝王圣贤之类，是所谓"游方之内者也"。庄子显然是以"游外"者为理想人格的人，而且认为"外内不相及"。

　　在这里郭象有一段很长的注解，他说：

　　　　夫理有至极，外内相冥，未有极游外之致而不冥于内者也，未有能冥于内而不游于外者也。故圣人常游外以宏内，无心以顺有。故虽终日挥形而神气无变，俯仰万机而淡然自若。夫见形而不及神者，天下之常累也。是故睹其与群物并行，则莫能谓之遗物而离人矣。睹其体化而应务，则莫能谓之坐忘而自得矣。岂直谓圣人不然哉？乃必谓至理之无此。是故庄子将明流统之所宗，以释天下之可悟，若直就称仲尼之如此，或者将据所见以排之，故超圣人之内迹，而寄方外于数子，宜忘其所寄以寻述作之大意，则夫游外宏内之道，坦然自明，而庄子之书，故是超俗盖世之谈矣。

这里郭象用"寄言出意"的方法，以庄子注郭象也。此段注文可注意者或有三点：

第一，"游外"与"游内"从根本上说是一致的，作为"游外之致"者的圣人必定也是"游内之致"者。

第二，所以圣人是"常游外以宏内"者，故能"终日挥形而神气无变，俯仰万机而淡然自若"，能超越现实而又光大人事。因此，不能看到圣人处理政事，与人群同处，就认为他会被俗人俗事所累；也不能认为顺物之性与之变化，就认为他不能"坐忘而自得"。应该看到，圣人的"神气"（精神境界），并不会因为这些事受到影响，它是能"应物而无累于物"的。

第三，郭象的注说，庄子之所以没有说孔圣人是"常游外以宏内"，而把超越方内、游于方外寄托在孟子反和子琴张这样一些人的身上，为的是免得"或者"（惑者）根据一些具体的事来反对把孔圣人说成是"游外以宏内"的。郭象虽说这是庄子的意思，实际上是他在批评庄周把"游内"和"游外"置于对立的地位。

庄周理想的最高人格是属于姑射山上"离人群"、"超世俗"的"神人"、"至人"等；而郭象理想的"圣人"则是可以"历山川"、"同民事"、"即世间而出世间"的"圣王"，所以他的理想是"游外者依内，离人者合俗"。郭象在《逍遥游》注中批评把"离人群"、"超世俗"看成是高超、是理想境界的观点，他说：

> 若独亢然立乎高山之顶，非夫人有情于自守。守一家之偏尚，何得专此？此故俗中之一物，而为尧之外臣耳。

要求"离人群"、"超世俗"本身就是"俗中之一物"，因为这是把事物看得有分别了，不能顺自然，不能"无心而不自用"。因此，郭象关于"外内相冥"的新理论，又是对庄子思想的一重要修正，其"新"就"新"在他把庄周的"外内不相及"解释为"外内相冥"了。

庄子认为，"神人"、"至人"等超现实的人和现实中的"圣人"、"圣王"（帝王）是两类人（虽然在《庄子》书中有时也把他所谓的"圣人"看成是超现实的人，这里不必详作区别）。而郭象却把"神人"、"至人"和"圣人"都看成是他的理想人格的人，所以他说："夫神人，即今所谓圣人也。"（《逍遥游》注）"神人即圣人也。圣言其外，神言其内"（《外物》注），而"外内相冥"；"无心而任乎自化者应为帝王"（《应帝王》注），"神人者，无心而顺物者也"，"无己故顺物，顺物而王矣"（《逍遥游》注）。这样郭象就把超现实与现实、"方外"与"方内"沟通起来了，"即世间"就是"出世间"，而两者之间所以能沟通就在于圣人"无心而任物"，"圣人虽在庙堂之上，然其心无异于山林之中"。圣人只要是"无心"，那么并不因其做方内之事而对他作为圣人的人格有损害；只要是"顺物"，那么圣人的所作所为就是"天理自然"。因此，圣人应该应时而变，出入无间，郭象在《天地》注中说：

> 圣人未尝独异于世，必与时消息，故在皇为皇，在王为王，岂有背俗而用我哉！

这样一来，圣王可以是现实生活中的帝王，当然郭象的理想的"帝王"必须是能做到"外内相冥"、"无心任物"者。这一做"圣人"的理论就是"内圣外王之道"。

四、关于"无"的问题

如果说前面关于"圣人"的讨论是"内圣外王之道"的问题，那么关于"无"的讨论则是"上知造物无物"的讨论。

《庄子》书中关于有无"造物主"或有无一作为现实存在的超现实的根据，这个问题常常表现着不同看法。《齐物论》中有一段说到"天籁"，其文谓："夫吹万不同，而使其自己也，咸其自取，怒者其谁邪！"这一段话似乎并没有肯定造物主的意思。但是仅仅这一句，我们也不能把这段话看做庄子否定造物主的存在，因为这句话只是提出问题，并没有作出明确回答。因此，在这里我们也可以采取庄子"存而不论"的方法，暂不去讨论它。但郭象的注则是相当明确地否定造物主，他说：

> 夫天籁者，岂复别有一物哉？即众窍比竹之属，接乎有生之类，会而共成一天耳。无既无矣，则不能生有；有之未生，又不能为生。然则生生者谁哉？块然而自生耳。

这段话可以说是郭象讨论"无"和"有"关系的总纲。他认为"天籁"并不是一个什么别的东西，它是自然界的一切所共同组成的，因此它不是超于自然界的造物主，除了自然界再没有什么别的了。"无"就是"不存在"，"不存在"的东西怎么能产生"存在"（有）的东西呢？"有"就是"万有"，或者说就是一切存在物。"无"既然是无，就不能生"有"；至于"有"，如果它还没有存在，那它也不能产生什么东西。这就是说，如果把一超越的、抽象的"有"作为生生者，同样会导致肯定造物主的结果。"然则生生者谁哉？"郭象认为，没有什么"生生者"，天下的事物（有）都是无意识地自然而然生成的。成玄英疏"块然，无情之貌"（《应帝王》疏）。郭象把"无"看成是"虚无"，是真正的"零"，这就从根本上取消了"无"作为造物主的地位和作为"有"存在的超越性的根据。郭象只承认"有"，"有"是唯一的存在。"有"之所以为"有"，只是"自有"。在郭象的哲学体系中，"自有"一概念非常重，它和郭象思想中的"自生"、"自尔"、"自然"等的意思是相通的。这些概念虽然过去有些哲学家也使用过，但在郭象的哲学体系里往往都是具有否定"造物主"、否定本体之"无"的意义。

如果说上面引用的关于庄子对"天籁"的说明的话，不能说明他否定"造物主"，那么在《庄子》书中确实有"有生于无"之类的论点。例如在《庚桑楚》中有这样一段话：

> 天门者，无有也，万物出乎无有。有不能以有为有，必
> 出乎无有。

"天门"与"万有"性质不同，它不是什么具体的事物，所以它是
无形、无象、无名的"无有"（即"无"），而"万有"正是从这
"天门"所生出的，因为"万有"不能以其同性质的"有"作为存
在的根据或创造者，因此"万有"只能生出于其不同性质的（即
超乎"万有"之上的）"无有"。而郭象注却说：

> 天门者，万物之都名也。
>
> 夫有之未生，以何为生乎？故必自有耳，岂有之所能
> 有乎？
>
> 此所以明有之不能为有，而自有耳，非谓无能为有也。
>
> 若无能为有，何谓无乎？

上引郭象的注改变了庄子的原意：首先，他认为"天门"不是什
么不同于"万有"的东西，而是万物之总名；其次，所谓"有不能
以有为有"者，是说"有"尚且不能做成"有"，即"万有"都还
不存在的时期（当然郭象并不认为有这种时期），怎能说它生出
"有"呢？因此，"有"只能是"自有"，并不是另外的与"有"不
同的"无"所能产生的。因为照郭象看，"无"就是"无物"，如果
"无"能生"有"，那么"无"就不是"无"，而必定也是什么
"有"，所以"有""必出乎无有"只能了解为"万有不是什么别的
东西产生的"，而只能是"自生"、"自有"的。

在《庄子·天下》中说到庄子的思想有这样一句话："上与造
物者游，而下与外死生无终始者为友"，这当然是和庄子的"天地
与我并生，万物与我为一"的思想相联系，但此处"造物者"一
词也多少透露出《庄子》书中仍有某种先于万物而产生的某种
"造物者"的思想因素。而同篇中说到"建之以常无有，主之以太

一"，郭象的注也表现了与庄子思想的某种不同，他说：

> 夫无有何所能建？建之以常无有，则明有物之自建也。
>
> 自天地以及群物，皆各自得而已，不兼他饰，斯非主之
> 以太一耶！

"自建"者，即"自生"、"自有"之义，天地万物之所以得为天地
万物是各自得其"自性"，并非其他什么东西所给予的。《庄子·
天道》中说："泰初有无，无有无名。"《老子》书中只说"道"无
名、无形、无象等，而没有说到"道"也是"无有"。看来《庄子》
书比《老子》书前进了一步，"无"不仅"无名"，而且"无有"。
照庄了看，泰初之时只有"无"，而"无"的规定性是"无有"、
"无名"。"无"的规定性是"无有"，就是说"无"不能是任何有规
定性的"有"，这点则和王弼的"贵无"思想颇有相似之处。因此，
郭象也不得不给"无"以新的解释，在《在宥》的注中说：

> 夫庄、老之所以屡称无者，何哉？明生物者无物，而物
> 自生耳。自生耳，非为生也，又何有为于已生乎！

郭象说，老庄为什么常常讲到"无"，就在于要说明"生物者无
物，而物自生"。所谓"物自生"的意思是，既不是为什么而生，
又怎么能对其他已存之物有什么作为呢？这当然又是对老庄的
"无"的一种新解释。盖郭象只承认"有"，认为只有"有"是唯一
的真实的存在，在"有"之外、之上再没有什么别的东西了。他
认为，"无"除了"不存在"这个意义之外，什么意义也没有了！
"无有"就是"什么都没有"。因此，他看待"无有"，它什么也不
是，只是和"有"相对的一个名词，只是说明"万有之自有"，离
开了"有"，它就没有意义了。所以"无"既不能是"造物主"，也
不能是时间在先或逻辑在先的天地万物之本体。郭象在《人间世》
的注中说：

> 言必有其具，乃能其事。今无，至虚之宅，无由有化物
> 之实也。

"无"是"至虚之宅"，根本是不存在的，哪里能有使万物生生化化的实际作用呢？存在的东西必定是某种具体的东西，是具体存在着的东西才能成就其实际的作用。郭象这样注解《庄子》，当然是以"六经注我"了，从而发展了庄子的思想，也丰富了中国哲学。

郭象和庄子思想的不同当然绝不止以上四个问题，此外如对生死、是非、美丑等的看法都有所不同，这里不能一一详细讨论。但是，以上四个问题的不同看法，大概已足以说明这两位杰出的哲学家在不同的历史时期所创造的哲学体系的不同特点了。

哲学史的研究当然要注意哲学思想的前后继承关系，要认真研究一个哲学家的哲学思想是如何继承和利用他以前的哲学家的思想资源，但更重要的是应该研究一个哲学家在新的历史条件下如何修正和发展了前人的哲学思想，和以前的哲学家有哪些思想上的不同，提出了哪些新问题，从这中间探讨哲学思想发展的某种轨迹。现实生活固然是丰富多彩的，而历史也并非是"苍白"的，"居今之世，志古之道，所以自镜者，未必竟同"，过去哲人的智慧，对我们今人来说无疑都是宝贵的精神资源。

郭象和庄子的哲学思想有上述种种不同，这无疑和他们所处的时代不同以及他们思想总的倾向不同有关，庄子对现实社会采取否定的态度，而郭象则要论证现实社会存在的"合理性"。虽然郭象在若干重要问题上修改和发展了庄子的思想，但他的思维模式仍然和庄子一样具有非常明显的思辨性。庄子为了反对"人为"而主张"无为"，郭象把某种特定的"为"解释为"无为"，是为了给"无为"找到一更能发挥作用的根据，可见他仍以"无为"为上，这就是说他的思想仍然是沿着庄子的思路发展的，只是企图

把某种"有为"与"无为"统一起来。庄子把天生的"自然之性"
规定为事物的"自性"（如马之真性为"龁草饮水，翘足而陆"），
而郭象则把某些社会（人类）所给予的成分称之为"自然之性"
（如"穿牛鼻"，"落马首"）而提出"无心而顺物"之命题，以便为
人类利用自然留有余地，并认为这不是人为加给某物而是牛马自
性本具有的，因此，这也可以说是老庄"任自然"的一种特殊表
现形式。庄子认为，"游外"高于"游内"，"外内不相及"，最高理
想人格的人应是属于姑射山上的神人，郭象却认为"外内相冥"，
圣人"常游外以宏内"，"虽在庙堂之上，然其心无异于山林之
中"，现实社会生活可以为超现实的精神世界所容纳，但郭象所看
重的仍是"游外"，即更看重的是"心无异于山林之中"的超越境
界，因为虽"外内相冥"，而"游外"乃是"游内"的基础，这无
疑仍是庄子思想在特定历史条件下的新发展，而与传统儒家非同
一理路。庄子言"无有"（"泰初有无，无有无名"），郭象阐"崇
有"，虽然思想有很大差别，但郭象的"有无之辨"，正是有见于
如果"无"是"无有"，则"无"将无意义，从而必然会导致否定
"无"的"造物主"地位（或否定把"无"作为无规定性之本体）；
所以我们说郭象的思想是"崇有"，其实或者也可以称其思想为
"无无"。把"无"说成是"无有"，正是把"无"看成是"有"；说
成是"无无"，正是把"无"看成是"无"（虚无），故不能认为郭
象与庄子在这一思想上无关，或者正是相反相成的。从这方面看，
郭象与庄子思想虽有差别，并对庄子思想有所修正和发展，但他
的思路仍是老庄一系在新的历史时期的新发展，故世称魏晋玄学
家为"新道家"不是没有道理的。

第十一章　郭象的《庄子注》与 《庄子》的旧说

《庄子》一书在汉朝远不如《老子》的影响大，据查今日所存史料，可知两汉治《老子》者计六十余家；而除《史记》的《老庄申韩列传》载庄子事迹、《汉书·艺文志》著录有《庄子》外，见于前后《汉书》治《庄子》者只有两家。《汉书·王贡两龚鲍传》云：

> 蜀有严君平……卜筮于成都市……裁日阅数人，得百钱，足自养，则闭肆下帘而授《老子》。……依老子、严（庄）周之指著书十余万言。

《后汉书·叙传》云：

> （班）嗣虽修儒学，然贵老、严（庄）之术。

按：汉明帝刘庄，故汉人讳"庄"为"严"。到三国始重《庄子》，据史料可查者，有何晏、裴徽、阮籍、嵇康等。《三国志·曹爽传》附《何晏传》谓：

> （何）晏……好老、庄言，作《道德论》。

《三国志·王粲传》附《阮籍传》：

> 瑀子籍，才藻艳逸，而倜傥放荡，行己寡欲，以庄周为模则。……时又有谯郡嵇康，文辞壮丽，好言老、庄，而尚奇任侠。

阮籍著有《达庄论》，而嵇康有"老子、庄周是吾师"之言。《三国志·管辂传》注引《管辂别传》：

> 冀州裴使君（徽）才理清明，能释玄虚，每论《易》及老、庄之道，未尝不注精于严、瞿之徒也。

> 裴使君曰：诚如来论。吾数与平叔（何晏）共说老、庄及《易》，常觉其辞妙于理，不能折之。

汉时往往"黄老"并称，至魏晋则多"老庄"并言。魏晋之际或始有注《庄子》者，《世说新语·文学》中说：

> 初，注《庄子》者数十家，莫能究其旨要，向秀于旧注外为《解义》，妙析奇致，大畅玄风。

在向秀之前注《庄子》者竟有数十家，而今可知者仅有司马彪（或晚于向秀）、崔譔、孟氏等三家。这三家在陆明德《经典释文》中都有提到，然书早已散失。《晋书·司马彪传》说：

> 司马彪字绍统，高阳王睦之长子也……注《庄子》。（按：高阳王睦为司马懿弟）

《隋书·经籍志》著录有"司马彪《庄子注》二十一卷"，今已佚失，但有孙冯翼及茆泮林两种辑本，近人王叔岷有《茆泮林庄子司马彪注考逸补正》一篇，载《历史语言研究所集刊》第十六本。《世说新语·文学》"初注《庄子》者数十家"条，注引《向秀本传》说：

> 秀游托数贤，萧屑卒岁，都无注述，唯好《庄子》，聊应崔譔所注，以备遗忘。

崔譔注在向秀注前，且今本郭象注并有所采，或即向秀所录者。《经典释文·序录》谓：

> 崔譔注十卷，二十七篇。（内篇七，外篇二十。）

按：向秀注亦或为二十七篇，并无杂篇，或与崔本同。《经典释文》中引有崔注多条。《经典释文·序录》又说：

> 《汉书·艺文志》，《庄子》五十二篇，即司马彪、孟氏所注是也。

孟氏注本在《隋书·经籍志》中已不见著录，在《经典释文》中亦不见称引。郭象的《庄子注》是在向秀注的基础上成书的，查阅郭注中批评前人对《庄子》的注（或对《庄子》的解释）约有八处，此中或有向秀《解义》对前人的批评，现无从分别，兹录于下，并略加分析，以明郭象思想之用意。

（1）《逍遥游》"尧让天下于许由"条，郭象注说：

> 夫能令天下治，不治天下者也。故尧以不治治之，非治之而治者也。今许由方明既治，则无所代之，而治实由尧，故有子治之言，宜忘言以寻其所况。而或者遂云："治之而治者尧也，不治而尧得以治者，许由也。"斯失之远矣。夫治之由乎不治，为之出乎无为也。取于尧而足，岂借之许由哉！若谓拱默乎山林之中，而后得称无为者，此庄、老之谈所以见弃于当途。当途者自必于有为之域而不反者，斯之由也。

郭象所批评的旧注（或旧义）八处，有四处批评的对象为"或者"（即"惑者"），一处为"论者"，二处为"旧说"，一处未著明，这些是郭象以前的人对《庄子》的解释，所以都属于"旧说"。由于在郭象以前的《庄子》旧注多佚，因此要说明郭象所批评的对象具体所指，是不大可能的。但可以肯定的是，郭象所批评的确有所指，而不是出自假托，这点从下面第二条和第七条可以得到证明。

郭象这条批评"或者"认为"治之而治者尧也，不治而尧得以治者，许由也"的观点，其实"或者"的观点正是庄周的意思，也可以说是郭象以前的注解《庄子》者对庄子思想的正确了解。照庄子的原意，他认为许由高于帝尧，因为许由真正懂得"无为"的意义。而郭象注则不同，认为帝尧高于许由，因为能"以不治治之"的正是帝尧而不是许由。郭象的注显然与庄子原意有别，然而既是注《庄子》，就不便直接批评庄子，因而他说"宜忘言以寻其所况"，意思是说，注《庄子》应该抛开其字面的意义，从它的比喻（或隐喻）中领会其精神实质，以得其"言外之意"。这种"寄言出意"的方法是郭象用来注解《庄子》的重要方法，以便发挥他不同于庄子的思想观点，本章八条批评旧注多采用这种方法。

郭象的这段注，虽言"尧以不治治之"，而并不是要否定"治天下"，恰恰是要肯定"治天下"的必要，因为"以不治治之"，仍然是一种"治天下"的方法，只不过认为应以"不治"来"治天下"罢了。故此"以不治"来"治天下"的理论，正是郭象所主张的"不废名教而任自然"的体现。盖郭象认为"拱默乎山林之中"之所以不可取，因为这样那就无所谓"治天下"了，然而统治者不能不"治天下"，最好的办法是"以不治治之"，这样才可以做到"虽在庙堂之上，然其心无异于山林之中"，而把"内圣"和"外王"统一起来。

（2）《齐物论》"子綦曰：夫吹万不同，而使其自己也"下，郭象注说：

> 此天籁也。夫天籁者，岂复别有一物哉？即众窍比竹之属，接乎有生之类，会而共成一天耳。无既无矣，则不能生有；有之未生，又不能为生。然则生生者谁哉？块然而自生耳。自生耳，非我生也。我既不能生物，物亦不能生我，则我自然矣。自己而然，则谓之天然。天然耳，非为也，故以天言之。（以天言之）所以明其自然也，岂苍苍之谓哉！而或者谓天籁役物使从己也。夫天且不能自有，况能有物哉！故

> 天者，万物之总名也，莫适为天，谁主役物乎？故物各自生
> 而无所出焉，此天道也。

郭象这里未指出批评的"或者"是谁，但查司马彪于此处之注，即是主张"天籁役物使从己"的。《文选》中谢灵运《九日从宋公戏马台集送孔令诗》注引司马彪《庄子注》云："吹万，言天气吹煦，生养万物，形气不同。已，止也。使各得其性而止。"司马彪此处肯定"吹万不同"有一"主使者"，此"主使者""使各得其性"。郭象的注中的"或者"如果不是直接批评司马彪，大概也是批评与司马彪相类似的思想。照郭象看，"天"，不是"造物主"，它只不过是"万物之总名"，既然没有一个单独存在的"天"，谁又能说它可以役物呢？而"无"更非"主使者"，"无既无矣，则不能生有"，这当然是直接批评"贵无论"的。而所谓"天籁"亦不过"即众窍比竹之属，接乎有生之类，会而共成一天耳"，自不能使物"各得其性而止"。任何事物之性均为"自得"的，"物皆自得之耳，谁主怒之使然哉！"（同上）据此可知郭象所批评的"或者"当有具体所指也。

那么，郭象这段注是不是也像上一条注那样，实际上是批评庄子本人的呢？单从庄子说的"吹万不同，而使其自己也，咸其自取，怒者其谁邪"，是得不出这样的结论的。甚至应说庄子并不肯定"造物主"或者有一作为万物存在根据的超越性的本体。但从《庄子》全书的内容看，其中确有认为在"有"之上还有一"无"作为其生生者，如《庚桑楚》中说："有不能以有为有，必出乎无有。"郭象的"物各自生而无所出焉"，恰恰是对上引庄子语的批评。

这段注中，郭象在论证"无"不能生"有"时，引进了"自生"这一概念；在解释"天"时，用了"自然"、"天然"等概念，这表明他的这段注在其思想体系中的重要性。盖郭象"崇有"思

想的确立，正是靠了"自生"、"自然"等概念的。如果要论证"有"是唯一的存在，在"有"之上和之外再没有"主使者"，"有"必是"自生"的，"自然而然"存在着的，这样"上知造物无物，下知有物之自造也"的命题才有意义。

（3）《马蹄》伯乐治马，"而马之死者已过半"一段，郭象注说：

> 夫善御者，将以尽其能也。尽能在于自任，而乃走作驰步，求其过能之用，故有不堪而多死焉。若乃任驽骥之力，适迟疾之分，虽则足迹接乎八荒之表，而众马之性全矣。而或者闻任马之性，乃谓放而不乘；闻无为之风，遂云行不如卧，何其往而不返哉！斯失乎庄生之旨远矣。

郭象这里批评"或者"的观点，实际上是某"旧注"对庄子思想的正确解释（见前章）。《庄子·马蹄》认为，"马之真性"就是"龁草饮水，翘足而陆"，故应"放而不乘"，而伯乐治马，"烧之剔之，刻之雒之，连之以羁馽，编之以皂栈"，"饥之渴之，驰之骤之，整之齐之，前有橛饰之患，而后有鞭笑之威"，这些都是有害于"马之真性"的。郭象注则不同，他认为"马之性"主要就在于"走作驰步"，只要能根据不同的马的能力来使用它，使之尽其所能，而不超过它性分的能力，这就是"善御者"。故谓之曰："御其真知，乘其自陆（然），则万里之路可致，而群马之性不失。"郭象又曰："马之真性，非辞鞍而恶乘，但无羡于荣华"，所以"任马之性"，并非"放而不乘"；"无为之风"更非"行不如卧"。在《秋水》中，庄子认为"穿牛鼻"、"落马首"是"有为"，而有违牛马之本性。郭象却认为，人们之所以要"穿牛鼻"、"落马首"，正是"任牛马之性"、"尽其所能"，这是"天命之固当也"，"虽寄之人事，而本在乎天也"。郭象批评"旧说"，又正是批评庄子。

如果说前面讲的郭象第一条注，提出了以"不治"来"治天下”的观点；那么这一条是从另一角度来表明，以“无为”来“治天下”的实际意义是“顺物之性”而“为”，“顺物之性”而“为”即是“无为”。这个对“无为”的新解释，又是郭象思想体系的一个重要方面。

（4）《秋水》“北海若”论“观大以明小”一段，郭象注说：

> 穷百川之量而县于河，河县于海，海县于天地，则各有量也。此发辞气者，有似乎观大可以明小，寻其意则不然。夫世之所患者，不夷也，故体大者快然谓小者为无余，质小者块然谓大者为至足，是以上下夸跂，俯仰自失，此乃生民之所惑也。惑者求正，正之者莫若先极其差，而因其所谓。所谓大者至足也，故秋毫无以累乎天地矣；所谓小者无余也，故天地无以过乎秋毫矣；然后惑者有由而反，各知其极，物安其分，逍遥者用其本步，而游乎自得之场矣。此庄子之所以发德音也。若如惑者之说，转以小大相倾，则相倾者无穷矣。若夫睹大而不安其小，视少而自以为多，将奔驰于胜负之竟，而助天民之矜夸，岂达乎庄生之旨哉！

郭象批评“惑者”，认为只是从事物的大小比较上来说明一切都是相对的，是不能解决问题的，这不能真正取消差别，因为这种大小的比较可以无穷无尽地比较下去，反而会造成“睹大而不安其小，视少而自以为多”的结果。虽然郭象说，庄子的原意不是要从大小的相对性来取消差别，而是“惑者”没有正确了解《庄子》书的原意，实际上庄子的相对主义正是以这种“大小之辨”作为取消差别的立论基础。郭象认为，任何事物从根本上说都是一样的，无所谓大小，因为每个事物都有每个事物的本性，而其本性都有其极限，“物各有性，性各有极”，从“自足其性”方面看，都是一样的大，如大鹏之飞九万里，学鸠之飞抢榆枋。从满足其性分的要求来看，它们又都能一样的“至足”。无论是大鹏还是学鸠，它们所能的最大限度也都是"自足其性"，也都是"无余"，也可以说是一样的"小"。故同篇另一条注中说："以小求大，理终不得；各安其分，则大小俱足矣。若毫末不求天地之功，则周身之余皆为弃物；天地不见大于秋毫，则顾其形象裁自足耳，将何以知细之定细。大之定大也。"可见，郭象的相对主义不是建立在"大小之辨"上，而是建立在所谓"自足其性"的基础上，这或者可以称之"绝对的相对主义"。而所谓"大小之辨"这种相对主义的"辨"，本来就不必去"辨"，这种"辨"本身就是无意义的，故郭象说："物有定域，虽至知不能出焉，故起大小之差，将以申明至理之无辨也。"

因此，如果我们说，在本章第二条注中，郭象给"万物"（万有）规定的一个特性是"自生"，那么在这条注中他又提出"自性"这一概念来说明"万物"存在之本，而"自足其性"即是"逍遥"，他说："苟足于其性，则虽大鹏无以自贵于小鸟，小鸟无羡于天池，而荣愿有余矣。故大小虽殊，逍遥一也。"（《逍遥游》注）

（5）《至乐》"庄子与髑髅论生死"一段，郭象注说：

> 旧说云：庄子乐死恶生，斯说谬矣。若然，何谓齐乎？所谓齐者，生时安生，死时安死，生死之情既齐，则无为当生而忧死耳。此庄子之旨也。

这里的"旧说"究竟具体指的是谁的观点，当然不可得而详考。但照《至乐》这段庄子与髑髅论生死的内容看，庄子思想中或本来有"乐死恶生"之意的，如谓"死，无君于上，无臣于下，亦无四时之事，从然以天地为春秋，虽南面王乐，不能过也"。且同篇有庄子丧妻鼓盆而歌一段也可以作为旁证。这种"乐死恶生"的观点，在魏晋时期颇为流行。除佛教持有此种说法外，《列子》及张湛的《列子注》亦持类似之观点。照张湛《列子注》的《序》说，《列子》一书所要解决的最大问题就是生死问题，他说：

> 其书大略，明群有以至虚为宗，万品以终灭为验，神惠
> 以凝寂常全，想念以著物自丧，生觉与化梦等情，巨细不限
> 一域……然所明往往与佛经相参，大归同于老、庄。

"生觉与化梦等情"者，即谓齐一生死、梦醒无别也。生死齐一而能逍遥任远，凝寂常全，这正是当时佛教徒们需要解决的问题，故张湛谓其书"往往与佛经相参"。按《弘明集》卷一有"未详作者"的《正诬论》一篇，当为西晋时的作品，其中有这样的话：

> 又诬云：事佛之家，乐死恶生，属纩待绝之日，皆以为
> 福禄之来，无复哀戚之容云云。

可见当时佛教确有"乐死恶生"的说法。《列子》八篇其注虽不免有相矛盾之处，但其中心思想常在讨论"生死问题"，在《杨朱》中有一条注说：

> 此书大旨，自以为存亡往复，形气转续，生死变化未始
> 绝灭也。

在《列子·天瑞》中就有"以死为乐"、"以死为息"的观点（《庄子·大宗师》中也说："息我以死"）。郭象批评这种观点，以为若"以生死为齐"，那就不应"乐死恶生"；"乐死恶生"乃以生死不齐也。所以他认为，对生死应持的态度是"生时安生，死时安死"。持这种"生时安生，死时安死"的态度者即是"安命"，"死生变化，唯命之从也"。这种"安命"思想也是郭象认为事物所具有的特性，故郭象说："命非己制，故无所用其心也。夫安于命者，无往而非逍遥矣，故虽匡陈羑里无异于紫极闲堂也。"（《秋水》注）

（6）《让王》"瞀光负石自沉于庐水"一段，郭象注说：

> 旧说曰：如卞随、瞀光者，其视天下也若六合外，人所
> 不能察也。斯则谬矣。夫轻天下者，不得有所重也，苟无所
> 重，则无死地矣。以天下为六合之外，故当付之尧、舜、汤、

> 武耳。淡然无系，故泛然从众，得失无概于怀，何自投之为
> 哉！若二子者，可以为殉名慕高矣，未可谓外天下也。

郭象于此批评"旧说"，又表明他"治天下"的观点，即"外天下而天下治"者为尧、舜、汤、武等圣王，而非"自沉于庐"的卞随、瞀光。照郭象看，卞随、瞀光并非真能是"外天下"的人，因为他们仍有所追求，即追求"殉名慕高"；而尧、舜、汤、武则是"淡然无系"，所以他们能"泛然从众"。这就是说，尧、舜等根本不追求什么，因而可以做到"无心而不自用"，让每一事物都按其本性生生化化，"无心而任乎自化者应为帝王"。就这个观点表面上看，郭象似乎并非肯定"名教"，而是主张"任自然"。其实不然，尽管他说尧、舜等是"外天下"者，而此"外天下"仍实是"治天下"的根本方法；尽管他说尧、舜等对天下"淡然无系"，而此"淡然无系"仍是"泛然从众"，必"即世间而出世间"。就其"即世间而出世间"说，其所强调者乃"不离世间"也，这点郭象或与庄子也有所不同，郭象所提倡的还是"不废名教而任自然"。

(7)《让王》"伯夷叔齐饿死于首阳之上"一段，郭象注说：

> 《论语》曰：伯夷、叔齐饿于首阳之下，不言其死也。而此云死焉，亦欲明其守饿以终，未必饿死也。此篇大意，以起高让远退之风。故被其风者，虽贪冒之人，乘天衢，入紫庭，犹时慨然中路而叹，况其凡乎！故夷、许之徒，足以当稷、契，对伊、吕矣。夫居山谷而弘天下者，虽不俱为圣佐，不犹高于蒙埃尘者乎！其事虽难为，然其风少弊，故可遗也。曰：夷、许之弊安在？曰：许由之弊，使人饰让以求进，遂至乎之哙也。伯夷之风，使暴虐之君得肆其毒，而莫之敢亢也。伊、吕之弊，使天下贪冒之雄，敢行篡逆。唯圣人无迹，故无弊也。若以伊、吕为圣人之迹，则伯夷、叔齐亦圣人之迹也；若以伯夷、叔齐非圣人之迹邪，则伊、吕之事亦非圣矣。

夫圣人因物之自行，故无迹。然则所谓圣者，我本无迹，故物得其迹，迹得而强名圣，则圣者乃无迹之名也。

郭象这段注，并没有直接标出"或者"或"旧说"，但从他回答问题看，显然也是批评一种"旧说"。《经典释文》中保存了一段话，是对《让王》的一种解释，上引郭象的注或许是对它的批评。《经典释文》中说：

> 唐云，或曰《让王》之篇，其章多重生，而瞀光二三子自投于水，何也？答曰：庄书之兴，存乎反本；反本之由，先于去荣。是以明《让王》之一篇，标傲世之逸志，旨在不降以厉俗，无厚身以全生，所以时有重生之辞者，亦归弃荣之意耳，深于尘务之为弊也。其次者，虽复被褐啜粥，保身而已。其全道（按：道，当做身）尚高，而超俗自逸，宁投身于清冷，终不屈于世累也。此旧集音有，聊复录之，于义无当也。

此"旧集音（义）"是谁的作品，今当无所从考，但总是一种"旧说"，而上引郭象的那段注，又是和此"旧集音（义）"大不相同。"旧集音（义）"以为"瞀光二三子"投水是由于要"去荣"，并认为"去荣"是庄子"反本"所要求的。郭象恰恰批评的是这种观点，他认为"去荣"实际上是"饰让以求进"。照郭象看，许由、伯夷、叔齐等人虽然比那些在尘土中打滚的人要高超得多，弊病比较少，但仍然是有弊病的，他们的弊病就在于所追求的有害于天下，若让人效法他们的"迹"，不管是"圣迹"或"非圣迹"都是不可取的。而圣人则无求于世，只是"因物之自得"而已！故没有任何弊病可言。圣人本身既无所求，不去有意地做什么事，这样每个事物就都可以按照它们自己的本性生生化化，所以圣人是无迹可寻的，"无迹可寻"则无从效法，则无弊病。而人们之所以称"圣人"为"圣人"，就因为圣人和伯夷、叔齐不一样，"圣人"是"无饰于外"（《天下》注）的，本"无迹"。可是一般人总是要效法"圣人"，似乎找到了圣人的什么"形式"（迹），就把这些"形式"命之为"圣"，实不知"圣人乃无迹之名也"。

郭象的这条注是否直接批评上引的"旧集音（义）"者，不可得而知，但至少可以说是批评这类思想的。这条注中所包含的思想，在郭象哲学思想中也是很重要的，可以说它总括了前六条的主要意思。郭象的思想总的倾向虽然是要齐一儒道，调和"自然"与"名教"，但他的思想的根子仍在老庄。前六条注中，有三条是讲"物之性"的，即是说"物之性"是"自生"、"自足"、"安命"的；后三条是讲"治天下"的，"治天下"应"以不治治之"、"任物之性为"、"外天下"而治。合此六条，正是他的"不废名教而任自然"。能做到"不废名教而任自然"，而得为"圣人"。"圣人"是"从众"的，是"因物"的，是不必"拱默山林"，而可"历山川，同民事"的，故无须废"名教"；"圣人"又是"淡然无系"、"因物之自行"的，不"殉名慕高"，"无心而任自然"，故"无名"、"无迹"。故《庄子序》中说："明内圣外王之道，上知造物无物，下知有物之自造也"，正是郭象上述七注所要发明者。

（8）郭象在《庄子》的最后一篇《天下》之末有一条关于方法论的注，他说：

> 昔吾未览《庄子》，尝闻论者争夫尺棰、连环之意，而皆云庄生之言，遂以庄生为辩者之流。案此篇较评诸子，至于此章则曰："其道舛驳，其言不中。"乃知道听涂说之伤实也。吾意亦谓无经国体致，真所谓无用之谈也。然膏粱之子，均之戏豫，或倦于典言，而能辩名析理，以宣其气，以系其思，流于后世，使性不邪淫，不犹贤于博奕者乎！故存而不论，以贻好事也。

郭象这段注批评"论者"对庄子思想的不正确了解，他认为庄子并不是那种"争尺棰、连环之意"之类的辩者，这无疑是正确的。而且他在此条注中提出哲学的意义在于"经国体致"，即谓哲学应能有利于"治天下"和体察事物之真实；如果不能如此，那就是"无用之谈"，这正是他注《庄子》之旨所要求的"明内圣外王之道，上知造物无物，下知有物之自造也"。就这一点看，郭象的这最后的一条《庄子》注正是和他的《庄子序》前后呼应的。

　　在这条注里，郭象提出了"辩名析理"的哲学方法，并认为这种方法虽然不一定能直接"经国体致"，但也可以用这种方法来表达哲学家的思想和情趣。"辩名析理"是魏晋玄学的一重要方法，据史料或谓"玄学"为"名理之学"，如何劭《荀粲传》谓："（傅）嘏善名理，而粲尚玄远，宗致虽同，仓卒时或有格，而不相得意，裴徽通彼我之怀，为二家骑驿。"可见"名理"与"玄远"虽非尽同，但两者确有密切之联系，或者可以说"名理"为玄学的一种方法，而"玄远"为玄学的一种境界。王弼《老子指略》中说：

　　　　夫不能辩名，则不可与言理；不能定名，则不可以论实也。

这句话说明"辩名析理"作为一种方法，在郭象之前王弼已提出，并非郭象首倡。上述王弼的话，后面一句讨论"名"与"实"的关系，在此王弼的观点颇有似西方中世纪之"唯实论"，认为个别据一般而有。前面一句讨论"名"与"理"的关系，"名"就是概念，"理"即是由概念之间的相互关系而形成的命题或某种理论。照王弼看，必须把概念搞清，才能讨论一种理论或一个命题是否正确。嵇康《琴赋》中说："非夫至精者，不能与之析理。"从嵇康的《声无哀乐论》，我们就可以看出他正是用"辩名析理"的方法来讨论问题的。嵇康首先分析"音乐"这一概念的含义，然后据此概念的含义来讨论"声音"有无哀乐以及"音乐"与"感情"的关系等问题，以确立"声无哀乐"这一命题之意义。其他许多魏晋玄学家的文章也多用这种"辩名析理"的方法，如王弼的《老子指略》、裴頠的《崇有论》、欧阳建的《言尽意论》等。作为一种玄学方法说，"辩名析理"有其重要的哲学意义，它比两汉常用的"微言大义"的方法对于分析哲学理论或更有思辨意义。本来中国哲学，特别是儒家哲学重在"体会"，而于"概念"之分析和"命题"之论证相当忽视，而"辩名析理"多少可以补中国哲学之不足，但这种"辩名析理"的方法在魏晋之后，除了在中国佛教的一些派别（如华严宗）得到发挥，很少受到应有的重视。"辩名析理"的方法只是魏晋玄学的一种方法，另外"言意之辨"（"得意忘言"、"寄言出意"）或者可以说是魏晋玄学的更为重要的方法（详见本书《郭象的哲学方法》一章）。照郭象看，"辩名析理"作为一种哲学方法虽对"经国体致"没有什么意义，但比起那些"博弈"之类或于后世有某些启示。我认为这大概是郭象太过于执著于"士"的心态了。照我看，这种"无用之谈"的"辩名析理"的方法从一个方面看，它正表现了哲学这一"无用之学"的"大用"吧！

总以上郭象的八条注释，我们大体可以得出以下三点看法：

第一，郭象批评"旧说"，实际上是既发挥又改造了《庄子》，以建立适应魏晋社会统治者生活之需要的哲学。盖当时的世家大族，既要"逍遥放达"，又要维护礼教，故必须找出一个统一"自然"与"名教"的办法。因此，如果不改造庄子的某些思想，就不能"不废名教"；如果不是发挥庄子的思想，就不能保持"任自然"的风格。

第二，此八条对"旧说"的批评，或可说概括了郭象思想体系的基本内容，郭象从"无不能生有"而"有自有"出发，提出

"物之自性"为"自生"、"自足"、"自为"而"安命";"治天下"应是"无心而顺物"、"以不治治之"、"外天下"而治,"夫无心而任化者应为帝王"。

第三,郭象对"辩名析理"的肯定,说明他有一方法论上的自觉。盖新哲学体系之建立或可使用某种新的哲学方法,如仅仅使用而没有自觉到所使用方法的普遍意义,那只能说是"用而未觉"。如果能觉悟到所使用的方法为一有普遍意义的方法,那么这种方法论上的自觉也就成为一种创造性的哲学理论了。因此,郭象能把"辩名析理"作为一种方法论提出,其于中国哲学史上之功实不可没。

第十二章　郭象的哲学方法

在历史上，重要哲学家或哲学派别都有其建立哲学体系的方法，如果能了解其方法并用此方法来解剖其哲学体系，则有如锋利的解剖刀用于解剖对象一样，能使我们对此体系的内在意蕴和它的特点有深刻的把握。一种新的哲学思想的产生，虽有其社会历史的动因，但一种新的哲学方法往往是使这种因社会历史动因产生的某种哲学思想成为系统的新哲学，并影响其他学科的重要条件。因此，我们也许可以说，没有建立新哲学体系的新方法，则难以建立有深远影响的新哲学思想体系。从哲学史上看，往往是在有了新的哲学方法之后，新的哲学思想才能较为广泛流行。

一、寄言出意

魏晋玄学有没有其特殊的新的哲学方法，汤用彤先生提出"言意之辨"是魏晋玄学的新的特殊的哲学方法。[1]"言意之辨"与魏晋之际的"名理之学"有着密切的关系。我们知道，汉朝人鉴识人物往往由外貌的差别，而推知其体内才性之不同，故有所谓"骨相"之法。王充《论衡·骨相》中说：

> 人命禀于天，则有表候于体，察表候以知命，犹察斗斛以知容矣。表候者，骨法之谓也。……非徒富贵贫贱有骨体也，而操行清浊亦有法理。贵贱贫富，命也；操行清浊，性

---

[1]　参见《汤用彤学术论文集》，214～232页，北京，中华书局，1983。

也。非徒命有骨法，性亦有骨法。（按：据黄晖《论衡校释》）

王符《潜夫论·相列》中说：

> 人身体形貌，皆有象类；骨法角肉，各有分部，以著性命之期，显贵贱之表。

照他们的看法，不仅仅人的富贵贫贱可以由骨相推知，而且人的内在性情也可以由骨相推知，因为人的内在性情必然表现在外貌上，所谓"诚于中而形于外"也。汉末的"月旦评"仍然是多由外貌评论人物之优劣。评论人物才性的高下，他们往往用形象来说明。例如，郭林宗评黄宪，形容他"汪汪如万顷之波，澄之不清，扰之不浊"；而评袁闳，则说他"譬诸泛滥，虽清易挹"，这样黄宪与袁闳的才性高下自见。刘劭《人物志》也继承了这种风气，他认为人物的高下优劣是由其性情决定的，内在的性情虽然难以认识，但由于人"禀阴阳以立性，体五行而著形"，人即有形质，就可以通过外形而察知其内在的精神，所以他说：

> 故其刚柔、明畅、贞固之征，著乎形容，见乎声色，发乎情味，各如其象。（《人物志·九征》）

从人的"形容"、"声色"、"情味"可以认识其才性，但说到情味，就不像"形容"、"声色"那样是外在的东西；而是人的内在精神的表现，这是比较难以认识的，所以刘劭说："能知精神，则穷理尽性。"（《九征》）因此，到汉魏之际，鉴识人伦逐渐重视神气，而人的神气往往由眼神表现出来，刘劭说："征神见貌，则情发于目。"（《九征》）故有蒋济之论眸子，认为观人之眼睛就可以认识其内在的神气（情味）；顾恺之有"凡画人最难"之叹，《世说新语·巧艺》中载："顾长康画人或数年不点目睛，人问其故，顾曰：四体妍媸，本无关于妙处，传神写照正在阿堵中。"《世说新语·言语》载嵇康谓赵景真（至）"卿瞳子白黑分明，有白起之风，恨量小狭"，此亦为观眸子以知人之性情之例。鉴识人伦由外形而认识其内在精神，发展到对人物神气的体察，这反映在品评人物上由可知到难言之域的发展。形象可知，而神气难言，因而到魏晋之后，"言不尽意"的思想大为流行，欧阳建《言尽意论》中说：

> 世之论者以为言不尽意，由来尚矣。至乎通才达识，咸以为然。若夫蒋公之论眸子，钟、傅之言才性，莫不引此为谈证。

照欧阳建看，蒋济之论眸子，钟会、傅嘏之言才性，均以"言不尽意"立论。魏晋时人以为观察人物必须体察其全体，观察其神气，而一般人看人往往只依据形貌，唯知人善使的圣人（圣王），则注重人的神气，而神气只能意会，难以言传。"天不言而四时行焉，圣人不言而鉴识存焉"（《言尽意论》）。可见当时人讲"言不尽意"多就鉴识人伦方面说的。"言"与"意"的关系问题早在先秦已提出，《论语》、《周易》、《老子》、《庄子》等书均有论述，如《庄子·秋水》中说：

> 可以言论者，物之粗也；可以意致者，物之精也；言之所不能论，意之所不能察致者，不期精粗焉。

汉时对此问题也有所讨论，如桓谭说：

> 盖天道性命，圣人所难言，自子贡以下，不得而闻。（《新论》）

汉末有任彦升谓：

> 性与天道，事绝言称。（《奉答敕示七夕诗启》，见《文选》）

又有《看头陀寺碑文》说：

杜口毗邪，以通得意之路。

"言不尽意"的学说至魏晋而风行，如傅玄《相风赋》："昔之造相风者，其知自然之极乎？其达变通之理乎？"庾阐《蓍龟论》谓："……是以象以求妙，妙得而家忘；蓍以求神，神穷而蓍废。"

王应麟《玉海》卷三十六于"晋易象论"条中载："嵇康作《言不尽意论》，殷融作《象不尽意论》，何襄城为六象之论……"，并言及殷浩和刘惔等也倡导"言不尽意"之说（刘惔事并见《晋书·刘惔传》）。而在《荀粲传》中说：

> 粲诸兄并以儒术论议，而粲独好言道，常以为子贡称夫子之言性与天道不可得闻，然则六籍虽存，固圣人之糠秕。粲兄俣难曰：《易》亦云，圣人立象以尽意，系辞焉以尽言。则微言胡为不可得而闻见哉？……今称立象以尽意，此非通于意外者也。……斯则象外之意，系表之言，固蕴而不出矣。

又有张韩作《不用舌论》，语谓：

> 论者以为心气相驱，因舌而言，卷舌翕气，安得畅理。余以留意于言，不如留意于不言。徒知无舌之通心，未尽无舌之必通心也。

盖倘若一种方法只停留在"鉴识人伦"上，则仍是有限的，必须使之成为普遍的方法、哲学的方法，始能及于各个领域。因此，有荀粲用"言不尽意"的方法讨论"性与天道"的问题，张韩则以此讨论"言"与"不言"和人生际遇之关系。但荀粲与张韩的"言不尽意"思想偏于消极，则言象几乎等于无用。王弼为建立其本体论哲学体系，提出"得意忘言"这一玄学方法，始开一代新风。《周易·系辞》中说：

> 子曰：书不尽言，言不尽意，然则圣人之意，其不可见乎？

王弼引《庄子·外物》筌蹄之言作《周易略例·明象》，对"言不尽意"作了一种新的解释。《庄子·外物》中说：

> 筌者所以在鱼，得鱼而忘筌；蹄者所以在兔，得兔而忘蹄；言者所以在意，得意而忘言。

王弼《周易略例·明象》说：

> 夫象者，出意者也；言者，明象者也。尽意莫若象，尽象莫若言。言生于象，故可寻言以观象；象生于意，故可寻象以观意。意以象尽，象以言著，故言者所以明象，得象而忘言；象者所以存意，得意而忘象。犹蹄者所以在兔，得兔而忘蹄；筌者所以在鱼，得鱼而忘筌也。然则言者象之蹄也，象者意之筌也。是故，存言者非得象者也；存象者非得意者也。象生于意而存象焉，则所存者乃非其象也；言生于象而存言焉，则所存者乃非其言也。然则，忘象者乃得意者也；忘言者乃得象者也。得意在忘象，得象在忘言。故立象以尽意，而象可忘也；重画以尽情，而画可忘也。

王弼这段话，分析可得要点有三：

（1）"言"生于"意"，故可寻"言"以观"意"；

（2）"言"为"意"之代表，但非"意"之本身，故不可以"言"为"意"；

（3）如果执著"言"，以"言"为"意"，则"非得意者也"，故"得意在忘言"。这意思是说，"得意"在"忘言"、"忘象"以求言外之意。

王弼这一"得意忘言"的新思想，起于"言不尽意"流行之后，然二者实互有异同。"言不尽意"所注重在"会意"（可以意会，不可以言传）；"得意忘言"所注重在"得意"，这两种说法都是"重意"而"轻言"。但"言不尽意"，则"言"几乎无用，故荀綮有"六籍""糠秕"之言，张韩有"不用舌"之论；而王弼的"得意忘言"，则认为言象乃尽意之具，"尽意莫若象"、"尽象莫若言"，肯定言象的意义，因此和"言不尽意"又有所不同。

王弼把"得意忘言"作为他建立其哲学体系的根本方法，而于中国哲学实有深远影响。王弼认为，宇宙之本体"道"，无形无象，超言绝象，因此不能用名言去说；如果用名言去说它，那么它就不是"常道"，它就不是超言绝象的，不是无规定性的，而成为与认识主体相对的东西，而有某种规定性了，而不可谓之为宇宙本体。但另一方面，存在着的形形色色，它们毕竟是本体之表现，"用"不能离"体"以为"用"，万物"虽贵以无为用，不能舍无以为体也"；"言"虽非"意"之本身，而"言"终究生于"意"，为"意"之代表。问题是，如果能不执著形形色色的现象，就能据"用"以得"体"，所以王弼说：

> 夫无不可以无明，必因于有，故常于有物之极，而必明其所由之宗也。

"无"（本体）不能由"无"来说明，因为作为本体之"无"是无法用名言来说的，只能通过表现它的形形色色的"有"来说明，因此必须在"有物之极"（天下万物之全体）上去了解形形色色的"有"之存在的根据（"所由之宗"），故王弼在其《周易·复卦》注中说："天地虽大，富有万物，雷动风行，运化万变，寂然至无，是其本矣。"

自王弼以后，许多玄学家多用"得意忘言"作为方法，以论证其思想，例如嵇康在《声无哀乐论》中说："吾谓能反三隅者，得意而忘言。"稍后有嵇叔良作《阮嗣宗碑》云："先生承命世之美，希达节之度，得意忘言，寻妙于万物之始；穷理尽性，研几于幽明之极。"王弼用"得意忘言"的方法注《老子》、注《周易》以及释《论语》，建立"以无为本"的"贵无"思想体系。郭象用什么方法注《庄子》以建立其"造物无主"的"崇有"、"独化"的思想体系呢？我们可以看到，在郭象的《庄子注》中充分吸收了王弼"得意忘言"的思想，如在《则阳》注中说："不能忘言而存意，则不足。"《天道》注中说："得彼情，唯忘言遗书者也。"但是，郭象没有用"得意忘言"来概括他注《庄子》的方法，而是用"寄言出意"来说明他注《庄子》的方法，在《山木》的注中说：

> 夫庄子推平于天下，故每寄言以出意，乃毁仲尼，贱老聃，上掊击乎三皇，下痛病其一身也。

郭象说庄子论事，用"寄言出意"的方法，其实是说他自己注《庄子》所采用的方法。"寄言出意"和"得意忘言"，就它们作为哲学方法说，其意义是很接近的。《说文》谓："寄，托也"，即寄托的意思。如嵇康《琴赋》："吟咏之不足，则寄言以广意。"王敦《上疏言王导》："何尝不寄言及此。"孙绰有"庄子多寄言"（沈约《宋书·谢灵运传论注》，见《文选》）之语。"寄言出意"是说：寄旨于言，而在出意，它和"得意忘言"同样注重在"得意"。但郭象与王弼的思路则有所不同。王弼"得意忘言"贵在"得意"，而以"用不离体"立论；郭象"寄言出意"，则重在"出意"，而以"即用是体"为言。王弼用"得意忘言"论证"以无为本"；郭象用"寄言出意"论证"造物无主"。郭象要论证"造物无主"，就要说明在"有"之外再无"本体之无"（造物主）作为其生生化化者或作为其存在之根据，但在《庄子》中却讲了那么多"无"，而且许多地方明显地肯定"无"（"道"）的超越性和根源性，并认为"有"是由"无"所产生，如《庚桑楚》中说："天门者，无有也。万物出于无有，有不能以有为有，必出于无有。"《在宥》中说："至道之精，窈窈冥冥；至道之极，昏昏默默。"《天下》中说："建之以常无有，主之以太一。"这些都说明，《庄子》的某些观点和王弼的"贵无"思想大同小异。因此，郭象要建立起与"贵无"思想相对的"崇有"思想就必须改造甚至否定上引《庄子》的观点。故而他采用了"寄言出意"的方法来注《庄子》，如上引《在宥》那段，郭象注谓：

> 窈冥昏默，皆了无也。夫庄、老之所以屡称无者，何哉？明生物者无物，而物自生耳。自生耳，非为生也，又何有为于已生乎！

郭象用这种"寄言出意"的方法，寄旨于庄老有"无"之言，而出其无"无"之意也，故《齐物论》注中说："有无而未知无无也。"知道有"无"是不够的，必须知道无"无"才可以。为什么郭象要说明无"无"？盖因王弼"贵无论"中的"崇本息末"其发展极易导致嵇康、阮籍的"越名教而任自然"。然而魏晋玄学所要解决的问题之一是在老庄思想的基础上调和"名教"与"自然"，即是要达到"不废名教而任自然"的目的。为走出"越名教而任自然"的"误区"，必从"贵无"而走向"崇有"之"无无"。

《逍遥游》是《庄子》的第一篇，郭象在这篇的第一个注就提出他注《庄子》的基本方法，注谓：

> 鹏鲲之实，吾所未详也。夫庄子之大意，在乎逍遥游放，无为而自得，故极小大之致，以明性分之适。达观之士，宜要其会归而遗其所寄，不足事事曲与生说，自不害其弘旨，皆可略之耳。

郭象注《庄子》常用这种方法，并以此批评旧说。郭象提出，读《庄子》应该融会贯通，以了解其精神所在和根本道理，至于细枝末节和未可详论者，均可以存而不论。然而要做到这一点，就必须撇开庄子那些寄托之辞，不必要每字每句、每事每物都详尽生硬地解释，只要是不妨害对其基本意思的把握，都可以略去。"生说"即"生解"，《高僧传·竺法雅传》中说："以经中事数，拟配外书，为生解之例，谓之格义。"因此，"寄言出意"的意思是说："言"是为了"出意"，但不能执著"言"，而以"言"为"意"，是要通过"言"以达其"意"，所以郭象说："不能忘言而存意者，则不足。"

这里我们看到郭象注《庄子》的两个特点：

（1）对于一些名物、寓言等，他往往不多作解释，甚至存而不论。例如对"鹏"、"鲲"究竟为何物，他就没有详加考证，而汉人注解则必对"鹏"、"鲲"多方考证，甚至牵强附会，此为汉人章句之学的特点。

（2）不是郭象注《庄子》，而是庄周注郭象。《庄子》中有《渔父》一篇，本是借渔父之口批评孔子不闻"大道"，不知"法天贵真"，郭象于此通篇只有一注于篇末，注谓：

> 此篇言无江海而闲者，能下江海之士也。夫孔子之所放任，岂直渔父而已哉！将周流六虚，旁通无外，蠕动之类，咸得尽其所怀，而穷理致命，固所以为至人之道也。

郭象这条注的意思是说：能游于外的人才能下问游于外的人。可是孔子之所以能游于外，难道只是像渔父那样的游于外吗？孔子不仅能游外，而且可以"游外以宏内"，因此普天之下以至蠕动之类，都受其惠，而得以照其自性的要求生生化化；这正因为孔子能"无心而顺物"，所以他的"道"是"至人之道"。庄子以渔父为理想之圣人，盖因渔父为游于外者也；而郭象的圣人必为"游外以宏内"者，此所以为郭象尊孔子故也。郭象的注，显然是借注《庄子》来发挥他自己的思想。

对魏晋玄学家来说最重要的问题之一是如何把"自然"与"名教"统一起来，而通过注《庄子》来解决这一问题尤为困难。然而郭象用他创造的"寄言出意"的方法，分三个步骤，以证成

"不废名教而任自然"这一中心命题。

（一）用"寄言出意"的方法撇开庄子的原意，肯定周孔之名教不可废

《逍遥游》"藐姑射之山，有神人居焉"一段，庄子的本意是要肯定游于方外的"神人"，而否定游于方内的所谓"圣人"。照庄子看，"方外"高于"方内"。但郭象注，采用"寄言出意"的方法，撇开庄周的原意，而阐发他"名教之不可废"之旨，在上引《庄子》的一段后，郭象有一条长注：

> 此皆寄言耳。夫神人，即今所谓圣人也。夫圣人虽在庙堂之上，然其心无异于山林之中，世岂识之哉！徒见其戴黄屋，佩玉玺，便谓足以缨绂其心矣；见其历山川，同民事，便谓足以憔悴其神矣；岂知至至者之不亏哉！……故乃托之于绝垠之外而推之于视听之表耳。处子者，不以外伤内。

这段注一开头就说明庄子用的是"寄言"，这样便于郭象利用《庄子》中的话来说出他自己的"意"。接着，郭象把"神人"拉回到人间，以"圣人"为当今的理想人格的人。"圣人"并不需要"离人群"，他可以身"在庙堂之上"，而"心无异于山林之中"就可以了。可是人们对这种名为"神人"的"圣人"无法理解，往往只看到他"戴黄屋，佩玉玺"，就认为这些东西足以扰乱其心灵；看到他"历山川，同民事"，又认为这些活动会影响他们的精神。可是哪里知道，"至至者"（即"圣人"）并不受这些影响！郭象说：庄子之所以要把"虽在庙堂之上，然其心无异于山林之中"的"王德之人"假托说成是姑射山的神人，正是为了说明世俗的人对这样的"圣人"无法理解，而不得不把他说成是在"绝垠之外"、"视听之表"的方外之士，以便使人们了解"圣人"是不会"以外伤内"的。

在《庄子·天地》中有段故事，说"尧治天下，伯成子高立

为诸侯，尧授舜，舜授禹，伯成子高辞为诸侯而耕"，禹于是去见
子高问其故，"子高曰：昔尧治天下，不赏而民劝，不罚而民畏。
今子赏罚而民且不仁，德自此衰，刑自此立，后世之乱自此始
矣"。这里显然是庄子对禹"有为"的批评，并且以为尧舜治天下
高于禹。但郭象的注则从另一角度为之解。他认为禹和舜一样虽
有天下而实"有而无之"，对此孔子也没有把他们三圣分高下。至
于禹传启，也并不是禹要"有为"，而是那个时代再没有"圣人"
了，所以是"天下之心俄然归启"。对此不了解的"廉节之士"批
评禹。因此，郭象认为对庄子之言"不可以一途诘"，不能只作片
面的了解，就像不能用黄帝所作所为（迹）来批评尧舜一样，而
去"贵尧而贱禹"。"故当遗其所寄，而录其绝圣弃智之意。"盖因
"圣"不可学、"智"不可求，学只是学圣人之迹。禹为三圣之一，
"其人虽三圣，故一尧耳"。他的所作所为"至公而居当"，不是故
意为之，他的"有为"实是"无为"，不因其"有为"而影响他为
如尧一样的"圣人"。从这里我们可以看出，郭象把"治天下"的
"圣人"往往都解释为"不以外伤内"者。

**（二）用"寄言出意"的方法，形式上容纳周孔之"名教"，实
质上发挥老庄之"自然"**

魏晋玄学本来是老庄思想在新的历史条件下的继承与发展，
尽管它企图齐一孔老、调和"自然"与"名教"，甚至在言辞上把
孔子抬高到老庄之上，但它毕竟是以老庄思想为基础的一种思潮。
因此，郭象注《庄子》不仅要隐去某些庄子的原意，以便容纳周、
孔之"名教"，更主要的是必须给儒家"名教"以新的内容，来适
应玄学思想体系的需要。所谓"新内容"，并非全新，实为老庄
"自然无为"思想之变种。

在《骈拇》注中，郭象说："夫仁义者，自是人之情性，但当
任之耳。"就这点看，郭象虽与儒家的传统思想不完全相同，但亦

与老庄思想并不一致。因此，我们必须进一步看看郭象对"仁义"如何解释。《庄子·天道》中有一段孔子和老子关于"仁义"问题的讨论，庄子的本意是想借此来否定儒家的"仁义"，文中说："孔子曰：中心物恺，兼爱无私，此仁义之情也。"接着老子批评孔子说："兼爱不亦迂乎！无私焉乃私也。"并指出孔子所说的"仁义"是"乱人之性"的。郭象对孔老这段讨论，有好几条注解，首先他把孔子说的"仁义"说成是一般人的看法，注谓："此常人之所谓仁义者也，故寄孔老以正之。"既然孔子讲的"仁义"是一般人的看法，因此庄子在这里乃是寄托于孔老的讨论以纠正一般人的看法，以便使人们对"仁义"有正确的认识。于是郭象对老子批评孔子的话加以注解说："夫至仁者，无爱而直前也"；"世所谓无私者，释己而爱人；夫爱人者，欲人之爱己，此乃甚私，非忘公而公也。"又于"乱人之性"句后注曰："事至而爱，当义而止，斯忘仁义者也，常念之则乱真矣。"表面上看，郭象是维护孔子，也没有否定"仁义"，但他把孔子所谓的"仁义"说成是常人对"仁义"的了解，并加以批评，谓"夫爱人者……非忘公而公也"云云，实际上正是批评儒家的"仁义"观点。那么照郭象看，对"仁义"正确的了解又应该是怎样的呢？他说："夫至仁者，无爱而直前。"并把这说成是孔老共同的看法。实际上这正是道家的语言，而非儒家的思想。照老庄道家的观点看，所谓"爱"，如果是有目的的去做，那就是"私"，是"欲人之爱己"，这样就会破坏人与人之间的自然关系，所以老子说："绝仁弃义，民复孝慈。"只有绝弃"仁义"这些人为的东西，老百姓才会恢复自然本性。所谓"直前"，意谓任自然无为而保性命之真。这样一来，郭象用"寄言出意"的方法，利用儒家"仁义"之名言，实之以道家"自然无为"之内容，然后加以肯定，于是儒家思想道家化了。

　　上述《庄子·天地》中的那一段，讲到尧治天下时，立伯成子高为诸侯，而至禹时，子高辞为诸侯，禹问子高其故，"子高曰：昔尧治天下，不赏而民劝，不罚而民畏。今子赏罚而民且不仁，德自此衰，刑自此立，后世之乱自此始矣。夫子阖行邪？无落吾事！"庄子这里显然是对禹"有为"的批评，郭象对此有一长段的注解，他说：

> 夫禹时三圣相承，治成德备，功美渐去，故史籍无所载，仲尼不能闲（按：意谓此三圣在孔子看来也没有办法区别）……故考其时而禹为最优，计其人则虽三圣，故一尧耳。时无圣人，故天下之心俄然归启（按：意谓在禹之后，天下无圣人，因此老百姓的心都归向于启了）。夫至公而居当者，付天下于百姓，取与之非己，故失之不求，得之不辞，忽然而往，侗然而来，是以受非毁于廉节之士，而名列于三王，未足怪也（按：意谓禹虽受毁于伯成子高这样的廉节之士，然名仍列于三王，是没有什么奇怪的）。庄子因斯以明尧之弊，弊起于尧，而衅成于禹，况后世之无圣乎（按：此意谓庄子根据尧传舜，舜传禹，似成定规，而这种定规实是一种"迹"，把"迹"当成定规，所以是弊病，这种弊病是由尧时开始的，但还未成为事实，到禹以后，由于没有圣人，仍然追求已成之陈迹，这样弊病就显露出来了）！寄远迹于子高，便弃而不治，将以绝圣而反一，遗知而宁极耳，其实则未闻也（按：意谓这里寄旨于子高之远迹，便以为可以对天下弃之不治，这并不合于"绝圣弃智"的意思）。夫庄子之言，不可以一途诘，或以黄帝之迹秃尧舜之胫，岂独贵尧而贱禹哉！故当遗其所寄，而录其绝圣弃智之意焉。

这段话最重要的是最后几句，郭象的意思是说：庄子的言论，不能从一个方面去理解；如果只从一个方面去理解，那就不能透过其所寄之言而明"言外之意"。例如，如果根据黄帝所作所为

（迹）去要求尧舜，那就是执著于"迹"，而不知"所以迹"，因此也就不能抓住尧舜时代的"迹"来要求于禹。这是由于时代不同，我们应该撇开其所寄托的表面言辞，而把握其"绝圣弃智"的意义。

郭象的《庄子注》中不少地方运用这种方法，在形式上不否定周孔的思想，但在实质上即在发挥着老庄的思想。然而儒家和道家毕竟是不同的两种思想体系，很难在传统的儒家或传统的道家任一模子里把两种不同的思想都包容而无矛盾，但郭象却要求调和儒道这两种不同的思想，这样就不能不创造一种方法，在高一层次上超出传统的儒道，而提出一种新的理论。

（三）用"寄言出意"的方法，齐一儒道，调和"自然"与"名教"，发明其玄学新旨

上述两点，虽都是用"寄言出意"的方法，但它们只是达到第三点之阶梯，还谈不上是郭象主要论证的问题，也就是说还不能全面把握郭象玄学的新思想。那么郭象的玄学新思想是什么？他又如何用"寄言出意"来发挥他的玄学新思想呢？

郭象的玄学新思想用《庄子序》的话说，就是他申明的"明内圣外王之道"。"内圣外王之道"，就现在所知，最早见于《庄子·天下》，照《庄子·天下》的意思，先秦各家都是要"明内圣外王之道"的，但所要发明的却各不相同。那么郭象要发明的"内圣外王之道"是如何呢？我认为，郭象所要说明的"内圣外王之道"就是"游外以宏内"，"无心以顺有"。"游外以宏内"，意谓"即世间而出世间"，则可不废"名教"而徒合"自然"。"无心以顺有"，即谓"无心而任乎自化"，则"不自用心"（不以自己之心为心，而任物之心）而应物合俗。如果说，"游外以宏内"是郭象心目中的最高境界，那么"无心以顺有"则是达到圣人这一最高境界的手段。故"无心以顺有"就成为"名教"通向"自然"，或

"自然"寓于"名教"之间的桥梁。从这里我们可以看到，郭象所提出的"内圣外王之道"，无疑是中国哲学史上的一种新思想。郭象的这一新思想在当时条件下，可以说解决了时代所要解决的难题。它既可继承和发挥老庄"自然无为"的思想，又可不废周孔"道德教化"之事功；这实为当时统治者和士大夫所欢迎。郭象论证这种新思想的方法就是"寄言出意"。在《大宗师》中记载着一段孔子跟子贡说他自己与方外之士子桑户、孟子反、子琴张的不同的话，孔子说："彼，游方之外者也；而丘，游方之内者也。外内不相及，而丘使汝往吊之，丘则陋矣。"照庄子看，"游方之内者"与"游方之外者"是两类不同的人，故"外内不相及"，但郭象的注说：

> 夫理有至极，外内相冥。未有极游外之致而不冥于内者也，未有能冥于内而不游于外者也。故圣人常游外以宏内，无心以顺有。故虽终日挥形而神气无变，俯仰万机而淡然自若。夫见形而不及神者，天下之常累也。是故睹其与群物并行，则莫能谓之遗物而离人矣。睹其体化而应务，则莫能谓之坐忘而自得矣。岂直谓圣人不然哉！乃必谓至理之无此。是故庄子将明流统之所宗，以释天下之可悟，若直就称仲尼之如此，或者将据所见以排之，故超圣人之内迹，而寄方外于数子，宜忘其所寄以寻述作之大意，则夫游外宏内之道，坦然自明，而庄子之书，故是超俗盖世之谈矣。

照郭象看，最根本、最高的道理（至理）是"游内"与"游外"的合一，没有能最佳"游外"的而不是最佳"游内"的，也就是说"极高明必能道中庸"，圣人正是这样"常游外以宏内"。圣人可以"终日挥形而神气无变"，"俯仰万机而淡然自若"。可是一般人往往只是从形式上看圣人，而不能了解圣人的内在精神，看到圣人和老百姓在一起，随顺百姓之心以应务，就认为圣人和一般人一样了，这岂不是说无所谓圣人了吗？这哪里是"外内相冥"的道理呢？可是庄子为什么不直接说孔子是"外内相冥"的圣人呢？这是因为如果直接说孔子就是"外内相冥"的圣人，那些不能透过外在形式来了解事物内在本质的人就会根据一些表面现象提出疑问，因此庄子为了说明根本的道理，开导天下迷惑的人，就寄托孔子于方内，而把子桑户等说成是方外的，但读《庄子》应忘掉那些假托之辞，而寻求其根本的道理，这样才能了解"游外宏内"之道，而不至于囿于世上的俗说。

这里郭象用"寄言出意"的方法，既论证了"名教"之不可废，又说明了孔子所作所为均能"德合自然"，并且通过这些步骤而得出"游外以宏内"的结论，以明"名教"与"自然"之统一。所以我们说，郭象的"寄言出意"'意欲寄托《庄子》之言，以出其玄学之新义也。如果不借《庄子》言之，则无以出郭象之新思想；如果执著《庄子》之词句，同样不可能出郭象的玄学新义。

如果说用"寄言出意"的方法隐去庄子的原意，而存周孔之"名教"为正命题，"寄言出意"的方法在形式上容纳周孔之"名教"，而实际上是要发挥老庄之"自然"为反命题；那么用"寄言出意"的方法齐一儒道，调和"自然"与"名教"以发明其玄学新旨就是合命题了。此一"正—反—合"辩证的方法论，或是了解郭象注《庄子》的意义所在。郭象生活之时代，正是当权统治集团面临"越名教而任自然"、"非汤武而薄周孔"的玄风流行之后，此玄风既有适合这个集团生活所需要的一面，也有损害他们集团统治利益的一面，因此如何保存其所需要的一面而又能克服损害其统治的一面，这是当时玄学思想家必须解决的问题。可以看到，要解决这个问题，首先需要为"名教"在玄学中争得一席之地，否则将不利于统治集团的统治，因此郭象对"名教"作了某种肯定；然而这种肯定又必须是在玄学范围之内的肯定，否则郭象的哲学也就不成其为在老庄思想基础上的玄学了，因此不得不在某种程度上把周孔老庄化，把"名教"容于"自然"之中，以达到既可不废"名教"，又能顺应"自然"，而创造出"游外以宏内"、"无心以顺有"这样颇有新意的玄学命题，这就是郭象的"内圣外王之道"。

郭象的"寄言出意"，从思维方式上看，可以说是一种调和矛盾的方法，而且是一种通过否定而达到肯定的方法。这种注意到事物之间的矛盾性和"否定"的意义，从方法学上说无疑是非常重要的。郭象和庄子一样，对事物之间的矛盾有深刻的认识。对待矛盾，庄子往往是用相对主义来取消矛盾，而郭象则是用异中求同的方法和通过否定达到肯定的方法来消解矛盾。

二、辩名析理

"辩名析理"是魏晋玄学的一种方法，但这种方法并非魏晋玄学家首创的，而是由先秦名家所首创，如公孙龙之论"白马非马"，墨子之论名实。在《郭象的〈庄子注〉与〈庄子〉的旧说》一章中已对郭象"辩名析理"的方法有所论述。照我看，魏晋玄学虽是一种"名理之学"，但"名理之学"并非即是魏晋玄学，例如《世说新语》中说裴頠"善谈名理"，但"不达虚胜之道"，所以"善谈名理"者，并不一定善于通达"虚无贵胜之道"的玄学问题。因此郭象也并不认为"辩名析理"为玄学的最重要的方法，故他说，这种方法"无经国体致，真所谓无用之谈也"。从这里看，郭象虽为一高明的玄学家，他仍如中国的许多士大夫一样有着"经国治世"的抱负。因此，他向往的玄学是要既玄远又能实行的，这点可于其《庄子序》中看出，他说："夫庄子者，可谓知本矣，故未始藏其狂言，言虽无会而独应者也。夫应而非会，则虽当无用；言非物事，则虽高不行。"郭象注《庄子》就是企图让这种高超的玄学思想成为"既高又能行"的理论。那么用什么方法可以把庄子的思想（即郭象所注的庄子的思想）变成"不治之治"的"内圣外王之道"呢？这就是上面讨论的"寄言出意"的方法。但"寄言"，就要对"言"（名词）作分析，故要"辩名"；"出意"就要对"意"有所指示，于是也就要"析理"了。所以"辩名析理"虽不能"经国体致"，但对建立玄学体系仍有重要意义。

所谓"辩名析理"，"辩名"，因为"名"是指"实"的，把指"实"之"名"搞清楚了，那么就知道"名"之所指，故有此"名"就有此"名"所指之"实"，王弼说："不能定名，则不可以论实也。"如果不能给所指之"实"以固定的名称，那么就无法讨论"实"的各种意义。郭象也说："名当其实，故由名而实不滥。"名实相当，那么就可以由"名"了解"实"的意义。故郭象又说："名者，天下之共同也。""名"定下来就成为所有人共同用的了。由于据"实"之"名"立，那么此类之"实"之为此类"实"应符合此类"实"之"名"之标准。所以"辩名"就是要对一个名词下定义，例如刘劭《人物志》对"英雄"所下的定义为："聪明秀出者为英"，"胆力过人者谓之雄"，"英雄"则是兼二者而有之。张良符合"英"的标准，故为"英"；项羽符合雄的标准，故为"雄"；而刘邦符合"英雄"的标准，故为"英雄"。故"名"是指一个概念，对"名"这个概念下的定义则形成判断（即命题）。"名"往往是指"应然"（应该如此），"实"指"实然"（实际如此），但"应然"并不一定都会在现实中有其实际的例子，所以这样就会发生"名"与"实"脱节的状况。出现"名"与"实"脱节的状况可能有多种原因：一是给"名"下的定义并不反映"实"，"名不当实"；也可能是给"名"下的定义虽然是合理的，但是只是理想中的合理，而并非现实中已有之例；还可能因不同思想家给同一"名"

所下的定义不同，而所指的"实"自然也就不同，而从此一思想家看彼一思想家给"名"下的定义是"名实不当"的，反之亦然。例如王弼释"道"为"无"和郭象释"道"为"无"的意思根本不同。所以在汉魏之际，"辩名"是非常重要的。因为对"名"（概念）的含义搞清了，才有可能对其所建立的理论做出清楚明白（或者合理）的表述或分析，这就是汉魏之际的"名理之学"。

所谓"名理之学"，在汉魏之际开始时大体上是讨论"名分之理"，人君臣民各有其职守，如何使之名实相符，又如何使名实相符而天下治，此为政治理论的问题。后来渐渐进而讨论鉴识人伦的标准问题，于是讨论趋向于"辩名析理"，而向着抽象原理或概念内涵之"应然"方面发展。例如曹魏当政时有所谓"四本才性"问题的讨论，《世说新语·文学》"钟会撰《四本论》"条注引《魏志》曰：

> 四本者，言才性同，才性异，才性合，才性离也。尚书傅嘏论同，中书令李丰论异，侍郎钟会论合，屯骑校尉王广论离。

钟会等四家讨论才性问题的具体内容因无可查之具体史料，故不可得而知，但所讨论的形式已进入抽象的"名理"则是无疑的。晋袁准《才性论》说："性言其质，才言其用。"这或是魏晋之际对"才"与"性"的含义的最一般的看法。例如刘劭《人物志》认为，"才"是"性"的表现，"弘毅"之才是"仁"性的表现；"通微之才"是"智"性的表现；"筋劲"之才是"勇性"的表现；而"平淡无味"是圣人"中庸之质"的表现等。但刘劭《人物志》中的这些讨论大概还算不上真正的玄学的"名理之学"，或可谓为准玄学之"名理之学"。因为刘劭讨论才性问题，目的还仅仅是为"才"找一内在的根据，而重点还不在讨论难言之域的"性"的问题。到何晏、王弼时，则主要是讨论对"性"的看法了。何晏《论语集解》注"夫子之言性与天道不可得而闻"谓："性者，人之所受以生也。"这是给"人性"下的定义，但人同样具有此"性"，而为什么又往往表现得很不相同呢？何晏解释说："凡人任情，喜怒违理；颜回任道，怒不过分。迁者，移也。怒当其理，不移易也。"（《论语集解》卷三）这里又提出"性"与"情"、"性"与"理"的关系等，这就不仅要"辩名"而且要"析理"了。王弼对这一问题进一步作了理论上的分析。王弼在答荀融难"大衍义"中发挥了何晏的这一观点，提出圣人虽然"明足以寻极幽微"，可是遇到颜渊仍然不能无乐，而颜渊死去也不能无哀，喜怒哀乐乃"自然之性"，圣人也不能去掉，只不过圣人可以做到"以情从理"罢了。在王弼的《周易·乾卦·文言》注中说："不为乾元，何能通物之始？不性其情，何能久行其正？"可见"性"是合"理"的，用"性"来规范"情"，就是"以情从理"。这样一来"人性"问题就和"天理"问题联系起来了。进而王弼提出，事物的存在必有其事物存在的道理，"物无妄然，必由其理"（《周易略例·明象》），这就是由"辩名"而进入"析理"。"辩名析理"于是成为魏晋玄学的重要方法之一。兹以"天"、"道"二概念为例，以示郭象如何运用"辩名析理"的方法为其建立"崇有"、"独化"之思想体系之用。

"天"在中国哲学中本有多重含义，有主宰之"天"的意思，有道德之"天"的意思，有自然之"天"的意思，有命运之"天"的意思，有神秘之"天"的意思，等等。而郭象之"崇有"思想意在否定"天"之造物主的地位，故必须给"天"这个概念下一个定义。从他的《庄子注》中可以看出，郭象从两个方面来说明"天"的含义："天者，万物之总名也"；"天者，自然之谓也"。而这两方面的含义是相联系的，如他说："天地者，万物之总名也。天地以万物为体，而万物必以自然为正。自然者，不为而自然者也。"从这段话看，"天"只是一个名称，即万物的总名称，而不是什么外于万物的东西，故《齐物论》注"天籁"谓："夫天籁者，岂复别有一物哉！即众窍比竹之属，接乎有生之类，会而共成一天耳。"因此，"天"就是万物之全体，或者说总万物为一天，这是就实体方面来说明"天"的意思。说"天者，自然之谓也"，意思是说"天"就是万物存在的自然而然的状态，"天"对万物没有什么作用，所以"天"是"不为而自然者也"。《山木》注中说："凡所谓天，皆明不为而自然。"《在宥》注说："天，无为也。"这说明，"天"不能做什么，是无目的、无意志的，这是就"天"的功能方面说的。因为"天"只是"万物之总名"，只是万物总体的名称，因此它的功能只是"自然无为"。

为什么"天"是"万物之总名"？为什么"天"是"自然无为"的？这必须有论证，有论证才可以叫"析理"。照郭象看，如果"天"不是"万物之总名"，那么它就是外于"万物"的另一东西，可是这外于万物的东西怎么能产生千种万般不同的东西。如果"天"不是外于万物的，那么它就只能是"万物之总名"了，郭象说：

> 天且不能自有，况能有物哉！故天者，万物之总名也。（《齐物论》注）

在《德充符》注中说："天不为覆，故能常覆；地不为载，故能常载。使天地而为覆载，则有时而息矣。"这是说，天地的覆载不是为了什么目的而覆载万物的；如果为了什么目的而覆载，那么就可能有不覆的时候，这怎么可能呢？因此"天地"是"不为而自然"的。正因为"天"是"万物之总名"，所以"天"是"无为"的，只是"万物"之"自为"，这种"任自然"是万物的正常状态。故在《则阳》注中说："殊气自有，故能常有。若本无之，而由天赐，则有时而废。"如果万有是由"天"做成的，那么有的时候就可能没有"万有"，那怎么可能呢？只能是万物自有，才可以无时不有。这一看法和郭象把宇宙看成是无限的永恒存在的思想是一致的，《庚桑楚》注中说："宇者，有四方上下，而四方上下未有穷处"，"宙者，有古今之长，而古今之长无极"。

郭象在说明"天道"时谓："不为此为，而此为自为，乃天道。"（《天地》注）又说："物各自生而无所出焉，此天道也。"（《齐物论》注）在说明"天德"时谓："任自然之运动。"（《天地》注）郭象的《庄子注》中与"天"相连的名词概念有很多，如"天理"、"天门"、"天成"、"天性"、"天行"、"天均"等，都是由"天"的本义，"天者，万物之总名"，"天者，自然之谓也"引申出来的，与"天"的本义相一致。现择其要者释于下。

《庚桑楚》注中说："天门者，万物之都名也。谓之天门，犹云众妙之门也。"按：此处"众妙"即万物，"天门"是就总万物说的，并非说万物之外另有一"天门"。故郭象的所谓"天门"，就是"以'无'为门，以'无'为门则无门也"（《庚桑楚》注）。盖因"死生出入，皆欻然自尔，未有为之者也。然有聚散隐显，故有出入之名；徒有名耳，竟无出入，门其安在乎？"（《庚桑楚》注）照郭象看，"死生出入"都是没有什么使之者的自然而然的现象。这是由于他认为事物的"死生出入"在自然界之中不过是"聚散隐显"而已。事物虽有"聚散隐显"等的变化，但"变化相代，原其气则一"，一切都是"气"自身的变化，哪里有另外一个超越万物之上的不同于万物的"门"呢？由此可见，郭象的"天门"正是"天者，万物之总名也"的延伸。

《刻意》注中说："天理自然，知故无为乎其间。"这里郭象对《庄子》"去知与故，循天之理"的注，意思是说"天理"是自然而然的，"知"（按：指用心，郭象注"不思虑"为"付之天理"）和"故"（按：指有意）都是无能为力的，只有"无为"才是符合"天理自然"的。故郭象注《天下》"故曰至于若无知之物而已，无用贤圣"句谓："唯圣人然后能去知与故，循天之理，故愚知处宜，贵贱当位，贤不肖袭情，而云无用贤圣，所以为不知道也。"

《刻意》"故曰圣人之生也天行"郭注谓："任自然而运动。""任自然而运动"即万物自身之运动也，此即"天行"。

《寓言》注释"天均"谓："天均齐者，岂妄哉！皆天然之分。"照郭象看，"物各有性"，虽有大小、长短、美丑之分，然而这些分别都是天然如此的，因而从均可以"自足其性"说，都是一样的，故《齐物论》注中说："夫以形相对，则大山大于秋豪也。若各据其性分，物冥其极，则形大未为有余，形小不为不足。苟各足于其性，则秋豪不独小其小，而大山不独大其大矣。若以性足为大，则天下之足未有过于秋豪也；若性足者非大，则虽大山亦可称小矣。……苟足于天然而安其性命，故虽天地未足为寿而与我并生，万物未足为异而与我同得。则天地之生又何不并，万物之得又何不一哉！""天均"并非"天"使之均齐，而是万物之性分从可以"自足其性"方面说都是无分别的。

我看，不须再多举例子了，从上面所引的郭象《庄子注》中与"天"有关的名词概念可以看出，他对如"天门"、"天理"等的辩析是和他给予"天"的基本含义是一致的。从这点看，郭象的理论体系相当严谨，说明他运用"辩名析理"有着方法论上的自觉。

我们再来看看郭象对"道"是如何解释的。王弼对"道"的解释说："道，无之称也。"郭象则认为："至道者，乃至无也。既以无矣，又奚为先？"这显然是对王弼"贵无"学说的批评，"道"是"至无"，又如何能生"有"呢？故郭象说："道不逃物。"（《知北游》注）"道"不能离开"物"。又说："物所由而行，故假名之曰道。"（《则阳》注）"道"是物之所由而行的"道路"，离开了"物"就无所谓"道"，故"道"既不是实体性的，也不是作为"物"存在根据的本体，更不是造物主，就这个意义上说，"道"不是什么，所以它不能先于"物"而有，故"至道"又可名"至无"。所以郭象说："知道者，知其无能也，无能也则何能生我，我自然而生耳。"（《秋水》注）"道"是什么也不能做的，因此事物都是自然而生成的。《知北游》注说："至道无功，无功乃足以称道。"此说"道"对万物没有什么功用。《天下》注谓："道无所不在，而云土块乃不失道，所以为不知。"《应帝王》注："块然，无情之貌。"此言"道"无情、无知也。总之，郭象认为"道是物之道"，它不能离开物而独存，因此在《庚桑楚》注中说道："夫春秋生成，皆得自然之道，故不为也。"按此说"春秋生成"指自然界，亦即万物，自然界的万物都是自然而然生成的，这就是"自然之道"。按此"自然之道"是为了否定"道"的"主宰"意义，和独立于"物"之外的实体意义。

除了郭象对"道"的上述说法之外，他还有与上述说法相联系的说法，如在他屡称"道无所不在"的《大宗师》注中说："言道之无所不在也。故在高为无高，在深为无深，在久为无久，在老为无老，无所不在，而所在皆无也。"照郭象看，"道无所不在"的意思是，存在的只有"物"，所以对高的物说，高是物本身的高，而不是"道"使之高或不高，也不是"道"有什么高或不高，所以"道"在高为无高。既然"道"对"物"说，它既不能为"高"、为"深"等，因此"道"虽无所不在，但它对"物"的存在来说是没有什么作用的。故《则阳》注谓："道故不能使有，而有者常自然也。"这就是说，郭象认为"道"对"物"的性质是没有意义的，而对物的性质有意义的只是它的"自性"。如郭象说："言物之自然，各有性也。"（《天运》注）"不知其然而自然者，非性如何。"（《则阳》注）

郭象否定"天"，并不是要抛弃"天"这个概念，否定"道"，也不是要抛弃"道"这个概念，而是给它们不同于王弼或其他玄学家的含义，并对此作出适合他思想体系要求的论证，这就是他的"辩名析理"的功夫。郭象要建立其"崇有"哲学的思想体系，同样还得给"无"以不同于王弼的解释。郭象说："无，至虚之辞。"他所说的"至虚"就是字面上的"至虚"的意思，意即"无"所表示的就是什么都没有的意思，"无既无矣"；"无者，何哉？明生物者无物"。"无"就是"无物"（nothing），"无"不是什么，即谓"无"是"不存在"的意思，它等于"零"。所有这些给"无"所作的描述，即"辩名"，都是为否定"无"能生有的。所以我们也可以把郭象的"崇有论"叫做"无无论"。在《齐物论》注中说："有无而未知无无也，则是非好恶犹未离怀。"此虽为讨论境界问题，然亦可见郭象"无无"之意义。为了进一步否定"无"作为造物主的意思，并论证"有"是唯一的存在，郭象在《庄子注》中颇用了一些力气反复加以论证，如他说："夫庄、老之所以屡称无者，何哉？明生物者无物，而物自生耳"（《在宥》注）；"无既无矣，则不能生有"（《齐物论》注）；"此所以明有之不能为有而自有耳，非谓无能为有也。若无能为有，何谓无乎？"（《庚桑楚》注，按："有"也不能是生"有"者，如"有"是生有者，那么此生有者将成为造物主）"夫无有何所能建？建之以常无有，则明有物之自建也"（《天下》注），等等。这里郭象如此之否定"无"，都是为了一个目的，即肯定"有"是唯一的存在，而不承认在"有"之外（之上、之后）还存在一个造物主或者比"有"更根本的实体。关于郭象所论"有"与"无"的问题将在下章讨论。而"无无论"之境界问题也在以后各章中讨论。

郭象为什么要否定"无"作为造物主，除了是为其"崇有"思想的建立扫清道路外，也还有为调和儒道、为"名教"留下地盘的意义。如果承认"无"是"有"的创造者，或认为"无"比"有"更根本，那么人们只要去追求"无"这个超越的东西，以达到"玄冥之境"就可以了，哪还用管什么"名教"；人们只要"拱默山林"、"逍遥无为"、出于"六极之外"、游于"无何有之乡"就可以了，哪还能"游外以宏内"呢！"历山川，同民事"、"戴黄屋，佩玉玺"，岂不可以根本否定了吗！圣人岂不将"独异于世"、"背俗而用我"了吗？然而郭象的玄学新义，虽然崇尚自然，但亦不能废弃"名教"，只有否定"无"的造物主地位，才能齐一儒道，调和"自然"与"名教"。

就以上所述，我们可以清楚地看到，郭象对"天"、"道"以及"有"、"无"的解释和种种论证，都表现着他为建立"崇有"、"独化"思想体系运用"辩名析理"这种方法的功力。

中国历史上一直有注释经典的传统，"寄言出意"、"辩名析理"只不过是多种注释经典方法中的两种。汉朝注释经典多采用章句的方法，一章一句甚至是一字地做详细解释，还有用"纬"证"经"的方法，形成"纬书"系统。到魏晋则为之一变，玄学家或用"得意忘言"、"寄言出意"，或用"辩名析理"的方法。佛教传入以后，对佛经也有各种不同的注释，有"音义"、"音训"等。隋唐以来，由于在我国形成了若干佛教宗派，而对佛经的注释又往往依各宗派思想之不同而为之注，例如对僧肇的《肇论》有依三论宗思想为之注者，有依华严宗思想为之注者。道家和道教对经典的注释亦多有不同。因此，在中国对经典的注释，或是"六经注我"或是"我注六经"。根据这些情况，如果我们对中国历史上的经典注释方法加以梳理，也许可以总结出一套中国传统的解释学的方法和理论来，这或者可以丰富今日流行于西方之解释学（Hermeneutics）。

三、否定的方法

在中国哲学中运用"否定"作为一种论证方法，最早的和最为出色的也许可以说是老子。以后中国的许多哲学家都采用"否定"的方法作为他们建立哲学体系的重要方法，由于这种方法不肯定什么，又往往被称之为"负的方法"。我们在《老子》书中可以找到一些他提出的与"否定"的方法相关的命题，如"正言若反"、"反者道之动"等。但我认为，他提出的"无为而无不为"这一"通过否定达到肯定"的方法，可以说更有意义，表现了老子对"否定"有了方法论上的自觉。"无为"是对"有为"的否定，而正是由对"有为"的否定恰恰可以成就"有为"。例如《老子》第四十八章中说："取天下常以无事，及其有事，不足以取天下。"对于"取天下"、"无事"是否定的意义，而"有事"是肯定的意义，而照老子看不是以"有事"去取天下才可以有天下，而是以"无事"才可以取天下，这正像郭象所说的"以不治治之"的意思。因此，就老子说，在这方面他对中国哲学在方法论上的贡献至少有两点：

（1）他认识到"肯定"与"否定"是一对矛盾，而且"否定"作为方法比"肯定"更有意义，从"否定"方面了解事物比从"肯定"方面了解事物会更为深刻；

（2）"否定"中包含着"肯定"，用"否定"来对待"肯定"（事物）是一种十分重要的完成"肯定"（事物）的方法，或者说是完成更高一层次"肯定"（事物）的方法。

在这里我们把老子"无为而无不为"作为一种方法加以模式化，可以这样来表达："通过否定达到肯定。"在郭象注《庄子》中常常用这种方法来论证或阐述他的理论，例如他提出"相为于无相为"、"相与于无相与"等。其意为，在"无相为"中才可以实现"相为"；在"无相与"中才可以实现"相与"。《大宗师》注中说：

> 此二人（按：指子舆与子桑）相为于无相为者也。今裹饭而相食者，乃任之天理而自尔，非相为而后往者也。

按：《庄子》中说，子舆和子桑是好朋友，子桑生病，"子舆裹饭而往食之"。郭象注了上面那段话。表面上看，子舆好像是因为子桑生病，故带饭送给子桑吃。但其实郭象要说明的是，子舆并不是为子桑生病而带饭去给他吃，他只是"任之天理而自尔"，所以是"相为于无相为"。正是"无相为"而实现了"相为"的意义。"无相为"是对有某种目的的"否定"，而这种对有目的的"否定"恰恰实现了某种目的（"相为"）。

在《庄子·大宗师》中还有一段话："子桑户、孟子反、子张琴三人相与友，曰：孰能相与于无相与，相为于无相为？孰能登天游雾，挠挑无极，相忘以生，无所终穷。"郭象有以下一段注：

> 夫体天地，冥变化者，虽手足异任，五藏殊官，未尝相与而百节同和，斯相与于无相与也；未尝相为而表里俱济，斯相为于无相为也。若乃役其心志以恤手足，运其股肱以营五藏，则相营愈笃而外内愈困矣。故以天下为一体者，无爱为于其间也。

庄子这段话的意思是说：子桑户等三人之间能在并不关怀（无心）中而成为莫逆；能在不为对方做什么（无为）中而成就对方的一切。超然物外，游于无穷，忘掉生死，不受什么限制。郭象对庄子思想的解释，实际上也是对老子"无为而无不为"这种"否定"思维模式之发挥。郭象解释说，能够体证天地之变化而与之为一体者，就像手足、五脏等的功能不同，并非是为互相的关怀而能相和同，并非是要为互相的作为而能相帮助，这就是因为"相与于无相与"、"相为于无相为"。如果你有意去做什么，得到的结果将是内外交困，"故以天下为一体者，无爱为于其间"。这种思维模式也正是郭象的"独化"思想的具体化，在《大宗师》注中说："夫相因之功，莫若独化之至也。"这就是说任何事物都应是独立自足的生生化化，不是有意去为别的事物去做什么，这反而对别的事物有最大的功用。所以"神人者，无心而顺物者也"（《外物》注）。"无心而顺物"不是要肯定什么，而是要不断地排遣一切"用心"。郭象对《庄子·齐物论》"今且有言于此，不知其与是类乎？其与是不类乎？类与不类，相与为类，则与彼无以异矣"的注说：

> 今以言无是非，则不知其与言有者类乎不类乎？欲谓之类，则我以无为是，而彼以无为非，斯不类矣。然此虽是非不同，亦固未免于有是非也，则与彼类矣。故曰类与不类又相与为类，则与彼无以异也。然则将大不类，莫若无心，既遣是非，又遣其遣。遣之又遣之以至于无遣，然后无遣无不遣而是非自去矣。

按：如果说庄子"齐物论"思想是要"遣是非"，那么这里郭象的注则是要"既遣是非，又遣其遣"。因此，在这里表明郭象对"否定"的意义的体认又更有所进了。"否定"作为一种思维方式固然重要，但如果对"否定"加以"肯定"，那么"否定"就会失去作为"否定"的意义。这正如佛教的般若学的"破相"一样，《大智度论》中说：

> 如服药，药能破病，病已得破，药亦应出。若药不出，则复是病。以空灭诸烦恼病，恐空复为患。是故以空舍空，是名空空。

对于"是非"问题的争论，无论同意哪一方面，都会造成有所执著，这就仍然会成为一种"是非之争"，仍不是"无是非"，就像为了消除"无是非"，而执著"无是非"，这就成了病因药已除，还要继续吃药一样，而成为新的病了。因此对于"是非"这样问题的"类与不类"，"莫若无心"。所谓"莫若无心"就是要"遣之又遣之以至于无遣，然后无遣无不遣而是非自去矣"，这就如佛教之"空空"。这里郭象的"遣之又遣之以至于无遣"似乎又比老子前进一步，认为如果要坚持"否定"的方法，那么对"否定"本身也应"否定"，这样才是彻底地否定，这样无异于是主张什么都可以"肯定"，从而郭象要肯定的"一切存在的都是合理的"是可以成立的了。成玄英对郭象的这段注有如下的疏解：

> 类者，辈徒相似之类也。但群生愚迷，滞是滞非。今论
> 乃欲反彼世情，破兹迷执，故假且说无是无非，则用为真道。
> 是故复言相与为类，此则遣于无是无非也。既而遣之又遣，
> 方至重玄也。

成玄英的思想深受佛教三论宗的影响，又是在佛教的涅槃学在中国兴盛之后，故其学说在否定执著于"无"和执著于"有"之后，而认为仍有所肯定。

第十三章　郭象哲学中的理论问题（上）

　　前面在《魏晋玄学发展的历史（下）》中谈论到郭象已涉及他的许多哲学理论问题，本章和下一章将对他的某些重要哲学理论问题作进一步讨论，以说明他在中国哲学史上的贡献及其哲学理论存在的问题。照我看魏晋玄学所讨论的主要问题可以归为以下四个相互联系的问题：①"有"与"无"；②"动"与"静"；③"知"与"无知"（圣智）；④圣人学致问题。如果说王弼、何晏是魏晋玄学的创始者，那么郭象则是魏晋玄学发展的高峰，而僧肇则是魏晋玄学的终结者，同时又开创了中国的佛教哲学。僧肇的《肇论》正是对上述四个玄学问题依据佛教般若学所作的哲学理论上的发挥。他的《不真空论》讨论了"有"、"无"问题；《物不迁论》讨论了"动"、"静"问题；《般若无知论》讨论了"知"与"无知"问题；《涅槃无名论》讨论了圣人学致问题。本章将集中讨论郭象对这四个问题的看法。

一、关于"有"与"无"的问题

　　王弼提出"以无为本"的"贵无"思想体系，郭象提出"有物自造"的"崇有"思想体系，僧肇提出既反对"贵无"，又反对"崇有"的"非有非无"的"中道观"。这一思想的演进过程，在中国哲学发展史上无疑有着一定的典型意义。而郭象哲学正是处在这个发展过程中的中间环节，因此解剖他对"有"和"无"关系的看法，对了解魏晋玄学作为一种哲学思潮发展的进程是非常有意义的。

王弼的"以无为本"的"无"不是"虚无"的意思，金岳霖先生说老子的"道"可以了解为"不存在而有"，我想用"不存在而有"来说明王弼的"无"或者更为恰当。王弼的"无"实际上是指抽掉一切具体规定性的"有"（pure being），即最抽象的"一般"。如果说，任何具体的事物都有其具体的规定性，即以某种规定性为"性"，那么王弼的"无"，它不是什么具体的东西，它是无规定性的，即以"无规定性"为"性"。无规定性的"无"是不存在的，但它又是一切存在的根据，是"纯有"（pure being）。这个问题，王弼在他的《老子指略》中有明确的说明：

> 夫物之所以生，功之所以成，必生乎无形，由乎无名。无形无名者，万物之宗也；不温不凉，不宫不商。听之不可得而闻，视之不可得而彰，体之不可得而知，味之不可得而尝，故其为物也则混成，为象也则无形，为音也则希声，为味也则无呈。故能为品物之宗主，苞通天地，靡使不经也。

这里王弼要说明的是"有名"、"有形"的是生乎"无名"、"无形"的。为什么是这样呢？照王弼看，是方形则不能同时是圆形，是"宫"则不能同时是"商"。只有"无形"才可以成就任何形，"无声"才可以成就任何声。因此，只有"无"才可以成就任何的"有"。但"无形"、"无声"等都不能是具体的"存在"，可是它即是"无形"，这"无形"之"形"，就是所有"形"的抽象，是包括了任何"形"，所以它是"不存在而有"。准此，"无"当然不能是具体的存在物，我们可以说它不是"有"，即是说它是"无有"之"有"。"无有"之"有"就是所有"有"的抽象，是"纯有"。它"苞通天地，靡使不经"，所以它是"不存在而有"。因此我们说王弼哲学的基本命题是"以无为本"，把"无"作为"万有"存在的本体。为什么王弼要为"万物"找一它存在的本体呢？因为他要寻找宇宙的统一性，所以他说："万物万形，其归一也。何由致

一？由于无也。由无乃一，一可谓无。"（《老子》第四十二章注）

　　郭象关于"有"、"无"问题在前面已讨论过，现在需要提出的是"有"和"物"是个什么关系。郭象的"物"是指具体存在物，如说"物各有性，性各有极"。那么"有"是不是也指具体存在物呢？据他的《庄子注》看，"有"也可以说具有具体存在物的意思，如他说："此所以明有之不能为有，而自有耳。"又说："明物物者无物，而物自物耳。"（《知北游》注）如说："夫有不得变而为无，一受成形，则化尽无期。"（《田子方》注）"成形"之"有"当是具体存在物。但这里的"有"也可以了解为存在物之全体。然"物"有时也是指"任何一物"或"全体之物"。看来，郭象往往是把"有"看成是"存在物之全体"，这有点像他给"天"下的定义那样，作为"万物之总名"。如果要分，"物"和"有"有什么区别，那么我们可以说，郭象的"物"较多的指"具体的存在物"，或者说是指一个体，是"别名"；而他的"有"多指"存在物之全体"，是一"总名"，是个集合名词。但郭象的"有"则不是一抽象的概念，不是"殊相"之"共相"。"有"（或"物"）是指"个体存在物"或"存在物之总合"，都不是"共相"。"存在物之总合"不过是一个一个物的相加，虽然可以加到无限，但仍然是"量"的问题，这样就可以排除了在"有"（或"物"）之外还有什么造物主或另一性质之"本体"。

　　郭象建立其"崇有"体系看来并不是要讨论"殊相"和"共相"，虽然我们可以说他不可避免地接触到这一问题。但他主要是要论证"上知造物无物，下知有物之自造也"。如果，"物各自造"，这就是说"物"各有各的"自性"，而"自性"是"自生"的。就这点看，郭象注意的是事物的"个别性"。而且每一个事物的存在又是不依赖于外在条件的。因此，我们说郭象注意的是每个具体事物自身的统一。

僧肇的《不真空论》既批评了"本无"，又批评了"即色"，而提出"非有非无"的"中道观"。僧肇据般若学"诸法本无自性"的观点，批评"本无"说：

> 本无者，情尚于无多，触言以宾无。故非有，有即无；非无，无亦无。寻夫立文之本旨者，直以非有非真有，非无非真无耳。何必非有无此有，非无无彼无？此直好无之谈，岂谓顺通事实，即物之情哉！

僧肇的意思是说，"本无"太偏好"无"了，因此他们说"非有"，把"有"说成"无"；说"非无"又把"无"说成"无"。但是"非有"，只是说"有"非真有；"非无"也只是说"无"非真无。为什么说"非有"就认为无此"有"呢？说"非无"就认为无此"无"呢？这不过是本无宗偏好"无"的观点，和事情的真实情况并不相符。僧肇这一观点，虽然是批评东晋时般若学的"本无宗"的，但实际上也批评了王弼的"贵无"学说。因为王弼"贵无"说也是"情尚于无多，触言以宾无"的（按：关于这一问题，尚可作进一步研究，此不赘述）。僧肇对"即色"的批评说：

> 即色者，明色不自色，故虽色而非色也。夫言色者，但当色即色，岂待色色而后为色哉？此直语色不自色，未领色之非色也。

这里僧肇的意思是说，即色论认为色（"有"）不是自己成为"有"的，万物的存在都要依靠一定条件，所以它并不是真实的存在。真实的存在应该是它本来就存在着，不需要任何条件而成为存在。僧肇批评说，即色的这种观点，仅仅是以事物不能独立自存为理由来否定事物的存在，但还没有了解到存在着的事物本身就是"非色"（空）。即色论认为，一切事物都要依靠一定条件而存在，这点与郭象的"崇有"思想不同。郭象认为"物各有性"也和即色论认为事物并没有自身存在的"自性"也不相同。但即色论并不了解"色本是空，犹存假有"（见元康《肇论疏》对即色论的批评）。这就是说即色论对事物存在的这一现象和"性空"本来是一回事，因此也就是说对"诸法本无自性"还没有正确的了解。僧肇在这里虽不能说也直接批评了郭象，但他的"不真空论"的"诸法本无自性"却不能不说是也涉及郭象的"物各有性"这一命题了。因此，我们可以说僧肇也间接地批评了"崇有论"。

由王弼到郭象再到僧肇可以说关于"有"和"无"的讨论是一个问题深化的过程，就这个意义上说僧肇的《不真空论》是对魏晋玄学的一个总结。

二、关于"动"与"静"的问题

王弼《老子》第十六章注说："凡有起于虚，动起于静，故万物虽并动作，卒复归于虚静，是物之极笃也。""虚"即"无"也，"有"的起因在于"无"，"动"的起因在于"静"，所以万物的种种活动虽一起发生，从根本上说是要回到虚静的，这是事物的最终极的道理。由这里可以看出，王弼讨论"动"、"静"问题是和他讨论"有"、"无"问题相联系的。为什么"动"、"静"问题和"有"、"无"问题是相联系的问题呢？王弼在《周易·复卦》注中说：

> 复者，反本之谓也。天地以本为心者也。凡动息则静，静非对动者也；语息则默，默非对语者也。然则天地虽大，富有万物，雷动风行，运化万变，寂然至无，是其本矣。……冬至，阴之复也；夏至，阳之复也，故为复则至于寂然大静。……

王弼的意思是说，"复"是万物（万有）反回到本体之无的状态。天地万物是以至无的"本体"作为其核心。"本体"既然是寂然

"至无"的，因此它也是"寂然大静"的。这"寂然大静"之"静"不是和"动"相对的"静"。这种"静"是常态之静，是"本体"的绝对的"静"。而现象界中的天地万物，"雷动风行，运化万变"，那只是变态，是暂时的现象，"寂然至无"才是那些变动的现象的本体。王弼把"本体之无"描绘成是"寂然大静"，这也是不得已而为之。因"本体之无"本来是不可言说的，只能勉强这样说罢了。为什么"寂然至无"是"寂然大静"的呢？盖因"本体之无"不是任何具体事物，也不是一个一个事物相加的事物之全体，它只是一超越时空的抽象概念，而此抽象之概念是抽掉了一切性质的"无规定性"之最空之概念。作为一抽象概念说，它是不可能有运动变化的；作为一无规定性的最空之抽象概念，它只能是"常静"，这"常静"并不是与"动"相对的"静"，而是"寂然大静"。因此，我们说，王弼的"以无为本"的哲学系统在动静问题上，是以"静"为"常（态）"，以"动"为"变（态）"，"静"是"本"，而"动"是"末"，这与他的"无"是"本"，而"有"是"末"相一致。"反本"是反回到"寂然大静"的"寂然至无"。

郭象的"崇有"、"独化"学说则与王弼不同，他认为"运动变化"是事物存在的状态，而且是绝对如此的状态，《齐物论》注中说：

> 日夜相代，代故以新也。夫天地万物变化日新，与时俱往，何物萌之哉！自然而然耳。

按："萌"或作"明"。"萌"有"使之发生"义。郭象认为，事物每时每刻都在变化之中，新的总是代替旧的，事物和时间一起俱往，哪里有什么东西使它如此呢！这是事物自然而然的状态。这里郭象把事物的运动变化和它的自生自化联系在一起，这是他"崇有"、"独化"体系的合理要求。为了进一步论证他的观点，郭象提出不仅个别事物是处在运动变化之中，而且整个宇宙（事物之全体）也是处在运动变化之中，运动变化是绝对的，他说：

> 夫无力之力，莫大于变化者也；故乃揭天地以趋新，负山岳以舍故。故不暂停，忽已涉新，则天地万物无时而不移也。世皆新矣，而自以为故；舟日易矣，而视之若旧；山日更矣，而视之若前。今交一臂而失之，皆在冥中去矣。故向者之我，非复今我也。我与今俱往，岂常守故哉！而世莫之觉，横谓今之所遇可系而在，岂不昧哉！（《大宗师》注）

在宇宙间什么力量最大，照郭象看，"变化"的力量最大，所有的东西都由这种力量推动着，而以新代故。如果没有这样的认知，而认为有什么不变的东西，是一种愚昧的想法。郭象之所以要否定在不断变化着的事物之外还有什么永远不变的东西，这正是他"崇有"、"独化"思想所要求的。照王弼看，现象界的一切事物都是在变动之中，但支持现象界存在的本体则是不运动的，而且是"寂然大静"（即不是与"动"相对应的"静"）；郭象认为除了存在着的种种运动着的事物之外，再没有什么不运动的"造物主"或另一事物的本体。为否定"造物主"或"本体之无"，在他的体系中必须排除"寂然大静"之类，所以他说："以变化为常，则所常者无穷也。"（《天运》注）

在讨论生死问题中，郭象认为，从一个人说，"生"和"死"可以说是其最大的变化，《德充符》注中说："人虽日变，然死生之变，变之大也。"但"生"和"死"只有相对的意义，都是事物存在的一种状态，他在《齐物论》注中说：

> 夫死生之变，犹春秋冬夏四时行耳。故死生之状虽异，其于各安所遇，一也。今生者方自谓生为生，而死者方自谓生为死，则无生矣。生者方自谓死为死，而死者方自谓死为生，则无死矣。

郭象的这一看法是基于他认为一事物存在了，那么它的生生化化是没有穷尽的，"一受成形，则化尽无期"。此事之"生"是此事物之"生"，此事物之"死"是此事物之"死"，这不过是存在的状态不同，其主体仍是此事物，"虽变化相代，原其气则一"（《寓言》注）；无论是"生"，无论是"死"，仍都为此"有"，"更相为始，则未知孰死孰生也"（《知北游》注）。据此，郭象认为，人应生时安生，死时安死，他说："齐死生者，无死无生者也；苟有乎死生，则虽大椿之与蟪蛄，彭祖之与朝菌，均于短折耳。故游于无小无大者，无穷者也；冥乎不死不生者，无极者也。"（《逍遥游》注）"忘年故玄同死生。"（《齐物论》注）这就是说，对人的"生死"这样最大的变化问题，如果了解了"生"和"死"只是存在的状态不同，那么人才可以真正的逍遥放达，而游于无何有之乡了。

如果从郭象对历史的看法方面来看，他认为社会是在不断的变化之中，《天道》注中说："当古之事，已灭于古矣。虽或传之，岂能使古在今哉？古不在今，今事已变，故绝学任性，与时变化而后至焉。"事物及其活动随着时间的变化而变化，已变化了的事情虽然可以留传下来，但是并不能使已变化了的事情再回来。所以一切在变化中，能够与时俱变的才是最为高超的人。据此，郭象分别了"迹"与"所以迹"的问题。他认为，无论什么样的圣人，他所做的事都是他活动留下来的痕迹，这无非是"陈迹"，效法它是无意义的，他说："时移世异，礼亦宜变，故因物而无所系焉，斯不劳而有功也。"（《天运》注）故游于变化之途者，"以变化为常，则所常者无穷也"（《天运》注）。郭象看到事物（无论自然界或人类社会）是永远处在变动之中，这一观点是很有意义的。但他据此而认为对一事物说"生"和"死"只是状态的不同，则有混同"生"和"死"的质的不同的问题，这样就导致相对主义，而陷入片面性。特别是，他把运动变化绝对化，而否定了相对的静止状态，这从一个方面说，会导致对事物无法认识；从另一个方面说，又可以否定历史经验的意义。这是应为我们注意的。

王弼认为"本体之无"为"寂然大静"，郭象认为一切之"有"以变化为常，而僧肇之《物不迁论》则认为事物的动静是没差别的，是非动非静，动静皆空，该文引《放光般若经》云："法无去来，无动转者。寻夫不动之作，岂释动以求静？必求静于诸动。必求静于诸动，故虽动而常静。不释动以求静，故虽静而不离动。"接着他说："然则动静未始异，而惑者不同。缘使真言滞于竞辩，宗途屈于好异，所以静躁之极，未易言也。"《放光般若经》的意思是说，一切事物都是没有什么运动变化的。但佛经中说的事物无运动变化，并不是离开运动去追求静止。而是说要于动中看到静。在动中看到静，因此虽动而常静。不离开动去求静，那么虽然是静，但并非离开动的静。据此，僧肇得出结论说：其实动静没有什么差异，只是迷惑的人的不同看法。把动和静看成是不同的人因不明佛教的真理而有的无休止的争辩，于是佛教真理在人们的争论中得不到彰明。因此，关于动静不异的道理，也就不容易说清了。如果说，王弼的"以无为本"，是以"本无"为"寂然大静"，是主张"非动"；郭象"崇有"、"独化"，是"万有"以"变化为常"，是主张"非静"；那么僧肇则以"非有非无"的中道观立论，而证之以"非动非静"、"动静皆空"。看起来僧肇解决了王弼和郭象各执一偏之弊，但僧肇的"物不迁"理论根据"诸法本无自性"这个命题，假使我们追问如果"诸法本无自性"，"佛性"如何安置，可能是一问题。从而"非动非静"之"动静不异"的命题能否成立，也是一个需待证实的命题，这里只能存而不论。

三、关于"知"与"无知"的问题

王弼在《周易略例·明象》中提出"得意忘言"的方法，盖因"道"是"不可道，不可名"的。这就是说，"本体之无"超言绝象，非"知"之对象。如果把"本体之无"看做"知"之对象，那么"本体之无"则非"大全"；但"本体之无"是不可分割的，故人们虽可通过现象以观其"本体"，但现象并非"本体"，故不能执著现象以为"本体"，而必须超越现象以达本体，此即谓"得意"须"忘言"也。故《老子指略》中说："道"，"体之不可得而知"。《老子》第二十五章注中说："自然者，无称之言，穷极之辞也。用智不及无知。"何劭《王弼传》中记载说：

> 时裴徽为吏部郎，弼未弱冠，往造焉。徽一见而异之，问弼曰："夫无者诚万物之所资也。然圣人莫肯致言，而老子申之无已者何？"弼曰："圣人体无，无又不可以训，故不说也。老子是有者也，故恒言无所不足。"

王弼认为，因为"本体"即是万物之本体，非为另一物，对它只能通过"有"来体会，而不能用语言来说。又韩康伯《周易·系辞》注引王弼言，其言曰："夫无不可以无明，必因于有，故常于有物之极，而必明其所由之宗也。""无"是不能说的，要靠"有"来证明"有"必有一其存在之根据。所以"本体之无"只是能从"有"必有其存在根据推而知之，而不是直接识知之对象。这里王弼虽未明确讨论"知"与"无知"的问题，但其对《老子》第一章注所说："可道之道，可名之名，指事造形，非其常也。故不可道，不可名也。"已可说明，王弼实以对"道"只能是"无知"的，故曰："是道不可体，故但志慕而已。"（《论语释疑》）

郭象的《庄子·大宗师》注中说："天者，自然之谓也。夫为为者，不能为而为，自为耳；为知者，不能知而知，自知耳。自知耳，不知也，不知也则知出于不知矣；自为耳，不为也，不为也则为出于不为矣。为出于不为，故以不为为主；知出于不知，故以不知为宗。是故真人遗知而知，不为而为，自然而生，坐忘而得，故知称绝而为名去也。"郭象关于"知"与"无知"的问题是和他所讨论的"为"与"无为"的问题相一致的，都是其"崇有"、"独化"体系所要求的。照郭象看，任何事物就其"自性"说都是独立自足地生生化化的，因此，此一事物对彼一事物是无能为力的，任何事物都只能是"自为"，而"自为"即是"无为"。因为，"物各有性"，而不能知其他事物之"性"，只能知其"迹"，而不能知其"所以迹"。所以它不能知其他事物之"性"；只能知自己之"性"，知自己之"自性"，实际上是"不知"。《齐物论》注中说："知无无矣，而犹未能无知。"如果只知道没有"本体之无"还不能达到"芒然无知而直往之貌"。盖"知无无"尚有一知之对象，只有"无知"才可"彼我玄同"、"化尽无期"。故郭象注"俄而有无矣，而未知有无之果孰有孰无也"一句说："此都忘其知也。尔乃俄然始了无耳。了无则天地万物，彼我是非，豁然确斯也。"只有忘"知"才可以把一切都看成自然而生，原来如此，任之自尔，"故天下莫不芒也"（按：简文曰：芒，同茫也）。无论是执著"外物"或执著"自我"，皆为所累，而不得逍遥游放，故必不为"知"所累，才可以出处常通，应物无累于物，故曰"知出于不知，故以不知为宗，是故真人遗知而知"（《大宗师》注）。

僧肇的《般若无知论》也是讨论"知"与"无知"的问题，他把般若空宗的观点概括为"以无知之般若，照彼无相之真谛"。他认为，般若圣智和世俗的"惑取之知"全然不同，它是超越世俗的所谓能知与所知之上的一种特殊的智慧，这种智慧能照见"诸法性空"之真谛。僧肇说："夫有所知，则有所不知。以圣心无知，故无所不知，不知之知，乃曰一切知。"盖有所知，则有所蔽；无所知，则无所蔽。般若空宗认为，万法性空，真谛无相，如认识到万法之假有，排除了一切世俗之认识，这样才是洞照了性空之真谛。这就是说，对一切世俗之认识必须不断排除，不断否定，排除到无所排除之域，否定到无可否定之境，境照双泯，而至圣心无知。僧肇的《般若无知论》实际上是用一种否定的方法来排除一切世俗的执著，从而以达到"破相显性"之结果。般若空宗把一切破除了，如《大般若经》卷五五六中说："时诸天子问善现言：岂可涅槃亦复如幻？善现答言：设有法更胜涅槃者亦复如幻，何况涅槃？"般若空宗在破除一切之后，是否尚有建立？此是《涅槃无名论》应讨论之问题。

由王弼经郭象而僧肇，可以看出他们都是在否定对现象界认识的执著，而主张要排除这些对外在现象界的知识，这样才可以认识"真理"，而对"真理"的认识只能是用"无知"之"知"，即僧肇所谓的"圣智"。

四、圣人"可学致"与"不可学致"的问题

何劭《王弼传》中说："何晏以为圣人无喜怒哀乐，其论甚精。钟会等述之。弼与不同，以为圣人茂于人者神明也，同于人者五情也。神明茂，故能体冲和以通无；五情同，故不能无哀乐以应物。然则圣人之情，应物而无累于物者也。今以其无累，便谓不复应物，失之多矣。"何晏的"圣人无情"说已不可详考，但根据一些材料大体可知，何晏以为圣人纯乎天道，未尝有情，故《老子》曰："天道无情。"贤人以情当理，而未尝无情，至若众庶固亦有情，然违理而任情，为喜怒所役使而不能自拔，何晏说："凡人任情，喜怒违理，颜回任道，怒不过分。"（《论语集解》卷三）照王弼看，因为情乃人之"自然之性"，"自然之性"怎么能去掉呢？圣人只能做到"动不违理"，"应物而无累于物"。那么为什么圣人可以做到"动不违理"，"应物而无累于物"呢？这是由于圣人"茂于人者神明"的缘故。"圣人茂于人者神明"的意思说

是，圣人"智慧自备"、"自然已足"，所谓"自备"则非所得，也就是说出自"自然"，所以"圣人天成"。由于圣人"智慧自备"，则可无为无造，德合自然，而"体冲和以通无"，"与道同体"。圣人"智慧自备"，故非学所得；圣人天成，故非养成所致，故圣人不可学、不可致也。

郭象同样认为圣人不可学、不可致。《德充符》注中说："言特受自然之正气者至希也，下首则惟有松柏，上首则惟有圣人"；"夫松柏特禀自然之钟气，故能为众木之杰耳，非能为而得之也"。郭象这一观点或受嵇康之影响，《养生论》中说："神仙禀之自然，非积学所致。"盖郭象之"崇有"、"独化"以"物各有性"，且"性"不能易，"性各有分……岂有能中易其性者"（《齐物论》注）。故臣妾有臣妾之性，众庶有众庶之性，圣人有圣人之性，"天性所受，各有本分，不可逃，亦不可加"（《养生主》注）。故郭象提出"学圣人者，学圣人之迹"，"法圣人者，法其迹耳"（《胠箧》注）。而圣人之"迹"亦实无可效法，《让王》注中说："夫圣人因物之自行，故无迹。然则所谓圣者，我本无迹，故物得其迹，迹得而强名圣，则圣者乃无迹之名也。"既然圣人无迹，故其"迹"也只是人们所认为的是圣人之迹，但其是否为圣人之"迹"亦不可知。故郭象虽立论与王弼不同，而却都认为圣人不可学，亦不可致也。这种观点可以说是许多魏晋玄学家的共同看法。

我们还可讨论与圣人学致有关的另一问题，即圣人的境界问题。照郭象看："夫小大虽殊而放于自得之场，则物任其性，事称其能，各当其分，逍遥一也。岂容胜负于其间哉。"（《逍遥游》注）照郭象看，任何事物只要是各任其性，各当其分，同样都可以是逍遥的。就这点看，似乎臣妾、从庶、圣人的逍遥都是一样的。但实际上，圣人之逍遥与一般人之逍遥并不相同。一般人是以"适性"为"逍遥"，而圣人不仅以"适性"为"逍遥"，而且是

"玄同彼我"为其逍遥之境界。郭象不承认在现实世界之上还有一造物主或"本体之无"，但他却认为圣人在精神境界上可以超越现实。郭象说："物各有性，性各有极。"任何事物都有其规定性，其规定性的发挥都是有其极限的。但是郭象给圣人的规定性是"游外以宏内"，故可以"同天人，均彼我"，"忘天地，遗万物"（《齐物论》注），"此乃至德之人，玄同彼我者之逍遥"（《逍遥游》注）。这就是说，圣人之所以为圣人，他的精神境界是没有什么极限的，他能与万物一起变化，"能无待而常通"。故郭象说："夫体神居灵而穷理极妙者，虽静默闲堂之里，而玄同四海之表，故乘两仪而御六气，同人群而驱万物。苟无物而不顺，则浮云斯乘矣。……"（《逍遥游》注）这就是说，郭象的圣人是"即世间而出世间"的。但照郭象的"崇有"、"独化"理论则无"世间"之外的"世间"，故其"出世间"只能是一种圣人的精神境界。而这种精神境界只是圣人的精神境界，非一般人所能有。就此亦可知郭象是认为圣人是不可学、不可致的。

僧肇是否著有《涅槃无名论》尚无定论，兹非本书所要讨论之问题，但《涅槃无名论》为当时著名之佛教论文则无可疑处。"涅槃"即"灭度"之义，此与得道成佛有关。该论中有云："经曰：涅槃非众生，亦不异众生。维摩诘言：若弥勒得灭度者，一切众生亦当灭度。"这意思是说，不觉悟的众生当然不可能得道成佛，而觉悟的众生就和弥勒一样可以得道成佛。佛教作为一种宗教需要给人们指示一条得道成佛之路，否则其意义将会落空，而得不到人们之信仰。故必主张"圣人"（佛）可学可致。《涅槃无名论》中还有如下一段："夫群有虽众，然其量有涯，正使智犹身子，辩若满愿，穷才极虑，莫窥其畔。况乎虚无之数，重玄之域，其道无涯，欲之顿尽耶？"宇宙万物虽然很多很多，但它的数量总还是有个极限，即使智慧之高如舍利佛，辩才之强如富楼那，也很难穷尽宇宙万物的边畔；更何况虚无之数、重玄之域，它的道理是无穷无尽的，想要顿悟就达到，那怎么可能呢？这就是说，得道成佛应靠渐修，不可能一下子"径登十地"。陈慧达《肇论序》中说："但圆正之因，无上般若；至极之果，惟有涅槃。故末启重玄，明众圣之所宅。"元康疏谓："'但圆正之因，无上般若'者，此《般若无知论》也。涅槃正因，无有尚于般若者也，'至极之果，惟有涅槃'耳。般若极果，惟有涅槃之法。'故末启重玄'者，以此因果更无，加上'故末'，后明此两重玄法。般若为一玄，涅槃为一玄也。前言真俗，指前两论；后言重玄，指后两论。此是必然，不劳别释。重玄者，老子云：'玄之又玄，众妙之门。'今借此语，以目涅槃般若，谓一切圣人，皆住于此，故名为'宅'也。"如果前引《涅槃无名论》中之"重玄之域"是指一种境界，这种境界是可学可致的，则此处"重玄"者，兼有达到得道成佛之方法义。意谓"般若"为一玄，"涅槃"为一玄，故曰"重玄"。元康的意思是说，《肇论》四篇有前后演进的关系，前两论《不真空论》和《物不迁论》是讨论"真谛"、"俗谛"问题；后两论《般若无知论》和《涅槃无名论》则是讨论成佛之因果问题。后两论之论因果，般若为因，涅槃为果；般若为一玄，涅槃为一玄，此即"重玄"。只讲般若一玄，未达极致，必有涅槃之"又玄"，至"重玄"方可彰圣。达到"涅槃境界"才是佛教之目标，故圣人（佛）可学可致明矣。据此，我们可知魏晋玄学家多主"圣人不可学致"，而僧肇、慧达、元康等佛教高僧大德均主"圣人可学可致"①。

①　参见汤用彤：《谢灵运〈辨宗论〉书后》，见《汤用彤选集》，天津，天津人民出版社，1995。

第十四章　郭象哲学中的理论问题（下）

除上章所讨论的郭象哲学中所涉及的重要理论问题之外，本章将分析另外几个他所接触到的哲学理论问题，从某个层面看这些问题对提高人们的理论思维能力也是很有意义的，但由于郭象的思想体系并不十分周延，致使其体系内部不能不存在若干矛盾。

一、"（命）理"与"自性"

在魏晋玄学中"体"和"用"这对概念已被明确使用，不仅见于王弼的《老子注》，如他说：万物"虽贵以无为用，不能舍无以为体也"（《老子》第三十八章注）。而且见于钟会的《老子注》，如说：

> 举上三事，明有无相资，俱不可废，故有之以为利，利在于体；无之以为用，用在于空。故体为外，利资空，用以得成；空为内，用藉体，利以得就。（引自李霖《道德真经取善集》之《老子》第十一章注）

在王弼的哲学中有时又用"本"和"末"来表示"体"和"用"的关系。从一个意义上说，王弼哲学体系中，一个个的存在物（有）是个别的，而作为万物存在之根据的本体之"无"则是一般。他的本体之"无"是抽空了任何具体内容的"共相"，而有具体规定性的"物"（有）则是"殊相"。在郭象的哲学体系中，虽也讲到"体"和"用"，如说："见所尝见，闻所尝闻，而犹畅然，况体其体，用其性也。"（《则阳》注）这里的"体其体"的后面之"体"

是"万物"的意思，如他说："天地以万物为体。"（《逍遥游》注）所以在郭象哲学体系中"体"就是指一个一个的万物本身，没有"共相"的意思，而"天"（天地）也只是"万物"的"总名"，是一个集合名词，也没有"共相"的意思。那么在郭象的哲学体系中有没有一个与"殊相"（个别）和"共相"（一般）相对应的概念呢？或者说郭象《庄子注》中的"天理"（或"命理"、理）和"自性"是否相当于"共相"和"殊相"的关系？关于"自性"前几章已有许多讨论，如说"物各有性，性各有极"，这是强调"物"的特殊性。不仅人有人之性，马有马之性，而且此人有此人之性，如为骈拇，彼人有彼人之性，如枝指，各不相同；此马有此马之性，如日可行八百里，彼马有彼马之性，如可日行一千里。这是"自性"的问题。关于"理"这一概念，郭象在《德充符》注和《寓言》注中比较集中地讨论到。在这两篇注里所讲到的"理"大体上都是说每个事物依其"性分"而存在都有其不可逃的必然性，如说"其理故当，不可逃也"，"理必有应，若有神灵以致之也"，"理必自终，不由于知，非命如何"，等等。但把前后文联系起来看，郭象所说的"理"并不是和"殊相"相对的"共相"，因此它不是决定"自性"的必然性，而是说由每个事物的"自性"所决定此事物如此生生化化的必然性。在《寓言》注中说：

> 不知其所以然而然谓之命，似若有意也，故又遣命之名，以明其自尔，而后命理全也。

郭象认为，事物如此地生生化化好像被什么支配着，把这叫"命"吧，如果是这样，那就应该去掉"命"这个名称，以便人们了解事物本来都是自然而然地生化着，事物的这种自然而然的生化状态是没有什么使它如此的，这才是"命理"的真正意思。显然郭象是在强调事物的"自尔"（事物的"自性"决定其自身如此地而不是如彼地生生化化），而以为"命理"只是"自尔"的表现。接着郭象在《寓言》注中又说：

> 理必有应，若有神灵以致之也。理自相应，相应不由于
> 故也。则虽相应，而无灵也。

郭象的意思是说，事物和"理"相应，好像是有什么使它如此的，其实是事物的"理"（必然性）和事物自身（的"自性"）相应，这种相应是没有什么原因的，所以相应是自然如此，并没有什么东西使之如此。这里似乎又没有把必然性和偶然性区别开来。在《德充符》注中说：

> 夫我之生也，非我之所生也，则一生之内，百年之中，
> 其坐起行止，动静趣舍，情性知能，凡所有者，凡所无者，
> 凡所为者，凡所遇者，皆非我也，理自尔耳。而横生休戚乎
> 其中，斯又逆自然而失者也。

这里郭象的意思也是说，人的一生之如此不是他主观所追求的，所有、所为、所无、所遇也不是自己主观所能求得的，这些都是自然而然如此的，由"自性"决定的某个事物自身所使之如此的，"理自尔耳"，如果对其如此之生和如此之作为产生什么喜欢或不喜欢，这就要违背其自然之性。这就是说，"理"是每个事物由其"自性"所决定的必然性，所以郭象说："以其知分，故可与言理也。"（《缮性》注）只有了解每个事物的"性分"，才可以讨论每个事物的"理"。这就是说，每个事物有每个事物的"理"，没有一个统一的"理"。不是"理"规定此事物为此事物，彼事物为彼事物，而是此事物有此事物之"理"，彼事物有彼事物之"理"，"物物有理，事事有宜"（《齐物论》注）。

在郭象的哲学体系中，事物都是一个一个的单独的存在物，都因其"自性"和其他事物相区别，他说："夫长者不为有余，短者不为不足，此则骈赘皆出于形性，非假物也。"（《骈拇》注）骈

拇、枝指都是"自足其性"的，它们的不同都是不得不如此。世界上的形形色色各不相同，所以不必去求同，而是应让它们都按照各自的本性行事就可以了。可见郭象所注意的是事物的"个性"，事物的差别性，但他忽视了事物的"共性"，这样造成对"一般"和"个别"的割裂，或"具体"与"抽象"的混同。如果说王弼的哲学的走向是"用反归体"，那么郭象的哲学则走向"即用是体"。

郭象注意到事物的不同，看到事物是一个一个的具体的存在物，从而对"具体"（个别事物的特性）有所认识，在这方面无疑有其特殊的意义，他据此而否定造物主和"本体之无"。但是由于不适当的强调事物只是个别具体的存在物，从而把"个别"和"一般"割裂开来，混同偶然和必然，而不能不带有神秘主义和不可知论的色彩，所以郭象有如下的说法："凡此上事（按：指'生死存亡'等），皆不知其所以然而然，故曰芒也。今夫知者，皆不知所以知而自知矣，生者皆不知所以生而自生矣。万物虽异，至于生不由知，则未有不同者也，故天下莫不芒也。"

二、"独化"与"相因"

郭象哲学中有一个很重要的命题："夫相因之功，莫若独化之至。"这个命题可以说接触到"内因"和"外因"的问题，或者说是"根据"与"条件"的问题，它的意思是说，事物之间相互为因（条件）的功用，比起事物自身独立自足的生生化化是没有意义的。

照郭象看，所谓"独化"是说事物都是独立自足地生生化化的，而此事物之如此地独立自足地生生化化，彼事物之如彼地独立自足地生生化化，都是由它们的"自性"决定的，不是由什么外在的造物主或"本体之无"等所决定的。事物存在和活动的根据在其自身的"自性"，"自性"不仅是"自生"的，而且是"无待"的，因此从原则上说任何事物的存在与活动都可以不需要有什么外在条件。从郭象认为事物的存在与活动只能从其自身找原因方面看，可以说他的哲学思想已包含有"内因是事物存在的根据"的观点。郭象据此不仅反对在事物自身之外去找寻其存在的根据，甚至也不承认事物的存在与外部条件有关，这点和裴頠是有所不同的。郭象反对从事物外部去找其存在的根据，我们可以说他在反对"外因论"，这点在中国哲学史上是难能可贵的。至于郭象认为事物的存在不需要外部条件，这就有问题了。在郭象对于"因"的解释中我们或者可以发现他的问题。他对"因"有多种的解释，如"因其性而任之则治，反其性而凌之则乱"（《在宥》注）。此处之"因"是"顺"的意思。如"虽工倕之巧，犹任规矩，此言因物之易也"（《达生》注）。此处之"因"似有"依靠"意，但实际上也有"顺"的意思。而《齐物论》注中说："达者，因而不作"，"夫达者之因是，岂知因为善而因之哉！不知所以因而自因耳，故谓之道也"。此处"因"有"任"之意，"所以因"指"为什么如此因"。达者的"因"是对其他事物不做什么，因此事物之所以如此是"任其自因的"，这叫做"道"。在"相因"与"独化"对举时，则"因"或有"条件"的意思，但这种"相因"只是在事物的"独化"情况下才有意义。如果"相因"不是顺事物之自性而作，那是违背自然之道的。

　　对于事物的存在需不需要一定的条件，从郭象的整个思想体系看，他是持否定态度的。他的"独化"学说排斥了事物存在需要一定的条件性，但他也不是对事物的条件作简单的否定。郭象认为，如果说事物的存在是有条件的，那你可以去分析其存在的条件，而其存在的条件本身的存在也还是有条件的，这样分析下去所能得到的结果是事物的存在的条件是无限的，或者说任何条件都是这一事物存在的条件。说任何条件都是这一事物存在的条件就等于说其存在无任何条件。当然，事物之间存在着普遍联系，但这不是说可以不去区分事物之间联系的主次，更不可以认为任何一条件消失了就会使此一事物的存在受到影响而也消失了。如果不对事物之间的联系作主次、必要和非必要的区分，那么事物的存在就可能成为无法理解的了。

郭象虽不承认事物的存在需要有一定的条件，但他却认为任何事物的存在对其他事物的存在都是有功用的，他说：

> 天下莫不相与为彼我，而彼我皆欲自为，斯东西之相反也。然彼我相与为唇齿，唇齿者未尝相为，而唇亡则齿寒。故彼之自为，济我之功弘矣，斯相反而不可相无者也。……若乃忘其自为之功，而思夫相为之惠，惠之愈勤，而伪薄滋甚，天下失业，而情性澜漫矣，故其功分无时可定也。（《秋水》注）

又，

> 夫体天地，冥变化者，虽手足异任，五藏殊官，未尝相与而百节同和，斯相与于无相与也；未尝相为而表里俱济，斯相为于无相为也。若乃役其心志以恤手足，运其股肱以营五藏，则相营愈笃而外内愈困矣。（《大宗师》注）

郭象在论证其观点时，常常从相对立的两个观点进行分析，然后建立他自己的理论。这里他是从"自为"（"无相为"）与"相与为"两个方面来论证其思想。从"自为"方面说，此一事物和彼一事物是相对的，但相对的两事物看起来又是有联系的（如唇齿）。照郭象看，相互联系的两事物中也不是彼事物为此事物而存在，或此事物为彼事物而存在，并不互相作为存在的条件，但是如果此一事物不存在，另一方也将受到威胁或影响。所以事物能"自为"

或"无相为"，对其他事物的功用是最大的。如果从"自为"或"无相为"方面看，一事物对其他事物无所谓功用；而从存在着的事物必然存在着方面看，任何事物对其他事物都有功用。如果事物失掉了自己为自己而存在，去追求为别的事物而存在，那么就会失去"自性"，而且会把一切都搞乱，反而弄不清其功用之所在。郭象为坚持其"独化"理论，只承认"自为"的意义，而不承认"相与为"的意义，并认为只有在"无相为"中才可以实现"相与为"，为此他提出"相因之功，莫若独化之至"这一重要命题，这正是郭象"独化"、"崇有"哲学体系所要求的。在这个问题上，郭象哲学在反对"目的论"和"外因论"方面无疑是有特殊贡献的，但是他在否认任何外在条件对事物存在的作用方面则陷入难以自圆其说的困境。

三、"无待"与"有待"，"无为"与"有为"

关于"无为"和"有为"，"无待"和"有待"的问题，在前面已有所讨论，这里不再作详细的讨论，只是简略地说明它与相对主义的某些关系。

"无待"和"有待"的问题和上面讨论的"独化"与"相因"的关系有着一定的联系。而这个问题本是庄子提出的，它和其相对主义有着密切的关系。事物有相对性和对事物相对性的认识是两个不同而又相互联系的问题，庄子认识到事物有相对性，但他企图否定事物相对性的意义，从而使其哲学带相当明显的相对主义色彩，尽管如此，庄子的这一思想从哲学上说仍然有着重要的理论思维意义。郭象的《庄子注》继承了庄子关于事物相对性和相对主义的思想，且有若干重要发挥。顺着庄子的思路，我们可以看到郭象在这个问题上的一些看法：

（1）从一个方面说，事物之间是有差别的，但差别只是相对的，因此事物的差别性是没有意义的。

（2）每一事物可以肯定的方面不一样，但都有其可以肯定的方面，例如事物都各自以其美的方面为美，那么万物都一样地美。

（3）如果从"有待"方面看，任何事物其生生化化看起来都是"有待"的。大鹏和小鸟相比，大鹏飞行要有大翼，要有很大的空间，小鸟无大翼，飞不远，都受到一定条件的限制，从这方面看，大鹏小鸟都是"有待"的，因此都是一样的。

郭象认为，上面这些看法是就事物的相对性而言，如果从另一角度看，事物的区别不仅是绝对的，而且任何事物从本质上说都是可以绝对独立自足地存在着和活动着。

如果说庄周的相对主义是建立在从一个超出事物的相对性的观点来"齐万物"、"齐是非"，即所谓"以道观之，物无贵贱"，那么郭象的相对主义则是从事物的"自足其性"方面来"齐万物"、"齐是非"的。郭象认为，每个事物都各有各的"自性"，而"自性"又是有其极限的，"物各有性，性各有极"，所以区别是绝对的。事物有大小、美丑、智愚、长短等区别，这些相对性的差别是绝对的，是由其"自性"决定的，所以是不能改变的，"小大之辩，各有阶级，不可相跂"（《秋水》注）。因此，绝不能认为大的、聪明的为有余，小的、愚蠢的为不足，"儒墨之辨，吾所不能同也。至于各冥其分，吾所不能异也"，"虽所美不同，而同有所美。各美其所美，则万物一美也。各是其所是，则天下一是也"（《齐物论》注）。

郭象对相对（事物的相对性）和绝对（事物的绝对性）的看法，应该说有一定深刻的哲学意义。他认识到，从一方面说事物是有差别的，但从另一方面看事物又是无差别的，认识到差别性和无差别性的同一，这在中国哲学史上是有意义的。本来事物的差别是客观存在的，但事物都是存在着的，就其都是存在着的而又是"自足其性"的方面说又是无差别的。对事物的看法也是一样，从此一方面看事物是有差别的，而从彼一方面看它们又是无差别的。这里的问题是，郭象从事物的相对性方面否定事物的差别性，又从事物存在的无差别性方面论证每一事物存在的绝对性，于是在郭象的哲学体系中每一相对存在的事物都成了绝对存在的，从而取消了相对和绝对的差别。

特别值得我们注意的是，郭象在讨论"无为"和"有为"问题时，采用了有相当思辨性的方法，或者说采用了他"辩名析理"的办法，使之相对应的概念达到同一，并消除其间的差别性。

"无为"和"有为"本是一对相对应的概念，它们的含义不同，而且在老子和庄子的哲学体系中的意义也不相同。郭象也说"无为"和"有为"是两个不同含义的概念，但他的体系对这两个概念的含义作了新的说明，使其并非对立，而是相合。

第一，郭象对通常的"有为"做了否定，如他说："患难生于有为，有为亦生于患难，故平易恬淡交相成也。"（《刻意》注）盖郭象认为，此一事物对彼一事物之存在与活动是无能为力的，彼一事物对此一事物也是无能为力的，因此它们之间只能是"平易恬淡"（无为）才可以互相成就，如果此一事物要对彼一事物有所作为，那就必然会产生灾难，故《齐物论》注中也说："此五者（按：指'道昭'、'言辩'、'仁常'、'廉清'、'勇忮'），皆以有为伤当者也。不能止乎本性，而求外无已。夫外不可求而求之，譬犹以圆学方……。"这里郭象认为，那些"不能止乎本性"的所作所为，都是伤害当者的"有为"。

第二，那么"止乎本性"的"为"，即适"当"的"为"是不是可以的，而不会产生灾难呢？郭象认为，"止于本性"的"为"

（或适于本性的为）叫做"自为"，"用其自用，为其自为，恣其性内，而无纤芥于分外，此无为之至易也"（《人间世》注）。如果能"为其自为"，根据其"性分"所允许的"为"，丝毫不超越"性分所允许的范围"，这种"自为"就是"无为"。

第三，因此，规定一种特殊的"为"叫做"自为"，"凡自为者，皆无事之业也"（《达生》注），"率性而动，故谓之无为也"（《天道》注），这就是说，"自为"是一种"无为"，"无为"是一种"率性而动"的"为"。所以"无为"并不是什么都不做，它本身也就成了一种特殊的"为"，故《大宗师》注中说："所谓无为之业，非拱默而已；所谓尘垢之外，非伏于山林也。"从统治者说，只要他是"无心而任乎自化"，这就是他的"无为"，也是"自为"，"无心"可"戴黄屋，佩玉玺"，"终日挥形而神气无变"。"任物之自为"即"无为"，《天道》注中说："夫无为也，则群才万品，各任其事，而自当其责矣。"从这里我们可以看出，郭象把一种特定的"有为"这个概念的含义规定为"止乎本性"的"自为"，而这种"率性而动"的"自为"又是一种"无为"，因而"无为"就成为一种特定的"为"，这就是说"自为"既是"无为"又是"有为"，于是"无为"和"有为"就可以统一起来，它们的相对意义可以消除，而"差别性"可以通向"无差别性"。

就郭象对"无为"和"有为"关系的分析，我们可以看出他应用"辩名析理"有着方法论上的自觉，这不仅说明魏晋玄学是一种不同于两汉哲学的特殊性的哲学，而且在论证方法上也和两汉哲学大不相同，带有更多的思辨性，而为中国哲学的发展做出重要的贡献。但是无论是庄周还是郭象，其在揭示事物的相对性和认识事物相对性的意义上，无疑对哲学问题讨论有了深化，然而因认识事物的相对意义而导致在某些情况下否定事物的差别性的相对主义，则是应注意到的。

四、"顺性"与"安命"

郭象哲学的反目的论在中国哲学史上可以说有其重要的贡献，一般说他既从偶然性方面来反对目的论，又从命定论方面来反对目的论，这就使其哲学更具有特殊性。

汉朝自董仲舒以来，天人感应目的论思想大为流行，甚至像王充这位用偶然论反对天人感应目的论的哲学家，命定论的思想仍然对他有着很大影响。郭象的哲学从总体上看，以"崇有"、"独化"、"无故"、"无因"等思想，主张性命自然，反对各种各样的目的论。他认为，事物的生生化化既不是由外部力量有目的决定的，也不是由自己内在主观要求所决定的，如他说：

> 凡得之者，外不资于道，内不由于己，掘然自得而独化也。（《大宗师》注）

此事物之所以成为此事物，既不是由"道"所成，"此皆不得不然而自然耳，非道能使然也"（《知北游》注）；也不是由自己刻意追求而得的，"命之所有者，非为也，皆自然耳"（《天运》注），"命非己制，故无所用其心也"（《秋水》注）。郭象的"崇有"反对有一外在于事物的造物主，也反对有一超越事物之上作为事物存在根据的"道"，为此自然也要反对王弼的"以无为本"的思想，如他说："上不资于无，下不待于知，突然而自得此生。"（《庚桑楚》注）关于这个问题，我们在前面几章都有所讨论。而关于"命"的问题则讨论比较少。在郭象哲学体系里，"命"有"不得不然"的意思，《人间世》注说："知不可奈何者，命也。"因此，"命"不是由自己主观意向所决定，故不要刻意去追它，它是自然而然如此的。人对于"命"只能"顺"，不能"违"，故曰："夫安于命者，无往而非逍遥矣。"就这方面看，郭象是用"命定论"反对"目的论"，或者说是由某种必然性来反对目的论。不过，用"必然性"反对"目的论"，是可能与"目的论"划不清界线的。对此郭象如何解释呢？这就需要分析郭象对"性"（自性）和"命"的关系的看法了。照郭象看，任何事物的存在都是以"自性"为根据，任何事物的活动都只能在其"自性"所允许的范围之内，所以事物"各以得性为至，自尽为极也"（《逍遥游》注）。就这点看，"命"无非是事物据其"自性"所表现的必然性。"安命"就是"顺性"。然而为什么此事物有此种之"自性"，彼事物有彼种之"自性"，则纯属偶然，"欻然自生非有本"（《庚桑楚》注）。"欻然"是说忽然发生的意思，事物都是忽然自生的，没有什么比它更根本的东西使它如此生成的，故谓"独生而无所资借"（《知北游》注），"死生出入，皆欻然自尔"（《庚桑楚》注）。就这方面看，"安命"也是说不出什么道理的，是"欻然自尔"的，因此事物虽必然如此，但不是有目的的如此；无目的的如此，则其如此纯属偶然的了。郭象把"必然"与"偶然"都称作"自然"，这正是他的一大发明。

郭象在反对目的论方面，其思想是相当深刻的，如他说：

> 天不为覆，故能常覆；地不为载，故能常载。使天地而为覆载，则有时而息矣。（《德充符》注）

天地的覆载不是有目的的，如果它们是有目的地覆载，那么就可以有不覆载的时候，这是不可能的。有目的的覆载就必有有目的的不覆载，只有无所谓覆载或不覆载，天地才可以常覆载。世界上的事物都是自然而然地存在着、活动着，并不是哪一个主使者使它这样或那样存在着、活动着，郭象说：

> 夫无故而自合者，天属也。合不由故，则故不足以离之也。然则有故而合，必有故而离也。（《山木》注）

"天属"是说"属于天的"，即"任自然"也。"合"者，指"合于自然"；"自合"者，是说自然而然合于其自然之性（自性）。事物都是没有目的地合于自然，这是属于天的，不是"人为"的。"合于自然"不是有目的地去追求什么，如果有目的地去追求什么，那么也可以有目的地离开"自然之性"，这当然是不可能的。自然界的事物为什么这样存在，为什么这样活动，我们可以说它们不是造物主或者人的主观意志所决定的，它们是自然而然如此的。但是，从人类社会生活方面看，人们的活动并非都是没有目的的，人们不仅可以认识世界，而且也可以有目的地改造世界，这就是说人对其社会生活是可以有主观能动性的。郭象在反对造物主和目的论中，把人的主观能动性都否定了，这无疑是片面的。他认为，事物都应按照其"自性"的要求生生化化，要"顺性"、"安命"，不要企图改变自己的地位，贵为王侯的要安于其富贵，贱为皂隶的也应安于其贫贱，"岂有能中易其性者"（《齐物论》注）。不过，从另一角度看，他似乎又认为人们可以有无限的能动性，人们可以"独化于玄冥之境"，可以"逍遥游放于自得之场"。然而郭象的这种"无限的能动性"，如"逍遥放达"只能在自己"性分"所允许的范围之内实现，因此他所谓的"能动性"是一种虚假的能动性。这种只能在"性分"之内实现"能动性"的观点正是魏晋门阀等级制在观念形态上的反映。

附录一　有关郭象的生平和
著作的资料

郭象的生平事迹主要见于《晋书·郭象传》和《世说新语》，他的著作除《庄子注》外，尚有《论语体略》、《老子注》等。为了便于读者研究郭象的思想，这里除不收《庄子注》外，将把其他材料均编入。先录其生平事迹，后录其有关著作佚文。

（一）《晋书·郭象传》（据《晋书斠注》）

郭象字子玄。

> 《北堂书钞》卷六十九臧荣绪《晋书》曰："河南郭象，字子玄。"《世说·文学》篇注引《文士传》亦云："河南人。"与《庾敳传》同。《经典释文·叙录》作河内人。按：《本传》失载郡望。

少有才理，好《老》、《庄》，能清言。

> 《世说·文学》篇注《文士传》曰："慕道好学，托志老、庄，时人咸以为王弼之亚。"《赏誉》篇上曰："郭子玄有俊才，能言老、庄。庾敳尝称之，每曰：郭子玄何必减庾子嵩！"

太尉王衍每云：听象语，如悬河泻水，注而不竭。

> 《世说·赏誉》篇下"语"下有"议"字。《北堂书钞》卷九十八《语林》云："王太尉问孙兴公曰：郭象何如人？答曰：其辞清雅，奕奕有余，吐章陈文，如悬河泻水，注而不竭。"按：《语林》以此言为孙兴公答词，与《本传》作王衍异。

州郡辟召，不就。常闲居，以文论自娱。后辟司徒掾，稍至黄门侍郎。东海王越引为太傅主簿，甚见亲委，遂任职当权，熏灼内外。

> 《世说·赏誉》篇上注《名士传》曰："任事用势，倾动一府。敳谓象曰：卿自是当世大才，我畴昔之意，都已尽矣。其伏理推心，皆此类也。"

由是素论去之。永嘉末，病卒。著《碑论》十二篇。

　　《隋书·经籍志》有"《晋太傅（按：此处脱'主簿'二字）郭象集》二卷"。注云："梁有五卷，录一卷……亡。"《旧唐书·经籍志》仍五卷。先是注《庄子》者数十家，莫能究其旨统。向秀于旧注外，而为《解义》，妙演奇致，大畅玄风。惟《秋水》、《至乐》二篇未竟而秀卒。秀子幼，其义零落，然颇有别本迁流。象为人行薄，以秀义不传于世，遂窃以为己注，乃自注《秋水》、《至乐》二篇，又易《马蹄》一篇，其余众篇或点定文句而已。其后秀义别本出，故今有向、郭二《庄》，其义一也。

　　《世说·文学》篇"旨统"作"旨要"，"妙演"作"妙析"，"颇有"作"犹有"，"象为人行薄"作"郭象者，为人薄行，有俊才"。《隋志》载，郭象《庄子注》"三十卷，目一卷"，梁有三十三卷。《释文》作三十三卷，三十三篇，内篇七，外篇十五，杂篇十一，为音三卷。今存本十卷。《四库全书总目提要》曰：《世说新语》云，秀义不传于世，象"遂窃以为己注，乃自注《秋水》、《至乐》二篇，又易《马蹄》一篇"。"《晋书》象本传亦采是书文，绝无异语。钱曾《读书敏求记》独谓：世代辽远，传闻异词，《晋书》云云，恐未必信。案向秀之注，陈振孙称宋代已不传，但时见陆氏《释文》。今以《释文》所载校之，如《逍遥游》'有蓬之心'句，《释文》郭、向并引，绝不相同，《胠箧》篇'圣人不死，大盗不止'句，《释文》引向注二十八字；又'为之斗斛以量之'句，《释文》引向注十六字，郭本皆无。然其余皆互相出入。又张湛《列子注》中，凡文与《庄子》相同者，亦兼引向、郭二注。所载《达生》篇'痀偻丈人承蜩'一条，向注与郭注一字不异；《应帝王》篇'神巫季咸'一章'皆弃而走'句，向、郭相同；'列子见之而心醉'句，向注曰：迷惑其道也；'而又奚卵焉'句，向注六十二字，郭注皆无之；'故使人得而相汝'句，郭注多七字；'示之以地文'句，向注'块然如土也'，郭注无之；'是殆见吾杜德机'句、'乡吾示之以天壤'句、'名实不入'句，向、郭并同；'是殆见吾善者机也'句，向注多九字；'子之先生坐不斋'句，向注二十二字，郭注无之；'乡吾示之以太冲莫胜'句，郭改其末句；'渊有九名，此处三焉'句，郭增其首十六字、尾五十一字；'乡吾示之以未始出吾宗'句、'故逃也'句、'食豨如食

人'句，向、郭并同；'于事无与亲'以下，则并大同小异。是所谓'窃据
向书，点定文句'者，始非无证。又《秋水》篇'与道大蹇'句，《释文》
云'蹇，向纪辇反'，则此篇向亦有注，并《世说》所云，象自注《秋水》、
《至乐》二篇者，尚未必实录矣。钱曾乃曲为之解，何哉？考刘孝标《世说
注》引《逍遥游》向、郭义各一条，今本无之；《让王》篇惟注三条；《渔
夫》篇惟注一条；《盗跖》篇惟注三十八字；《说剑》篇惟注七字。似不应
简略至此，疑有所脱佚。又《列子》'生物者不生，化物者不化'二句，张
湛注曰：《庄子》亦有此文，并引向秀注一条，而今本《庄子》皆无之，是
并正文亦有所遗漏。盖其亡已久，今不可复考矣"。

（二）《晋书·向秀传》（据《晋书斠注》）

向秀字子期，河内怀人也。清悟有远识，少为山涛所知。雅
好老、庄之学。庄周著内外数十篇，历世才士虽有观者，莫适论
其旨统也。秀乃为之《隐解》，发明奇趣，振起玄风，读之者超然
心悟，莫不自足一时也。惠帝之世，郭象又述而广之。儒墨之迹
见鄙，道家之言遂盛焉。……

（三）《晋书·裴秀传》附《裴楷传》（据《晋书斠注》）

楷弟绰……绰子遐，善言玄理，音辞清畅，泠然若琴瑟。尝
与河南郭象谈论，一坐嗟服。……

（四）《晋书·荀晞传》（据《晋书斠注》）

荀晞字道将……复上表曰："殿中校尉李初至，奉被手诏，肝
心若裂。东海王越得以宗臣，遂执朝政，委任邪佞，宠树奸党。至使
前长史潘滔、从事中郎毕邈、主簿郭象等，操弄天权，刑赏由己。"

（五）《世说新语·文学》篇并刘孝标注（仅录与郭象有关部
分）

初，注《庄子》者数十家，莫能究其旨要。向秀于旧注外为
《解义》，妙析奇致，大畅玄风。唯《秋水》、《至乐》二篇未竟而秀
卒。秀子幼，义遂零落，然犹有别本。郭象者，为人薄行，有俊才。

《文士传》曰："象字子玄，河南人。少有才理，慕道好学，托志老、
庄，时人咸以为王弼之亚。辟司空掾，太傅主簿。"

见秀义不传于世，遂窃以为己注，乃自注《秋水》、《至乐》二篇，又易《马蹄》一篇，其余众篇，或定点文句而已。

《文士传》曰："象作《庄子注》，最有清辞遒旨。"后秀义别本出，故今有向、郭二《庄》，其义一也。

……

裴散骑娶王太尉女，婚后三日，诸婿大会。当时名士，王、裴子弟悉集。郭子玄在坐，挑与裴谈。子玄才甚丰赡，始数交未快。郭陈张甚盛，裴徐理前语，理致甚微，四坐咨嗟称快。王亦以为奇，谓诸人曰：君辈勿为尔，将受困寡人女婿。

……

《庄子·逍遥》篇，旧是难处，诸名贤所可钻味而不能拔理于郭、向之外。支道林在白马寺中，将冯太常共语，因及《逍遥》。支卓然标新理于二家之表，立异义于众贤之外，皆是诸名贤寻味之所不得，后遂用支理。

向子期、郭子玄《逍遥义》曰："夫大鹏之上九万，尺（斥）鴳之起榆枋，小大虽差，各任其性，苟当其分，逍遥一也。然物之芸芸，同资有待，得其所待，然后逍遥耳。唯圣人与物冥而循大变，为能无待而常通，岂独自通而已。又从有待者，不失其所待，不失则同于大通矣。"支氏《逍遥论》曰："夫逍遥者，明至人之心也。庄生建言大道，而寄指鹏、鴳。鹏以营生之路旷，故失适于体外；鴳以在近而笑远，有矜伐于心内。至人乘天正而高兴，游无穷于放浪，物物而不物于物，则遥然不我得；玄感不为，不疾而速，则逍然靡不适。此所以为逍遥也。若夫有欲当其所足，足于所足，快然有似天真，犹饥者一饱，渴者一盈，岂忘烝尝于糗粮，绝觞爵于醪醴哉？苟非至足，岂所以逍遥乎？"此向、郭注之所未尽。

……

殷中军问："自然无心于禀受。何以正善人少，恶人多？"诸人莫有言者。刘尹答曰："譬如写水著地，正自纵横流漫，略无正方圆者。"一时绝叹以为名通。

《庄子》曰："天籁者，吹万不同，而使其自己也。"郭子玄注曰："无既无矣，则不能生有；有之未生，又不能为生，然则生生者谁哉？块然而自生耳，非我生也。我不生物，物不生我，则自然而已。然谓之天然。天然非为也。故以天言之，所以明其自然故也。"

（六）《世说新语·赏誉》上

郭子玄有俊才，能言老、庄。庾敳尝称之，每曰：郭子玄何必减庾子嵩！

> 《名士传》曰："郭象字子玄，自黄门郎为太傅主簿，任事用势，倾动一府。敳谓象曰：卿自是当世大才，我畴昔之意，都已尽矣。其伏理推心，皆此类也。"

（七）《世说新语·赏誉》下

王太尉云："郭子玄语议如悬河泻水，注而不竭。"

> 《名士传》曰："子玄有俊才，能言庄、老。"

（八）《册府元龟》卷八二七《总录部·品藻第二》

郭象河南人，为东海太傅主簿。象著文称嵇绍父死在非罪，曾无耿介，贪位而死闇主，义不足多。象以问郄公曰：王裒之父亦非罪死，裒犹辞征，绍不辞用，谁为多少？郄公曰：王胜于嵇。或曰：魏晋所杀，子皆仕宦，何以无非也。答曰：殛鲧兴禹者，以鲧犯罪也。若以时君所杀为当耶，则同于禹；以不当耶，则同于嵇。又曰：世皆以嵇见危授命。答曰：纪信代汉高之死，可谓见危授命，如嵇偏善其一可也，以备体论之，则未得也。

（九）《文选》卷五十四刘孝标《辩命论》及李善注（节选）

萧远论其本，而不畅其流；子玄语其流，而未详其本。

> 李萧远作《运命论》，言治乱在天，故曰论其本。郭子玄作《致命由己论》，言吉凶由己，故曰语其流。

（十）王僧虔《诫子书》（节选，据《全齐文》卷八）

汝开《老子》卷头五尺许，未知辅嗣何所道，平叔何所说，马、郑何所异，《指例》何所明，而便盛于麈尾，自呼谈士，此最险事。……且论注百氏，荆州《八帙》，又《才性四本》，《声无哀乐》，皆言家口实，如客至之有设也。汝皆未经拂耳瞥目，岂有庖厨不修，而欲延大宾者哉？就如张衡思俦造化，郭象言类悬河，不自劳苦，何由至此？汝曾未窥其题目，未辨其指归；六十四卦，未知何名；《庄子》众篇，何者内外；《八帙》所载，凡有几家；《四本》之称，以何为长。而终日欺人，人亦不受汝欺也。

（十一）颜之推《颜氏家训·勉学》（节选）

夫老、庄之书，盖全真养性，不肯以物累己也。故藏名柱史，终蹈流沙；匿迹漆园，卒辞楚相，此任纵之徒耳。何晏、王弼，祖述玄宗，递相夸尚，景附草靡，皆以农、黄之化，在乎己身，周、孔之业，弃之度外。而平叔以党曹爽见诛，触死权之网也；辅嗣以多笑人被疾，陷好胜之阱也；山巨源以蓄积取讥，背多藏厚亡之文也；夏侯玄以才望被戮，无支离拥肿之鉴也；荀奉倩丧妻，神伤而卒，非鼓缶之情也；王夷甫悼子，悲不自胜，异东门之达也；嵇叔夜排俗取祸，岂和光同尘之流也；郭子玄以倾动专势，宁后身外己之风也；阮嗣宗沈酒荒迷，乖畏途相诫之譬也；谢幼舆赃贿黜削，违弃其余鱼之旨也：彼诸人者，并其领袖，玄宗所归。

（十二）刘勰《文心雕龙·论说》（节选）

迄至正始，务欲守文；何晏之徒，始盛玄论。于是聃周当路，与尼父争途矣。详观兰石之才性，仲宣之去伐，叔夜之辨声，太初之本玄，辅嗣之两例，平叔之二论，并师心独见，锋颖精密，盖人伦之英也。至如李康《运命》，同《论衡》而过之；陆机《辨亡》，效《过秦》而不及，然亦其美矣。次及宋岱、郭象，锐思于几神之区；夷甫、裴頠，交辨于有无之域，并独步当时，流声后代。

（十三）陆德明《经典释文·叙录》（节选）

庄子者，姓庄名周，梁国蒙县人也。六国时，为梁漆园吏，与魏惠王、齐宣王、楚威王同时。齐、楚尝聘以为相，不应。时人皆尚游说，庄生独高尚其事，优游自得，依老氏之旨，著书十余万言，以逍遥自然，无为齐物而已。大抵皆寓言，归之于理，不可案文责也。然庄生宏才命世，辞趣华深，正言若反，故莫能畅其弘致，后人增足，渐失其真。故郭子玄云："一曲之才，妄窜奇说，若《阏弈》、《意脩》之首，《危言》、《游凫》、《子胥》之篇，凡诸巧杂，十分有三。"《汉书·艺文志》：《庄子》五十二篇，即司马彪、孟氏所注是也。言多诡诞，或似《山海经》，或类《占梦书》，故注者以意去取，其内篇众家并同，自余或有外而无杂，惟子玄所注，特会庄生之旨，故为世所贵。徐仙民、李弘范作音，皆依郭本，今以郭为主。

崔譔注十卷，二十七篇。

清河人，晋议郎，内篇七，外第二十。

向秀注二十卷，二十六篇。

一作二十七篇，一作二十八篇，亦无杂篇，为音三卷。

司马彪注二十一卷，五十二篇。

字绍统，河内人，晋秘书监，内篇七，外篇二十八，杂篇十四，解说三，为音三卷。

郭象注三十三卷，三十三篇。

字子玄，河内人，晋太傅主簿，内篇七，外篇十五，杂篇十一，为音三卷。

李颐集解三十卷，三十篇。

字景真，颍川襄城人，晋丞相参军，自号玄道子，一作三十五篇，为音一卷。

孟氏注十八卷，五十二篇。

不详何人。

王叔之义疏三卷。

字穆□，琅邪人，宋处士，亦作注。

李轨音一卷。

徐邈音三卷。

（十四）《庄子注古钞卷子本后记》（据王叔岷《郭象庄子注校记》）

夫学者尚以成性易知为德，

> 狩野直喜云：尚当做常。岷案尚、当，古通。《说剑》篇正文：悝尚何敢言？陈碧虚《阙误》引张君房本尚作当，即其证。

不以能政异端为贵也。

> 武内义雄云：政乃攻字之讹。

然庄子闳才命世，诚多英文伟词，正言若反，故一曲之士，

> 《释文·叙录》引士作才。

不能畅其弘旨，而妄窜奇说，若《阗亦》、

> 武内云：《阗亦》，《释文》作《阗弈》。《困学纪闻》所辑《庄子》佚文中，有"阗弈之隶，与殷翼之孙，遏氏之子相谋"一条，《文选·颜延年车驾幸京口侍从蒜山诗注》引之，当是《阗弈》篇首之语。《释文》作《阗弈》，似是也。岷案《白帖》二，《天中记》七，亦并引《阗弈》篇首之文，但作《阗亦》，亦非误字。亦、弈，古通。《诗·大雅·文王》：不显亦世。《后汉·袁术传》以弈为之。《周颂·噫嘻》：亦服尔耕（《笺》：亦，大也。《正义》：亦，大。《释诂》文，彼亦作弈）。《丰年》：亦有高廪，皆借亦为弈，则亦非误字，明矣。

《意循》之首，

> 武内云：《意循》，《释文》作《意脩》。循、脩，古通用。岷案脩、循，形近，故易互讹，非古通用也。

《尾言》、

> 武内云：《释文》作《危言》。《寓言》篇，寓言、重言、卮言并说。据郭本《寓言》篇，则《危言》及《尾言》，皆《卮言》之误也。狩野云：《庄子音义》《寓言》第二十七出"卮言"，注云：字又作巵。《叙录》专袭郭语为文，则此亦作巵，未可知。今本《叙录》作危，则因形似而误耳。

《游易》、

武内云：《游易》，《释文》作《游凫》。《困学纪闻》所辑《庄子》佚文中，有"游凫问雄黄"一条，《太平御览》引，当是《游凫》篇首之语。则据《释文》当做《游凫》。岷案《玉烛宝典》一，《路史后纪》五及《余论》三，亦并引《游凫》篇首之文。

《子胥》之篇，凡诸巧杂，若此之类，十分有三。或牵之令近，或迂之令诞，或似《山海经》，或似《梦书》，

岷案：《释文·叙录》似作类，当从之。作似，涉上句而误。武内云：《梦书》，《释文》作《占梦书》，此脱一占字。

或出《淮南》，或辩形名。而参之高韵，龙蛇并御，且辞气鄙背，竟无深澳，

武内云：深澳，当做深奥。岷案奥，澳，古通。《诗·卫风·淇奥》：瞻彼淇奥。《礼记·大学》引作澳，即其证。

而徒难知，以因后蒙，

武内云：因乃困之讹。

令沈滞失乎流，

武内云：乎字恐衍。

岂所求庄子之意哉？故皆略而不存。令唯哉取其长达，

武内云：令唯哉，乃今唯裁之讹。

致全乎大体者，为卅三篇者。

武内云：者乃焉字之误。

太史公曰：庄子者，名周，守蒙县人也。

武内云：守乃宋字之讹。

曾为漆园史，

岷案：《史记》本传，《释文·叙录》，史并作吏。

与魏惠、齐王、楚威王同时者也。

狩野云：魏惠下脱王字。武内云：齐王，当作齐宣王。

（岷案）右"夫学者"以下二百二字，见《古钞卷子本》，他本无之，最为可贵。《释文·叙录》引郭子玄云："一曲之才，妄窜奇说，若《阏弈》、《意脩》之首，《危言》、《游凫》、《子胥》之篇，凡诸巧杂，十分有

三。"武内义雄据之以断此文为郭象附于书末目录之序。狩野直喜据之以断此文为郭象后语，自述其刊芟《庄子》，辑为三十三篇之意。岷谓此二百二字，措辞草率，不似一完整之序，当是郭象注《庄子》毕，偶记于篇末者。至其注《庄》大旨，则篇首之《序》，已尽之矣。

（十五）郭象《庄子注》佚文（据王叔岷《郭象庄子注校记》之"附录"）

（岷案）今本《庄子》三十三篇，《说剑》篇郭象无注，《渔父》篇之注，仅篇末一处，《让王》、《盗跖》二篇之注，仅各见三处，未知有无遗佚。古籍中，偶有称引郭《注》为今本所无者，至为可贵。兹随正文辑录于后，以供同好参考。

内篇《大宗师》第六

已外生矣，而后能朝彻。

朝，旦也。彻，达妙之道。（《释文》）

不知端倪。

端倪，端畔也。（蔡梦弼《杜工部草堂诗笺》五）

外篇《骈拇》第八

而侈于德。

侈，多貌。（《释文》）

附离不以胶漆。（《文选》左太冲《魏都赋》注引离作丽。丽、离，古通。）

丽，著也。（《文选》宋玉《高唐赋》注）

外篇《马蹄》第九

虽有义台路寝，无所用之。

义台，灵台也。（《史记·魏世家·索隐》）

外篇《在宥》第十一

而佞人之心，翦翦者。

翦翦，善辩也（《释文》）

外篇《天地》第十二

门无鬼与赤张满稽观于武王之师。

赤张，姓也。（《广韵·入声》五）

外篇《山木》第二十

夫丰狐文豹。

丰，大也。（《北堂书钞》一五八）

外篇《田子方》第二十一

是射之射，非不射之射也。

不射之射，乃尽善矣。（《御览》七四五）

杂篇《庚桑楚》第二十三

以北居畏垒之山。（《史记·庄子列传正义》引畏垒作畏累）

畏累，今东莱也。（《史记·庄子列传·索隐》）

杂篇《徐无鬼》第二十四

今予病少痊。

病除谓之痊。（《一切经音义》四）痊谓病除也。（《一切经音义》二三）

杂篇《外物》第二十六

于是乎有偾然而道尽。

偾，顺也。（《释文》）

五十犗以为饵。

犗，犍牛也。

杂篇《寓言》第二十七

藉外论之。

藉，借也。（《释文》）

杂篇《列御寇》第三十二

朱泙漫学屠龙于支离益。

朱泙，姓也。（《广韵·平声》一）

杂篇《天下》第三十三

以聏合欢。

聏，和也。（《释文》）

不可与庄语。

庄，庄周也。（《释文》）

此外，如《秋水》篇："惠子曰：子非鱼，安知鱼之乐"下，孙毓修谓《赵谏议本》有"惠施不体物性，妄起质疑，庄子非鱼，安知鱼乐"十八字注，《列御寇》篇："河润九里，泽及三族，使其弟墨"下，《道藏成玄英本》有"三族，谓父母妻族也。能使弟成于墨教也"十六字《注》，皆成《疏》误为《注》文者。《知北游》篇："未有子孙，而有子孙，可乎？"《注》："言世世无极"下，《焦竑本》更有"言其要有由，不得无故而有。传世故有子孙，不得无子而有孙也。如是，天地不得先无而今有也"三十七字，乃《释文》误为《注》文者。恐览者未明，特辨正于此。

（十六）郭象《论语体略》（据马国翰《玉函山房辑佚书》）

《为政》第二

子曰：为政以德，譬如北辰居其所，而众星共之。

万物皆得性谓之德，夫为政者奚事哉？得万物之性，故云德而已也。得其性则归之，失其性则违之。（皇侃：《论语义疏》）

子曰：导之以政，齐之以刑，民免而无耻，导之以德，齐之以礼，有耻且格。

政者，立常制以正民者也；刑者，兴法辟以割物者也。制有常，则可矫；法辟兴，则可避。可避则违情而苟免，可矫则去性而从制。从制，外正而民心内未服；人怀苟免，则无耻于物，其于化不已薄乎？故曰民免而无耻也。德者，得其性者也；礼者，体其情者也。情有可耻而性有所本，得其性则本至，体其情则知至。知耻则无刑而自齐，本至则无制而自正，是以导之以德，齐之以礼，有耻且格。（同上，按文据《玉函山房辑佚书》，他本不同，未作校勘，下同）

《述而》第七

子在齐，闻韶，三月不知肉味，曰：不图为乐之至于斯也。

伤器存而道废，得有声而无时。（同上）

《泰伯》第八

子曰：禹吾无间然矣。

舜、禹相承，虽三圣故一尧耳。天下化成，则功美渐去，其所因循，常事而已。故史籍无所称，仲尼不能间，故曰：禹吾无间然矣。（同上）

《先进》第十一

颜渊死，子哭之恸。从者曰：子恸矣！子曰：有恸乎？非夫人之为恸而谁为恸？

> 人哭亦哭，人恸亦恸，盖无情者与物化也。（同上）

《宪问》第十四

子路问君子，子曰：修己以敬。曰：如斯而已乎？曰：修己以安人。曰：如斯而已乎？曰：修己以安百姓。修己以安百姓，尧舜其犹病诸？

> 夫君子者不能索足，故修己索己。故修己者仅可以内敬其身，外安同己之人耳。岂足安百姓哉？百姓百品，万国殊风，以不治治之，乃得其极。若欲修己以治之，虽尧舜必病，况君子乎？今尧舜非修之也，万物自无为而治。若天之自高，地之自厚，日月之明，云行雨施而已。故能夷畅条达，曲成不遗而无病也。（同上）

《卫灵公》第十五

子曰：吾之于人也，谁毁谁誉？如有所誉者，其有所试矣。斯民也，三代之所以直道而行也。

> 无心而付之天下者，直道也。有心而使天下从己者，曲法。故直道而行者，毁誉不出于区区之身，善与不善，信之百姓。故曰：吾之于人，谁毁谁誉，如有所誉，必试之斯民也。（同上）

子曰：吾尝终日不食，终夜不寝，以思，无益，不如学也。

> 圣人无诡教，而云不寝不食以思者何？夫思而后通，习而后能者，百姓皆然也。圣人无事而不与百姓同事，事同则形同。是以见形以为己异，故谓圣人亦必勤思而力学，此百姓之情也。故用其情以教之，则圣人之教因彼以教，彼安容诡哉？（同上）

《阳货》第十七

孔子曰：诺，吾将仕矣。

> 圣人无心，仕与不仕随世耳。阳虎劝仕，理无不诺。不能用我，则无自用，此直道而应者也。然危逊之理，亦在其中也。（同上）

（十七）《道德真经注疏》（节选）

刘承幹跋：

《道德经疏》六卷，原题齐顾欢撰。欢年二十余，从豫章雷次宗谘玄儒大义。齐太祖辅政，悦欢风教，征为扬州主簿，遣中使迎之。及践阼乃至，自称山谷臣，献《老子治纲》一卷，见《南齐书·高逸传》。《隋·经籍志》《老子义纲》一卷。顾欢撰。《唐书·艺文志》顾欢《道德经义疏》四卷，又《义疏治纲》一卷。今《道藏目录》存八卷，即从《道藏》信字号钞出。阮文达据《晁氏读书志》考此书为张君相《三十家道德经集解》：一河上公，二严遵，三王弼，四何晏，五郭象，六钟会，七孙登……二十九车惠弼。公武又言：书称三十，而列名止二十九，盖君相自为一家言，并数之尔。今以其言考之，颇与是书合，则为君相所集无疑。至书中兼有引唐玄宗御疏，则又为后人所羼入。而所称陈曰、荣曰者，殆杜光庭所云任真子陈荣也。今本止有王弼、蔡子晃、卢裕、羊祜、罗什、杜弼、陈荣、车惠弼、孙登、松灵仙、严遵、张嗣、郭象、裴处恩、成玄英十五家，又有缺佚矣。然内疏文采取最多，故归之顾氏，究系六朝初唐人佚文，存之亦见玄学与禅学相通之理，不仅出罗什等也。己未仲夏吴兴刘承幹跋。

虚其心，实其腹，

　　郭曰：其恶改尽，诸善自生，怀道抱一，神和内足，实其腹也。

生而不有，

　　郭曰：氤氲合化，庶物从生，显仁藏用，即有为迹，功不归己，故曰不有。

（十八）杜光庭《道德真经广圣义序》（节选）

此《道德经》自函关所授，累代尊行，哲后明君，鸿儒硕学，诠疏笺注六十余家，则有《节解》上下，

　　老君与尹喜解。

《内解》上下，

　　尹喜以内修之旨解注。

《想尔》二卷，

　　三天法师张道陵所注。

河上公《章句》，

　　汉文帝时，降居陕州河滨，今有庙见存。

严君平《指归》十四卷，

汉成帝时蜀人，名遵。

山阳王弼注，

字辅嗣，魏时为尚书郎。

南阳何晏，

字平叔，魏驸马都尉。

河南郭象，

字子玄，向秀弟子，魏晋时人。

（十九）彭耜《道德真经集注杂说》（节选）

广川董逌《藏书志》云：……唐道士张道相集注《道德经》七卷，凡三十家，其名存者：河上公、节解、严遵、王弼、何晏、郭象……而道相所集郭象、刘仁会……此十四家不著于志。按《志》称道相集注四卷，而董所收乃有七卷，恐后人之所增也。

（二十）李霖《道德真经取善集》（节选）

湛兮似或存，

郭象曰：存，在也。道，湛然安静，古今不变，终始常一，故曰存，存而无物，故曰似也。

谷得一以盈。

郭象曰：谷，川也。谷川得一，故能泉源流润，溪壑盈满。

附录二　论魏晋玄学的内在性与超越性

在《论儒家哲学中的超越性和内在性》一文中，我提出儒家是以"内在超越"为特征的哲学，其实道家哲学同样是以"内在超越"为特征。老子《道德经》五千言所言"道"、"德"，所谓"道"是具有超越性的本体，而人之"德"则是指得之于"道"的内在性，圣人充分发挥其内在之"德"，则可与"道"同体，以达到超越性的境界。庄周的著作《庄子》的第一篇《逍遥游》讲的是至人（圣人、神人）通过其内在所具有的本性的发挥而达到"以游无穷"的超越境界。魏晋玄学虽是调和儒道，但从根本上说确是道家老庄思想的发展，因此研究魏晋玄学中关于内在性与超越性问题，以说明道家哲学也是以"内在超越"为特征，将不无意义。

汉魏之际有"才性"问题的讨论，但此才性问题并非玄学。袁准《才性论》说："性言其质，才言其用。""质"或指人的本质、质地，"才"是指人的才能。这里或者可以得到这样一个看法："才"是表现出来的，人们可以根据其表现出来的才能认识这个人，那么"质"就应是"才"所表现者，既然"质"是被"才"所表现的，那么"质"自应是内在的。时有刘劭著《人物志》，讨论的就是才性问题。为什么人的才能有不同，刘劭认为是出于内在的性情。他所说的"性情"（或称之为"性"）就是人之所以为人的内在性。刘劭依才能把人分为若干等级：最高一等为圣人，总达众材，第二等为兼材之人，第三等为偏至之材；至于三等以下，则是未入流的过分的狂者、不及的狷者以及乱德之人等。他把圣人的"性"规定为"中庸之质"或"中和之质"。他说："凡人之质量，中和最贵矣。中和之质必平淡无味，故能调成五材，变化应节。"（《九征》）"夫中庸之德，其质无名。"（《体别》）"圣德中庸，平淡无名，不偏不倚，无适无莫，故能与万物相应；明照一切，不与一材同用好，故众材不失任（无名），平淡而总达众材，故不以事自任（无为）。"据此说明刘劭似已认识到，由于圣人具有"中庸"或"中和"的内在品德（性情），故可超越一切世事之人，而接触到"内在性"与"超越性"关系问题。但刘劭所说的圣人的超越仅仅是对社会生活的超越，而未及宇宙之根本问题，故仍为准玄学。当时还有所谓"四本才性"问题的讨论，或曰同或曰异，或曰合或曰离，也只是就"性"和"才"相对而言加以讨论的。故所言"性"，似仍未离对"性"与"才"的关系的具体说明。至何晏《论语集解》则不同，其注"夫子之言性与天道不可得而闻"条谓："性者，人之所受以生者也；天道者，元亨日新之道也。深微，故不可得而闻。"皇侃《义疏》说："孔子所禀之性与元亨日新之道合德也"；"与元亨合德，故深微不可得而闻"（《论语义疏》卷三）。照何晏看，"性"为人所本有的人之所以为人者，故为"内在"的；"天道"为一至善通利万物新新不停者，故为"超越"的，而孔子所禀之性，德含天道，故可由其内在之性的发挥而达与超越的天道合一的境界。至何晏对于"性命"问题的讨论已离社会生活而及宇宙的根本问题也。

《三国志》卷二十八《钟会传》注引何劭《王弼传》说："何晏以为圣人无喜怒哀乐，其论甚精，钟会等述之，弼与不同。"《论语集解》"哀公问曰弟子孰为好学"条，何晏注说："凡人任情，喜怒违理；颜回任道，怒不过分。"（《论语集解》卷三）何晏认为，圣人和一般人的分别在于，圣人无情，一般人有情。这样就有一个问题：圣人和一般人的区别在表现出来的"情"上，而不在"内在"的"性"上，故似难从根本上区别圣凡。王弼与之不同，

"以为圣人茂于人者神明也,同于人者五情也。神明茂,故能体冲和以通无;五情同,故不能无哀乐以应物"(何劭《王弼传》)。这就是说,王弼认为圣凡的区别在于其内在的"性"上,而不在于其表现出来的"情"上,这就既可在内在性上区别圣凡,圣人不可学不可致;又在人伦日用上沟通了圣凡,圣人不离礼乐名教。王弼显然在理论上比何晏更高超了。

王弼以无名无形的"道"为超越性的本体,它是天地万物存在的根据。邢昺《论语注疏·述而》引王弼《论语释疑》谓:"道者,无之称也,无不通也,无不由也,况之曰道,寂然无体,不可为象。""道"寂然无体,不可为象,说明"道"非有形有象的实体之物,但却为天地万物存在的无名无形的超越性本体。那么"道"和"人"的关系如何呢?照王弼看,人和人不一样,只有圣人才能"与天合德,体道大通"。其所以如此,盖因圣人"智慧自备","有则天之德"也。圣人有其内在的德性,这内在的德性就是"唯道是有"的德性;有其超乎常人的智慧,即有"超智之上"的智慧。《老子》第二十三章王弼注说:"道以无形无为成济万物,故从事道者,以无为为君,不言为教,绵绵若存,而物得其真,与道同体,故曰同于道。""从事于道者"当指圣人。圣人法道,无为无事,通远虑微,应变神化,与道同体。所谓"无为无事"即"顺自然","圣人达自然之至,畅万物之情,故因而不为,顺而不施"(《老子》第二十九章注)。圣人不有意去做什么,而是让万物按照自己的本性生长成化,这正是圣人之为圣人发挥内在的"超智之上"的智慧的表现,也是圣人之为圣人"反本复命"而同于道的表现,所以王弼释《论语》"大哉,尧之为君也"条说:

圣人有则天之德,所以称唯尧则之者,唯尧于时全则天之道也。荡荡,无形无名之称也。夫名所名者,生于善有所章,而惠有所存。善恶相须,而名分形焉。若夫大爱无私,

> 惠将安在？至美无偏，名将何生？故则天成化，道同自然。
> 不私其子而君其臣，凶者自罚，善者自功；功成而不立其誉，
> 罚加而不任其刑。百姓日用而不知所以然，夫又何可名也！

对这段话可作如下几点分析：①天道荡荡，"无形无名"，唯圣人有效法天道的品质，"圣人有则天之德"，故可充分体现天道；②这种充分体现天道的德性，与天道一样"无形无名"，故可大爱无私，至美无偏。有名有形则有分，有分则有偏有私而不能得"道"之全而离"道"；③故圣人之所以为圣人正是在于他"则天成化，道同自然"，就是说圣人之所以为圣人正在于他可以任自然，无莫无适，故能超出相对以达绝对，合天道，无偏无私，故能超出有限（一偏）而达无限（至美）；④圣人因其"则天成化，道同自然"，无私无偏，任自然无为，因而天下万物得自生自化而归之自然，百姓日用而不知其所以然。据此可知，王弼哲学，一方面论证了由超越而内在，即以无名无为的"道"为超越性本体，而圣人有"则天之德"，故有与"道"同体的内在本性；另一方面又论证了由内在而超越，即以圣人智慧自备，通远虑微，应变神化，故可反本复命，以至达到与超越性的"道"同体。"道"无名无为，故不是一外在的超越力量，而圣人亦只需依其内在之品德即可超越有限、相对以通无限、绝对的"道"。由此可知，王弼哲学实为一种以"内在超越"为特征的哲学体系。

如果说王弼思想多为老子思想之发挥，嵇康、阮籍思想则是多来源于庄子。庄周所追求的是精神上的绝对自由，即逍遥游；嵇康、阮籍所追求的也正是这样一种精神上的绝对自由，虽然他们的路径并不完全相同。嵇康的《琴赋》中说："齐万物兮超自得。"他所追求的是一种超越相对以达绝对、超越有限以达无限的精神境界。这种精神境界不仅要超越社会的限制，而且要超越自然界的限制，以达到"并天地而不朽"的境界。那么如何才能达

到这种境界呢？嵇康在《释私论》中提出"越名教而任自然"的命题，所谓"越名教"就是要超越社会中的礼乐忠孝等的束缚；所谓"任自然"就是任自然之性。盖人有其内在的自然本性，人应顺其自然本性而使之得到发挥，但名教（郑鲜之《滕羡仕宦图》说："名教大极，忠孝而矣。"）束缚人的本性的发挥，要得精神上的自由，就要超越社会中的限制，而任自然本性之发挥。嵇康在《难自然好学论》中说："六经以抑引为主，人性以从欲为欢。抑引则违其愿，从欲则得自然。然则自然之得，不由抑引之六经；全性之本，不须犯情之礼律。故仁义务于理伪，非养真之要术；廉让生于争夺，非自然之所出。"人的本性所要求的是使得其欲望得到发挥，要使人的自然本性得到发挥就要否定一切人为的对自然本性的限制。但超越一切人为的（社会的）限制，也还不能完全自由，故仍不是最高的精神境界。要达到最高的完全自由的精神境界还得超越自然界（外物的）限制。嵇康《养生论》中说："善养生者则不然矣，清虚静泰，少私寡欲。知名位之伤德，故忽而不营，非欲而强禁也，识厚味之害性，故弃而弗顾，非贪而后抑也；外物以累心，不存神气，以醇白独著，旷然无忧患，寂然无思虑，又守之以一，养之以和，和理日济，同乎大顺……无为自得，体妙心玄，忘欢而后乐足，遗生而后身存。"这里嵇康提出养生应"少私寡欲"，似乎与上言"从欲"相矛盾。其实不然。上所言"从欲"是要求任自然之性，而反对人为的名教的束缚；这里所说的"少私寡欲"也是说的要任自然之性，不以那些"名位"、"原味"等非自然本性要求的外在的东西累其心。对那些外在的东西应采取"无为自得"的态度，这正是一种超越自然界的外物的态度。上面引的那段话中的主要意思是说不要以外物累其心；要做到不以外物累其心，就必须做到"无须外"。《答难养生论》中说："故世之难得者，非财也，非荣也，患意之不足耳！意足者，虽耦耕圳亩，被褐啜菽，莫不自得。不足者，虽养以天下，委以万物，犹未惬然。则足者不须外，不足者无外之不须也。无不须，故无往而不乏；无所须，故无适而不足。"这里所说的"不须外"就是"情不系于所欲"。"欲"是"内"，"所欲"是"外"。如果内欲不被外物所束缚，那就可以超出自然界的外物的限制，可以达到"顺天和以自然，以道德为师友。玩阴阳之变化，得长生之永久，任自然以托身，并天地而不朽"的超自然的精神境界。由此可见。嵇康以为人如能充分发挥其内在的自然本性才能达到超越社会和自然界的精神境界，"齐万物兮超自得"。因此，超越是完全靠自己内在的自然本性的发挥，不需依靠什么外在的超越力量，这就是说嵇康的哲学从根本上说也是以"内在超越"为特征的。

嵇康的思想实是在魏晋之际的社会条件下对庄子思想的发挥，特别是对庄子"齐物"和"逍遥"思想的发挥。阮籍的思想同样也是对庄子"齐物"和"逍遥"思想的发挥。他的《达庄论》的主旨是讲"万物齐一"；《大人先生传》的主旨则是讲绝对自由的超越境界。

《达庄论》引《庄子·齐物论》："自其异者视之，则肝胆楚越也；自其同者视之，则万物皆一也。"庄周认为，从一方面看，万物都是相异的；但从另一方面看，万物都是相同的。以证"万物皆一"。阮籍则更进一步证明万物在实质上是一体的，他说："天地生于自然，万物生于天地。自然者无外，故天地名焉。天地者有内，故万物生焉。当其无外，谁谓异乎。当其有内。谁谓殊乎。"这里阮籍说"天地生于自然，万物生于天地"意思是说"天地就是自然，万物就是天地"，因为"自然者无外，故天地名焉"，"天地者有内，故万物生焉"，万物就是天地的内容。就一切事物都包括在天地之内说，它们在实质上是"一体"可见，阮籍不是从部分和全体的关系上来论证"万物皆一",而是从实质上来论证"万物皆一"的。阮籍又说:"人生天地之中,体自然之形。身者,阴阳之精气也;性者,五行之正性也;情者,游魂之变欲也;神者,天地之所以驭者也。"这是说,从人的各方面看,都是与天地万物为一体的。不过人又在天地之中有其特殊性,这就是人的精神又是天地的主宰,所以"至人者,恬于生而静于死。生恬,则情不惑;死静,则神不离。故能与阴阳化而不易,从天地变而不移"。至人可以超生死,而达到"永存"的精神境界。阮籍认为,达到"永存"的精神境界,不是靠外在的超越力量,而是靠自己内在的精神力量。

在《大人先生传》中,阮籍设计了如何靠自己内在的精神力量以达到自由的、永存的境界。在这篇文章中,阮籍首先批评了那些"唯法是修,唯礼是克"的"士君子",说他们:"汝君子之礼法,诚天下残贼、乱危、死亡之术";其次又批评了当时的"隐士",认为他们"恶彼而好我,自是而非人",这样还是有"是非之别,善恶之异",仍然不能超脱于六合之外;再次,有薪者"以无为用","不以人物为事,尊显不加重,贫贱不自轻……无穷之死,犹一朝之生。身之多少,又何足营?"阮籍认为,薪者的精神境界是很高的,他已无生死、是非的分别。但他仍是"虽不及大,庶免于小"的。阮籍认为,最高的精神境界是至人的精神境界。至人"必超世而绝群,遗俗而独往,登乎太始之前,览乎忽漠之初。虑周流于无外,志浩荡而自舒"。这种"超世"的精神境界,不是靠外在的力量,而是靠自身的内在精神的发挥。所以阮籍说:"夫然成吾体也,是以不避物而处,所睹则宁;不以物为累,所逌则成,彷徉足以舒其意,浮腾足以逞其情。故至人无宅,天地为客;至人无主,天地为所;至人无事,天地为故。无是非之别,无善恶之异,故天下被其泽,而万物所以炽。"可见,阮籍所说的至人得以超越，全靠他自己的主观信念和自身内在的精神修养。

魏晋玄学的另一哲学家郭象与王弼等的路径不同，他的哲学体系从否定造物主开始，在他的《庄子序》中明确地说："上知造物无物，下知有物之自造也。"这就是说，郭象认为天地万物的存在并不是由一外在的超越力量而使其存在，天地万物的存在是它自己如此这般地存在着，它的存在的根据在于其自身。那么，天地间有种种不同的事物，又如何形成的呢？照郭象看，这是由于他们的"自性"不同。他说："物各有性，性各有极。"（《齐物论》注）郭象所谓的"自性"（"性"）就是"此物之所以为此物者"，即其内在的规定性。他说："天性所受，各有本分，不可逃，亦不可加。"（《养生主》注）任何事物的"自性"就是其存在的根据，它是不可改变的。事物的"自性"是其存在的根据，它由何而来？郭象为了进一步否定"造物主"，提出事物都是自然而然"自生"的，他说："凡所谓天（按：指'天性'，即事物之'自性'），皆明不为而自然。言自然则自然矣人安能故有此自然哉！自然耳，故曰性。"（《山木》注）照郭象看，如果说事物的自性不是自然而然自生的，那么就是其他东西所给予的，即是由一超越力量所给予的；然而此事物之所以成为此事物，彼事物之所以成为彼事物，并没有什么使它成为这样或那样，甚至也不是它自己有什么目的使它自己成为这样或那样，事物都是"欻然自生非有本"（《庚桑楚》注）。这里的"本"指本源（来源），"欻然"是说忽然发生，万物都是忽然自生的，没有什么使之发生。郭象不仅否定了在万物之上有一造物主，而且也否定一事物对其他事物的作用，因此任何事物都是"自足其性"的，他说"物任其性，事称其能，各当其分，逍遥一也，岂容胜负于其间哉！"（《逍遥游》篇目注）表面上看来郭象与庄子不同，庄子认为只有至人、神人等超人才可以逍遥，而郭象则认为只要能"自足其性"的都可以逍遥。所谓

"自足其性"就是充分发挥其内在的本性。老百姓本性所要求的是"衣食"、"耕织"，如果安于其本性所求，同样是逍遥。但是一般人往往不安于其本性要求的，而有"羡欲"、"跂尚"，妄想做与自己性分不相合的事，因此得不到逍遥。只有圣人（神人、至人）能做到"无心以顺有"、"虽在庙堂之上，然其心无异于山林之中"，这样才能"独化于玄冥之境"，"逍遥于无何之乡"。郭象说："至人无心而应物，唯变所适"（《外物》注），又说："神人者，无心而顺物者也"；"夫无心而任化乃群圣之所游处"（《人间世》注）。圣人"无心"则可德合自然；"顺有"则可不废名教。郭象认为，理想的社会并不需要在"超现实世界"中实现，它可以实现于现实世界之中。因为超现实寓于现实之中，最高人格的圣人做到"无心以顺有"并不需要离开"人间"，是即世间而出世间，既可以是"戴黄屋，佩玉玺"的帝王，又可以是天地万物的宗师，此即郭象的所谓"内圣外王之道"。由此可见，所谓"无心以顺有"只是圣人的一种主观境界，这种境界是一般人无法达到的，学圣人只能学到"圣人之迹"，不能成为"出六极之外，而游无何有之乡，以处圹埌之野"（《应帝王》注）的圣人。而由于圣人具有特殊的内在本性，他可以即世间而出世间，则可以无往而不逍遥了。

　　西晋时玄学发展到郭象可以说已达顶峰，对"内在性"和"超越性"的关系在玄学范围内可以说解决得较为圆满，但到东晋有张湛注《列子》，对"内在性"与"超越性"问题的解决途径又异于郭象，也应为我们所注意。如果说郭象哲学的特点是使超现实寓于现实之中，那么张湛哲学的特点则是使现实寓于超现实中，同样企图消除现实与超现实的对立。在张湛的《列子序》中说：

　　　　其书大略，明群有以至虚为宗，万品以终灭为验；神惠以凝寂常全，想念以著物自丧；生觉与化梦等情，巨细不限一域；穷达无假智力，治身贵于肆任；顺性则所之皆适，水火可蹈；忘怀则无幽不照，此其旨也。

从这段话看，张湛哲学的主旨是要解决"超生死，得解脱"的问题。张湛认为："群有"必有一超越其上的"至虚"（无）作为其宗体（本体），这是因为所有的在时空中的事物（包括人）都是有生有化的（有生有灭）、暂时存在的，它背后必有一不生不化的超时空的生化之本（本体）作为一切事物存在和变化的根据。而人如要超出时空之所限，超乎生死之变化，就必须找到一通往不生不化的"至虚"的办法：这就是要顺乎自然之性，了解梦醒并无本质区别，巨细也无区分必要，排除外在事物的困扰和有限世界的束缚，用一种超越的智慧（无智之智，即玄照、神惠）认识人自身的来源和去向，而达到返回"太虚"的目的。张湛的这一基本思想又表现在他的《列子》八篇的篇目注中：第一篇《天瑞》说变化，"群有"有生有化，"本无"（"至虚"、"太虚"）不生不化，为寂然至虚凝一面不变者；第二篇《黄帝》说顺生死，顺性命之道者，心与元气玄合，体与阴阳冥谐，所适皆通；第三篇说无变化，生灭、梦觉原其极归于无物（太虚），故生死之理均，梦觉之涂一；第四篇《仲尼》、第五篇《汤问》说玄照，"超生死，得解脱"须借智慧，此"智"为"无智之智"，"无智之智"则寂然玄照，无所根滞，故可超越，此智慧（无智之智）唯圣人有；第六篇《力命》说知命，命者必然之期，素定之分，生死之分，修短之期，咸定于无为，天理之所制；第七篇《杨朱》说达生，生者一气之暂聚，暂聚者终散而归太虚，故当纵情任性，而不求余名于后世，此达乎生生之极者；第八篇《说符》说变通，事故无方，圣人依伏变通，心乘于理，检情摄念，泊然凝定，岂万物变之所能变乎！盖要"超生死，得解脱"不能从有存亡变化的"群有"自身去解决，必须从不生不化的至虚方面来解决。圣人有"无智之智"观照存亡变化之途，以了解来源与去向，从有生有化达到无生无化，而归于"太虚",与"道"同体。张湛的这一思想的路径是:只有圣人得以靠其"无智之智"而由暂聚之现实世界通向永恒的超现实世界(太虚)。圣人之所以能达到这一境界,并非有一外在的超越力量使之如此,也非因本体之"无"而使之(因本体之"无"为寂然至虚凝一不变者),完全是靠其内在的智慧。

魏晋玄学由何晏、王弼经稽康、阮籍到郭象,到东晋而有张湛,在"超越"问题上都认为圣人(神人、圣人)是依其自然内在的智慧(神明、无心、玄照等)而得"超越",故他们的哲学从根本上说也是一种以"内在超越"为特征的哲学。据此,有以下几点或可注意:

(1)魏晋玄学是一种以"内在超越"为特征的哲学。所谓"内在超越"只是一种精神境界,这种精神境界并非是与现实世界相对立的客观存在的超现实世界。它仅仅是一种超越的精神境界。这种精神境界是靠圣人异于一般人的内在本性的发挥所达到的。

(2)唯圣人有此超越之境界所依之据,盖以为圣人不可学不可致。魏晋玄学认为,圣凡的界线非常分明,圣人之所以异于一般人是由于其具有与一般人不同的内在本性,王弼有"圣人茂于人者神明"之论,稽康有神仙"特变异气,非积学所致"之论,郭象有"学圣人,学圣人之迹"之义,张湛有圣人为"寂然玄照者"之旨,故圣人均靠其特异之本性而可达到超越之境界。

(3)魏晋玄学虽然企图调和儒道,但它实质上仍是沿着道家老庄思想发展的,以"内在超越"为特征的儒家哲学所追求的是道德上的理想人格;同样以"内在超越"为特征的道家哲学所追求的则是精神上的自由。这两种精神深深地影响着中国哲学的发展和中国知识分子的人格。

(4)魏晋玄学中,王弼、郭象和稽康、阮籍、张湛也有所不同:王弼、郭象在出世间问题上,都因其主张"体用如一"(即用即体),而认为世间即是出世间(王弼),出世间即是世间(郭象)。

嵇康、阮籍、张湛则有所不同，嵇康有"越名教而任自然"之说；张湛有"群有以至虚为宗"之论。从理论上看，他们都在一定程度上割裂了世间与出世间。但从他们所追求的境界上看，又是可以由世间通向出世间，所以无论嵇康、阮籍还是张湛都认为只要能从思想上取消相对就可以达到德合自然的境界。

（5）中国传统哲学除儒道两家的主流是以"内在超越"为特征外，中国化的佛教如禅宗同样是一种以"内在超越"为特征的哲学。禅宗认为，所谓"佛性"就是人的"本心"，人要超脱苦海达到涅槃境界，只是在一念之间，"前念迷，即凡夫；后念悟，即佛"，"前念着境，即烦恼；后念离境，即菩提"（《坛经》）。"佛性"本在自己，何必外求，既不必念经，更不必拜佛，所谓超越的理想境界就在你身边，"青青翠竹尽是法身，郁郁黄花无非般若"，本来天堂就在你眼前，哪里另外还有一个天堂。由此可见，中国的儒、道、释都是以"内在超越"为特征的。在四百年前西方传教士利玛窦看到了这个问题，他在《天主实义》中说：

> 吾窃贵邦儒者，病正在此常言明德之修，而不知人意易疲，不能自勉而修；又不知瞻仰天主以祈慈父之佑，成德者所以鲜见。

利玛窦这段话是针对儒家说的，但对中国的道家（道教）和中国的佛教（禅宗）也是适合的，而且我认为他看到了以"内在超越"为特征的中国哲学的问题，或是孤光先发。我无意否定以"内在超越"为特征的哲学，它对人类社会无疑是有特殊贡献的，特别是在自我修养和人生境界的提高方面有着特殊的贡献。但似乎也不应忽视，这种哲学又会走向泛道德主义，不利于建立客观有效的社会制度和法治秩序，同时在对探讨宇宙人生的终极关切问题上也不无缺陷。因此我们是否可以提出一个问题：能否建立一包容以"内在超越"为特征和以"外在超越"为特征的哲学和宗教的更完满的哲学体系呢？我认为，或是可能，至少是可以尝试的。

（6）如果说有可能建立一包容"内在超越"和"外在超越"的哲学体系，能否在中国传统哲学中找到内在资源？我认为，中国传统哲学是有这方面的某些内在资源的。本来在孔子思想中就有两个方面：一方面有"为仁由己"，"人能弘道，非道弘人"的说法；另一方面也有"畏天命，畏大人，畏圣人之言"的说法。前者是孔子思想中"内在超越"方面，后者是孔子思想中"外在超越"方面。或者说：从后者可以看出孔子哲学仍有外在超越的因素。但后来的儒家发展了前一方面，而后一方面没有得到发展。如果能使上述两方面平行发展，而又有所结合，是否可以沿着孔子的思想发展出一包容"内在超越"和"外在超越"的哲学体系呢？我认为，它是值得我们探讨的问题。比孔子稍后的哲学家墨子，他的哲学可以说是以"外在超越"为特征的哲学体系。墨子哲学可以说由两个相互联系的部分组成：一是具有人文精神的"兼爱"思想；另一是具有宗教性的"天志"思想。这两方面看起来似有矛盾，但在墨子思想体系中却认为"兼爱"是"天"的意志的最根本的体现，所以"天志"应是墨子思想的核心。墨子的"天志"思想认为"天"是有意志的，它的意志是衡量一切事物的最高和最后的标准，它可以赏善罚恶，是一外在于人的超越力量，或者说它具有明显的"外在的超越性"。因此，墨子哲学发展到后期墨家就更具有科学因素和逻辑学、认识论思想。可惜在我国战国以后墨家思想没有得到发展，墨家思想是否可以成为我们建立一包容"内在超越"和"外在超越"的哲学体系的内在资源呢？我想也是应该可以探讨的。

原收入《儒道释与内在超越问题》，南昌，
江西人民出版社，1991

附录三　论魏晋南北朝时期的文学理论

　　美国加州大学比较文学教授叶维廉在北京大学作过一次关于比较文学的讲演，讲到中西山水诗的问题，引起了我的兴趣，之后我又读他的一两本书，觉得他对中西诗的比较分析，很有意思。他对中国古诗——主要是说山水诗和英美的山水诗（如华兹华斯〔Wordsworth〕的山水诗）作了对比，说中国山水诗和英美山水诗很不一样。照他看，英美的山水诗是"以我观物"，所以多半在说明"外物"如何影响人的"心智"，或者说明人的精神如何和"外物"交往感应，如何和自然互相补充。而中国古诗常是"以物观物"，故无物我之分别。叶维廉教授举例说一些中国的山水诗被译成英文，就完全无中国诗的意味。因中国诗中往往无主语，无时态，而译成英文时往往有主语、有时态，这就失去诗的原来意味了。"以物观物"既不需要一个"我"，也不需要一规定的时间。不仅作诗如此，读诗也应如此。由于中国诗和英美诗有这样的不同，就应对它们做些比较分析，因此近年来海内外对中国文学理论和西方文学理论的比较研究渐渐多起来，成为热门。例如叶维廉教授在他的一本书中说：

　　　　司空表圣（图）提出"韵外之致"后，"弦外之音"、"意在言外"赫然为宋明以来最常见的论诗的标准。连理学家朱熹也说："疏影横斜水清浅，暗香浮动月黄昏"，这十四个字谁人不晓，然而前辈真那么地称叹，说他形容得好。是如何好，这个便难说，须要得他言外之意方好。

我们知道，读中国古诗，意境高的诗，确实应求领会其"言外之

意"，这个思想中国古人有，西方的一些文学批评家也常谈，如 20
世纪 40 年代英国著名文学批评家 T. S. 艾略特的文学理论现在影响
仍然很大，他说：

> 读诗时应专心一致于诗之所指，非诗之本身，这似乎是
> 我们应该经营的。要超出诗之外，一如贝多芬后期作品之超
> 出音乐之外。

现代西方重要文学批评家 W. K. 文萨特（W. K. Wimsatt）也说：

> 诗的意义就是文字的意义，但它并不存在于文字里……
> 它存在于文字之外。

可见读诗、听音乐要求得"言外之意"、"弦外之音"是中外的一
些文艺批评家、文学理论家常常谈到的。但中国的文学理论家讲
"韵外之致"，认为文学、艺术当求"言外之意"、"弦外之音"是否
开始于司空图？照我看，不是这样的。并不像叶维廉教授所说是
司空图提出"韵外之致"以后，"言外之意"、"弦外之音"才是宋
明以后论诗的标准，而由魏晋以来就有不少文学理论家把它作为
论诗的标准了，如陆机的《文赋》、刘勰的《文心雕龙》、钟嵘的
《诗品》都有这方面的言论，如《文赋》中的"课虚无以责有，叩
寂寞以求音"，在无言中领会无言之美，在无声中求得美妙之音。
刘勰认为，文章要求"文外曲致"。所以应该看到在魏晋时期，由
于魏晋玄学的影响，一些文学批评家已讲到文学艺术要求"言外
之意"、"弦外之音"、"画外之景"了。

　　在魏晋南北朝时，对于"言"（语言）和"意"（语言所表达
者）的讨论，是玄学家们讨论的一个重要问题，当时大体可分三
派：一是"言不尽意"派，如张韩作《不用舌论》，以为可以废言；
二是"言尽意"派，如欧阳建作《言尽意论》，以为语言为社会约
定而成，可以尽意；三是"得意忘言"派，如王弼根据《庄子·外

物》篇的意思解释《周易·系辞》的"书不尽言，言不尽意"，作《周易略例·明象》。

《庄子·外物》篇已提出语言如同工具一样，在领会了所表达的内容之后，就不应再执著语言了，文中说："筌者所以在鱼，得鱼而忘筌；蹄者所以在兔，得兔而忘蹄；言者所以在意，得意而忘言。"近代西方哲学家维根斯坦（Wittgenstein）在他的《逻辑哲学论》中也有类似的思想。他认为，了解一个哲学命题的意思是要通过语言，但了解之后，就无须语言了，就如同爬梯子，已经从梯子爬上去了，就无须梯子了，所以他说："对于人们不能说者，必须沉默。"王弼《周易略例·明象》发挥了《庄子·外物》篇的意思，并且明确地说这是体证事物本体的方法，他的意思大体可分为三点：

（1）"言"生于"意"，故可根据"言"以求其"意"；

（2）"言"虽为"意"之代表，但并非"意"之本身，故不能以"言"为"意"；

（3）如果执著"言"，以"言"为"意"，那就得不到"意"，"存言，非得意者也"，所以"得意而忘言"，也就是说"得意"需忘言，以求"言外之意"。

王弼这一"得意忘言"的新思想是起于"言不尽意"已流行之后，然二者实互有异同。"言不尽意"注重的是"意会"（可以意会，不可以言传）；"得意忘言"所注重的在"得意"。这两种说法都是重意而轻言。但"言不尽意"则言语几乎等于无用，而王弼的"得意忘言"则认为言语乃用以"得意"。这一"得意忘言"的方法在魏晋南北朝时用得很广泛，可以用来解释经典；调和儒道两家，建立哲学体系，达到理想的人生境界，等等。这些都不能详论。这里只讨论一下这种"得意忘言"的方法对文学、艺术理论的影响。

照魏晋人看，文学要用语言，音乐表现为音符，绘画要用颜色或线条等，但语言、音符、线条等都是工具，只是表示事物的标识，而并非所表现的事物本身，更非宇宙本体之本身，就像傅玄《相风赋》所说："昔之造相风者，其知自然之极乎？其达变通之理乎？"制造测量天气变化的器具的人，他难道真能了解天象变化的奥妙吗？能认识天道变化的根本原因吗？看来是不能够的。所以庾阐的《蓍龟论》中说："蓍者寻数之主，非神明之所存；龟者启兆之质，非灵之所生。"算卦的蓍草和龟甲虽然占卜时必须使用它们，但是人生的吉凶祸福、宇宙的奇妙变化并不在它们之中。"神通之主，自有妙会，不由形器；寻理之器，或因他方，不系蓍龟。"虽然如此，然而语言终究出于宇宙本体，如果有充足的认识宇宙本体的媒介或充足的语言，那么这表现宇宙本体的媒介或语言本身虽然是寻常的，但又是不寻常的。寻常的语言（音乐、绘画）指示而无余，意在言内；充足的语言（音乐、绘画）指示而有余，意在言外。本来语言等媒介都是工具，是有限的，如执著此有限的事物以为其是宇宙本体，那么就会失去宇宙本体，也丧失语言的真正作用，佛经《楞严经》中有段话：

> 如人以手指月示人，彼人因指当应看月。若复观指以为月体，此人岂唯亡失月轮，亦亡其指。

然从另一方面说，虽媒介、语言是有限的，如果能当其是无限宇宙之体现，而忘其所限，则可不为形器所限，而通于超形器之域。因此，想要通于超形器之域，那么就必须寻求充足的媒介或语言，而善于运用它。魏晋南北朝时期的文学理论家、文学艺术家大都在探讨这个问题，探求怎样能达到运用充足的媒介、语言而通于超形器的领域（宇宙之本体）。

魏晋南北朝人很重视文章，陆机《文赋》认为，好的诗文（或称之为"至文"）可以使自然造化体现于其中，把万物的生化捉捕于笔端，"笼天地于形内，挫万物于笔端"；刘勰更认为，"至文"可以与"天地并生"，传"自然之道"，并且他把"文"分为三类：

一类叫"形文"，"五色是也"，指绘画；

一类叫"声文"，"五音是也"，指音乐；

一类叫"情文"，"五性是也"，指文学（诗）。

这三种"文章"如何才能成为"至文"（最高超的文），照他们看都必须用"得意忘言"的方法才能达到，下面我们分别就"音乐"、"绘画"、"文学"（诗文）做一些分析。

（一）音乐

音乐在中国古代很受重视，其原因之一就因为《乐》是六经之一，这部所谓"乐"的经典早已不传，最早比较系统讲音乐的是荀子的《乐论》，稍后有《乐记》，它是《礼记》中的一篇。

从荀子的《乐论》中看，他对音乐的看法仍是偏重于道德教化的作用，所以他说："乐者治人之盛"，音乐是治理人民的大事，它具有使人们"耳目聪明，血气平和"的作用，以达到"移风易俗，天下皆宁"的目的。为什么能做到这一点呢？原因就在于，由"金石丝竹"等乐器所做成的乐章能把人们的思想感情引向道德的方面，"金石丝竹，所以异德也"。因此，"乐"和"礼"具有同样的意义，"仁义礼乐，其致一也"。但荀子还认识到"音乐"除了道德教化的作用之外，还有它的特殊作用，即认为"音乐"也是要引起人们的喜乐之情的，他说：

> 乐者，乐也，人情之所必不免也，故人不能无乐。

前面一"乐"字是指"音乐"，后面一"乐"字是指"喜乐"。对于人说"喜乐之情"总是人们所要求的，所以不能没有"音乐"来满足人们这方面的要求。为什么音乐有上述两方面的作用？荀子认为，"琴瑟乐心"，音乐使人们喜乐，在于"其清明象天，其广大象地，其俯仰周旋，有似于四时"。荀子这个看法应说是很有意义的，说明他注意到"音乐"和"大自然"的关系，能使人心喜乐的音乐应是反映大自然的清明广大和变化莫测。当然，在荀子的《乐论》中注重的还是"音乐"的社会道德教化作用。

到魏晋南北朝时，对"音乐"的看法有了很大变化，许多玄学家、文学家都把"音乐"看成是"自然"（天道）的表现。嵇康说音乐是表现大自然的和谐的："声音有自然之和，无系于人情"，即把音乐看成是纯自然的，而与社会无关。陆机认为，"音乐"是来自"常音"，而"常音"即"无音"。照他看，只有无音之常音才能成就任何曲调，就像无影的镜子一样，正因为镜中本无影，才可能显现任何形影。陆机的弟弟陆云说："挥天籁而兴音"，所谓"天籁"就是指"自然的音乐"（宇宙的乐章），把握住宇宙的乐章才可以做成真正美妙的音乐。所以阮籍作《乐论》，他认为音乐应该表现天地的根本、万物的本性。能表现天地之根本，万物之本性的音乐才是和谐的传自然造化之工的"妙音"。而圣人之所以要作"乐"，也只是为了"顺天地之本，成万物之性"，再没有其他目的。由于阮籍认为宇宙是一和谐的有秩序的整体，因而圣人制作乐章应是"立调适之音，建和平之声"。嵇康作《声无哀乐论》，主张音乐本身无哀乐之情，他的理论也是以"得意忘言"为根据。声音本无哀乐，故为"无名"，无以名之为哀，无以名之为乐，而听的人"欢戚自见"，是哀是乐在乎人自身的感情。

照魏晋南北朝人看，音乐既为人类采用表现"自然"的一种媒介，"自然"可以借助它表现自己，美好的音乐是宇宙本体、自然造化的体现，通过这种媒介，宇宙的和谐得以表现。音乐，正因为是音乐的，必再现宇宙之和谐，盖音乐曲调之取得来自宇宙之度量。故如不执著其有限、不执著那些具体的音符，忘言忘象，而通于言外，达于象表，则可以"得意"，得到"言外之意"、"弦外之音"。音乐是时间的艺术，因此是一种流动的艺术，但音乐必有停顿、必有终止，应于有音处听到"无音"，而领会"无言之美"，于"无音"处听到"妙音"，而捕捉宇宙之奥秘。

（二）绘画

照魏晋南北朝人看，如果说音乐是表现宇宙和谐的（自然之音、天籁），而不限于人们的哀乐之情，那么绘画则是表现自然造化的，是传"天工"的，也不限于有形有象的形体。

原来汉朝人观察人的主要方法是"骨相"，由外貌的差别推知其体内才性之不同。王充《论衡》中有《骨相》一篇，认为不仅人的贫富贵贱是由骨相决定，而且人的"操行清浊"（性）也是由骨相决定。汉末，王符《潜夫论·相列》中也说："人身体形貌，皆有象类；骨法角肉，各有分部，以著性命之期，显贵贱之表。"时有所谓"月旦评"者，也是多由外貌评论人物之优劣，对人物才性之高下也往往用形象来说明，如郭林宗评黄宪，形容他"汪汪如万顷之波，澄之不清，扰之不浊"；而评袁宏则说"譬诸泛滥，虽清易挹"，这样黄宪与袁宏高下自见。汉魏之际，这种风气仍很流行，如刘劭《人物志》认为："人禀阴阳以立性，体五行而著形"，禀受阴阳而有不同的性情，根据五行而有不同的形体，因此鉴别认识人物的品德和才能，是"相其外而知其中，察其章以推其微"，观察人的外貌就可以知道他内在的才性，考察人表现出来的行为就可以知道他内在的品质。而稍后，对人物的鉴别和认识逐渐注重人的"神气"（即内在的精神方面），但形体是可以认识的，而"神气"则难言。这样对人物的鉴识就由骨相进入虚无难言之域。东晋葛洪《抱朴子》中就记有观察认识人最为困难的议论，因为人物的内在精神不容易被了解。大画家顾恺之说："凡画人物最难"，因为"神气难知"。《世说新语·巧艺》篇中说：

> 顾长乐画人，或数年不点目精。人问其故，顾曰：四体

妍蚩，本无关妙处，传神写照正在阿堵之中。

顾恺之画人"数年不点目精"，可见画人物传神是非常困难的。因此，这一时期的人物画原理已不在画"四体妍蚩"，而在传神写照了。顾凯之的这一画法理论，也是来源于"得意忘言"的学说。

绘画重"传神写照"，这样就接触到人物的内在精神、生命本体、自然之美、造化之工的方面了。原来人物的品评多半用山水字眼来表示其精神面貌，据《世说新语·赏誉》篇记载当时人对其时名士的评论，如说李元礼（膺）如"劲松下风"，以说明他的精神面貌是刚毅不拔；邴原如"云中白鹤"，以说明他的精神高超远逸；和峤"森森如千丈松"，以说明他正直高大。所以在此之前描写人物的"神气"向以山水字眼来表示，以探求生命之本源，写自然之造化。而后晋人们渐渐觉悟到既然写造化自然用人物画，如当时谢鲲自比庾亮，认为他自己更高大渊深，因此顾恺之画谢鲲在岩石里，盖因谢自谓"胸中有丘壑"也。既然用人物画来表现自然的伟大，那么何必不直接画山水，这样岂不更能写造化自然，更接近造化自然。这样到东晋以后山水画法就产生了，绘画人物画转向重视山水画。晋末宋初宗炳作《画山水序》，文中谓：

> 夫理绝于中古之上者，可意求于千载之下；旨征于言象之外者，可心取于书策之内。

意思是说：有些道理虽然没有传下来，但是仍然可以在后世求得，盖因"人同此心，心同此理"也；而超于言象之外的思想，也可以通过文字而心领神会。画山水，也是要通过形象而领会"自然之美"、"造化之工"，如果能不执著形象，不为形象所限，就可以得到超于形象的"画外之景"。

晋宋人从人物画进到了山水画可以说为写自然造化找到了一较充足的媒介。他们觉悟到揭发生命的源泉、宇宙的奥秘，山水画比人物画是更好的媒介，所以刘勰在《文心雕龙·明诗》篇中说："老庄告退，山水方滋。"刘勰这里虽然说的是魏晋南北朝诗的发展变化，但也适用于绘画。魏晋南北朝的绘画从画人物，使人物的神气表现为超世之想，虽可用山水来比喻，如前所说顾恺之画谢鲲在岩石里，用这种方法表现人的"崇尚自然"、"师法老庄"，当人们一旦发现直接画山水，更接近"自然"，于是"老庄告退"，而"山水方滋"了。山水画是"以物观物"，则没有"我"，没有主体，没有时空限制，可更好地得"画外之景"，而领会宇宙造化之奥妙。

（三）文学

魏晋人认为，万物万形均为宇宙本体之表现，而宇宙本体无名无形不可言说。文人如何用语言来表现宇宙本体、自然造化？陆机《文赋》说：当"伫立中区以玄览"。"玄览"见于《老子》，这里是说直接观察得到的总体把握，或说如镜子一样直观而得到的总体认识。要对天地万物有一个直观的总体把握，才能做成"至文"。照魏晋人看，做成文章不是容易的事，需要把握生命而与自然造化接近，能"笼天地于形内，挫万物于笔端"。而这样的文章必须是"课虚无以责有，叩寂寞以求音"。因为"有形"要以"无形"才能显现出"有形"；"声音"（音乐）必以"无声"才能做成乐章。绘画的画面是有形的，但绘画之所以成为"画"必定有其不画之处，而于"无形"处更可得"画外之景"。音乐必有停顿、休止，而于停顿处才可回味，而得"弦外之音"。"文章"（"至文"）必定是宇宙本体、造化自然之再现，只有善为文者，能找到充足的媒介，则可做成笼天地之"至文"。"至文"不能限于"有"，不可囿于音，不可拘于形。应当是即"有"而超出"有"，于"音"而超出"音"，在"形"超出形，这样才可以得"言外之意"、"弦外之音"、"画外之景"。照魏晋人看，文章的最上乘，乃"虚无之有"、"寂寞之音"，不如此则不足以为"至文"。陆机《文赋》的这种理论实际上是本之于王弼的"得意忘言"。就文章说，它只是为了"得意"，不必执著文字；故如能"得意"则必"忘言"，正如司空图说："不著一字，尽得风流。"王弼的"得意忘言"是总天地自然说的，《文赋》是就文章说的，但它们所据的理论、所用的方法，则是一致的。陆机的《演连珠》中说：

> 臣闻弦有常音，故曲终则改；镜无畜影，故触形则照。
> 是以虚己以应物，必究千变之容；挟情适事，不观万殊之妙。

所谓"常音"实指"无音"，正因为是"无声"才可以成就任何声音；这就像镜子一样，镜子本无形无影，因此才可以什么形影都照见。如果自己不执著什么，就什么都可以反映；如果有所执著，就不能反映千变万化的自然造化，刘勰说："文之为德，大矣，与天地并生者……夫岂外饰，盖自然耳。"文章虽非天地自然本身，然文章"与天地并生"，为"天地之心"。而文章之所以为"天地之心"者，盖因"至文"成之"自然"，故宇宙本体得因文显，可以由文章来表现。刘勰又说："文章之成亦因自然"，故文章当表现人与自然合为一体。就文章说，如有"我"则人与物成为对立；则天人不能贯通；只有人物一体，人和自然打成一片，才成"至文"。造成人与物的对立是由于"以我观物"，如人与自然打成一片，则当"以物观物"。"以我观物"则文章容易概念化；"以物观物"则文章形象化，故说文章当以"天地为心"（不以"我"为心），如达到物我两忘，则成"神品"。

陆机在《文赋》中提出，文章必须有深厚的感情，它的目的只能是"情趣的"，而"情趣的"是从文学活动本身引出的自满自足，而非达到某种目的的手段，所以刘勰也说："心生而言立，言立而文明，自然之道。"有深刻的感情才可以发为至妙的文章，这是自然之道。既然人生为"自然"（天道）的表现，是宇宙本体的表现，而人生天地之中，自有其不可违抗之命运，那么人何以"自遣"，照魏晋南北朝的人看，就文章方面说，文章本为"遣怀"，陆机《文赋》对此有如下说法：

> 遵四时以叹逝，瞻万物而思纷。悲落叶于劲秋，喜柔条于芳春。……慨投篇而援笔，聊宣之乎斯文！

看到四时的更替而感到时光的流逝，觉察到万物的变化而思绪万千，秋风劲劲而悲落叶，春气芬芳而喜柔条，因心有所感而提笔发为文章。陆机在《愍思赋》中说他自己之所以要作此赋，为的是"以纾惨恻之感"。然而文章为何可以抒发怀抱，这因为它本来是一种精神作用而通乎自然，所以刘勰说："在心为志，发言为诗。"这里"在心为志"的"志"不同于孔子说的"诗言志"的"志"，而是说的"发之自然"。诗文虽成之寸心，而实发自自然，故可"观古今于须臾，抚四海于一瞬"，把无穷的时间和广大的空间都再现于笔墨之间。《文心雕龙·神思篇》中说："文之思也，其神远矣。"而此神思即生命之本源，宇宙之本体，它不可言说而为情趣之根源。盖因宇宙本体是难以言说，难以形容的，而表现宇宙本体之种种现象是可以把握、可以形容的；宇宙本体是一统一整体，而表现宇宙本体的种种现象是多种多样的；宇宙本体是无形无象的，表现宇宙本体的种种现象是有形有象的。好的诗文虽言浅而意深，言有尽而意无穷。我们所寻找的充足的媒介，一定是通过诗文以达宇宙之本体、造化之自然，而不是执著诗文、把诗文的字句就当成宇宙之本体。于是刘勰《文心雕龙·隐秀》篇中提出，诗文应该既有生动鲜明的立体感、意在言内的一面，又应有深沉、含蓄、通于言外的一面，这两面结合得好，才是好诗文，他说：

> 隐也者，文外之重旨者也；秀也者，篇中之独拔者也。

"重旨"是说"旨外之旨",即"言外之意"也。又宋张戎《岁寒堂诗话》引《隐秀》篇:"情在词外曰隐,状溢目前曰秀。"也是同一意思。对于诗文的"言外之意",刘勰说:"文外曲致,言所不追,笔固知止。"文外的那些意思是语言所不能表现的,因而于此处应无言。

魏晋南北朝的文学理论从陆机《文赋》的"课虚无以责有,叩寂寞以求音"到刘勰的"文外曲致"实是其时讨论的核心问题,而刘勰的《隐秀》篇为此作了一总结。这一理论影响着中国文学理论甚巨,唐朝的司空图、宋朝的严羽,一直到近代的王国维无不受到此种理论的影响。

附记:此文是我根据汤用彤先生《魏晋玄学与文学理论》加以补充写成。汤用彤先生的那篇文章则是由我根据他的提纲整理成文载于《中国哲学史研究》1980年第1期上。

原收入《儒道释与内在超越问题》,南昌,江西人民出版社,1991

附录四 《世说新语》中的"七贤风度"

《世说新语》是一本什么样的书？

《世说新语》是由南朝宋（420—479）临川王刘义庆所编著的，后又由南朝梁（502—557）刘孝标广泛地搜集各种有关材料，根据《世说新语》每条的内容加以注解，所引用的经史杂著有 400 余种，引用的诗赋杂文 70 余种，大大丰富了原刘义庆的《世说新语》，因此我们说《世说新语》就包含了刘孝标的注文。《世说新语》是一部以散文、杂感、小说、笔记等形式反映汉末到东晋文人学士、名臣大吏、骚人墨客之类人的生活的集子。这部书一直为研究汉末至魏晋间的历史、语言、文学、哲学的所重视，特别是研究"魏晋玄学"的学者必读的书。据《宋书》说刘义庆（403—444）年轻时喜欢骑马乘车东游西逛，后来渐渐感到"世路艰难"，就不再骑马乘车，转而招集一些文人学士到他家做客，共同完成了《世说新语》这部书。刘孝标（462—521），在《梁书》中有传，说刘孝标"好学安贫，一面耕地一面读书"。齐永明（483—493）间由北方到南方，他特别爱搜集阅读各种图书，听到有难得的书一定去借来看，同时名士崔慰祖说他是一位嗜书虫。《世说新语》中虽分"德行"、"言语"、"政事"、"文学"等三十六类，每类中有若干"条"故事，但每条故事之间没有什么联系，而且还有重复的地方，所说的故事往往是来源于其他的书。鲁迅认为，此书原名《世说》，后来看到《汉书·艺文志》已著录有《世说》名目的书，因此在"世说"后加上"新语"二字，以与《汉书·艺文志》中著录的那本《世说》相区别。

鲁迅在《中国小说的历史的变迁》中,将魏晋时期的短篇小说故事分为"志人"(记述人物的故事书)和"志怪"(记述神仙、鬼怪故事)两种,他说:"志人"小说故事是指"记人间事者"。这种"记人间事"的短文,在春秋战国时代就有,但多半用它说明某种道理(喻道)或评论政事(论政)。然而《世说新语》则主要是为"赏心而作",它"远实用而近娱乐",读起来很有兴味,让人"赏心悦目"。所以大美学家宗白华在《论〈世说新语〉和晋人的美》中说:"《世说新语》一书记述得挺生动,能以简劲的笔墨画出它的精神面貌、若干人物的性格、时代的色彩和空气。文笔的简约玄澹尤能传神。"这就是说,《世说新语》这部书,能以极细腻生动的细节,毫无顾忌地展现出汉末至晋宋间,社会的大变动所带来的思想感情上的大解放,以及士大夫(名士,知识分子)所追求的理想人生境界,所欣赏的生活方式,所执著的人生态度,所赞美的言谈举止,等等。这都和两汉风气大异其趣,而呈现出崭新的时代风貌。

《竹林七贤》故事是怎么形成的?

在东晋以前,在各种史书、杂著中虽记有阮籍、嵇康、山涛、刘伶、王戎等之间的交往,但却无"竹林七贤"故事。戴逵《竹林七贤论》中有一条记载说:由于"竹林七贤"故事在社会上流传起来了,庾爰之曾问他的伯父庾亮是否真有这样的事。庾亮说在西晋时还没有听说过有什么"竹林七贤"故事,到东晋以后忽然才出现了这样的故事,大概是好事者编出来的吧!("俗传若此。颍川庾爰之当以问其伯文康。文康云:中朝所不闻,江左忽有此论,皆好事者为之。")可见"竹林七贤"故事在西晋时尚无,是到东晋时才忽然出现的,庾亮已指出"竹林七贤"故事大概是虚构的。《世说新语·伤逝》"王濬冲为尚书令"条注中也引有上面戴逵的那段话。

"竹林七贤"故事在《世说新语》见于《任诞》篇中："陈留阮籍、谯国嵇康、河内山涛，三人年皆相比，康年少亚之。预此契者，沛国刘伶、陈留阮咸、河内向秀、琅邪王戎，七人常集于竹林之下，肆意酣畅，故世谓'竹林七贤'。"孙盛《魏氏春秋》中也有大体相同的记载。《世说新语·文学》"袁彦伯作《名士传》成"条注中把魏晋名士分为"正始名士"、"竹林名士"和"中朝名士"。"竹林名士"所列就是"七贤"阮籍、嵇康等七人，《世说新语·文学》："袁彦伯作《名士传》成，见谢公，公笑曰：我尝与诸人道江北事，特作狡狯耳！彦伯遂以著书。"是说：袁宏作完《名士传》，把它送给谢安看（谢安也是一位大名士，而且是大官，官到"太傅"）。谢安向袁宏笑着说：这些故事曾是我和大家说西晋时的故事，开开玩笑说的而已。没想到袁宏把它当真写成书。可见东晋时的一些名士也并没把"竹林七贤"故事当真。那么"竹林七贤"故事是如何形成的呢？据陈寅恪考证，他认为："竹林七贤"故事，大概是先有"七贤"之说，这是因为《论语》的作者是由七人，有这样一个"七"的数目，因而到汉朝也就很注重这样一类的数字游戏，而有什么"三君"、"八厨"、"八及"等名目，这无非是名士们之间的相互标榜，到两晋后来有所谓的"格义"，就有把佛教以外的书来比附某些佛教的思想观念。到东晋初年，才有把印度佛教"竹林"（指释迦牟尼曾居"竹林"）故事加于"七贤"之上。到东晋中叶以后就有袁宏的《竹林名士传》、戴逵的《竹林七贤论》以及孙盛的《魏氏春秋》等把"七贤"展开成为"竹林七贤"故事。

陈寅恪对"竹林七贤"故事的考证是很有意思的。我们据各史书、笔记、小说、杂著可知，阮籍、嵇康、山涛当时确常往来，《世说新语·贤媛》："山公与嵇、阮一面，契若金兰。"《向秀别传》有："秀少为同郡山涛所知，又与谯国嵇康、东平吕安友善。"《向秀别传》:"秀常与嵇康偶锻于洛邑,与吕子灌园于山阳,收其余利,以供酒食之费。"阮咸为阮籍的侄子,阮籍对他的儿子阮浑说:"阮咸已经参加到我们这一伙,你就别加入了。"王戎常和阮籍一起喝酒,时常喝得大醉(参见《晋书·王戎传》),刘伶淡默少言,"与阮籍、嵇康相遇,欣然神解,携手入林","著《酒德论》一著"(《晋书·刘伶传》)。这些记载,大概不会都是虚构的。可见,虽然原来并不一定有"七贤"一起入竹林喝酒的故事,但七人之间或因性格、风貌、行事多有相似之处(如不守礼法、均嗜酒),都相互熟悉,故归为一类而造成故事。

魏晋玄学的主题是什么?

汉末由于儒家学说的衰落和老庄道家学说的兴起,而产生了魏晋玄学。我们可以说,魏晋玄学是以老庄(或者说《易经》、《老子》、《庄子》三玄)思想为骨架,从两汉烦琐的儒家经学中解放出来,企图调和"自然"与"名教"的一种特定的思潮。为什么要讨论"自然"与"名教"的关系问题?这是因为汉末儒家的"名教"、"礼法"等受到破坏,必须要为它找一存在的根据。当时的玄学家认为,老子的"道"也许可以作为"名教"存在的根据,因为老子主张"道法自然","道"以自然为法则,它不是人为的,"道"是自然而然存在的。如果"道"可以成为人为的"名教"存在的根据,那么儒家思想就可以和道家思想统一起来,这样"道"就是"本"(本体),"名教"就是"末"(末有)。袁宏《名士传》中,把"魏晋玄学"的发展分为三个时期:以何晏、王弼为代表的正始时期(240—249)的玄学;以嵇康、阮籍等七贤为代表的竹林时期(255—262)的玄学;以裴頠、郭象为代表的元康时期(291年前后)的玄学。

何晏、王弼他们提出"道"即"自然"的玄学思想。他们认为"道"(宇宙本体)即是"自然",这是根据老子的"道法自然"而来的，宇宙本体是自然而然存在着的，"名教"（郑鲜之说："名教大极，忠孝而已。"）、"礼法"等是人为的东西，应该效法"自然"，这两者应该是统一的，社会才可以成为理想的社会。所以"自然"是"本"，"名教"是末，不能本末倒置，但是在王弼哲学中存在着一个矛盾，他有时说"崇本举末"，根据宇宙本体之自然来把"名教"等人为的东西统一起来，但他有时又说"崇本息末"，要把宇宙本体之"自然"树立起来，把那些人为的违背"自然"的"名教"、"礼法"排除掉，使人回归到原本的自然而然生活的状态。我们知道哲学的发展往往会在哲学思想的论说中发生矛盾，后面的哲学家认识到这种矛盾，就想方设法来解决这些矛盾，在何晏、王弼之后出现了两条解决上述矛盾的路线，一条就是以嵇康、阮籍为代表的竹林派玄学家，他们提出"越名教而任自然"，只有超越"名教"才可以真正的"任自然"，即要放弃那些束缚人的"名教"和虚伪的"礼法"，才可以使人们自然而然地按照人的本性为人处世。可以说他们是沿着王弼"举本息末"的思想发展起来的。另一条是裴頠的路线。他认为，有社会存在就要解决人与人之间的关系，这样就要有一套礼仪制度来规范人们的行为，这就要有"名教"、"礼法"等。因此，他对否定"名教"、"礼法"的思想进行了批判。其后又有郭象（他大体上与裴頠同时）认为："自然"和"名教"并非对立，是可以统一的，因为理想的社会可以是"即世间又出世间"（生活在现实的社会里，但在精神上可达到超越的境界），就是说社会可以而且应该有"名教"、"礼法"礼仪制度，人们可以去适应它，但在精神上却可以超越它。所以圣人应该可以做到"虽在庙堂之上，然其心无异于山林之中"。你可以做官任职，但你的精神境界不要为这种"名誉"、"地位"等束缚住，也就是说为了维持社会的安宁、稳定，人可以遵守"名教"、"礼法"，但却在精神上要超越它，应该和宇宙本体之"自然"相通，因为"名教"、"礼法"是暂时性的,你理想的精神境界才是终极性的。但"名教"也不能是不要的。因此,我们要了解魏晋玄学的发展就是要解决"自然"与"名教"的矛盾,"竹林七贤"只是魏晋玄学发展中的一个环节,我们必须放在历史发展过程中来了解它的意义。

"越名教而任自然"的"七贤风度"。

宗白华《论〈世说新语〉和晋人的美》中说:"汉末魏晋六朝是中国政治上最混乱、社会上最痛苦的时代,然而却是精神史上极自由、极解放、最富于智慧、最浓于热情的一个时代。""极自由、极解放、最富于智慧、最浓于热情",这大概说的就是"魏晋风度"。而"七贤风度"应是"魏晋风度"的集中体现。"七贤风度"既表现在他们的性情、气质、才华、格调等内在的精神面貌上;也表现在他们的言谈、举止、音容、笑貌等外在风貌上。"七贤"的"七贤风度"可以说在中国历史上"前无古人,后无来者",这种"风度"只能由魏晋时期的社会环境造成,也只能为"七贤"的特质性情、人格所造成。这种"风度"可以说最主要就表现在他们的"越名教而任自然"上。

"越名教而任自然"一语见于嵇康《释私论》中。嵇康、阮籍反对当时的所谓"名教",所谓"名教"是"名分教化"的意思,指维护当时皇权统治"三纲六纪"的等级名分,也就是说主要是维护自汉以来皇权统治的"礼教"。至东汉"礼教"已经为世人识破,当时有歌谣说:"举秀才,不知书;举孝廉,父别居;寒素清白浊如泥;高弟良将怯如鸡。"所谓"任自然"从"竹林七贤"的言谈举止看,是指"任凭自然本性"或说"任凭其心性的自然情感"。用今天的话说,就是要求自由自在地抒发自己内在的情感,而不受虚伪礼教的束缚。

曹魏政权相对汉末,虽在政治和经济上有所改革,但并没有能阻止当时世家大族势力的发展。司马氏作为世家大族政治势力的代表，其政权所赖以依靠的集团势力一开始就十分腐败，当时就有人说这个集团极为凶残、险毒、奢侈、荒淫，说他们所影响的风气"侈汰之乱，甚于天灾"（奢侈浪费腐化的风气，对社会来说比天灾还严重），可是他们却以崇尚"名教"相标榜。在嵇康、阮籍看来，当时的社会中"名教"已成为诛杀异己，追名逐利的工具，成了"天下贱贼、乱危、死亡之术"。那些所谓崇尚"名教"的士人"外易其貌，内隐其情，怀欲以求多，诈伪以要名"（外表道貌岸然，内里藏着卑鄙的感情，欲望无止境，而以欺诈伪装来追求名誉）。为反对这种虚伪的"名教"，《世说新语》中记载了一些"七贤"的"恣情任性"，显露自己内在的真实感情、任凭自己的自然本性的发挥以超越"名教"的束缚的言行。

关于阮籍遭母丧的故事，在《世说新语·任诞》中有三段记载。其一说，阮籍的母亲去世，他完全不顾世俗的常规礼仪，蒸了一条肥猪腿吃，又喝了两斗酒。然后临穴，举声痛号大哭，吐血数升，废顿良久（身体很长时间恢复不过来）。按照所谓的"名教"，临父母丧事，子女是不能吃肉喝酒的，而阮籍全然不顾。照阮籍看，临丧不吃肉喝酒只是表面形式，与自己内心的这种椎心泣血真情的悲恸，毫不相干。阮籍对母亲的丧事表现了他对母亲真正的"孝心"和深深"感情"，所以孙盛《魏氏春秋》说："籍性至孝，居丧虽不率常礼，而毁几灭。"（阮籍的性情是非常孝顺的，虽然丧母没有遵守常礼，实际上悲痛得伤了身体）有一次阮籍的嫂嫂即将回家，阮籍就去与她告别，遭到别人讥笑，因为这样做是违背礼的，按《礼记·曲礼》说，"嫂叔不通问"，于是阮籍干脆公开宣称："礼岂为我辈设邪！"阮籍敢于去与嫂告别，表现着可贵的亲情和对女性的尊重，同时也表现了他对虚伪礼教的蔑视。这正是"七贤"的坦荡"任自然性情"的精神。

"七贤"中还有另一位名士王戎。据《世说新语·德行》记载，王戎和另外一"名士"和峤同时遭遇丧母，都被称为"孝子"。王戎照样饮酒食肉，看别人下棋，不拘礼法制度，其时王戎悲恸得瘦如鸡骨，要依手杖才能站起来。而和峤哭泣，一切按照礼数。晋武帝向刘毅说："你和王戎、和峤常见面，我听说和峤悲痛完全按礼数行事，真让人担忧。"刘毅向武帝说："虽然和峤一切按照礼数，但他神气不损；而王戎没有按照礼数守丧事，可是他的悲痛使他瘦骨如柴。我认为和峤守孝是做给别人看的；而王戎却真的对死去的母亲有着深情的孝子之心。"一个"虽不备礼，而哀毁骨立"，一个是"哭泣备礼"，而"神气不损"，究竟谁是假孝，谁是真孝，谁是装模作样，谁是孝子的真情，不是一目了然了吗？

据《晋书·刘伶传》说："刘伶……放情肆志，常以细宇宙齐万物为心，澹默少言，不妄交游，与阮籍、嵇康相遇，欣然神解，携手入林。"（刘伶感情豪放，以自己的意愿行事，把外在的世界看得没有那么重要，齐一万物，淡默少言，不随便和人交往，可是和阮籍、嵇康在一起时，精神一下子就来了，拉着手到树林去喝酒了）可见刘伶也是一位有玄心、超世越俗的大名士。《世说新语·任诞》说刘伶常常不穿衣裤，裸露身体，在他的屋子里狂饮美酒。有人进到他的屋中，看到如此形状，就对他讥笑讽刺。然而刘伶却说："我是把天地作为我房子的屋架，把屋子的四壁作为我的衣裤，你们怎么会进到我的衣裤里了呢！"这虽有点近似开玩笑，但却十分生动地表达了刘伶放达的胸怀和对束缚人们真实性情的礼法的痛恨。这则故事是不是有什么来源呢？我想，它很可能与阮籍的《大人先生传》中的一段话有关。阮籍用虱子处于人的裤裆之中作比喻。虱子住在裤裆之中自以为很安全、惬意，因此不敢离开裤裆生活，饿了就咬人一口，觉着可以有吃不尽的食物。当裤子被烧，虱子在裤裆中是逃不出的。阮籍用此故事比作那些为"名教"所束缚的"君子"，不是就像虱子在裤裆之中生活一样吗？阮籍认为，那些伪君子"坐制礼法，束缚下民"，即制定并死守那些礼法，用它们来控制老百姓。

为什么阮籍、嵇康那么痛恨"名教"，这是因为他们不仅对当时提倡"名教"的虚伪面貌已有清醒的认识，而且深刻洞察到"名教"本身对人的本性的残害。阮籍、嵇康认为，人类社会本来应和"自然"（指"天地"）自然而然的运行一样，是一有秩序的和谐整体，但是后来的专制政治破坏了应有的自然秩序，扰乱了和谐，违背了"自然"的常态，造出人为的"名教"，致使其与"自然"对立，正如嵇康在《太师箴》中所说：上古以后社会越来越坏了，把家族的统治确立起来，凭着尊贵的地位和强势，不尊重其他人，宰割鱼肉天下的老百姓，来为他们统治集团谋取私利。这样君主在位奢侈腐败，臣下对之以二心。这个利益集团用尽心思不惜一切地占有国家财富。形式上还有什么赏罚，可是没法实行，也没法禁止犯法。以至于专横跋扈，一意孤行，用兵权控制政权，逞威风、纵容为非作歹，其对社会的祸害比压在我们头上的大山还重。刑法本来是为了惩罚作恶的，可是现在成了残害好人的东西。过去治理社会是为天下的老百姓，而今天却把政权作为他们个人谋私利的工具。下级憎恨上级，君主猜忌他的臣下。这样丧乱必定一天天多起来，国家哪会不亡呢？（"季世陵迟，继体承资，凭尊恃势，不友不师，宰割天下，以奉其私，故君位益侈，臣路生心，竭智谋国，不吝灰沈。赏罚虽存，莫劝莫禁。若乃骄盈肆志，阻兵擅权，矜威纵虐，祸崇丘山。刑本惩暴，今以胁贤。昔为天下，今为一身。下疾其上，君猜其臣。丧乱弘多，国乃陨颠。"）在阮籍的《大人先生传》中对现实社会政治的批判同样深刻，他在《大人先生传》中说：你们那些"君子贤人"呀，争夺高高的位置，夸耀自己的才能，用权势凌驾在别人上面，高贵了还要更加高贵，把天下国家作为争夺的对象，这样哪能不上下互相残害呢？你们把天下的东西都据为己有，供给你们无穷的贪欲，这哪里是养育老百姓呢？这样，就不能不怕老百姓了解你们的这些真实情形，你们想用奖赏来诱骗他们，用严刑来威胁他们。可是，你们哪里有那么多东西来奖赏呀，刑罚用尽了也很难有什么效果，于是就出现了国亡君死的局面。这不就是你们这些所谓的君子的所作所为吗？你们这些伪君子所提倡的礼法，实际上是残害天下老百姓、使社会混乱、使大家都死无葬身之地的把戏。可是你们还要把这套把戏说成是美德善行，是不可改变的放之四海而皆准的道理，这难道不太过分了吗？（"今汝尊贤以相高，竞能以相尚，争势以相君，宠贵以相加，驱天下以趣之。此所以上下相残也。竭天地万物之至，以奉声色无穷之欲，此非所以养百姓也。于是惧民之知其然，故重赏以喜之，严刑以威之。财匮而赏不供，刑尽而罚不行，乃始亡国、戮君、溃败之祸。此非汝君子之为乎？汝君子之礼法，诚天下残贼、乱危、死亡之术耳！而乃目以为美行不易之道，不亦过乎？"）照阮籍、嵇康等看，这样的社会政治当然和有秩和谐的"自然"相矛盾，因此他们在"崇尚自然"的同时，对"名教"作了大力的批判。在他们看来，所谓"名教"是有违"天地之本"、"万物之性"的，而"仁义务于理伪，非养直之要求，廉让生于争夺，非自然之所出也"。（在他们看来，那些伪君子把仁义的作为掩盖虚伪的工具，并不是培养正直所要求的；所谓廉让是因为产生了争夺，这些都是违背自然的）这种人为的"名教"只会伤害人的本性，败坏人们的德行，破坏人和自然的和谐关系。由此，嵇、阮发出"越名教而任自然"的呼声。

　　《世说新语·任诞》"阮籍遭母丧"条，刘孝标注引干宝《晋纪》曰："何曾尝谓阮籍曰：'卿恣情任性，败俗之人也。今忠贤执政，综核名实，若卿之徒，何可长也？'复言之于太祖，籍饮啖不辍。"何曾是崇尚"名教"的"礼法之士"，在晋文王清客座中，指责阮籍"恣情任性"（放纵自己的感情、任凭自然本性无束缚地发挥），是伤风败俗的人，现在忠臣贤相执政，一切都有条有理。阮籍听着，不屑一顾，全不理会，照样不停地酣饮，"神色自若"。表现着对何曾的蔑视。"恣情任性"正是"七贤"的最重要的"风度"。所谓"恣情任性"就是说，"七贤"为人处世在于任凭自己内在性情，而不受外在"礼法"的条条框框的束缚。这就是说，"恣情任性"正是"越名教而任自然"的一种表现。嵇康有篇《释私论》也讨论到这个问题，他说："夫称君子者，心无措乎是非，而行不违乎道者也。何以言之？夫气静神虚者，心不存乎矜尚；体亮心达者，情不系于所欲。矜尚不存乎心，故能越名教而任自然；情不系于所欲，故能审贵贱而通物情。物情顺通，故大道无违；越名任心，故是非无措也。是故言君子，则以无措为主，以通物为美。言小人，则以匿情为非，以违道为阙。何者？匿情矜吝，小人之至恶；虚心无措，君子之笃行也。"（真正可以被称得上君子的人，内在的心性并不关注是非得失，可是他的行为不违背大道［自然之道］。为什么这样说呢？神气虚静的人，他的心思不放在外在的是非得失之上［按：指不持着外在的东西，如名誉、地位、礼俗等］；胸襟坦荡的人，那些是非得失不会对自己的心性有什么影响，那么就可以超越名教的束缚而能按照自己的自然性情生活；情感不被外在的欲望所蒙蔽，那才能了解什么是好、什么是坏，才能对天地万物有真正的体认。能够通达天地万物的实情，这样就可以和'大道'［指宇宙本体］合而为一。真君子必须能超越虚伪的名教任乎自然之真性情，因为外在的是非得失不关乎心性。因此说到君子，是以不把外在的那些东西［如名誉、地位、礼俗］放在心上，这才是根本的，要把你内心的真性情放在天地万物上［指与宇宙为一体］。说到小人，应该看到他们总是隐瞒真实的情感，这是违背自然本性的。为什么这样说呢？隐瞒自己的感情念念不忘私利，是最坏的小人；不把外在的利害得失放在心上，一任真情，是君子所应实实在在做到的。）这一长段的意思是说：作为君子应该不把外在的名誉、地位、礼法等放在心上，而是一任真情地为人行事；要敢于把自己的自然本性显露出来，不要顾及那些外在的是是非非，这样一方面可以"越名教而任自然"；另一方面又可以达到与天地万物为一体的"自然"境界。[①] 上面所引的文字，说明所谓"七贤风度"就是要把肆意放达的自然性情放在首位。

《世说新语·简傲》："嵇康与吕安善，每一相思，千里命驾。"嵇康与吕安最为要好，每次想念到他，就驾车前去看望。又有《晋书·阮籍传》"阮籍时率意独驾，不由径路，车迹所穷，辄恸哭而反"（阮籍有时凭自己的心意，独自驾车外出，并不考虑有没有可行车的道路，直到无路可走，痛哭而返）。以上，我们可以看到嵇康驾车千里寻友，虽有目的，而完全是"恣情任性"，表现了嵇康对吕安的真实感情。故该条有刘孝标注引干宝《晋记》："初，安之交康也，其相思则率尔命驾。"为什么嵇康要驾车千里访吕安？这是因为吕安和嵇康一样是一"恣情任性"、不顾礼法的大名士。嵇康的哥哥嵇喜是个做大官的礼法之士，有一次，吕安访嵇康，嵇康不在，嵇喜迎接了，吕安根本不理睬嵇喜，而在门上写了个凤字就走了。嵇喜很高兴，以为说他是凤凰呢？殊不知吕安说嵇喜是凡鸟。（《世说新语·简傲》）又有一次，吕安要从嵇康家离开，嵇喜设席为吕安送行，吕安独坐车中，不赴席。但是嵇康的母亲为嵇康炒了几个菜，备了酒，让嵇康和吕安一起吃菜喝酒，二人则尽欢，良久乃去。干宝《晋记》据此事，说吕安"轻贵如

[①] 关于嵇康《释私论》的解释，请参考冯友兰：《中国哲学史新编》第四册，77～86页。我上面的解释参考该书。

此"（看不起大官到如此地步）。阮籍尝"率意独驾"与嵇康的"千里命驾"形式上相同，但目的不一样，嵇康是有目的地去访吕安，而阮籍是无目的地发泄胸中郁闷，所以他驾车跑到无路可走的地方，兴尽痛哭而回，这可以说是"情不系于所欲"（放纵自己的情感并没有什么具体目的）。盖魏晋之世，天下多变，真正有理想、有抱负的名士，往往不得善终。阮籍有见于此，痛苦至极，而又无法改变现状，故而有此"率意独驾"之举。

在历史上，常有"借酒浇愁"之事。"竹林七贤"多是好酒如命的名士。他们并不是为个人的私事而酣饮消愁，而是因生不遇时，无法实现他们的理想和抱负而"借酒浇愁"，且同时也表现了他们豪迈放达之性格。《晋书·阮籍传》中说："籍本有济世之志，属魏晋之际，天下多故，名士少有全者，籍由是不与世事，遂酣饮为常。"（阮籍本来有改变社会政治现实的愿望，但是在魏晋之际，社会政治变化无常，许多有志之士遭受残害，于是阮籍只得远离政治斗争，用大量饮酒来消愁吧）

《世说新语·任诞》载："步兵校尉缺，厨中有贮酒数百斛，阮籍乃求为步兵校尉。"刘孝标注引《文士传》说得比较具体："籍放诞有傲世情，不乐仕宦。晋文帝亲爱籍，恒与谈戏，任其所欲，不迫以职事。籍常从容曰：'平生曾游东平，乐其士风，愿得为东平太守。'文帝说，从其意。籍便骑驴径到郡，皆坏府舍诸壁障，使内外相望，然后教令清宁。十余日，便复骑驴去。后闻步兵厨中有酒三百石，忻然求为校尉。于是入府舍，与刘伶酣饮。"（阮籍豪放任性，有傲世的性情，不喜欢做官。晋文帝对他很尊重，常常和阮籍谈话说笑，听任他做喜欢的事，不强迫阮籍做官。有一次阮籍轻描淡写地对晋文帝说：我曾去东平游玩过，对那里的风土人情很喜欢，想到那去做官，文帝很高兴，答应了阮籍的要求。阮籍于是骑着驴子就上任了。到太守府后首先就把衙门的前后壁打通，使外面能看到衙门内的事情。于是教令清明。十几天后就骑驴子走了。后来听说步兵营的厨房中有酒三百石，又很高兴地要求去当步兵校尉，一到校尉府中就和刘伶酣饮起来。）又《竹林七贤论》中说："籍与伶共饮步兵厨中，并醉而死。"此当非事实。因为阮籍于魏景元四年（263）即去世，而刘伶在晋泰始（265—274）时尚在世。"太守"是大官，阮籍去就此职，是因为东平有山水名胜，且民情淳朴，他就任之后，把衙门的前后墙壁都打通，是要让在外面的老百姓能看到衙门内的事情，然后他的行政教令使社会清净安宁。但他只在东平待了十余日，就弃官，骑驴走了。这真是趁兴而来尽兴而去。步兵校尉只是个不大的小官，在那里的厨房有大量的美酒，阮籍很高兴地要求去就任，并和刘伶一起酣饮。阮籍的"任性"放达真是超凡越俗了。

刘伶也是酷爱自由、嗜酒如命的"七贤"之一，《晋书·刘伶传》说："（伶）初不以家产有无介意，常乘鹿车，携一壶酒，使人荷锸而随之，谓曰：'死便埋我。'其遗形骸如此。"（刘伶全不顾他的行为对他家族的家产有无伤害，常常坐着一辆鹿车，提着一壶酒，让随从的人拿着一把锄头，并对随从的人说："如果我醉死了，你们把我就地埋了吧。"刘伶就是对其外在的身体一点都不看重。）这是由于他看重的是其内在的放达精神。他写了一篇《酒德颂》，大意是说：大人先生认识到人的一生比起无限的时间、无边的空间，是短暂而渺小的，如果能把自己的生命看成是和天地一样宽阔、把无尽的时间视为一瞬间，把狂放豪饮，看成是"无思无虑，其乐陶陶"的事，能自由自在快活过一生，比起你们那些遵守"陈说礼法"、追名逐利、钩心斗角的专守礼法，谁更快乐呢？我们就此可看出，"七贤名士"的"放达"精神之可爱了。关于刘伶还有一个故事，《世说新语·任诞》中说："刘伶太想喝酒，请他的妻子给他点酒喝。可他的妻子把酒倒掉，把酒壶碎掉，哭着对刘伶说：'你喝酒太多，有伤身体，不是养身之道，快断酒吧！'刘伶说：'好呀！但是我自己没有能力断酒，要向神鬼祷告求助，向他们发誓断酒才行。'这样就得有酒有肉来祭祀鬼神。于是他的妻子置办了酒肉于鬼神牌位前面，让刘伶发誓断酒，于是刘伶跪着向神牌发誓说：'天生刘伶嗜酒如命，一饮一斛，五斗酒下肚可以解我的嗜酒之病。'于是酣饮大吃，醉得像土石一样。"这些"七贤"酣饮故事说明，处于世事浑乱之时，这批名士无力改变现实，只求自己精神上的自由愉悦，正如嵇康在《难自然好学论》中说："六经以抑引为主，人性以从欲为欢。抑引则违其愿，从欲则得自然。然则自然之得，不由抑引之六经；全性之本，不须犯情之礼律。"（古来那些经典的目的是对人们进行压制和引导，然而人之本性所追求的则是以顺应其性命之情为快乐。引导和压制是违背人的意愿的，放任其性命之情才是顺乎自然的。追求顺应自然的本性才是根本的，因而不需要侵犯人性情的礼法之类的东西）在此，我们可以看出，"七贤"之饮酒"恣情任性"是要求摆脱虚伪"礼法"之束缚，而求任自然性命之情，这正是"七贤风度"。

"七贤"之酣饮，在当时还有一种很重要的作用，就是可以此拒绝和抵制当权者种种要求。《晋书·阮籍传》："文帝初欲为武帝求婚于籍，籍醉六十日，不得言而止。"这个故事是否真实，是否有所夸大，不得而知，但它所要表现的是当时某些名士不愿与腐败、凶残的当政者合作，有着不愿攀龙附凤的气概。当然，这也表现了当时某些知识分子的软弱，虽不愿同流合污，却只能用酣饮这种消极的方式来对抗当权者。在中国历史上，真正敢于正面对抗残暴、无能、腐败政权的是少之又少的，像嵇康那样视死如归的名士真是凤毛麟角了。抱有济世之志的阮籍在"七贤"中也是强烈表现放达个性的一位，他作《首阳山赋》，以伯夷、叔齐自况,以示和司马氏政权不合作态度。他"常登广武,观楚汉战处,叹曰:'时无英雄,使竖子成名。'"他借楚汉相争事,暗示他自己所生之时缺少英雄,遂使司马氏得以专政。但后司马氏篡位,建立晋王朝,阮籍最终也不得不写了《劝进书》。在这点上,他或与有刚烈之性的嵇康有所不同。据《世说新语·雅量》,嵇康因吕安事被判死刑,将在东市被斩首,这时他看看日影,知被杀的时间快到,于是要了琴,弹起来,说:"过去袁孝尼尝希望跟我学《广陵散》,我没教他,从此以后再没有《广陵散》了。"在他被杀前,"有学生三千人请以为师"。《广陵散》绝了,嵇康之人格是否也绝了呢?回顾历史,俯视现实,多少悲剧不是如此呢!许多中国知识分子真是太软弱了。

"恣情任性","情不系于所欲"表现了"七贤风度",应如何评价,历史自有公论,这点不需要我多说。

宗白华《论〈世说新语〉和晋人的美》指出,魏晋时代是一社会秩序大解体、旧礼教崩溃的时代。它的特点是"思想和信仰的自由、艺术创造精神的勃发",它是一个"强烈、矛盾、热情、浓于生命色彩的一个时代"。这个时代前无古人,后无来者。它之前的汉代,"在艺术上过于质朴,在思想上定于一尊,统治于儒教";在它之后的唐代,"在艺术上过于成熟,在思想上又入于儒、释、道三教的支配"。宗白华认为"只有这几百年是精神上的大解放,人格上、思想上的大自由"的伟大时代。

王戎尝谓:"圣人忘情,最下不及情。情之所钟,正在我辈。"(《世说新语·伤逝》)意思是说,圣人太高超了,他们已超越常人的"情",而最低下的人又对"情"太迟钝麻木,难以达到"有情"的境界,只有像我们这样的名士珍视自己的感情,才敢真正把真情表现出来。我们知道,在魏晋时期的玄学家对"圣人"有情无情曾有所讨论。何劭《王弼传》中载,何晏认为圣人无喜怒哀乐之情，论说得很精彩，当时钟会等名士都赞同，只有王弼不赞同。王弼认为，圣人与一般人相比，他们的不同在精神境界上，而在五情上是相同的。为什么呢？这是因为孔子对颜回"遇之不能不乐，丧之不能无哀"。可见圣人是有喜怒哀乐之情的。但是圣人之所以为圣人，因其有一高的精神境界，他们可以做到"情不违理"。在《世说新语·文学》中也有一条关于"圣人有情无情"问题的讨论。王脩（字敬仁，亦称荀子）在瓦官寺中遇到和尚僧意，僧意问王脩：圣人有情否？王脩回答说：没有。僧意进一步问：那么圣人不就像一根木头柱子了吗？王脩回答说：圣人像算盘一样，算盘虽无情，但打算盘的却有情。僧意又说：如果圣人像算盘一样，那么是谁来支配圣人呢？王脩回答不了，只能走了。从此段讨论看，王脩也许不知道王弼对"圣人有情"的看法，圣人有"情"但可"以情从理"。"七贤"名士，有"情"，但并不都是"以情从理"的，而是"恣情任性"的，他们的生活是把自己的"真情"放在第一位，认为这样才是人之为人应有的，隐藏自己的"真情"是"小人"。

《世说新语·任诞》："阮籍的邻居中有一位美貌出众的妇人，常烧饭菜，卖酒。有一天阮籍和王戎在那儿喝酒，喝醉了，就睡在那妇人身旁。那妇人的丈夫起疑，就去察看，看到阮籍没有什么不检点的行为。"刘孝标的注有个相似的故事说：阮籍的邻居中有一未嫁的女子甚美，不幸早逝。阮籍和她无亲无故，根本不认识，却到那里悲哀地哭，哭完了就扬长而去。刘孝标评说："其达而无检，皆此类也。"（阮籍的行为虽说是任情放达但不够检点吧！）这两则故事都说明阮籍虽有违当时的"礼教"，但确实是"情"之所钟者。

无独有偶，阮籍侄子阮咸也有一故事，《世说新语·任诞》中载：阮咸和他姑姑家的鲜卑女仆有染。后阮籍母去世，姑姑要回夫家。起初说可以把鲜卑女仆留下，但临行前，他的姑姑又把女仆带走了。于是阮咸借了匹驴子穿着孝服去追赶，然而跑了一阵驴子跑不动了，不得不回家，说：人种不可失。因为这位女仆怀有他的孩子。虽然魏晋时虚伪的礼法早已败坏，但世家大族仍然在表面上固守礼法。然而"任自然"的"七贤"多把"情"看得比礼法更重，因此常常做出违反"礼法"的事。从以上二例，可以看出阮氏叔侄不仅因"情"而坏礼，而且对妇女也比较尊重。

在《世说新语》中还记载有嵇康锻铁、阮籍狂啸的故事，这都表现着"七贤"的"恣情任性"、"逍遥放达"的性格和精神面貌。

《世说新语》赞扬当时某些名士如"七贤"所追求的"逍遥放达"，也并非无条件地赞美，而是以精神上的自由为高尚，认为言谈举止必须有"真情"，应顺乎"自然本性"，既不要拘泥于虚伪的"名教"，也不去追求肤浅形式上的放达，成为"假名士"。乐广曾批评元康后的"放达"。他认为，竹林以后元康时期的"名士"如阮瞻、胡毋辅之之流"皆以任放，或有裸体者"。盖"任放"是指任意放纵，而"达"是指一种"任自然本性"的精神境界。所以没有"达"这种精神境界的"放"只是"放达"的低级形式。魏晋之际，由于当时的社会政治形势，如"七贤"等名士是有精神境界的"放达"，而西晋元康中的某些名士的"放达"是无精神境界的一种形式上的"任放"。鲁迅说："（竹林七贤）他们七人中差不多都是反抗旧礼教的，然而后人就将嵇康、阮籍骂起来，人云亦云，一直到现在，一千六百年。季札说：'中国之君子，明于礼义，而陋于知人心。'这是确的，大凡明于礼义，就一定要陋于知人心的。所以古代有许多人受了很大的冤枉。"鲁迅的意思是说，中国的一些所谓君子，只知道去维护那些虚伪的"礼义"，缺乏对人心的了解，所以在历史上有"真性情"的人常常被社会所误解了。我想，鲁迅是真的了解"七贤风度"的智者。

本文作于 2009 年 8 月 27 日，原收入《七贤风度〈世说新语〉》，台北，大块文化出版股份有限公司，2011

附录五　读《世说新语》札记

《世说·文学》："旧云：王丞相过江左，止道《声无哀乐》、《养生》、《言尽意》三理而已，然宛转关生，无所不入。"梁刘孝标注《言尽意》说："欧阳坚石《言尽意论》略曰：夫理得于心，非言不畅；物定于彼，非名不辨。名逐物而迁，言因理而变，不得相与为二矣。苟无其二，言无不尽矣。"按：欧阳建（字坚石）《言尽意论》载《艺文类聚》卷十九。梁时刘孝标已认为"三理"为：嵇康的《声无哀乐论》、《养生论》和欧阳建的《言尽意论》。然王导过江左所道之"三理"是否即此"三论"，实有可疑。

查影印宋绍兴八年广川董弅据晏殊校定本附宋汪藻《世说叙录》有《考异》一卷，于中重出"王丞相过江左"条，文为：

> 旧云：王丞相过江左，正道《声无哀乐》、《养生》、《言不尽意》三理而已，然婉转关生，常无所不入。

此段文末有宋、齐时人敬胤之注说："《声无哀乐》、《养生》二论并嵇康作。"此重出之"王导过江左道三理"及敬胤注，可注意者有三：①原在梁以前，《言尽意论》有作《言不尽意论》；②敬胤只注《声无哀乐论》、《养生论》为嵇康作；③敬胤于《言不尽意论》无注。

敬胤为何人已不可考，汪藻《叙录》说：其注"以宋、齐人为今人，则敬胤者，孝标以前人也。"可知，在梁刘孝标以前已有注《世说》者，且所谓"王导过江左所道之三理"或为《声无哀乐》、《养生》、《言不尽意》。而敬胤于"言不尽意"无注，似已不知此论为何人所作，但并不认为此或为《言尽意论》之误。那么，《言不尽意论》是谁作的呢？按：魏晋以来倡"言不尽意"者甚多，如《三国志》卷一〇《荀彧传》注引何劭《荀粲传》谓粲有"言不尽意"之论。晋张韩有《不用舌论》之文（参见《全晋文》卷一〇七）。特别是王应麟《玉海》卷三六，于"晋易象论"条中载："嵇康作《言不尽意论》，殷融作《象不尽意论》，何襄城有六象之论……"，并言及殷浩和刘恢等也鼓吹"言不尽意"之说（刘恢事并见《晋书·刘传》）。

王应麟没有说明"嵇康作《言不尽意论》"这个材料是从哪来的。查各书《艺文志》、《经籍志》等均无此《论》，清人所作各《补志》多著录有嵇康的《言不尽意论》（或作"周易言不尽意论"），但所据均为《玉海》。那么，嵇康是否真作有《言不尽意论》呢？我认为很可能作有此论，至少他有过这样的言论。这点可以从嵇康的其他文章，特别是《声无哀乐论》得到证明。

嵇康的《声无哀乐论》已透露其"言不尽意"的思想，如文中说："知之之道，可不待言也，若吹律校音，以知其心，假令心志于马，而误言鹿，察者固当由鹿以知马也。此为心不系于所言，言或不足以证心也。若当关接而知言，此为孺子学言于所师，然后知之，则何贵于聪明哉？夫言非自然一定之物，五方殊俗，同事异号，举一名以为标识耳。"嵇康这个观点和当时主张"言不尽意"的论点是大体相同的。且《声无哀乐论》本身也就是"言不尽意"在音乐和人的关系问题上的应用。

于此，我们或者可以得到这样的结论：王导过江左所道之"三理"，或应为"声无哀乐"、"养生"、"言不尽意"，且此"三理"之论或均为嵇康所作。

原收入《汤一介学术文化随笔》，北京，中国青年出版社，1996

附录六 在西方学术背景下的
魏晋玄学研究

汤一介 胡仲平

"清谈误国"是自两晋当朝以至 20 世纪前中国历史上大多史家与学者对魏晋玄学的总体评价。随着历史进入 20 世纪，随着中国学者对西方文化了解的深入，受西方文化学术的影响和启发，人们开始重新审视和评价魏晋玄学。经由晚清、民国以及建国后数代学人的共同努力，作为中国现代学术的重要组成部分，魏晋玄学同周秦诸子、两汉经学、隋唐佛学、宋明理学以及清代学术一道，成为中华民族学术、思想、文化发展史上一个不可或缺的重要环节，获得了全新的肯定和评价。我们根据 20 世纪魏晋玄学研究在各个不同的时间阶段上所呈现出来的受到西方哲学思想影响的特点，以及这种研究同中国现实社会的政治、经济、文化生活之间的相互关联影响，将魏晋玄学的研究大致分为五个阶段予以评述，以求得对于 20 世纪魏晋玄学的研究有一总体把握。

一、20 世纪 30 年代以前

正如侯外庐在其《中国思想通史》中所指出的那样：清以前各家对清谈的评价，有一点是共同的，即多不究其学术内容，而将之于所谓内乱外患相系在一起，以明因果。这个弱点，到了清代汉学家，便起了反动，多为魏晋学者辩诬。[①] 这种为魏晋学者辩

---

① 参见侯外庐等：《中国思想通史》，第三卷，36 页，北京，人民出版社，1957。

诬的新的倾向得到愈来愈强烈的呼应与支持，直至历史进入清末民初的 20 世纪。

刘师培于 1907 年撰《论古今学风变迁与政俗之关系》一文，在指呈诸多史家与学者，包括明末清初的顾炎武（亭林），对魏晋六朝之学的否定性评价之后，指出他们皆"不知两晋六朝之学不滞于拘墟，宅心高远，崇尚自然，独标远致，学贵自得，此其证矣。故一时学士大夫，其自视既高，超然有出尘之想，不为浮荣所束，不为尘网所撄，由放旷而为高尚，由厌世而为乐天。朝士既倡其风，民间浸成俗尚，虽曰无益于治国，然学风之善，犹有数端，何则？以高隐为贵，则躁进之风衰；以相忘为高，则猜忌之心泯；以清言相尚，则尘俗之念不生；以游览歌咏相矜，则贪残之风自革。故托身虽鄙，立志则高。被以一言，则魏晋六朝之学，不域于卑近者也，魏晋六朝之臣，不染于污时者也"①。同历史上范宁诸人目王、何为桀纣，顾亭林以王、何、嵇、阮诸人为罪人的批评迥然相异，刘师培肯定了魏晋六朝时期的士格之高、学风之善，他认为汉魏之际家国的倾覆、俗尚的衰败，政治家的政治行为应负主要的责任，而文人学士放旷的做派、厌世的态度不过是为了避祸（"远害"）而不是为了趋利，他们的态度和行为尽管对国家的治理没有直接的益处，然而他们宅心高远、崇尚自然的作风与品格对峻严的政风、贪鄙的俗尚则多少具有正面的示范效用。

紧接刘师培之后，章太炎于 1910 年撰《五朝学》一文，同刘氏一样，章氏亦就历史上学风之得失进行比较，批评了历史上的史家与学人认为魏晋之俗衰敝愈于前朝的成见，指出："夫驰说者，不务综终始，苟以玄学为诟，其惟大雅，推见至隐，知风之

---

① 《刘师培全集》第三册，331 页，北京，中共中央党校出版社，1997。

自。玄学者，固不与艺术文行牾，且翼扶之。……夫经莫穹乎
《礼》、《乐》，政莫要乎律令，技莫微乎算术，形莫急乎药石，五朝
诸名士皆综之。其言循虚，其艺控实，故可贵也。……五朝有玄
学，知与恬交相养，而和理出其性。故骄淫息乎上，躁竞弭乎
下。……世人见五朝在帝位日浅，国又削弱，因遗其学术行义弗
道。五朝所以不竞，由任世贵，又以言貌举人，不在玄学。"① 同
刘氏行文方式上有所不同，章氏多称引史实以为佐证，得出如下
几点较为信实的结论：一是魏晋之俗并不比汉俗更为衰敝；二是
五朝名士多具有某一方面的特长与技艺，"其言循虚，其艺控实"；
三是玄学讲究恬淡养性，故对社会上层的骄淫、社会下层的躁竞
具有平抑作用；四是五朝的国祚短浅、国力衰弱不能归咎于玄学，
而在于政治上选拔和任用官员的方式不当。值得注意的是章氏提
到："凡为玄学，必要之以名，格之以分，而六艺方技者，亦要之
以名，格之以分。治算，审形，度声则然矣。服有衰次，刑有加
减。《传》曰：'刑名从商，文名从礼。'故玄学常与礼律相扶。自
唐以降，玄学绝，六艺方技亦衰。"② 这表明章氏隐约认识到玄学
家们讲究名理性分的思维方法有助于发展学术、掌握技艺、维护
礼律。

　　章太炎、刘师培几乎完全是在中国传统学术的基础上，从史
学、文学的角度对魏晋六朝之学作出了具有翻案性质的肯定评价。
随着历史由清朝进入民国，做过章太炎的学生，并同刘师培一样
在北京大学讲授过"中国中古文学史"课程的鲁迅于 1927 年发表
了著名演讲《魏晋风度及文章与药及酒之关系》③。这篇情辞并茂、
亦庄亦谐的精彩演讲，既生动又深刻地揭示了由汉末至东晋时期

---

　　① 《太炎文录初编》卷一，见《章太炎全集》第四册，75～77 页，上海，上海人民出版社，1985。
　　② 同上书，75～76 页。
　　③ 《鲁迅全集》，第三卷，北京，人民文学出版社，1957。

中国文学（主要是诗文）风格的演变与政治和社会环境变化之间的内在联系。从题面上以及演讲的篇幅上看，鲁迅似乎主要在谈魏晋时期一班名士喜服药、好饮酒的生活方式与他们的生活态度、文章风格之间的紧密联系，这当然是有一定的联系，但是更为重要的是鲁迅在这篇并不算长的演讲中准确地把握了魏晋时期诗文的风格特点，并深刻地揭示出这些特点的形成与急剧变化着的社会政治环境之间的内在联系，从而得出其诗文完全超脱于政治、超脱于社会（人世间）的结论。

例如鲁迅指出由于曹操"尚刑名"、"尚通脱"的政治特色，从而使得汉末魏初的文章是"清峻"、"通脱"；又由于孝文帝曹丕在《典论》中主张"诗赋欲丽"、"文以气为主"，于是汉末魏初的文章于"清峻"、"通脱"外，又加上"华丽"与"壮大"。而这种带有悲凉、激昂和慷慨，即"以气为主"的壮大，是与当时的主要文人们（如建安七子）生于乱世，亲戚朋友死于乱者特多的现实生活分不开的。又如鲁迅认为魏末晋初的文章特色是"师心"和"使气"①，而这种风格的形成亦来自于现实政治的刺激。如司马氏提倡孝治天下，而实际上干着谋权篡位的勾当，而嵇康、阮籍讲"非汤武而薄周孔"、"越名教而任自然"，表面上非毁礼教，实际上倒是承认礼教，并且相信礼教到固执之极，由于嵇、阮们内心的真实感受与他们不屑与伪礼者为伍所表现出非毁礼教的言行之间的强烈冲突，因而形成了他们"师心"、"使气"的诗文风格。再如鲁迅认为到了东晋，一方面各处都渗入了佛教的思想，另一方面更因为"乱也看惯了，篡也看惯了"，文章的风格便趋于"平和"，其代表人物便是陶潜（渊明），但即便如此，"诗文也是人事"，超脱如陶渊明也不能完全忘情于世事和朝政。

---

① 其出处来自刘勰《文心雕龙·才略》篇："嵇康师心以遣论，阮籍使气以命诗。"

　　鲁迅这篇关于中古文学史的学术演讲之所以被人们广为传诵并产生深远的社会影响，一方面固然是由于它对魏晋时期的文学风格和特征作了准确的把握和生动的描述，并且对造成这种文学风格和特征的社会政治背景和各位作者的个人作风、生活态度作了深入的分析和合理的揣测，因而具有很高的学术价值，已成为中国文学史研究的典范；另一方面则是因为它发表于第一次国共合作破裂，革命处于危急的关头，而演讲的地点又是在曾经是刚过去的革命高潮的中心而现在正处于白色恐怖之中的广州，因而这篇饱含着演讲者对现实生活的沉痛感受的演讲，也必然充满着对同样受着黑暗的社会政治现实压迫的魏晋士人的同情，并且这篇演讲还不失时机、语含机锋地对黑暗的社会现实进行了讽刺和揭露，具有鲜明的战斗风格，故极易引起人们的共鸣，其影响远远超出了文学史研究的范围。

　　鲁迅同章太炎、刘师培都是生于"乱世"和"末世"，作为敏感的学者和文人，他们都对苦难的现实社会怀有强烈的不满因而趋向革命，他们的学术多少都同革命联系在一起，如鲁迅就视他的老师章太炎为"有学问的革命家"（《关于太炎先生二三事》），并视刘师培作为主要撰稿人之一的《国粹学报》为"谈学术而兼涉革命"[①] 的刊物；作为被毛泽东誉为伟大的革命家、思想家、文学家的鲁迅更是具有战斗的革命精神。由于他们对现实怀有强烈的不满，因而他们极易对同样处于"乱世"和"末世"的魏晋士人产生"同情的了解"；又由于他们倾向革命，因而在对魏晋时期的历史和文学进行深入研究的基础上更易于做出翻案的文章。或许是由于他们的"革命性"，多少也会削弱或限制他们的"学术性"，例如鲁迅在演讲中谈到何晏是吃药的祖师，并认为王（弼）、

---

　　① 转引自刘师培：《中国中古文学史　论文杂记》，145 页，北京，人民文学出版社，1959。

何（晏）是会做文章的名士，但他对王、何等"正始名士"的文章
风格未置一词，更没有对王、何诸人的学术贡献作出评价。当然，
这更可能是由于鲁迅主要是从文学的视角来看待魏晋的文章，而
王、何的文章又没有那么鲜明的文学性的缘故。

在20世纪30年代之前真正关注魏晋名士的思想或哲学贡献的
学者有冯友兰和容肇祖。容肇祖于1925—1926年在北京大学读书
期间，想写一部"魏晋思想史"，为此做了大量笔记，后整理发表
为《述何晏王弼的思想》（1927）、《述阮籍嵇康的思想》（1928）。[①]
其时胡适已经在北京大学讲授"中国哲学史"课程，其成名作
《中国哲学史大纲》（1919）已经发表，无疑容肇祖对王、何、嵇、
阮思想的评述是受到胡适的学术范式的影响，如容肇祖在评述王
弼的天道观念时所提及的汉末"道士《易》"一名便出自胡适的
《中国哲学史大纲》，他并且在文章中特地指明这一点。[②] 又如容肇
祖所关注的"自然主义"的观念，便是胡适评价自老子以还的中
国道家思想的中心概念之一，直到晚年的胡适，他所关注的郭象
注《庄子》的思想仍是"自然主义"。[③] 更重要的是容肇祖对王、
何、嵇、阮的评述不仅受到胡适的直接影响，而且是通过胡适而
间接接受了西方学术的多方面影响，如他用自然主义的天道论、
政治论、人生观的概念对王弼的学说进行系统地梳理，他用心理
学的概念来解释王弼的关于"情"的论述，他用逻辑学的矛盾律、
不容中律（即排中律）来分析嵇康的名学，在在都体现出西方学
术观念不仅仅影响到在西方接受完整教育的留学生，而且已经通
过这些学成归国的留学生影响到在中国的课堂上接受教育的大学
生，他们开始很自然地用西方学术观念来重新审视中国由传统思

---

① 参见容肇祖：《魏晋的自然主义》目次附论，北京，东方出版社，1996。
② 参见容肇祖：《魏晋的自然主义》，18～19页；《中国古代哲学史》第四篇，见《胡
适文集》第六册，219页，北京，北京大学出版社，1998。
③ 参见《胡适文集》第十册，429～430页。

想和建构中国的现代学术。

当代学者余英时曾借用美国的科学哲学家库恩（Thomas S. Kuhn）在其名著《科学革命的结构》中所提出的科学革命的理论以及"典范"或曰"范式"（Paradigm）的概念来解释胡适的《中国哲学史大纲》在中国近代史学革命上的中心意义。按照余英时所概括的，所谓"典范"的建立，有广狭两义，前者涉及全套的信仰、价值和技术的改变，后者指具体的研究成果发挥示范作用，既开启新的治学门径，又留下许多亟待解决的新问题。依照库恩的思路，科学进步的图景可以描述为：典范的建立——常态研究的展开——严重危机的出现——调整适应中寻求突破，并导致新典范。如何在传统与变革之间维持"必要的张力"，乃是成熟学者所必备的素质，而对于史家来说，最为关注的很可能是危机已被意识、新典范即将出现的"关键时刻"。依余英时之见，清代三百年的考证学到了五四前夕恰好碰到了"革命"的关头，而《中国哲学史大纲》又恰好提供了"一整套关于国故整理的信仰、价值和技术系统"，故理所当然地成为新典范的代表。① 关于胡著《中国哲学史大纲》是否是"中国哲学史"这门学科研究中公认的典范是有争议的，有人认为后来的学术发展史表明冯友兰的两卷本《中国哲学史》才是 20 世纪中国学术界中国哲学史研究的"典范"之作。② 不管是胡著还是冯著的中国哲学史哪一部更为典范，胡适应该算是以现代的学术眼光撰写"中国哲学史"的第一人，冯友兰亦认为《中国哲学史大纲》是"一部具有划时代意义的书"③。因此，胡适在 20 世纪 20、30 年代的学术影响是非常大的，

① 参见陈平原：《西潮东渐与旧学新知》，载《北京大学学报（哲学社会科学版）》，1998（1）。

② 参见陈来：《现代中国哲学的追寻：新理学与新心学》，300 页，北京，人民出版社，2001。

③ 冯友兰：《三松堂自序》，213 页，北京，三联书店，1984。

其典范作用可以从他对容肇祖的学术影响上看出来。

如果说容肇祖对王、何、嵇、阮思想的梳理是通过胡适间接地受到西方学术观念的影响的话，那么在美国获得博士学位的冯友兰则是直接地利用西方哲学史上的观念和学说来比较和解释郭象的哲学，他同样发表于1927年的《郭象的哲学》是借助西方学术的观念构筑了一个中国古代哲学家的"很好的哲学系统"（冯友兰语）。首先，该文不同意许多人认为中国哲学无进步的观点，而认为中国哲学在表面上看都是后人在不断地讲前人的思想，而实质上每人的讲解都有引申发挥，这便是进步，如郭象的《庄子注》便是郭象的哲学。为了阐释这一观点，冯友兰引用了亚里士多德关于潜能（Potentiality）与现实（Actuality）的说法，以表明事物由简趋繁，学问由不明晰进于明晰的学术进步史观。他认为郭象不但能引申发挥庄子的思想，而且能用抽象、普通的理论说出庄子文章中所包含的意思，有新的见解。其次，该文认为郭象关于"独化"的学说与古希腊哲学家巴门尼德（Parmenides）的学说很相似。因为老庄所谓的"道"并不是个数学上的零，而郭象则说道就是个零，万物之所以如此如此，只是因为它们自然地这般这般。郭象《知北游》"无古无今，无始无终"注云："非唯无不得化为有也，有亦不得化为无矣。是有之为物，虽千变万化，而不得一为无也。不得一为无，自古无未有之时而常存也。"这段注文表明一方面郭象将道归为零，另一方面他又认为"有"虽千变万化而不能变成无，它是永恒存在的。这确实类似于古希腊爱利亚学派的创始人巴门尼德关于"存在"的思想，巴氏认为"存在者存在"，存在是永恒的，不生不死的；存在是一，是连续的、不可分的。再次，该文认为郭象关于宇宙是常变的思想又好像赫拉克利特（Heraclitus）关于"一切皆流"的思想。最后，该文认为郭象的哲学同斯宾诺莎（Spinoza）的《伦理学》一样，是实在主义与神秘主义的合一；并且认为郭象的形上学是实在论，而其所论之玄同无分别则是认识论，因此郭象这一类的道家哲学，虽有神秘主义，然与科学并不冲突。冯友兰对郭象哲学的研究和叙述清楚表明他在努力用西方哲学的概念思考和解读郭象的哲学。

从以上我们对 20 世纪 30 年代以前有关魏晋时期中国传统学术研究状况的概述和分析，我们可以感受到这一时期的中国学术正在经历着重大的变化。这是一个过渡的时期，一方面是晚清一代的学者，像章太炎、刘师培，他们继承着清代汉学家，如朱彝尊《王弼论》、钱大昕《何晏论》的学术观点，从史学研究的角度为魏晋学者辩诬，由于他们同魏晋时期的学人与文士一样身逢"乱世"和"末世"，因此他们对魏晋时期的文人和学士又多了一份同情和理解，他们充满感情、带有革命意识的翻案文章容易引起人们对魏晋六朝之学的广泛关注，不过由于学术视野的局限，他们对魏晋六朝之学在思想、哲学方面的意义和价值并没有深入的阐发。另一方面是民国初期的学者如胡适、冯友兰，他们大都具有到西方留学的学术背景，开始用西方的学术观点重新审视和评价中国古代的思想、学说，他们中的少部分人开始关注魏晋时期重要学者王、何、嵇、阮以及郭象的思想、哲学，这预示着对于魏晋时期学术思想的研究将有重大的突破。但由于这不过是中国现代学术的草创阶段，因而这段时期的研究带有较多的比附的痕迹，因此新的突破需要假以时日，需要众多不同学科的学者共同参与与努力。

二、20 世纪 30、40 年代

中国现代学术意义上的魏晋玄学研究开始于这一时期。其时中国正国难当头，中华民族正处于生死存亡之秋，然而同危难的时局形成鲜明对照的是中国优秀的知识分子正在紧迫而从容地进行着中国文化的研究和建设。正是在这一时期，形成了一个从哲学、史学、文学、美学等不同的学科领域对魏晋南北朝时期的文化学术展开研究和讨论的学者群体，在他们中有哲学史家汤用彤、冯友兰，史学家陈寅恪、钱穆，思想史家容肇祖、贺昌群、刘大杰，美学家朱光潜、宗白华等人。而其中汤用彤因其对作为"时代精神的精华"（借用马克思语）——魏晋玄学（哲学）的具有创造性和系统性的研究与解读，从而为魏晋玄学研究这门在现代学术意义上的学科的建立作出了最为突出的贡献。

汤用彤对魏晋玄学研究的主要贡献具体体现在他于 1938 年至 1947 年十年间所完成的九篇文稿，其中除《言意之辨》是在昆明由北京大学文科研究所油印散发外，其他都分别发表于当时的报纸杂志上，后来于 1957 年由人民出版社结集出版，题名《魏晋玄学论稿》。这些论文对魏晋玄学的思想渊源、学术方法、哲学性质、发展阶段以及历史影响等各个重点都进行了专门研究，形成了较为全面系统的学理体系，尤其是他首创从哲学本体论的角度将魏晋玄学作为一个整体加以系统地研究，从而对整个 20 世纪魏晋玄学研究的基本方向和规模，产生了决定性的影响。①

如果说胡适的《中国哲学史大纲》② 和冯友兰的《中国哲学史》③ 是中国哲学通史方面研究的典范的话，那么汤用彤对魏晋玄学的研究则是中国哲学专门史或中国哲学断代史方面研究的典范。汤用彤与胡适、冯友兰，以及下文中将要提到的陈寅恪、朱光潜、宗白华等人一样，在大的学术背景上有相似之处，而在具体的研究路径上又各有其特点。所谓在大的学术背景上有相似之处，是

① 参见王晓毅：《魏晋玄学研究的回顾与前瞻》，载《哲学研究》，2000 (2)。
② 该书 1919 年 2 月由商务印书馆正式出版。
③ 该书上册 1931 年 2 月由神州国光社初版，下册与修改后的上册 1934 年 9 月由商务印书馆出版。

指他们都去过西方留学，接受过严格的西方学术的训练，同时他们也都具有一定的家学渊源，早年接受过系统的中国传统文化的教育，具有深厚的中国国学的功底，因而他们才能在"西学东渐"的大的历史背景下，真正做到"会通中西，熔铸今古"。接受西方学术训练所得到的最主要的收获在于在学术研究的方法上受到重要的启迪，五四一代的学人中胡适是最早认识到这一点的，他在《中国哲学史大纲》的前身《先秦名学史》的前言中谈到关于中国哲学体系的解释、建立或重建时，自觉到："我比过去的校勘者和训释者较为幸运，因为我从欧洲哲学史的研究中得到了许多有益的启示。只有那些在比较研究中（例如在比较语言中）有类似经验的人，才能真正领会西方哲学在帮助我解释中国古代思想体系时的价值。"[1] 蔡元培在胡适的《中国哲学史大纲》的序中也明确指出："我们要编成系统，古人的著作没有可依傍的，不能不依傍西洋人的哲学史。所以非研究过西洋哲学史的人不能构成适当的形式。"[2] 凡是接受过严格的西方学术的训练而又在中国现代学术的重建过程中取得较大成就者，莫不在方法问题上有重大的创见和突破，汤用彤对魏晋玄学的研究同胡适对中国古代哲学史的研究一样都是在哲学的方法上有新的创建，从而印证了这一点，即研究一个哲学家或一个哲学流派的关键在于抓住该哲学家或该哲学流派思考问题的方法和共性。这一点或许是五四一代的学人在学习西方文化、接受西方学术训练过程中所得到的最大收获。

为了进一步说明汤用彤的魏晋玄学研究在中国哲学专门史或断代史研究上的典范作用以及在整个中国哲学通史研究上的重要意义，我们仍有必要回到胡适、冯友兰的中国哲学史研究所取得的成果及存在的局限上。胡适的《中国哲学史大纲》卷上所论中

---

① 《胡适文集》第六册，4页。
② 同上书，155页。

国哲学起于春秋（公元前 6 世纪）时的老子，迄于秦王朝的建立（公元前 3 世纪）。他在这本书的导言中将中国哲学史分为三个时代：自老子至韩非为古代哲学，又名"诸子哲学"；自汉至北宋为中世哲学，其中又分为两期，自汉至晋为中世第一时期，自东晋至北宋为中世第二时期；明以后至清末为近世哲学。因此他的《中国哲学史大纲》卷上所论及的范围仅及于他所定的中国哲学史的古代部分而并未及于魏晋时期，也因为此，该书在 1930 年收入"万有文库"时改名为《中国古代哲学史》。尽管该书未能述及中世魏晋时期的哲学内容，但是我们仍能从该书中读出胡适对中世魏晋哲学初步认识的消息。第一是关于史料方面，胡适认为研究中世哲学史在史料方面面临大困难，其中增改、伪造、散失甚多，"故中古哲学史料最不完全。我们不能完全恢复魏晋人的哲学著作，是中国哲学史最不幸的事"①。第二是关于中国哲学在世界哲学史上的位置，他认为世界上的哲学大概可分为东西两支，东支分印度、中国两系，西支分希腊、犹太两系，初起的时候这四系都是各自独立发生的。"到了汉以后，犹太系加入希腊系，成了欧洲中古的哲学。印度系加入中国系，成了中国中古的哲学。"② 由于他把印度哲学加入中国哲学作为界定中国中古哲学的主要因素，因此也就决定了下面一点，第三，即他对中国中古哲学及魏晋时期哲学的认识不深，评价不高。

暂且不论胡适对中国哲学史的分期是否妥帖以及他对印度佛学传入中国后的影响的评论是否准确，然而就他对中国中古哲学，尤其是魏晋时期哲学的上述三点基本看法来讲，或许会导致他对中国中古魏晋时期哲学在认识上的双重"遮蔽"。一是技术层面上的"遮蔽"。由于他认为研究中古哲学在史料上面临大困难，尤其

---

① 《中国古代哲学史》导言，见《胡适文集》第六册，170 页。

② 同上书，166 页。

是不能恢复魏晋人的哲学著作,这或许会导致他出于技术处理上的困难而放弃或忽视对这一时期哲学问题的研究;更由于他认为由汉至晋的学说不过是对古代诸子学的折中,因而看不到由汉至晋众多学者或学派在折中和引申中的发展变化;特别严重的是很可能因此而忽视王(弼)、何(晏)、向(秀)、郭(象)以注解《周易》、《论语》、《老子》、《庄子》这样一种特殊的著述形式所累积的哲学史料的价值。二是价值层面上的"遮蔽"。由于他认为只是因为印度哲学的引入才使得中国中古哲学能于诸子哲学之外"别开生面,别放异彩",他自然将观照中国中古哲学的目光重点投向中古佛教哲学所取得的学术成果。由于在技术和价值层面上出现了上述双重"遮蔽",胡适的中古哲学史的研究将面临重大困境应是可以想见的,这或许也是他在发表《中国哲学史大纲》卷上之后,后续研究迟迟未能面世的重要原因之一。由于这种"遮蔽",胡适的中古哲学或思想史的研究至少会在两个非常关键的问题上付诸阙如:一是魏晋玄学作为中国哲学史上的重要一环会付诸阙如;二是魏晋南北朝时期玄学与佛学非常有意义的互动关系作为中外文化交流史及中国文化发展史上的重要一环会付诸阙如。

冯友兰的《中国哲学史》下册较胡适的中国哲学或思想史给予魏晋南北朝时期的重要思想人物以更多的关注,他特辟《南北朝之玄学》上、下两章来讨论由何晏、王弼到郭象等玄学家的思想。值得注意的是尽管冯友兰关于魏晋南北朝时期思想的描述在一定程度上吸收了胡适的提法,如自然主义,道家之学的兴盛,王弼以道家之学注经(《易》),等等,但是他并没有沿用胡适以及众多史家所习用的"清谈"的提法,而是使用了更具有哲学意味的名词"玄学",这或是标志着某种学术认知上的重要转变。我们知道在以往的历史上,清议、清谈、玄学并没有严格的界定,它们的内涵有众多相互重叠的成分,在不经意间也可以相互置换而被当成一回事，但是在一些特定的情形下，我们会感受到在使用它们时的些微区别，如人们常讲"清谈误国"而不会讲"玄学误国"。具体分析起来，清议、清谈和玄学都有其特定的历史内容，从时间顺序上看，清议、清谈出现较早，而玄学一词出现较晚。[①]从历史演化来看，"魏初清谈，上接汉代之清议，其性质相差不远，其后乃演变而为玄学之清谈"[②]。

冯友兰以"玄学"之名来概括魏晋南北朝时期哲学史研究的对象及其特点较胡适的哲学史研究自是一大进步，但是他当时对这一时期玄学的分期界定并不十分准确，而且他对这一时期玄学性质特点及其流变也没有特别的认识和深入的分析。虽然冯友兰对于魏晋南北朝时期中国学术、思想变化的认识比胡适进步，但从中仍可看到胡适的影响，因为接下来冯友兰将论述的重点转向了佛学，用的章目是《南北朝之佛学及当时人对于佛学之争论》，这样在时段的界定上便将"玄学"与"佛学"归于南北朝同一时期，并认为"南北朝时，中国思想界又有大变动。盖于是时佛教思想有系统的输入，而中国人对之亦能有甚深的了解。自此以后，以至宋初，中国之第一流的思想家，皆为佛学家"[③]。这种评价同胡适几乎完全一样，即强调南北朝时期中国思想产生重大变化的原因在于外来文化佛教的输入，从此至宋初中国第一流思想家皆为佛学家。佛学在中国思想界发生显著作用的时期确是南北朝时期，不过为了强调佛学的地位和影响，以致影响到对玄学的认识和评价，甚至诱发将玄学归为南北朝时期这一误置，这不能不说冯友兰同胡适在关于玄学的看法上有同样的认识局限，即过于强调佛学的地位而"遮蔽"了对玄学的认识。

---

① "玄学"一词最早见于《晋书·陆云传》。

② 汤用彤：《读〈人物志〉》，见《汤用彤学术论文集》，205 页。

③ 冯友兰：《中国哲学史》下册，111 页，上海，华东师范大学出版社，2000。

　　冯友兰在对玄学的性质、特点的分析和评价也受到胡适对中国哲学史分期的总体看法的影响。冯友兰的《中国哲学史》比照西方哲学史家将西方哲学史分为上古、中古、近古三时期，认为中国哲学史本亦可分为上古、中古、近古三时期，但在事实上中国尚未发展出近古哲学而只有上古与中古哲学。[①] 他将中国的上古时代称为"子学时代"，而将中古时代称为"经学时代"，他认为中国"古代哲学大部即在旧所谓诸子之学之内。故在中国哲学史中，上古时代可谓为子学时代"[②]。他认为"在中国哲学史各时期中，哲学家派别之众，其所讨论问题之多，范围之广，及其研究兴趣之浓厚，气象之蓬勃，皆以子学时代为第一"[③]。而在"经学时代中，诸哲学家无论有无新见，皆须依傍古代即子学时代哲学家之名，大部分依傍经学之名，以发布其所见。其所见并多以古代即子学时代之哲学中之术语表出之"。但他认为"此等哲学家之新见，即此后之新酒，特因其不极多，或不极新之故，人仍以之装于上古哲学，大部分为经学之旧瓶内"[④]。囿于此等认识，再来观照玄学便会有一定的局限性。首先，尽管冯友兰引用了《世说新语》中关于孔子与老庄、名教与自然关系的主要材料，但不过是为了说明"孔子为最大之圣人，以其学说为思想之正统"，"其所讲孔子之学说，已道家化而为另一派之经学矣"[⑤]。而还没有将孔子与老庄、名教与自然等问题引向深入的理论探讨。其次，冯友兰也看到何晏、王弼对于道家之学说，颇能作较有系统之讲述。他指出何晏的《无名论》、《道论》发挥《老子》的思想，即唯道为"无"，非具体的"有"，故能遍在群"有"，唯道为"无名"，"故可

---

① 冯友兰：《中国哲学史》下册，3 页，上海，华东师范大学出版社，2000。
② 冯友兰：《中国哲学史》上册，27 页。
③ 同上书，19 页。
④ 冯友兰：《中国哲学史》下册，3～4 页。
⑤ 同上书，75 页。

得遍以天下之名名之"。他也指出王弼和何晏都主张《老子》"有生于无"说，并解释为道以"无"为体，以"无为"为用。以"无"为体，故能无不有；以"无为"为用，故能无不为。从中能够看出冯友兰受新实在论的影响治中国哲学史的影子，但是相较于他后来撰写《中国哲学史新编》时自觉而明晰地将共相与殊相或一般与特殊的问题作为治中国哲学史的基本线索仍有相当的距离。再次，冯友兰讲到王弼所谓"以情从理"与庄学应付情感的方法之间的关系，讲到阮籍、嵇康、刘伶的放达行事，讲到《列子·杨朱》篇中放情肆志的人生观并将之与希腊昔勒尼派（Cyrenaics）和伊壁鸠鲁派（Epicureans）作比较，在在都表明了他的特殊的见识，但是也不及他后来撰写《新编》时那么自觉而明晰地将精神境界问题作为治中国哲学史的基本着眼点。最后，冯友兰关于"南北朝之玄学"下章的部分是谈"郭象的哲学"，除添加了一段关于向秀与郭象关系的考订文字外，基本上沿袭了他1927年的论文《郭象的哲学》中的观点和内容，而在"附会"（冯友兰自谓）的方面又添加了"唯物史观"和"辩证法"等新名词。① 由于冯友兰受到对于中国哲学史分期的认识以及他对中国中古时期佛学地位的认识的影响，尽管他对玄学的评价和分析较胡适有较大进步，但是他的评价和分析仍是很不充分的，尤其是当我们将他在《中国哲学史》中关于玄学的评价和分析同他后来在《中国哲学史新编》中关于玄学的评价和分析作一比较，便会更具体地感受到这一点。冯友兰后来在其20世纪80年代撰写的《中国哲学史新编》第四册自序中谈道："我的《中国哲学史》两卷本在三十年代发表以后，我总觉得其中的玄学和佛学的部分比较弱，篇幅不够长，材料不够多，分析不够深。"② 因此他改写了玄学与佛学

---

① 参见冯友兰：《中国哲学史》下册，97页。
② 冯友兰：《中国哲学史新编》第四册，自序，1页。

部分。

汤用彤最初是以治佛学而名世的，他积十五年之心力
(1922—1937) 专门从事佛教史写作，终于于 1937 年完成其扛鼎之
作《汉魏两晋南北朝佛教史》。该书于 1938 年由商务印书馆出版，
在中外学术界产生了很大影响，赢得了极高的赞誉。就是这样一
部在当时即赢得同行们的好评，至今仍为学者们所称引的力作，
恰恰是作者本人首先感到不满意。就在该书排竣待印之时，汤用
彤在 1938 年 6 月 9 日给其学生王维诚的信中谈道："此书不惬私
意，现于魏晋学问，又有所知，更觉前作之不足。"① 以汤用彤在
佛学上的学养及造诣而自认为刚完成的佛教史有不足，他所看到
的问题一定有极强的学理依据，其问题之所在我们可以作一个合
理的推断。从信中所言"现于魏晋学问，又有所知，更觉前作之
不足"，以及同一信中提到"本欲于今年休假期间进研五朝玄佛之
学"的话来看，问题或许主要在于对魏晋南北朝时期佛学与玄学
的关系上，或更进一步说在于对魏晋玄学如何予以评价和分析上。
汤用彤接下来十年的学术实践活动恰好证实了这一点，即他在佛
教史研究过程中更加深刻地体认到玄学与佛学的关系问题，并进
而在解决此一问题的过程中创辟了"魏晋玄学"研究这一个新的
学科领域。汤用彤通过对于佛学的研究，进而对玄学的研究，导
正了人们由于重视佛学因而忽视玄学的倾向。从此魏晋玄学作为
中国哲学、思想、文化史上一个相对独立的学科取得了应有的学
术地位，受到学者们的高度重视。

汤用彤之所以能在同辈学者所未予重视的学术领域独具慧眼，
独辟蹊径，其中很重要的一个原因在于他对文化研究的态度和方
法、文化交流的冲突与调和诸问题有深入的思考。汤用彤曾撰有

---

① 原信收入《密藏胡适手稿与书信》。

《文化思想之冲突与调和》一文，该文借用文化人类学有关文化移植问题的研究成果以应用于思想的层面，既不同意"思想是民族或国家各个生产出来的，完全和外来的文化思想无关"的极端"演化说"，也不同意"一种文化思想推它的本源总根本受外方影响，而外方思想总可完全改变本来的特性与方向"的极端"播化说"，而同意"以为外来文化和本地文化接触，其结果是双方的而决不是片面的"的"批评派"和"功能派"的观点。基于这种观点，汤用彤认为当外来文化与本地文化接触时必须经过冲突和调和两个过程，这样外来文化才能在本地生根，发挥作用。他以印度佛教传入中国为例，以说明外来文化必须经过很大的改变以适应中国本地文化，成为中国的佛教，才能为中国人广泛接受。他强调"在这个过程中与中国相同相合的能继续发展，而和中国不合不同的则往往昙花一现，不能长久"。由此他得出一个重要结论："一个国家民族的文化思想实在有它的特性，外来文化思想必须有所改变，合乎另一文化性质，乃能发生作用。"[①] 在魏晋时期，佛学为外来文化，而玄学则是当时中国本土文化的典型形态，佛学必须依附于玄学，才能为中国知识分子和普通民众所接受，才能在中国得到发展。为了理清佛学与玄学冲突调和的过程，便必须进一步理清玄学自身的理论根源和学术性质，因此由对佛学的研究进入到对玄学的研究，是合乎逻辑的发展过程。也只有如此，才能更进一步说明佛教中国化的过程。证诸汤用彤作于 1940 年的重要论文《魏晋玄学流别略论》更能说明这一点，该论文将魏晋时期玄学家的思想与佛家的教义予以对照以明其异同与相互联系，最后得出结论："王弼注《老》而阐贵无之学，向、郭释《庄》而有崇有之论，皆就中华固有学术而加以发明，故影响甚广，释子

---

① 《汤用彤全集》，第五卷，277～281 页。

立义，亦颇挹其流风。及至僧肇解空第一，虽颇具谈玄者之趣味，而其鄙薄老庄，服膺佛乘，亦几突破玄学之藩篱矣。"① 这表明佛学首先是依附于玄学才能发展，而僧肇思想的产生既是魏晋玄学的继承和发展，又是佛学中国化的开始。

　　汤用彤魏晋玄学的研究继续贯彻着他的佛学研究注重从史实出发的严谨的学术风格。这种研究似乎有两条接近问题的路径，一是通过对佛学在中国出现、演变过程的研究，发现佛学与玄学的关系，进而产生将玄学作为独立研究对象的意识，这是逆推的过程；一是通过对玄学在中国固有学术自然演进过程中是如何形成的研究，发现汉魏之际中国学术起甚大变化，进而确立玄学独特的学术品格，这是顺演的过程。我们可以根据汤用彤《魏晋玄学论稿》的论文编排顺序和发表时间来探究其玄学研究的过程及取得的成就。汤用彤首先通过读三国魏人刘劭《人物志》——一本在历史上很少有人论及，其真相已难为人了解的形名家著作——发现汉末晋初学术变化的过程及原因，并进而指出正始时期玄学家的学说已开始脱离具体的人物和事物，成为一种"形上学说"②。接着他在 1940 年发表的重要论文《魏晋玄学流别略论》中更进一步明确了魏晋玄学与汉代思想的根本不同乃在于魏晋之玄学"已不复拘拘于宇宙运行之外用，进而论天地万物之本体。汉代寓天道于物理。魏晋黜天道而究本体，以寡御众，而归于玄极；忘象得意，而游于物外。于是脱离汉代宇宙之论（Cosmology or Cosmogony）而流连于存存本本之真（Ontology or Theory of Being）"③。他指出何晏、王弼立论"以无为本"之"无"乃是"无对之本体（Substance）"，"为道之全"④。由此确立了魏晋玄学

---

　　① 《汤用彤全集》，第四卷，52 页。
　　② 参见汤用彤：《读〈人物志〉》，见《汤用彤学术论文集》。
　　③ 《汤用彤全集》，第四卷，41～42 页。
　　④ 同上书，43 页。

作为一种本体之学（本体论）在中国哲学史上的学术性质和地位。

不止于此，汤用彤更进一步研究了魏晋玄学在学术方法上的特点，他在完成于 1942 年间的重要论文《言意之辨》①中指出："新学术之兴起，虽因于时风环境，然无新眼光新方法，则亦只有支离片断之言论，而不能有组织完备之新学。"②这种新方法便是"言意之辨"。他认为，第一，言意之辨如"奥康剃刀"，可以削除汉人之芜杂；第二，言意之辨是玄学作为一种本体之学的内在要求；第三，言意之辨中得意忘言的方法可以"会通儒道二家之学"；第四，言意之辨不仅是理论方法问题，而且也是魏晋士人立身行事的生活实践问题。汤用彤主张："大凡欲了解中国一派之学说，必先知其立身行己之旨趣。""魏晋名士谈理，虽互有差别，但其宗旨固未尝致力于无用之言，而与人生了无关系。清谈向非空论，玄学亦有其受用。""而理论上言意之辨，大有助于实用上神形之别。"③汤用彤通过对魏晋玄学的学术方法"言意之辨"的阐述，将之与最能反映玄学的哲学特点的思维方法问题即抽象的"体用有无之辨"，与当时社会最为人们所关注的社会理论问题即"名教与自然之辨"，以及与魏晋士人最为切身的生活实践问题即"形神之辨"贯穿起来，构成了一个较为完整的玄学研究的基本框架。

汤用彤的魏晋玄学研究不仅指出玄学的学术性质及方法，而且进一步研判玄学的流变与派别及对后世学术的影响。关于魏晋玄学的流别，汤用彤有一个基本的观点决定了他的研判方法，这个观点较完整、准确地体现在他在 1947 年作的一个演讲《魏晋思想的发展》中。他认为："玄学是从中华固有学术自然的演进，从

---

① 该文于 1942 年便有北京大学油印本，见《汤用彤全集》，第五卷，240 页注 2。

② 《汤用彤全集》，第四卷，22 页。

③ 同上书，33～35 页。

过去思想中随时演出'新义'，渐成系统，玄学与印度佛教在理论上没有必然的关系，易言之，佛教非玄学生长之正因。反之，佛教倒是先受玄学的洗礼，这种外来的思想才能为我国士人所接受。不过，以后佛学对于玄学的根本问题有更深一层的发挥。所以从一方面讲，魏晋时代的佛学也可说是玄学。而佛学对于玄学为推波助澜的助因是不可抹杀的。"① 因此，就魏晋时期而言，汤用彤是将佛学纳入玄学体系之内加以考虑的。在《魏晋玄学流别略论》以及其后之论述中可以看出，他一方面是逐渐将玄学从佛学与玄学的纠缠中独立出来，逐渐清晰地描述出玄学独立发展的轨迹，另一方面是逐渐由简单的时间上的分段及各流别所受学说的影响等外部特征的把握，向各流别所具有的理论特征及其内在逻辑关联的分析方向深化。汤用彤关于魏晋玄学的流变与派别的研究，为后来的学者以历史与逻辑相统一的方法研究魏晋玄学的发展过程提供了重要的线索。

　　关于魏晋思想的转折及其对后世学术的影响，汤用彤在其作于 1945 年的《谢灵运〈辨宗论〉书后》一文中作了某种提示。汤用彤指出自汉魏以来关于圣人理想即圣人是否可学可至的问题得以讨论，谢灵运在《辨宗论》中提示关于此问题有两大对立说法，中国传统谓圣人不可学不可至，印度传统谓圣人可学亦可至，而谢灵运采纳了竺道生的"顿悟"说以调和两种不同说法，主张圣人不可学但能至，显示魏晋思想一大转变，不仅下接隋唐禅门之学，而且开创宋明理学圣人可学可至之先河。② 汤用彤的哲学史研究非常注意时代学术的"变迁之迹"，他的刘劭《人物志》的研究、王弼"大衍论"的研究揭示了由汉代经学向魏晋玄学转折的"变迁之迹"，而他的谢灵运《辨宗论》的研究又揭示了由魏晋玄

---

　　① 《汤用彤全集》，第四卷，112 页。
　　② 参见上书，96～102 页。

学向隋唐佛学、宋明理学转折的"变迁之迹"，显示出了他治哲学断代史或专门史的学术特色。

汤用彤在《魏晋玄学论稿》一书的"小引"中提到"近人陈寅恪先生、冯友兰先生等的著作于我很有教益"①。在 20 世纪 30、40 年代，学者间的相互启发、共同切磋形成了一个良好的学术氛围。冯友兰的玄学研究有几点值得特别予以表彰：一是他最先指出郭象的《庄子注》是一部独立的、极有价值的著作，是道家哲学中的重要典籍，并且他对郭象的哲学作了系统的阐释；二是他指出王弼的《易》注"大开以道家之学注经之风气"，并认为何晏、王弼对于道家学说"颇能作较有系统之讲述"；三是他对何晏的《道论》与《无名论》的解释，认为何晏"惟道为无，非具体的有，故能遍在群有，惟道为无名，故可得遍以天下之名名之"，以此解释《老子》言"天地万物生于有，有生于无"，是对《老子》思想的发挥。这表明冯友兰已开始从新实在论关于共相与殊相、一般与特殊的观念解释何晏对《老子》思想的发展，即是从逻辑的而不是从生成的关系来解释"有生于无"。冯友兰认为在解释"有生于无"说时，王弼同何晏具有相同的看法，并认为王弼是用"体用"关系来解释"无"与"无为"。② 这些观点当对汤用彤的玄学研究提供重要的线索。汤用彤与冯友兰在具体问题上有不同看法，在《魏晋玄学论稿》中直接点明的有两处，从中可以看出汤用彤同冯友兰在玄学研究上的联系和区别：一是关于王弼的"以情从理"说，冯友兰认为王弼原亦主无情③，而汤用彤认为"以情从理似仍有情"④；二是关于圣人是否可学可至，冯友兰怀疑汤用彤提出的"圣人不可学致乃魏晋之通说"的观点，并引《庄子·

① 《汤用彤学术论文集》，19 页。
② 参见冯友兰：《中国哲学史》下册，76～78 页。
③ 参见上书，77 页。
④ 《汤用彤全集》，第四卷，68 页。

大宗师》之文谓"既有阶级则自须学",而汤用彤认为"学有阶级与圣非学至并不冲突"①。另外,在冯友兰那里,宗奉道家的玄学家"乃推孔子为最大圣人,以其学说为思想之正统"只是一个意识形态问题,或者说是"宗教信仰"(胡适语)问题,而在汤用彤那里,对这一问题则作了重大发挥,认为这是一个"明内圣外王之道"的重要理论问题。② 由此可以看出冯友兰的有些观点为汤用彤所吸收,有些观点为汤用彤所不同意而存疑,有些观点为汤用彤所引申和发挥。

陈寅恪的考证工作对于六朝玄佛之学的研究有诸多的贡献,其成果当首推他发表于 1933 年 1 月的《支愍度学说考》一文。该文通过缜密的考证指出佛教上关于"格义"一词的确解应如《高僧传》中竺法雅传所言:"以经中事数拟配外书,为生解之例,谓之'格义'",即是在佛教传入中国的初期,佛教僧徒在翻译和解释佛教的经典时有不易理解之处便用中国典籍中相类似的词义和思想予以配合解释;而支愍度的"心无义"亦有别于佛经中般若空宗之原意,而是采用了《周易》、《老》、《庄》之义以助成其说。陈寅恪认为,"格义"作为一种翻译和解释佛经的具体方法,与"心无义"所表现出的以《周易》、《老》、《庄》思想改造般若空宗之义"同为一种比附内典外书之学说,又同为一时代之产物。二者之间,纵无师承之关系,必有环境之影响"。陈寅恪通过为"格义"一词所作的历史语言学的考证,揭示了中国中古思想史中一个重大的问题即"心无义"所体现的中印学说的附会与融合的过程。陈寅恪也自认为对于"格义"的考证的意义在于,"以其为我民族与他民族二种不同思想初次之混合品,在吾国哲学史上尤不可不纪"③。

---

① 《汤用彤全集》,第四卷,99 页。
② 参见汤用彤:《向郭义之庄周与孔子》,见《汤用彤全集》,第四卷,88～95 页。
③ 陈寅恪:《金明馆丛稿初编》,141～167 页,上海,上海古籍出版社,1980。

陈寅恪的这一研究成果为汤用彤、冯友兰所重视并吸收。

陈寅恪于魏晋玄学研究所作的另一重要贡献是指出由清议向清谈演变的关键之所在。他在发表于 1937 年 4 月的《逍遥游向郭义及支遁义探源》一文中，在继续沿着"格义"之说的思路探寻支遁逍遥游新义之所本时，提出由于党锢之祸及曹魏父子之摧抑，清议已不为世主所容，作为清议之要旨的人伦鉴识，一部分依附于地方中正制度，其余则舍弃具体人物之评议而变为抽象学理之讨论，而钟会的《才性四本论》和刘劭的《人物志》便是这种转变过程中最显著并仅存的作品。陈寅恪指出刘劭《人物志》中讨论的问题本是清议中具体事实之问题，今则变为抽象理论之问题，而这正是清议与清谈区别之所在。由此陈寅恪认为刘劭、钟会之论才性与《逍遥游》郭象注之论性分存在联系。[①] 陈寅恪的这一看法亦为汤用彤、冯友兰所重视，汤用彤撰有专文《读〈人物志〉》，而冯友兰后来也注意到此点，在其《中国哲学史新编》中则辟有专章讨论《人物志》与《四本论》，皆于理论上作了重要发挥。

陈寅恪还提出自然与名教相同之说为清谈之核心，并主张研究魏晋南北朝思想史必须研究家世信仰问题。[②] 将自然与名教之辨作为清谈的中心议题为后来诸多研究魏晋思想史的学者所认同，如唐长孺的《魏晋玄学之形成及其发展》、周一良的《名教自然"将无同"思想之演变》、庞朴的《名教与自然之辨的辩证进展》，诸文皆就名教与自然之关系展开论述。不过作为思想史研究的主题"名教自然之辨"与作为哲学史研究的主题"有无之辨"之间既有密切联系又有显著差别。名教、自然作为思想史研究的主要范畴同政治、宗教（即所谓家世、信仰）有较密切的联系，故陈

[①] 参见陈寅恪：《金明馆丛稿二编》，83～89 页。

[②] 参见陈寅恪：《陶渊明之思想与清谈之关系》，见《金明馆丛稿初编》，188、200 页。

寅恪强调自然与名教相同之说在政治上的实际功用并加以贬抑；
而有与无作为哲学史研究的主要范畴则较多具有纯概念推演的思
辨价值，不宜于以政治标准加以否定，故汤用彤、冯友兰的魏晋
玄学研究正是以有与无之关系作为玄学的主题。

陈寅恪认为"治魏晋南北朝思想史，而不究家世信仰问题，
则其所言恐不免皮相"[①]。所以他在研究魏晋思想史时对研究对象
的宗教信仰和政治态度下了大量的考证工夫，如在《天师道与滨
海地域之关系》一文中，对众多历史人物的天师道家庭背景的考
证，以及后来（1956）在《书世说新语文学类钟会撰四本论始毕条
后》一文中对持论人物与其政治态度之关系的考证，均取得重要
的学术成果，体现了陈寅恪的史学研究风格。

陈寅恪将其对魏晋人物的天师道家庭、宗教背景的考证功夫，
与其对魏晋清谈是以自然与名教关系为主题的思想史观点结合起
来，所做的一项重要工作便是对陶渊明的研究。他于1945年撰就
《陶渊明之思想与清谈之关系》一文，认为两晋南北朝之士大夫，
其家世夙奉天师道者，对于周孔世法并无冲突，唯对佛教则可分
为三派：一为保持家传之道法而排斥佛教，其最显著之例为范缜；
二为舍弃其家世相传之天师道而皈依佛法，其最显著之例为梁武
帝；三为持调停道佛二家之态度，即不尽弃家传之天师道，但亦
兼采外来之释迦教义，如南齐之孔稚硅。陈寅恪认为陶渊明当属
第一派，其平生保持陶氏世传之天师道信仰，虽服膺儒术而不归
命释迦。而且于道家自然之说别有进一步之创辟胜解。这一创解
既不尽同于嵇康之自然，更有异于何曾之名教，而且也不同于主
名教自然相同之说如山（涛）、王（戎）辈之所为。陈寅恪以陶渊
明《形影神赠答诗》答释诗为具体研究对象，认为其中"形"代

---

①　陈寅恪：《金明馆丛稿初编》，224页。

表旧自然说，主张长生求仙之论，"影"代表名教主张立善不朽之说，而"神"则代表陶渊明所发明之新自然说，其要旨在委运托化，随顺自然，即认为己身亦为自然之一部分，而无须别求腾化之术。陈寅恪对于陶渊明的新自然说有极高的评价，认为其"两破旧义，独申创解，所以结束二百年学术思想之主流，政治社会之变局，岂仅渊明一人安身立命之所在而已哉！"①

陈寅恪对陶渊明天师道家世信仰背景至为精细的考证，以及其对新自然说源于对旧自然说与名教说之否定的极为严格的逻辑推理，在朱光潜看来尽管极有见地，但也有绝对化的倾向。针对陈寅恪认为"渊明之为人实外儒而内道，舍释迦而宗天师"的看法，朱光潜认为"只是把渊明看成有意地建立或皈依一个系统井然、壁垒森严的哲学或宗教思想，像一个谨守绳墨的教徒，未免是'求甚解'，不如颜延之所说的'学非称师'，他不仅曲解了渊明的思想，而且他也曲解了他的性格。渊明是一位绝顶聪明的人，却不是一个拘守系统的思想家或宗教信徒。……在这整个心灵中我们可以发现儒家的成分，也可以发现道家的成分，不见得有所谓内外之分，尤其不见得渊明有意要做儒家或道家。假如说他有意要做某一家，我相信他的儒家的倾向比较大"②。陈寅恪有言："凡研究渊明作品之人莫不首先遇一至难之问题，即何以绝不发见其受佛教影响是也。"③ 针对此言，朱光潜指出："至于渊明是否受佛家的影响呢？寅恪先生说他绝对没有，我颇怀疑。渊明听到莲社的议论，明明说过它'发人深省'，我们不敢说'深省'的究竟是什么，'深省'却大概是事实。寅恪先生引《形影神赠答诗》诗中'甚念伤吾生，正宜委运去。纵浪大化中，不喜亦不惧。应尽

---

① 陈寅恪：《金明馆丛稿初编》，200 页。
② 朱光潜：《陶渊明》，原载《大公报·星期文艺》，1946-10-13、20，引文见《朱光潜全集》，第三卷，254 页，合肥，安徽教育出版社，1987。
③ 陈寅恪：《金明馆丛稿初编》，194～195 页。

便须尽，无复独多虑'几句话，证明渊明是天师教信徒。我觉得
这几句话确可表现渊明的思想，但是在一个佛教徒看，这几句话
未必不是大乘精义。此外渊明的诗里不但提到'冥报'而且谈到
'空无'（'人生似幻化，终当归空无'）。我并不敢因此就断定渊明
有意地援引佛说，我只是说明他的意识或下意识中可能有一点佛
家学说的种子……"① 针对陈寅恪将魏晋人物分为名教与自然两
派，陶渊明"新自然说之要旨在委运托化"，并且引"立善常所
欣，谁当为汝誉"两句诗证明陶渊明"非名教"，朱光潜认为："他
的要旨在渊明是道非儒。我觉得这番话不但过于系统化，而且把
渊明的人格看得太单纯，不免歪曲事实。渊明尚自然，宗老庄，
这是事实，但是他也并不非名教，薄周孔，他一再引'先师遗训'
（他的'先师'是孔子，不是老庄，更不是张道陵），自称'游好在
六经'，自勉'养真衡门下，庶以善自名'，遗嘱要儿子孝友，深致
慨于'如何绝世下，六籍无一亲'——这些都是铁一般的事实，
却不是证明渊明'非名教'的事实。"同陈寅恪的看法正相反，朱
光潜认为："因为渊明近于人情，而且富于热情，我相信他的得力
所在，儒多于道。"② 作为美学家和文艺批评家的朱光潜对陈寅恪
的批评，不仅仅表现出他对陶渊明人格和诗文有真切全面的感悟，
而且也表现出他对陈寅恪研究陶渊明的方法所存在的局限的指证。
确实史学家过于精密的考证有可能导致深文周纳的弊病，而对中
国古代思想人物，尤其是对文学人物过于严密的概念分析和逻辑
推理有可能失去对历史真实生命的把握，这或许是以西方的学术
观点和方法研究中国古代的思想和人物所普遍存在的问题。在中
国当代的魏晋玄学研究中，如何将分析与综合、理性与感性更加
完美地结合起来，将始终是学者们努力的目标。

---

① 《朱光潜全集》，第三卷，254 页。
② 同上书，264 页。

同样作为美学家和文艺批评家的宗白华对魏晋时期的时代特征和艺术精神从美学的角度进行审视和评价。他指出："汉末魏晋六朝是中国政治上最混乱、社会上最苦痛的时代，然而却是精神史上极自由、极解放，最富于智慧、最浓于热情的一个时代。因此也就是最富有艺术精神的一个时代。"① 他认为："晋人向外发现了自然，向内发现了自己的深情。"② 由此他提出了中国美学史、艺术史上一个重要的论断："晋人的美感和艺术观，就大体而言，是以老庄哲学的宇宙观为基础，富于简淡、玄远的意味，因而奠定了一千五百年来中国美感——尤以表现于山水画、山水诗的基本趋向。"③ 这些观点对于中国美学、中国艺术的研究产生过重要的影响。

20世纪30、40年代的魏晋玄学研究在汤用彤以及陈寅恪、冯友兰等学者的共同努力之下，依靠他们对中国传统文化的深切理解，并借助于西方的学术观念和方法，建立起基本的现代学术形态，为后来的进一步研究奠定了坚实的基础。

三、20世纪50至70年代

1949年，中国共产党取得了解放战争的胜利，建立了中华人民共和国，马克思主义逐渐成为中国社会意识形态和时代思潮的主流。诚如毛泽东所言："十月革命一声炮响，给我们送来了马克思列宁主义。"④ 中国自五四新文化运动开始，在思想、理论领域，各种社会思想、学说、流派开展过一系列的论战。在论战中，马

---

① 宗白华：《论〈世说新语〉和晋人的美》，见《宗白华全集》，第二卷，269页，合肥，安徽教育出版社，1994。
② 同上书，275页。
③ 同上书，280页。
④ 《毛泽东选集》，2版，第4卷，1471页。

克思主义理论和社会主义思想在社会上得到广泛的传播。而在学术方面，马克思主义的理论和方法首先在历史学领域取得了重要的研究成果，1930 年郭沫若《中国古代社会研究》的发表是一个重要标志，并激励着众多史家如范文澜、翦伯赞、侯外庐、杜国庠等在不同的方面运用历史唯物主义的观点和方法，对中国的古代社会、古代历史以及古代思想进行了富有成效的系统探索。这些都为新中国成立后的社会主义文化建设和学术研究奠定了一定的理论基础。其中侯外庐作为一位马克思主义史学家，其学思历程又具有一定的代表性，他先是通过翻译《资本论》系统学习了马克思主义的政治经济学，后又受到郭沫若关于中国古代社会研究的启发和 30 年代初"中国社会性质"论战的刺激开始研究中国古代社会史，并在此基础上进一步研究中国古代思想史。① 侯外庐对于中国历史的研究是自觉地运用马克思主义的理论和方法，特别是它的政治经济学的理论和方法，说明历史上不同社会经济形态发生、发展和衰落的过程，物质生活的生产方式制约着整个社会生活、政治生活和精神生活的过程，以及经济基础与上层建筑、意识形态之间的辩证关系等。他对中国思想史的研究是以其对中国社会史的研究为前提的。②

　　侯外庐与人合著的五卷本《中国思想通史》便是运用马克思主义的观点和方法对中国古代思想进行系统整理和研究所取得的重要成果。其中由他主笔的第三卷即"魏晋南北朝思想"部分，初稿完成于 1949 年，于 1950 年 6 月由北京三联书店初版，1957年由人民出版社出版修订本。该书是解放初期关于魏晋玄学研究领域取得的最主要的成果。侯外庐从思想史的角度对魏晋思想的研究，既不同于汤用彤、冯友兰的哲学史的研究，即强调对思维

<hr>

① 参见侯外庐：《韧的追求》，北京，三联书店，1985。
② 参见《侯外庐史学论文选集（上）》自序，北京，人民出版社，1987。

方式的研究及哲学概念的分析；也不同于陈寅恪的历史学的研究，即强调对玄学家的政治生活态度及家族宗教背景的考察；而是将这一时期的哲学思想、逻辑思想和社会思想综合起来，强调对这一时期的社会经济构成以及玄学家社会政治经济地位的研判。侯外庐也注意到冯友兰的《中国哲学史》论述两汉、魏晋南北朝哲学思想在篇幅上的简略。[1] 因此他在对历史文献的征引和考古资料的挖掘上下了较多的功夫，在论述的具体内容上也作了较大拓展，如论述了豪门士族汉末清议向魏晋清谈的转向，论述了魏晋玄学的主要流派，考证了向、郭注《庄》的疑案，阐述了嵇康的二元论思想及其与反司马晋活动的联系，论述了葛洪外儒术内神仙的道教思想及以佛教为背景的神灭与神不灭论争的意义。他还从封建政治、封建经济与意识形态之间的关系的角度，如从魏晋名门的合同离异分析魏晋思想的合同离异，探索了魏晋玄学产生的经济政治根源。这种自觉甚至刻意地将马克思主义的观点和方法引入魏晋玄学的研究，在其初期就产生了别开生面的效果，尤其是将哲学、思想问题同社会政治、经济背景联系起来考察，加深了人们对问题的认识。

然而由于这种研究一开始便具有某种直接地为政治服务的目的，被看做是马克思主义与中国革命实际相结合过程中必然发生的一场思想理论斗争[2]，同时在行文上也充满着论战的风格，使得这种研究难免有简单和偏颇的倾向。据冯友兰回忆，在 40 年代，他的每一部书一出来都受到当时的进步人士的批判。[3] 正是由于在政治观点和意识形态上存在着这种差异和对立，冯友兰（以及其他许多学者）在30、40 年代所做的工作在进步人士眼中看来，"究

---

① 参见侯外庐：《韧的追求》，286 页。

② 参见上书，221 页。

③ 参见冯友兰：《三松堂自序》，278～279 页。

其实际，乃在堵塞马克思主义占领思想学术阵地的通道"，而"贞元六书"更是"标榜新理学以应帝王"①。据侯外庐回忆，他曾写过两篇文章批判冯友兰，一为向秀、郭象庄学批判，二为朱熹"无人身的理性"批判，并认为自己在剖析朱熹理学的时候主观上确有一个论辩对象，便是冯友兰。② 他对向秀、郭象庄学的批判，实际上也是将冯友兰作为论辩对象之一，认为冯友兰在其《中国哲学史》中对"河南郭象"（强调河南郭象是因冯友兰亦为河南人）及其《庄子注》推崇备至，而"我们对《庄子注》的唯心主义和有神论是持批判态度的"③。基于政治态度与学术观点的冲突，使得这种论辩多少带有个人意气的成分，便更容易趋向简单和偏激。例如对向秀与郭象《庄注》疑案的判断，认为郭象为"盗书贼"④，乃是简单与武断的显例。尤为严重的是这种研究表现出一种对 30、40 年代其他学者的研究持强烈排斥和否定的态度。例如该研究认为"近人因了清代学者对于玄学的辩护，颇有为玄学说教者，有的说它是'几百年间精神上的大解放，人格上思想上的大自由'，比美于西洋史的文艺复兴思想；有的说晋人人格之美，使他'得到空前绝后的精神解放'；有的说魏晋思想代表精神自由的自然主义；有的说魏晋玄学是内圣外王之学尤精微者；有的说它是中国思想史上最伟大的本体之学。这些论断都是偏见。"⑤ 由于这种研究对几乎所有于魏晋玄学的文化、哲学价值持肯定态度的观点皆持否定的态度，因此它对魏晋玄学的直接否定也是必然的。按照所谓马列主义意识形态是有阶级性的观点，这种研究通过对玄学家阶级地位的分析，自

---

① 侯外庐：《韧的追求》，266 页。
② 同上书，308 页。
③ 同上书，285 页。
④ 侯外庐等：《中国思想通史》，第三卷，209 页。
⑤ 同上书，37～38 页。

然得出玄学只不过是封建统治者用来镇压农民反抗的宗教武器的结论。① 因此其总体评价便是："玄学感于汉代统治阶级的旧思想武器的破产，修正了汉代庸俗的宗教世界观，从唯心主义的解释上，更把宗教世界观唯理地夸大，以适应封建统治者的要求。"② 由于作了这样的政治评价，这样一来，魏晋玄学在中国哲学、思想、文化发展史上所应有的地位和价值便被抹杀了。

　　1947年，苏联意识形态专家日丹诺夫对哲学史研究的对象，提出了一个定义，他说："科学的哲学史，是科学的唯物主义世界观及其规律底胚胎、发生与发展的历史。唯物主义既然是与唯心主义派别斗争中生长和发展起来的，那么哲学史也就是唯物主义与唯心主义斗争的历史。"③ 他要求哲学战线应该走在意识形态斗争的最前列。④ 日丹诺夫的发言及其对哲学史的定义，在1949年后，逐渐成了中国研究哲学史的唯一指导方针，不允许讨论商榷，成为用行政手段来解决学术问题，把学术问题当作政治问题来对待的恶例。⑤ 1957年以后，日丹诺夫的定义更是被简单化、公式化到登峰造极的境地，逐渐形成了以唯物与唯心，辩证法与形而上学两个对子和世界观、认识论、方法论三大块的研究模式，学术研究变成了政治说教，致使这一时期所编写的《中国哲学史》中魏晋玄学部分逐渐模式化，丧失了学术应不断创新的生机，以至于"文化大革命"十年期间在魏晋玄学研究领域竟无一篇有学术价值的论文问世。

四、20世纪70年代末至80年代

　　"文化大革命"的结束以及改革开放政策的推行，中国才逐渐

---

① 参见侯外庐等：《中国思想通史》，第三卷，71页。
② 同上书，65页。
③ 立三译：《日丹诺夫同志关于西方哲学史的发言》，4页，佳木斯，东北书店，1948。
④ 参见上书，23页。
⑤ 参见任继愈：《中国哲学史论》代序，上海，上海人民出版社，1981。

从以阶级斗争为纲，在无产阶级专政下继续革命的梦魇及空想共产主义的幻觉中清醒过来，魏晋玄学研究才重新焕发出生机。中国的知识分子经历过"文化大革命"的苦难，从而对魏晋士人的际遇有更多的同情和理解，并对魏晋玄学在当时所具有的解放思想、彰显人性的意义有更深的体认和肯定。新中国成立后经过长期的马克思主义的学习和训练，有一些善于独立思考的学者通过对马克思、列宁著作的研究，进而对从古希腊哲学到德国古典哲学的西方哲学有了系统的掌握，他们一旦摆脱政治上的束缚，一旦剔除学术研究中马克思主义教条化的消极因素，马克思主义的训练以及通过马克思主义向西方哲学学习的影响便呈现出积极的一面。80 年代中国最为引人注目的社会现象之一便是持续多年的"文化热"，在此背景下魏晋玄学的研究也呈现出一派繁荣景象，玄学成为中国哲学史研究领域的热点之一，涌现出一批论文和著作。学术的复苏，在魏晋玄学中首先表现为在具体的研究取向和研究方法上向 30、40 年代汤用彤、陈寅恪、冯友兰等人开辟的道路复归。

1979 年，曾做过汤用彤的研究生的许抗生首先撰文指出："玄学究竟是怎样的一种哲学思潮呢？我还是同意汤用彤先生所讲玄学是研究世界的根本、本质，或世界存在的依据等本体论问题，并以本末、有无为其辩论中心这一见解的。这一见解，比较能揭示出玄学的本质特征。"① 这是自觉地回复到汤用彤 30、40 年代的观点。

1980 年李泽厚撰写的《魏晋风度》一文发表，他在文中旗帜鲜明地表明："本文不同意时下中国哲学史研究中广泛流行的论调，把这种新的世界观、人生观以及作为它们理论形态的魏晋玄学，一概说成是腐朽反动的东西。实际上，魏晋恰好是一个哲学

---

① 许抗生：《略论魏晋玄学》，载《哲学研究》，1979（12）。

重新解放、思想非常活跃、问题提出很多、收获甚为丰硕的时期。虽然在时间、广度、规模、流派上比不上先秦，但思辨哲学在所达到的纯粹性和深度上，却是空前的。以天才少年王弼为代表的魏晋玄学，不但远超繁琐和迷信的汉儒，而且也胜过清醒和机械的王充。时代毕竟是前进的，这个时代是一个突破数百年统治意识，重新寻找和建立理论思维的解放历程。"① 李泽厚用他惯有的洋溢着感性的笔触，赞美了魏晋时期一种真正思辨的、理性的"纯"哲学和一种真正抒情的、感性的"纯"文艺的产生，并认为这一时期新思潮的基本特征就是"人的觉醒"，而在哲学——美学领域中的反映则表现为"不是外在的纷繁现象，而是内在的虚无本体，不是自然观（元气论）而是本体论，成了哲学的首要课题"。这里我们能够看到鲁迅、汤用彤以及宗白华诸人在新中国成立前对魏晋时期玄学与文艺评价的基本观点。但是这种认识又不是简单的重复，而是增添了理论和时代的新的内容。在这篇文章的开头，李泽厚并没有忘记对魏晋作经济状况和阶级地位的分析，并着意采魏晋封建说作为立论的根据。他认为那个时代世界观、人生观的核心"便是在怀疑哲学思潮下对人生的执着"，并且指出："正是对外在权威的怀疑和否定，才有内在人格的觉醒和追求。"② 这些精辟的词句正好道出了刚刚经历过"文化大革命"的一代知识分子劫后余生的心声。李泽厚的这篇文章，同他几乎在同时发表的另外一篇文章《孔子再评价》一样，在当时的历史背景下，确实起到了撼动士林的作用，予人以耳目一新之感。难怪李泽厚对于玄学的再评价当即受到冯友兰的激赏。冯友兰在读罢李泽厚《美的历程》③ 后给他写信道："时论认为，玄学和道学，

---

① 李泽厚：《魏晋风度》，见《中国哲学》第三辑，北京，三联书店，1980。
② 同上书。
③ 李泽厚：《美的历程》，北京，文物出版社，1981。《魏晋风度》为该书第五章。

都是陈腐反动，不值一顾，甚至不值一驳。你为玄学平反了，我赞成，可是道学尚未平反。虽未平反，却已为平反准备了条件，树立了前提。照这个前提，逻辑地推下去，你就非给它平反不可。这一点我受到很大的启发。"[1] 李泽厚对魏晋玄学的赞美，一扫社会上弥漫着的马克思主义教条的俗套，很自然地被冯友兰引为同调并且生发出要为时下同样被谥以恶名的宋明理学（道学）平反的想法。照冯友兰看来，"魏晋人称风度，宋人称气象，二者其实一也，都是精神境界的表现"。魏晋风度是魏晋士人的天才展现，无规矩、方法可循，而道学则教人于日用功课中达到这种境界，教人以规矩、方法。因此，由玄学下一转语，便是道学。[2] 从这里我们可以看到冯友兰与汤用彤在 30、40 年代曾经讨论过的重要的玄学问题，即圣人是否可以学致的问题，也就是精神境界问题，又重新萦绕于冯友兰的脑际。不过在这时问题并没有展开，此时李泽厚、冯友兰只是开始为长期被视为腐朽反动的玄学平反，是对长期以来在极左思潮影响下笼罩社会的历史与文化虚无主义的反动，是从美学的角度或感性的层面肯定玄学的文化价值和历史意义，对玄学的具体全面的哲学分析还有待进一步展开。

20 世纪 80 年代的中国社会正经历着一场深刻的变化，中国的学者也正经历着一场学术转型的痛苦煎熬，人文学者们最为时髦的话语是"智慧的痛苦"（似为当时王若水一篇文章的题目），一方面苦于从以往的马克思主义教条的束缚中挣脱出来之艰难，另一方面又苦于寻求新的合适的学术研究手段之不易。汤一介在回顾这一时期的心路历程时曾讲道："我努力尝试把我的教学和研究与意识形态和政治脱勾，并且力图在教学与研究中坚持独立思考，

---

① 冯友兰 1981 年 7 月 20 日致李泽厚信，见《三松堂全集》，第十四卷，679～681 页，郑州，河南人民出版社，2000。

② 参见上书。

力求提出一套新的观点来。现在看来，做到上述各点并不是很容易的，这是一个十分艰难的历程……"① 当时马克思主义教条化在中国哲学史研究中的影响，具体表现为日丹诺夫关于哲学史的定义以及苏联哲学史教科书对人们的束缚。针对日丹诺夫所谓"哲学史也就是唯物主义与唯心主义斗争的历史"的简单化提法，早在 80 年代初期汤一介便提出了不同的看法，他在《论中国传统哲学范畴体系诸问题》② 一文中便提出哲学史是认识发展史的观点，主张"'哲学史'应该把研究的内容更集中，重点放在研究人类理论思维发展的内在逻辑的历史"③。正是在此基础上，中国哲学史研究才能逐渐走出教条化的马克思主义和历史文化虚无主义的阴影，重新认识和肯定魏晋玄学在中华民族理论思维发展史上的特殊价值。

将哲学史看做人类认识发展史并注重对概念、范畴的逻辑发展的分析研究是汤一介撰著《郭象与魏晋玄学》（湖北人民出版社，1983）的基本思路和研究特点，该书也成为新时期魏晋玄学研究著述中发表最早、分析最细的代表性著作。该书在内容上全面论述了魏晋玄学产生与发展的历史进程，以及玄学与佛教、道教之间的关系，具体分析了郭象的哲学体系与方法，及其同向秀、裴頠、王弼、张湛等人的思想联系与区别；在研究方法上注重对玄学家所使用的基本概念和范畴的把握，以及在描述思想演进过程时强调历史与逻辑的统一。从中能够看出该书的撰述受到了中国传统的考据之学、马克思主义学说乃至德国古典哲学等多方面的影响。

该书首先把魏晋玄学的发展分为四个阶段，即正始玄学、竹

---

① 汤一介：《在非有非无之间》，48～49 页，台湾，正中书局，1995。

② 文载《中国社会科学》，1981（5）。

③ 转引自汤一介：《昔不至今》，248、250 页，上海，上海文艺出版社，1999。

林玄学、元康玄学和东晋玄学，然后根据每一阶段有代表性的玄学家所提出的哲学问题来讨论他的哲学思想。汤一介认为在历史上任何哲学家的哲学都不可能解决所有的哲学问题，因此在他的哲学体系中就必然存在着其自身的内在矛盾。找出哲学家的哲学体系自身存在的内在矛盾，并探究其后的哲学家如何发展或解决该矛盾，就可以看到哲学的发展是一环扣一环的，而不是一个个哲学家简单的并列。例如王弼的思想体系中便存在着"崇本举末"与"崇本息末"的内在矛盾，矛盾发展的结果便使得玄学由第一阶段进入第二阶段，具体表现为由"崇本息末"发展为嵇康、阮籍的"越名教而任自然"，由"崇本举末"发展为向秀的"以儒道为一"。由向秀思想进一步发展，玄学便进入第三阶段郭象的哲学，他的哲学是经过向秀以及裴頠的崇有论而发展了王弼的哲学。郭象认为"有"是唯一的存在，而且是"自生"的，再没有"无"作为"生化之本"，这就是所谓"上知造物者无物，下知有物之自造也"以及所谓"内圣外王之道"了。郭象的哲学作为论证"有"和"无"、"名教"和"自然"的关系的哲学，在魏晋玄学范畴内来讲是比较完满的，但也留下一个难题，即他对"有"没有进行分析，没有说清这个"有"是单个的"有"还是大全的"有"。为了解决此问题玄学便进入第四阶段，玄学家张湛提出"群有以至虚为宗，万品以终灭为验"，认为"至虚"是不生不化的，而"群有"则是生生化化的，事事物物都会消灭到"至虚"之中。张湛的思想虽然从根本上讲是回到王弼"贵无"论，但由于又吸收了郭象的某些观点如"自生"的思想，而体系就有些芜杂了。更进一步解决"有"与"无"的关系的哲学家是僧肇。僧肇在《不真空论》中提出"非有非无"的观念，既是魏晋玄学的终结，又是中国佛学的开始。正是通过对各个阶段玄学的主要概念、范畴及其之间内在联系的分析，展现魏晋玄学的发展过程就是认识不断深化的过程。

《郭象与魏晋玄学》的问世是 80 年代前期中国学者努力摆脱政治与意识形态的束缚，在继承前辈学者的研究成果，是借鉴西方哲学史研究经验基础上的，一次富有成果的试验，尽管多少还带有一些过去的痕迹，但仍不失为新时期魏晋玄学研究领域中的代表作。有海外学者认为该书对郭象的研究较有诠释学创见，并将之与钱穆的《庄老通辨》、牟宗三的《才性与玄理》相并举。[①] 汤一介对于玄学的研究到 90 年代又有新的进展，如以《肇论》所归纳的四个主要玄学问题为蓝本，讨论郭象关于"有"与"无"、"动"与"静"、"知"与"无知"、圣人是否可以学致问题的看法，并进一步探讨从魏晋玄学向唐初重玄学的发展，以及通过对玄学方法论的反思提出重建中国的解释学问题等，这一方面表明了从认识论角度研究魏晋玄学的深入，另一方面也显现出将人生论（精神境界问题）纳入魏晋玄学研究领域的趋向，研究范围得到更大的扩展。

1986 年冯友兰《中国哲学史新编》第四册出版，其中关于魏晋玄学的部分，相较于两卷本《中国哲学史》，从内容到形式都有很大的改变。冯友兰通过 40 年代写作《贞元之际所著书》，建立了自己的"新理学"体系；又通过新中国成立后对马克思主义哲学的学习，对"新理学"体系存在的理论矛盾（即认为理"不存在而有"，同时又认为"有"也是一种存在）有了新的认识和反省[②]，这样使得他能够以对马克思主义的学习和认识，结合自己对于中国哲学和文化的理解和体会，同时吸收其他学者的研究成果，从而对魏晋玄学进行全面系统的研究，得出了他自己感到满意的成果。他认为自己抓住了玄学的主题，并顺着主题说明了玄学发展的线索，并且"要言不烦"，使一切问题都迎刃而解。[③]

---

① 参见傅伟勋：《从西方哲学到禅佛教》，383 页，北京，三联书店，1989。
② 参见冯友兰：《中国现代哲学史》，216～217 页，广州，广东人民出版社，1999。
③ 参见冯友兰：《中国哲学史新编》第四册，1 页。

　　冯友兰以帛书本《老子》第一章最末一句"两者同出，异名同胃，玄之又玄，众妙之门"的读法为依据，认为有与无是"异名同胃"，而有与无的关系就是玄学辩论的主题。照此分析下去，冯友兰认为玄学的发展有三个重要的阶段或三个主要的派别：王弼、何晏的"贵无论"代表玄学的建立及其发展的第一阶段，裴頠的"崇有论"和欧阳建的"言尽意论"代表玄学发展的第二阶段，郭象的"无无论"代表玄学发展的第三阶段，这正好是一个肯定、否定、否定之否定或正、反、合的过程。冯友兰更认为玄学中的三个主要派别，实际上是两个主要派别，就是"贵无论"和"崇有论"，并指出"它们所讨论的是共相与殊相、一般和特殊的关系的问题。这是一个古今中外哲学家所共同讨论的问题，是一个真正的哲学问题"①。冯友兰根据感性认识的对象是殊相，理性认识的对象是共相以及形式逻辑中类与名、内涵与外延的关系，指出有一个把一切东西都包括在内的最大的类，这个"一切"，中国哲学叫"天地"、"万物"或"天地万物"。不过这些名都是集体名词。如果用一个类名，那就是"有"。为了区别于这一类名的"有"，中国哲学称天地万物为"群有"或"众有"。"有"是一个最大的类名，因为天地万物除了它们都"存在"以外，没有别的共同性质，所以这个最高类，就只能称为"有"，这个最高类的规定性，就是"没有规定性"。所以"有"这个名的内涵也就是没有规定性。实际上没有，也不可能有没有任何规定性的东西，也就是说实际上没有、也不可能有不是任何东西的东西，这样也就是无了。直截了当地说，抽象的有就是无。从逻辑上说，一个名的外延越大，它的内涵就越少，在理论上说"有"这个名的外延最大，可以说是"至大无外"，它的内涵就越少，少至等于零，既然它的内涵等

---

　　① 参见冯友兰：《中国哲学史新编》第四册，30页。

于零，它的外延也就等于零，这也就是无。《老子》和玄学"贵无派"把"道"相当于无，所以强调"道"是"无名"。① 这是冯友兰对有与无关系所作的一个概括的说明。玄学家们或许是没有想到、至少是没有说得这么清楚，他们只是用了"辩名析理"的方法，照这个方法，没有规定性就是无名。冯友兰认为这是本体论的讲法，即对事物作逻辑的分析而不讲发生的问题，不过玄学中仍存在着将宇宙发生论的讲法同本体论的讲法混而不分的缺点。冯友兰用共相与殊相、一般和特殊的关系分析玄学中有与无的关系亦可以看做他早年用新实在论或"新理学"的观点研究中国哲学史的继续和发展。

同汤用彤关于"言意之辨"是玄学的方法的观点有所不同，冯友兰认为玄学更重要的方法是"辩名析理"。他一方面对作为玄学方法的"辩名析理"所具有的内涵从逻辑上作了疏理，另一方面又对"辩名析理"的目的和功用从哲学上作出解释。冯友兰按照郭象对名家论辩的批评"无经国体致，真所谓无用之谈"的说法，指出"辩名析理"不能解决实际上的问题，但是可以改善人的精神境界。他认为"哲学不能增加人对于实际事物的知识，但能提高人对于实际的理解，随着这种理解的提高，人的精神境界也提高了"②。他指出郭象《庄子序》中所说"混芒"、"玄冥之境"、"惚恍之庭"，所谓"返冥极"，"贵无派"玄学家称为"体无"，实际上是一种精神境界，可以称为"混沌"。混沌就是无分别，可是像体无这种混沌是经过分别而后得到的。"贵无派"的玄学家们说了许多关于"无"的话，这就是分别。体无这种混沌是经过分别而后得到的，可以称为"后得的混沌"，没有经过分别而自然有的混沌，可以称为"原始的混沌"。此二者虽然统称为混

① 参见冯友兰：《中国哲学史新编》第四册，31～32 页。
② 参见上书，33 页。

沌，但有本质的不同。原始的混沌和辩名析理是对立的，后得的混沌是辩名析理的结果；原始的混沌是不自觉的，后得的混沌是自觉的，这就是二者的主要区别。① 冯友兰更进一步举例说明作为方法的学问与作为目的的境界之间的关系。《世说新语》说："傅嘏善言虚胜，荀粲谈尚玄远。每至共语，有争而不相喻。裴冀州（裴徽）释二家之义，通彼我之怀，常使两情皆得，彼此俱畅。"《文学》刘孝标注引《荀粲别传》的意思大概相同，但是说傅嘏善名理而粲尚玄远。据此，冯友兰认为当照《荀粲别传》所载"（傅）嘏善名理，荀粲尚玄远"。裴徽怎样把两个人的思想都讲通了呢？"原来名理和玄远本来就是玄学的两个方面，名理是一种学问，玄远是一种境界，名理是方法，玄远是目的，这两者本来是相通的"②，所以经过裴徽的解释，他们两人都觉得满意了。在这里，冯友兰巧妙地将玄学的方法与玄学的目的和功用结合起来，也就是将他自己一贯坚持的哲学研究的方法——共相与殊相、一般与特殊关系的逻辑分析，与他自己一贯主张的哲学的功用和目的——提高人的精神境界的思想很好地贯穿于他对魏晋玄学的研究之中。这是冯友兰以自己40年代在《新原人》中所提出来的精神境界论研究中国哲学史的继续和发展。

　　冯友兰认为从"贵无论"到"崇有论"再到"无无论"存在着一个由肯定到否定再到否定之否定的发展过程，他从"辩名析理"即一般与特殊的关系和"体无"即精神境界两方面阐述这种发展的内在联系。关于贵无论，冯友兰通过引述《晋书·王衍传》所载"何晏、王弼等祖述老庄，立论以为天地万物皆以无为本……"，并通过分析何晏的《道论》及王弼的《老子指略》，指出何、王所谓的"无"就是什么都不是，正因为它什么都不是，所

---

① 参见冯友兰：《中国哲学史新编》第四册，33～39页。

② 同上书，39页。

以它才能什么都是。"无"也就是无名无形的"道"。这个认识过程就是从"众有"（万物）到"大有"（最大的类名），从"大有"到"无有"（没有规定性）。贵无派的玄学家虽然没有讲得那样清楚，但能够知道"大有"就是无，这就很不容易了。但是由于他们没有划清本体论与宇宙形成论的界限，结果把从特殊中抽象出的一般"无"当成宇宙发生的最高实体，把一种逻辑关系混同于生成关系，结果在讲"有生于无"时，纠缠在一个"生"字上，没能正确解决一般和特殊的关系问题。冯友兰仍用一般与特殊的关系分析王弼关于社会人生方面的理论，认为所谓社会人生中的问题，从根本上说，也就是人这个特殊怎样处理他和他的一般的关系问题。

关于崇有论，冯友兰认为贵无论所讲的"无"，本来是用本体论的方法推论出来的，即"无名"的简称。在推论出来之后又把它用在宇宙形成论上，认为"有生于无"，这就完全没有根据了。裴𫖳就是对此开展对贵无论的批评。《崇有论》说："夫总混群本，宗极之道也。"贵无论认为"无"是宗极之道，崇有论认为"总混群本"是宗极之道。"群本"就是"群有"，"群有"是"有"，但这个"有"是具体的有，而不是抽象的有。抽象的有就是"无"。《崇有论》又说："夫至无者无以能生，故始生者自生也。自生而必体有，则有遗而生亏矣，生以有为已分，则虚无是有之所谓遗者也。""至无"就是什么也没有，就是零。零不能生任何东西，所以万物都是自生。所谓虚无就是有的遗阙。

关于无无论，冯友兰认为郭象的无无论实质上也是崇有论。由于崇有论在否定贵无论的同时也否定了它的"无名之域"即关于混沌的精神境界，而无无论则在否定贵无论的同时，肯定它的"无名之域"，那就是它所谓的"冥极"，"玄冥之境"。这是郭象的哲学所以能成为玄学发展的第三阶段而居于"合"的地位的原因。

郭象更明确地说："无既无矣，则不能生有；有之未生，又不能无生。然则生生者谁哉？块然而自生耳。"①"自生"就是"独化"，"独化"就用不着"无"了，这就是"无无"。郭象特别反对"有生于无"的说法，讲："非唯无不得化而为有也，有亦不得化而为无矣。是以夫有之为物，虽千变万化，而不得一为无也。不得一为无，故自古无未有之时而常存也。"② 自然界是无始无终的，所以有是常存的，没有什么东西都没有的时候。贵无论从"有"的内涵讲，"有"就是"无"；崇有论从"有"的外延讲，"有"就是天地万物，所以有不能是无。但郭象又讲："有有则美恶是非具也。有无而未知无无也，则是非好恶犹未离怀。知无无矣而犹未能无知。此都忘其知也，尔乃俄然始了无耳。了无，则天地万物，彼我是非，豁然确斯也。"③ 这是从人的精神境界方面讲有无。贵无论所贵的无有两方面的含义，一是天地万物的"宗极"，一是人的一种精神境界，这两方面既有联系也有分别。裴頠专从"宗极"方面破贵无论的无，而于精神境界方面的无并没有明确的批判。郭象从"宗极"方面否定贵无论的无，提出了"无无论"，但是不否定贵无论所讲的精神境界。他在《庄子序》中讲："独化于玄冥之境"，"涉太虚而游惚怳之庭矣"，"返冥极"者都是他关于境界的内容。郭象讲"无言无意之域"同何晏讲"无名之域"类似，指的都是精神境界。总之，郭象的哲学体系是广泛的，玄学中的主要问题可以说得到解决，他对于贵无论和崇有论都有所扬弃，但他的体系不是二者的调和论。它是用"辩名析理"的方法建立起来的一个较为完整的体系。

冯友兰最后讲到，玄学"辩名析理"的方法提高了中国哲学

---

① 郭象：《齐物论》注。
② 郭象：《知北游》注。
③ 郭象：《齐物论》注。

的理论思维能力，它所讲的"后得的混沌"提高了人的精神境界，它所阐发的超越感，解放感，构成了一代人的精神风貌，所谓"晋人风流"。但脱离实际是它最大的缺点，怎样纠正这个缺点是后来宋明道学的任务。

五、20 世纪 90 年代

20 世纪 90 年代，中国的学术空气更为凝重与沉潜，同时由于得益于改革开放政策和现代化建设的持续与发展，更由于社会的转型和时风的嬗变，学者们对纯学术的问题给予了更多的关注。同弥漫于主流媒体的政治与意识形态宣传的氛围有所不同，在 90 年代前期人文社会科学界掀起了"国学"热并热烈地讨论起学术规范问题。玄学的研究也在发展，学者们研究的方式和使用的术语逐渐脱去 50 至 70 年代的模式和语言的痕迹，在进一步学习和掌握中国传统学术重考据的方法的同时，也注重对西方学术观点和方法的借鉴、吸收，如对西方解释学、现象学、存在主义等观念和方法的借鉴、吸收，从而在研究方法上呈现出更加多元化的趋势。玄学的研究在广度和深度上都有所扩展，学者们对玄学史上各个阶段、各个流派、各个人物，甚至某一文化现象都有专题研究并有著述发表。

1990 年余敦康发表《中国哲学对理解的探索与王弼的解释学》[①] 一文，率先在玄学研究领域提出了"王弼的解释学"问题。他指出，王弼的玄学思想所依据的经典与何晏一样，主要是《周易》和《老子》，何晏作《论语集解》，王弼也作了《论语释疑》。但是何晏只是提出了某些重要的玄学论点，而王弼则成功地建立

---

① 文载《孔子研究》，1990（3）。

了一个完整的体系。究其原因，是由于何晏在解释经典的方法上存在着缺陷，而王弼在《周易略例》和《老子指略》中则对方法问题进行了深入的研究，突破汉人藩篱，找到了一个按照新的时代需要全面地解释这几部经典的方法。余敦康认为，所谓解释，也就是理解，而理解又存在着四个层次上的差别，一是停留在字面上的理解，二是发掘隐藏在字里行间的深层含义，三是结合时代需要引申发挥，推出新解，四是不仅在个别论点上推出新解，而且融会贯通，创建出一种既依据经典而又不同于经典的崭新的哲学体系。第一层次属训诂之学，第二、三、四层次属义理之学，哲学家和训诂家不同，他追求的不是经典的本义，而是极力使自己的理解臻于上乘，凭借这种理解来发挥自己的哲学思想。哲学家为了创建自己的体系，必须形成一套自己特有的解释学的理论和方法。拿何晏与王弼相比，何晏对《老子》的解释屈服于王弼，对《周易》的解释屈服于管辂，这种情形说明何晏的玄学思想缺乏解释学的依据。余敦康指出王弼解释学的基本思想集中体现在《周易略例》和《老子指略》两部著作中。《周易》和《老子》这两部经典作为理解的客体，其中确实蕴涵着丰富的本体论思想，但在汉代四百年间没有得到真正的理解，何晏等人理解得不深不透，直到王弼才被发掘出来，其《周易略例》和《老子指略》就是适应这种解释学的需要，并构筑出新的本体论哲学。王弼在《老子指略》中运用"辩名析理"的方法，论证了一个思辨性的玄理，指出本体之所以为本体，就在于它不同于现象，如果同于现象，就不成其为本体。王弼认为《老子》五千言的精神实质用一句话概括就是"崇本息末"。所谓"崇本息末"，并不是说只要本体，不要现象，只是说本体比现象更重要。王弼在《周易略例》中批判了汉代象数派易学，确立了义理派易学的解释学原则，同时援引《庄子》的思想，把言尽意论与言不尽意论辩证地统一起来，王弼的"尽意莫若象，尽象莫若言"的言尽意论表现出尊重传统的一面，王弼的"得意在忘象，得象在忘言"的言不尽意论又表现出锐意革新的突破意识。王弼根据它所确立的这种解释学原则，立足于真正的理解，一方面以《老子》解《易》，一方面又以《易》解《老子》，使这两部分属于儒道两家并在原文中存在许多矛盾的经典，改变了原来的学派属性而结成一种互补关系，共同构成贵无论玄学的有机组成部分。余敦康认为，王弼的《老子注》和《周易注》不仅完美地继承发展了蕴涵于原文中的思想，而且是值得后人仿效的解释学的典范。

汤一介从 1998 年开始发表了一系列论文提出是否能够创建中国的"解释学"的问题。这种想法的提出，一方面是鉴于西方的解释学（Hermeneutics）十多年来为我国学术界所重视，另一方面是鉴于中国本来就有很长的解释经典的传统，并且形成了种种不同的对经典注释的方法。如果能借鉴西方解释学，并对中国历史上注释经典的方法加以梳理，也许可以总结出一套中国解释学的方法和理论来，这样才有利于与今日流行的西方解释学的平等对话和交流。[①] 出于这种重建作为哲学方法论的中国解释学的自觉及有利于同西方进行平等的文化对话和交流的目的，汤一介具体探讨了魏晋玄学家郭象注《庄子》的方法。他指出，郭象注《庄子》采取了两种重要的方法，一是"寄言出意"的方法，另一是"辩名析理"的方法。如郭象注《庄子》的第一条说："鹏鲲之实，吾所未详也。夫庄子之大意，在乎逍遥游放，无为而自得，故极小大之致，以明性分之适。达观之士，宜要其会归而遗其所寄，不足事事曲与生说，自不害其弘旨，皆可略之耳。"从中可以注意两点：一是对一些名物并不多作解释，甚至存而不论；二是根据自

---

① 汤一介：《辩名析理：郭象注〈庄子〉的方法》，载《中国社会科学》，1998 (1)。

己的思想体系的要求注《庄子》，当原意与自己思想不相合时，常用微言大义的方法回避，有时直截了当地说是庄周的"寄言"。这便是"寄言出意"。郭象更把"辩名析理"作为一种方法提出来，这种方法实际是几乎所有玄学家们都采用的方法，而郭象在建立其"崇有"、"独化"的思想体系的过程中较为典型地运用了这种方法。例如"天"在中国哲学中本有多重含义，有主宰之"天"，有道德之"天"，有自然之"天"，有命运之"天"，有神秘之"天"，而郭象之"崇有"思想在于否定"天"之造物主地位，故必须给"天"这个概念下一个客观、实体性的定义，郭象在《庄子注》中从两方面说明"天"的含义，一是"天者，万物之总名也"，一是"天者，自然之谓也"。这两方面的含义又是相关联的。前者是说天是万物的总名称，而不是外于万物的东西，这是就实体方面来说明天，后者是说天是万物存在的自然而然的状态，是无目的、无意志的，这是就功能方面来说明天。为什么"天"是"万物之总名"？为什么"天"是"自然无为"？这必须有论证，这种论证就是"析理"。郭象在《庄子注》中对于与"天"相关的名词概念的使用和辨析表明，郭象的理论体系是相当严谨的，说明他运用"辩名析理"有着方法上的自觉。

汤一介、余敦康从解释学的角度对魏晋玄学的研究，尤其是对郭象、王弼注经方法的个案研究，深化了我们对玄学问题的认识，这一方面固然是 20 世纪玄学研究深入开展的必然结果，另一方面也是受到 20 世纪 80、90 年代中国哲学界对西方解释学介绍研究的刺激影响。从形式上看，中国的注经传统与早期西方解释学有类似之处，魏晋玄学家们主要以注经的方式开展学术活动、进行思考创造，而且中国从先秦时期开始便逐渐形成了一套源远流长的注经的传统，这个传统一直持续到 20 世纪前期。西方的解释学亦可以溯源到古希腊时期，到中世纪解释学成为对《圣经》进行诠释的专门学问，后经过施莱尔马赫、狄尔泰等人的努力产生了"理解方法论"，从而将解释学从教条的束缚下解放出来，海德格尔则把解释学从方法论领域引入存在论领域，从此解释学进入哲学，更由于伽达玛《真理与方法》一书的出现使得解释学成为一个独立的哲学运动。① 从汤一介、余敦康对解释学的理解及其研究成果来看，中国的解释学尚停留在对解释技术和方法的探讨阶段，至多是对玄学家们注经的动机进行揭示，显然距现代西方解释学着重对"理解如何可能"所进行的本体论研究尚有较大的区别。因而中国以注经方式所从事的类似于早期西方解释学所做的工作究竟在方法论上取得了多少成果尚有待进一步研究；与此相关联，在现代意义上中国的解释学能否重建更是一个有待于进一步论证的工作，尤其是中国的解释学是否也应由方法论进入存在论（本体论）以及如何由方法论进入存在论，这都是有待人们的努力而至今尚悬而未决的问题。

从 20 世纪 80 年代初中期开始中国学者便用一些现代西方哲学中的概念来同中国古代哲学进行比较研究，特别是他们发现现代西方存在主义哲学同中国古代道家哲学所谈论的问题有类似之处，如刘笑敢曾将萨特与庄子进行过比较（或许最初是受陈鼓应影响），并且也曾轰动一时。用存在主义和现象学的方法对魏晋玄学进行研究在 90 年代又取得了一些进展。蒙培元 1993 年发表的《论郭象的"玄冥之境"——一种心灵境界》② 一文便是用现象学以及存在主义哲学的观念解析郭象的心灵境界说。蒙培元认为汤用彤在《魏晋玄学论稿》中提出玄学本体论问题并进行了精辟透彻的论述，而玄学本体论是玄学境界说的理论基础，玄学境界说则是

---

① 参见赵敦华：《现代西方哲学新编》，183～184 页，北京，北京大学出版社，2000。

② 原收入汤一介编：《国故新知：中国传统文化的再诠释》，北京，北京大学出版社，1993。

玄学本体论的完成。我们可以看出蒙培元是在延续着冯友兰80年代中在其《中国哲学史新编》中提出的玄学境界论的话题，但是切入问题的方式有所不同。冯友兰是从分析一般与特殊的关系入手达到后得混沌的结论，蒙培元则是从现象学与存在主义的观点入手，分析郭象的"独化"说和"玄冥之境"的特殊意义。蒙培元认为郭象作为"崇有论"的代表，只承认"有"是存在的，所谓"无"者只能是虚无，而虚无就是不存在，即存在的缺失，故不能作为存在本体。"这很像存在主义的说法。存在主义者认为，存在之外，便是虚无，没有什么别的实体作为本体，不管是物质的还是精神的，存在是时间中的存在，是'在世'的存在，如果说有本体的话，那也是由存在者显现其本体，由'此在'显现其'在'，不是在存在之外另有所谓本体，不是'实体'意义上的本体。存在者与存在（本体）只是一种显现或呈现关系，不是在存在者（有）之外有一个本体（无）。""独化"说就是这样的理论。经过对本体论的否定，郭象确立了万物存在的原则，也确立了人的存在原则。"他所谓'自生'，就是自己'在场'或'在世'，并不是生成的意思。人突然来到这个世界，就是一个独立的存在者（随自然界的变化而变化），不要问为什么。"因此从这个意义上说，郭象哲学就是一种存在哲学。

　　蒙培元用现象学的方法描述了"性"与"极"（性各有极）、"迹"与"所以迹"的关系。他认为郭象虽然否定了作为世界本体的"无"，但他并没有否定人的存在本体，即"真性"或"所以迹"，恰恰相反，他认为这是存在者所以成为存在者的根据，从这个意义上说，他承认"所以迹"先于"迹"，"真我"先于"自我"。但是，存在本体并不是独一无二的普遍绝对者，即不是世界万物的共同本体，每个存在者都有各自成为自己的存在本体，其特点便是"与物冥合"，没有主客、物我、内外的界限和区别，也无所谓是非、善恶。由此蒙培元认为："所谓'玄冥之境'，就是不要把存在者仅仅当作存在者，作为呈现在自己面前的对象去认识，而是把存在者之所以成为存在者的性之'极'，从知性和欲望的蒙蔽中解放出来，使之完全呈露或显现出来的一种状态，这无疑是一种本体境界。""玄冥之境"的根本特征是无对待，即所谓内外"冥合"，既没有主客、内外的对待，也没有是非、善恶的对待，同时也没有生与死的对待。郭象的"玄冥之境"既是一种精神境界，也是一种精神解脱。郭象的"玄冥之境"还有一个重要特点，就是"冥内而游外"，"冥内"是一种内在的精神境界，是一种内在超越，而外在的现象界又是不能离开的，因而要"游外"，"冥内而游外"就是儒道融合的结果，在个体学说中容纳了群体精神，在个人的精神境界中包含了道德内容，但从其"冥合内外"的绝对意义上说，亦可说是超道德的（冯友兰认为天地境界是超道德的）。蒙培元通过对"玄冥之境"的研究，认为郭象已认识到理性认识不能解决精神境界问题，生命存在的意义在于获得一种境界，而这种境界的获得只能靠直觉体验，即"无知之知"，它是超理性的，并且具有某种宗教精神。

至 90 年代末期，有对现代西方哲学中的现象学和存在主义有更深入和细致的了解的青年学者用现象学和存在主义的观念和方法对魏晋玄学作了较全面的分析和阐释，尤其是对王弼和郭象的本体论学说的性质作出区分并揭示了两者之间的逻辑联系，这便是康中乾的两篇论文，《论王弼"无"本体的哲学实质》①、《论郭象"独化"范畴的本体论意义》②。古今中外的重要哲学家都以探讨现象之所以存在的根据、本体问题作为自己的主要任务，而就其大端而言有两种本体和与之相应的两种把握本体的方法：一种

---

① 文载《中国哲学史》，2000（4）。

② 文载《人文杂志》，2000（2）。

本体是共相，它是用逻辑分析的方式来把握；另一种本体是具体，它是用现象、显现的方式来把握。前者是西方哲学史上以柏拉图为代表的"理念论"传统，后者则是20世纪现代西方哲学中现象学和存在主义关于本体的新的认识，而中国传统哲学的思维方式同后者有着更为内在的联系。康中乾认为关于本体问题的抽象与具体的两种理论和方法在魏晋玄学中通过王弼的"无"论和郭象的"独化"论有着明显的表现。康中乾将"外参照系构架"和"内参照系构架"作为事物存在的两种基本方式引入他的哲学分析，认为由前者观之而有"有"本论哲学，由后者观之而有"无"本论哲学。"有"本论的方法论原则是逻辑分析法，"无"本论的方法论原则是描摹法。他通过从概念上的"辩名言理"、体用上的"本末二分"、认识论上的"得意忘象"和社会历史观上的"名教"出于"自然"四个方面，论证了王弼"无"论的实质是"有"。王弼的"无"论可以厘析出本体义、抽象义、生成义、功能义、境界义，而抽象义是其基本义。当王弼这样来厘定"无"并"以无为本"时，这个"无"显然只是人的认识上的抽象存在，与具体的现象界是截然二分的。这是王弼"无"论中的基本矛盾。其实，当王弼从"无为"等的功能义来谈"无"本时，"以无为本"的命题可以合理地理解为并没有本或本体存在，就是说，世上的事事物物原本就如其所是，如其所然地那么样是着、然着，存在者之现象就现象、显现着它的本质、本体。郭象的"独化"论可以说是接着王弼的"无"论的功能义合乎逻辑地发展出来的。郭象的"独化"论明确揭示出：世上并没有什么本体，现象就是本体，事事物物之是、之然就是其之所以是、之所以然，事物存在之现象就现象着其所以存在的根据。康中乾认为"郭象的'独化'说是一种完全正确的关于存在物之存在的存在论或本体论理论"。"郭象认识到，世界的本原或本体既不能是具体的实物，也不能是抽象的一般或共性，因为具体的实物是个具体的'有'，即有明确的现象和质的规定性，它何以能把它之外的千差万别的实物统一起来呢？而抽象的共性一般又只是个没有物形或物象的物性，即是个抽象的'无'，是靠理性来把握住的，它又如何能与具体的物象相关系呢？"在郭象看来，存在物的真正本体性、本原性就是其自本自根的"独化"性，"无"或"有"均无法充当存在物之存在的根或本原。在具体分析中康中乾还引入了存在主义关于时间和空间的概念，具体的分析过程也很有特色，在思考问题的方式和描述问题的语言上都深受海德格尔现象学存在论的影响，表明了现代西方哲学在中国传统哲学研究领域影响的深入。

90 年代魏晋玄学研究成果除了在研究方法上有所创新外，也表现在研究专著大量的出版发行上。这首先体现在对各玄学流派和人物的深入研究，有多部研究专著出版，如余敦康著《何晏王弼玄学新探》（齐鲁书社，1991），汤一介主编"玄学家评传系列"，包括王葆玹著《王弼评传》、田文棠著《阮籍评传》、王晓毅著《嵇康评传》、卢国龙著《郭象评传》、马良怀著《张湛评传》（均由广西教育出版社出版），还有高晨阳著《阮籍评传》（南京大学出版社，1994），张节末著《嵇康美学》（浙江人民出版社，1994），王晓毅著《王弼评传〈附何晏评传〉》（南京大学出版社，1996），许抗生著《僧肇评传》（南京大学出版社，1998）。值得特别指出的是王葆玹著《玄学通论》（台湾五南图书出版有限公司，1996）更是一部从整体上把握玄学，结构严整、巨细靡失的力作。评传及通论的出现表明魏晋玄学研究似乎进入总结性的阶段。其次，体现在关于玄学与魏晋时期各方面文化思想相关性研究方面，也有多部专著面世，如在玄学与儒、释、道教的关系方面，有许抗生著《三国两晋玄佛道简论》（齐鲁书社，1991）、卢国龙著《中国重玄学》（人民中国出版社，1993）、洪修平著《玄学与禅学》（浙江人民出版社，1993)；如在玄学与历史、文学、艺术的关系方面有王晓毅著《中国文化的清流》(中国社会科学出版社，1991)、刘康德著《魏晋风度与东方人格》(辽宁教育出版社，1991)、罗宗强著《魏晋玄学与士人心态》(浙江人民出版社，1991)、宁稼雨著《魏晋风度——中国文人生活行为的文化意蕴》(东方出版社，1992)、马良怀著《崩溃与重建中的困惑——魏晋风度研究》(中国社会科学出版社，1993)、陈顺智著《魏晋玄学与六朝文学》(武汉大学出版社，1993)、孔繁著《魏晋玄谈》(辽宁教育出版社，1995)、高华平著《玄学趣味》(湖北教育出版社，1997)、戴燕著《玄意幽远——魏晋玄学风度》(云南人民出版社，1997)、张海明著《玄妙之境》(东北师范大学出版社，1997)、刘宗坤著《觉醒与沉沦——魏晋风度及其文化表现》(郑州大象出版社，1997)、李建中著《魏晋文学与魏晋人格》(湖北教育出版社，1998)、章启群著《论魏晋自然观——中国艺术自觉的哲学考察》(北京大学出版社，2000)。这表明魏晋玄学的研究成果和影响已向其他人文学科领域扩散。最后，还体现在民国时期的研究成果通过再版被重新介绍给读者，如容肇祖著《魏晋的自然主义》(东方出版社，1996)、刘大杰著《魏晋思想论》(上海古籍出版社，1998)、贺昌群著《魏晋清谈初论》(商务印书馆，2000)，以及《汤用彤全集》(河北人民出版社，2000)的面世，使得人们能全面地了解老一辈学者的治学成就和功力，使得 20 世纪关于魏晋玄学领域的所有成果都能为人们所认识、研究、肯定。这是否也透露出中国社会在经过近两个世纪的动荡之后又重新开始步入正轨，走向承平的消息呢？

20 世纪是中国历史上最为波澜壮阔的一个世纪，也是世界历史上最为波澜壮阔的一个世纪，中国的文化学术受到中国社会内忧外患的刺激，也受到西方文化学术的冲击，从而呈现出一种全新的局面。从表面上看哲学确乎是远离"事物"和"世务"的玄远之学，何况是对中国历史上长期为史家们所鄙夷和唾弃的清谈和玄学的研究呢？似乎更显得不近人情，不食人间烟火。但是哲学也确实是时代精神的精华，是一个民族最微妙、最精致、最深刻的思想和情感的体现。像陈寅恪、汤用彤、冯友兰们不正是对中华民族的忧患感受最为深重、见识最为广远的思想家吗？他们不都是深怀"周虽旧邦，其命维新"的历史使命感而从事着传承和开创中国文化学术生命的伟大而艰巨的任务吗？同时，他们也是对外来文化学术持最为开放的态度而勇于拿来和善于吸收的先进和勇士，他们的文化学术活动深深地打上了西方文化学术的烙印，他们也确乎是能够做到在西方社会登堂入室、对西方文化采英撷华的有识有为有守之士。如 30、40 年代的汤用彤正是以其对西方哲学从古希腊亚里士多德到近代经验论、唯理论的了解，从而揭示出魏晋玄学的本体论特征；冯友兰正是以其对西方逻辑学的学习和对新实在论的了解，从而"悟入"哲学并建构自己的哲学体系和哲学史；40、50 年代的侯外庐也是以其对《资本论》的研习和对历史唯物主义和辩证唯物主义的服膺而奋张赤帜，高步学园；及至 80 年代，学者们大多也是通过对马列主义的学习，才对西方哲学，尤其是德国古典哲学有系统深入的了解，从而用概念范畴体系和历史与逻辑相统一的方法来诠释玄学家的理论体系并理清玄学各流派、各阶段之间的联系；进入 90 年代，有些学者又受到现代西方哲学如现象学、解释学、存在主义的影响，并应用解释学、现象学的方法反思以往的魏晋玄学研究，并进一步求得对魏晋思想更为圆融的解读。20 世纪魏晋玄学的研究折射出中国学者对西方文化学术全面学习、掌握和会通的历程，从古希腊罗马哲学到近代英国经验论、大陆唯理论，从德国古典哲学到马列主义哲学，从实用主义、新实在论到现象学、解释学，这些都在在表明中国学者在中外文化交流不断加强的大背景下或多或少地从事着"格义"性质的工作。在 21 世纪，在魏晋玄学研究领域，"会通中西，熔铸古今"将仍然是中国学者们不懈追求的目标。

　　　　原收入汤一介、胡仲平编：《魏晋玄学研究》，武汉，湖北教育出版社，2008

参考书目

郭象：《庄子注》，《四部备要》本。

郭庆藩：《庄子集释》，北京，中华书局，1961。

陈寿：《三国志》，北京，中华书局，1974。

房玄龄等：《晋书》，北京，中华书局，1974。

严可均：《全上古三代秦汉六朝文》，北京，中华书局，1958。

余嘉锡：《世说新语笺疏》，北京，中华书局，1983。

楼宇烈校释：《王弼集》，北京，中华书局，1980。

戴明扬校注：《嵇康集校注》，北京，人民文学出版社，1962。

李志钧等校点：《阮籍集》，上海，上海古籍出版社，1978。

张湛：《列子注》，世德堂刊本。

葛洪撰，王明校释：《抱朴子内篇校释》，北京，中华书局，1980。

僧肇：《肇论》，见《大正大藏》，1927。

成玄英：《道德真经义疏》，台北，广文书局，1974。

李荣：《道德真经》，《道藏》本。

慧达：《肇论疏》，见《大正大藏》，1927。

元康：《肇论疏》，见《大正大藏》，1927。

汤用彤：《汉魏两晋南北朝佛教史》，北京，中华书局，1983。

汤用彤：《魏晋玄学论稿》，北京，中华书局，1962。

牟宗三：《才性与玄理》，台北，台湾学生书局，1983。

第三版后记

《郭象与魏晋玄学》一书于 1983 年由湖北人民出版社出版，到现在（2009）已经 26 年了，其间于 1986 年、1987 年由台湾谷风出版社盗印了两次。2000 年又由北京大学出版社出版《郭象与魏晋玄学》（增订本），并列入"北大名家名著文丛"中之一种。2000年北大版对 1983 年版作了一些修改和补充，但仍然保存了原书的结构。2008 年，张文定、高秀芹两同志告诉我，此书将出新版，让我再修订一下。我很高兴，能有机会，再对此书作些修改和补充。这是因为，1981 年至 1982 年我写这本书时，改革开放不久，我的思想可以说才初步得到"解放"，又因所读的书还很有限，现在看来，此书不足之处甚多，还有一些错误的论断（只要我发现了的都一一改正）。但是，可以欣慰地说，它总可以是改革开放时期较早出版的一本学术专著。

"魏晋玄学"作为一门课程，我在北大讲了三次，在兰州大学讲了一次，这都是 80 年代的事。我虽对"魏晋玄学"仍然关注，但因思考的中心问题已转移到"中国文化现代化的走向"，特别是在西方文化冲击下中国文化如何发展上面。为此，我开始研究了一点印度佛教文化。我注意到，中国文化在长达近千年中可以说成功地吸收了印度佛教文化。那么，我们现在有没有可能在学习、吸收和消化西方文化的基础上创造中国的现代新文化，使中国文化能贡献于人类社会。这是我的愿望，我想也是中国众多学者的愿望。

2001 年，福建鹭江出版社要组织一套"名师讲义丛书"，他们约了十几位学者，把"讲义"整理成稿出版，也约我把几次有关"魏晋玄学的讲义"加以整理出书，我答应了，因时间和工作原因，一直拖到 2006 年才交稿，2006 年 12 月以《魏晋玄学论讲义》为书名出版。这次《郭象与魏晋玄学》吸收了上述"讲义"中的若干内容，作为"第三版"吧！学术无止境，只有不断努力，虚心求教，以求日有所进。

汤一介

2009 年 6 月 6 日

增订本后记

　　这次由中国人民大学出版社出版的《汤一介集》中的《郭象与魏晋玄学》，是据北京大学出版社 2009 年出版的本书第三版增删而成的，主要是删掉了第五章《魏晋玄学发展的历史（下）》中的第三节《唐初重玄学》，这是因为其和拙著《早期道教史》有所重复。在"附录"中增加了五篇与"魏晋玄学"有关的论文。在五篇论文中《在西方学术背景下的魏晋玄学研究》是我和胡仲平合写的，但要归功于胡仲平。《郭象与魏晋玄学》（第三版）同时收入《中国文库·哲学社会科学类第四辑》中。

汤一介

2010 年 7 月 30 日

图书在版编目（CIP）数据

郭象与魏晋玄学/汤一介著. —增订本. —北京：中国人民大学出版社，
2015.11
（汤一介集）
ISBN 978-7-300-21909-7

Ⅰ. ①郭… Ⅱ. ①汤… Ⅲ. ①郭象（252～312)-玄学-研究 Ⅳ. ①B235.65

中国版本图书馆 CIP 数据核字（2015）第 216854 号

汤一介集
郭象与魏晋玄学（增订本）
汤一介 著
Guoxiang yu Weijin Xuanxue

出版发行	中国人民大学出版社			
社　址	北京中关村大街 31 号		**邮政编码**	100080
电　话	010 - 62511242（总编室）		010 - 62511770（质管部）	
	010 - 82501766（邮购部）		010 - 62514148（门市部）	
	010 - 62515195（发行公司）		010 - 62515275（盗版举报）	
网　址	http://www.crup.com.cn			
经　销	新华书店			
印　刷	固安县铭成印刷有限公司			
开　本	720 mm×1000 mm　1/16		**版　次**	2016 年 6 月第 1 版
印　张	30.25 插页 2		**印　次**	2024 年 5 月第 3 次印刷
字　数	361 000		**定　价**	138.00 元

版权所有　侵权必究　　印装差错　负责调换